AF705150

CHRISTINE EICHEL

CLARA

Anerkennung, Freiheit, Karriere: Dafür kämpfte Clara Schumann ihr Leben lang – und stand damit vor den gleichen Herausforderungen wie Frauen im 21. Jahrhundert. Sie haderte mit ihrer Rolle als Mutter von sieben Kindern und mit der nahezu unmöglichen Aufgabe, Beruf und Familie zu vereinbaren.
Gestützt auf bisher unbeachtete Quellen, erzählt die Bestsellerautorin Christine Eichel das Leben der gefeierten Pianistin und Komponistin radikal neu und räumt dabei mit einigen Klischees auf. Clara Schumann war keine sanfte Muse im Schatten ihres genialischen Mannes Robert. Im Gegenteil – furchtlos setzte sie sich über männliche Besitzansprüche hinweg, löste sich aus der toxischen Beziehung zu ihrem psychisch labilen Ehemann und stieg durch kluge Imagepflege zum Star ihrer Zeit auf. Dieses mitreißende Buch zeigt: Claras Themen sind verblüffend aktuell.

Christine Eichel, 1959 geboren, studierte Philosophie, Literatur- und Musikwissenschaft und wurde mit einer Arbeit über die Musiktheorie von Theodor W. Adorno promoviert. Sie war Fernsehregisseurin, Moderatorin, Gastprofessorin der Universität der Künste Berlin und leitete das Kulturressort des Magazins Cicero. Ihre Sachbücher »Das deutsche Pfarrhaus. Hort des Geistes und der Macht« (2012), »Deutschland, deine Lehrer« (2014), »Deutschland. Lutherland« (2015) und »Der empfindsame Titan. Ludwig van Beethoven im Spiegel seiner wichtigsten Werke« (2019) erregten großes Aufsehen. Christine Eichel lebt als Autorin und Publizistin in Berlin.

CHRISTINE EICHEL

CLARA

KÜNSTLERIN, KARRIEREFRAU, WORKING MOM:

Clara Schumanns kämpferisches Leben

Siedler

Der Verlag behält sich die Verwertung des urheberrechtlich geschützten Inhalts dieses Werkes für Zwecke des Text- und Data-Minings nach § 44 b UrhG ausdrücklich vor. Jegliche unbefugte Nutzung ist hiermit ausgeschlossen.

MIX
Papier | Fördert gute Waldnutzung
FSC® C014496

Penguin Random House Verlagsgruppe FSC® N001967

2. Auflage
Copyright © 2024 by Siedler Verlag, München,
in der Penguin Random House Verlagsgruppe GmbH,
Neumarkter Str. 28, 81673 München

Umschlaggestaltung: FAVORITBUERO, München
Umschlagabbildung: Clara Wieck-Schumann.
Lithographie von Andreas Staub, Historisches Museum
Der Stadt Wien ca. 1839
© NPL – DeA Picture Library/Bridgeman Images
Satz: satz-bau Leingärtner, Nabburg
Druck und Bindung: GGP Media GmbH, Pößneck
Printed in Germany
ISBN 978-3-8275-0174-5
www.siedler-verlag.de

Für Florian

INHALT

PRÄLUDIUM

So fühlt es sich also an, wenn der größte Wunsch in Erfüllung geht. Niederschmetternd, ja beängstigend.

Schon ein flüchtiger Blick in den Spiegel verrät der frisch verheirateten Clara Schumann, welches Los ihr beschieden ist: ein Leben als jenes brave Hausmütterchen, das sie nie sein wollte. Bis vor kurzem hat sie ihr Publikum in dekolletierten weißen Seidenkleidern begeistert, jetzt muss sie auf Geheiß des Gatten hochgeschlossene dunkle Kleider und ein sittsames Häubchen tragen. Von der strahlenden jungen Frau, die am Flügel die Welt erobern wollte, ist kaum noch etwas zu ahnen.

Das hatte sie sich ganz anders vorgestellt. In den Blütenträumen ihrer Mädchenjahre war Robert ihr schwärmerisch überhöhter Held gewesen, bald darauf das Objekt einer nahezu obsessiven Leidenschaft. Kein wohltemperierter Charakter, dieser Robert, zugegeben. Eher ein unsteter Gesell, dem bürgerliche Konventionen herzlich egal sind. Gerade das, so schien es, machte ihn zum idealen Kandidaten für das romantische Projekt einer Künstlerehe. Für eine Beziehung auf Augenhöhe also, in der man sich gegenseitig respektiert und inspiriert.

Umso schockierender ist die Erkenntnis, dass all die innigen Momente Seite an Seite am Klavier, die überschwänglichen Briefe, die himmelstürmenden Gefühle eine gefährliche Illusion erzeugt haben: Sie werde für das geliebt, was sie ist – eine gefeierte Pianistin und Komponistin mit großer Zukunft. Nichts da. Unversehens ist sie in eine Sackgasse geraten, gepflastert mit Selbstzweifeln, zunehmend mit Verzweiflung. Ein Jahr mindestens, so Roberts Diktum, soll sie auf Konzerte verzichten. Mittlerweile darf sie nicht einmal mehr Klavier üben, weil es den Gatten in der hellhörigen Wohnung beim Komponieren stört.

»Protect me from what I want«, diesen Stoßseufzer wird gut ein Jahrhundert später der Künstler Nam June Paik auf Blechschilder prägen. Auch in Claras Umfeld gab es durchaus warnende Stimmen. Allen voran ihr Vater wollte sie vor der Erfüllung ihres Herzenswunsches schützen, erst durch rigorose Kontaktsperren, schließlich vor Gericht. Vergebens. Nahezu fanatisch haben Clara und Robert für diese Ehe gekämpft, doch es gibt Siege, die von Niederlagen kaum zu unterscheiden sind. Nun ist sie verheiratet; gestrandet, besser gesagt, im ersten Stock eines repräsentativen Gebäudes an der Leipziger Inselstraße. Dort hat sich das Paar eine Wohnung eingerichtet, in der Clara »so ganz glücklich« ist, wie sie tapfer behauptet.[1]

In Wahrheit empfindet sie das neue Domizil als Gefängnis. Zwar lebt sie hier recht komfortabel, künstlerisch aber ist sie obdachlos geworden. Wie anders sollte man es nennen, wenn eine erfolgreiche Virtuosin nicht mehr öffentlich auftreten darf? Ihr gesamtes bisheriges Leben hat Clara abwechselnd im Maschinenraum pianistischer Exerzitien und im Rampenlicht der Konzertpodien zugebracht, nun ist sie zur Untätigkeit verdammt. War die Ehe womöglich ein verhängnisvoller Fehler? In den ersten Wochen nach der Hochzeit zieht Clara eine bittere Bilanz: Alles, was sie sich aufgebaut hat, zerrinnt ihr buchstäblich zwischen den Fingern. Da ihr die gewohnten Übungsstunden fehlen, hapert es an der Geläufigkeit, und selbst wenn sie privat etwas vorspielt, vergeht sie vor Angst. Auch Roberts Dauerkritik an ihren pianistischen Fähigkeiten setzt ihr zu. Mal ist ihm ihr Klavierspiel zu mechanisch, dann wieder zu kokett, und zum Komponieren ermuntert er sie womöglich nur noch, weil es eine häusliche Betätigung ist.

Am schlimmsten aber quält sie das Auftrittsverbot. Die Anerkennung des Publikums ist identitätsstiftend für Clara, nur im aufbrandenden Applaus fühlt sie sich wertvoll. Was bleibt denn noch von ihr übrig, wenn sie nicht mehr als Pianistin glänzen darf? Wenig, viel zu wenig, wie sie fürchtet. Grund zum Zweifeln liefert ihr Robert ja auch mehr als genug.

Ohnehin weiß Clara nie, woran sie bei ihm ist. Mal heiter und aufgeräumt, dann wieder schwermütig und von allerlei körperlichen Beschwerden geplagt – wie damit umgehen? Natürlich wusste sie vor der Eheschließung, dass die tiefschwarzen Abgründe genauso zu Robert gehören wie seine euphorischen Höhenflüge. Jetzt wird ihr allerdings klar, wie fatal die emotionale Abhängigkeit von einem Mann ist, dessen Labilität sich zunehmend auf sie überträgt. Hat sie etwa gehofft, ihn durch das Zusammenleben therapieren zu können? Will er überhaupt therapiert werden?

Zu viel Glück sei auch nicht gut, hat er ihr einmal geschrieben. Im Übrigen definiert er das eheliche Glück reichlich unromantisch mit den Begriffen »Fleiß, Sparsamkeit und Treue«.[2] Was im Umkehrschluss heißt: Er will Clara auf ein Hausfrauendasein verpflichten, in dem das Künstlerische nur noch eine untergeordnete Rolle spielt. Wenn überhaupt. Früher hat er ihr Kompositionen gewidmet, jetzt schenkt er ihr ein Kochbuch.

Und die Musik? Jene Kunst also, die sie so intensiv verbindet, seit Clara im Kindesalter dem neun Jahre älteren Robert begegnete? Sollen ihre herausragenden Talente etwa nur noch das Accessoire einer kultivierten Gattin sein, *nice to have*, aber ohne die Perspektive einer professionellen Karriere? Und das nur, weil ihr Mann auf ehelichen Gehorsam pocht? Dass sie die »Herrschaft des Mannes« inakzeptabel findet, hat sie Robert lange vor der

Heirat mitgeteilt. »Wenn du mich Kind nennst, das klingt so lieb, aber wenn du mich Kind denkst, dann trete ich auf und sage: Du irrst!«[3]

Gerade mal achtzehn Jahre war sie alt und längst eine arrivierte Pianistin, als sie gegen seine paternalistische Verniedlichung aufbegehrte. Der Brief ist umso bemerkenswerter, als er aus dem Jahr 1837 datiert. Ohne nennenswerte weibliche Vorbilder und gut fünfzig Jahre bevor Emmeline Pankhurst die Suffragettenbewegung gründet, wollte sich Clara nicht mehr von außen definieren – und kleinhalten – lassen. Doch offensichtlich hat Robert ihre Forderungen planvoll überhört; oder als Flausen abgetan, die man der kapriziösen jungen Dame schon noch austreiben wird.

Frei nach Ernst Bloch wäre Clara so gern ins Gelingen verliebt, fühlt sich zum Gelingen jedoch geradezu verpflichtet. Wenn man so lange für eine Ehe gekämpft hat, darf sie nicht scheitern. Allein ihrer Besorgnis um den ehelichen Frieden ist es deshalb geschuldet, dass sie sich Roberts Willen fügt und vorerst auf eine Fortsetzung ihrer pianistischen Laufbahn verzichtet.

Letztlich ergeht es Clara Schumann nicht besser als ihren vielen Geschlechtsgenossinnen des neunzehnten Jahrhunderts, die unter dem Radar des öffentlichen Musiklebens bleiben müssen, ganz gleich wie außerordentlich ihre künstlerischen Leistungen sein mögen. Irgendwann stoßen sie an die Grenzen limitierender Rollenerwartungen. Auch Robert will von Claras pianistischen Ambitionen nichts wissen. Ab und an erteilt sie jetzt den Damen des Leipziger Bürgertums Klavierunterricht. Für zwei Taler pro Stunde, eine lächerliche Summe, verglichen mit ihren früheren Konzerthonoraren.

Der Lohn ihres Gehorsams fällt noch kläglicher aus. »Mein Weib ist die Liebe, Gefälligkeit und Anspruchslosigkeit selbst«, resümiert Robert, als lobe er sich selbst für die gelungene Zähmung einer Widerspenstigen.[4]

Damit könnte diese Geschichte zu Ende sein. Eine Künstlerinnenbiografie mehr, die hoffnungsvoll beginnt und irgendwann versandet.

Das Schicksal unzähliger Musikerinnen nicht nur des neunzehnten Jahrhunderts ist Unsichtbarkeit, weil soziale Regeln und männliche Dominanz jegliche Entwicklungsperspektive unterbinden. Was folgt, ist das kollektive Vergessen. Es sei denn, man pfeift auf die Regeln.

1847 entsteht eine Portraitzeichnung des Malers Wilhelm Hensel, für die Clara ganz so posiert, wie es der Zeitgeschmack und nicht zuletzt ihr Ehemann verlangen: im züchtigen schwarzen Kleid mit weißem Spitzenkragen, das Haar halb unter dem notorischen Häubchen verborgen. Ihr gesenkter Blick schweift am Betrachter vorbei ins Nirgendwo, so als gezieme es sich nicht, direkten Augenkontakt aufzunehmen. Demütig wirkt sie, bescheiden, mit artig geneigtem Kopf und nur dezent angedeutetem Lächeln.

In Wahrheit ist eine Rose aus Stahl erblüht. Denn die Frau, die Wilhelm Hensel Modell sitzt, ähnelt nur noch entfernt der frisch verheirateten Clara. Sechseinhalb Ehejahre, vier Geburten und das beständige Ringen um eine eigenständige Künstlerexistenz liegen hinter ihr. Inzwischen ist sie wieder auf den großen Konzertpodien Europas zu Hause, unternimmt ausgedehnte Tourneen, spielt vor gekrönten Häuptern.

Was ist passiert? Wie konnte sie sich aus den ehelichen Zwängen befreien?

Ohne eisernen Willen und das sichere Gefühl, einer Berufung zu folgen, wäre das unmöglich gewesen. Nichts fällt ihr zu. Alles muss hart erarbeitet, ertrotzt, gegen Widerstände durchgesetzt werden. Dennoch geht sie unbeirrbar ihren Weg. Aus dem Fegefeuer der inneren Kämpfe und äußeren Hindernisse ist sie mit einer Erkenntnis hervorgegangen, die sich auf die paradoxe

Formel bringen lässt: Man muss Opfer bringen, wenn man nicht selbst zum Opfer werden will.

Damit ist Clara Schumann eine der wenigen Frauen ihrer Zeit, die geschlechtsspezifische Beschränkungen weitgehend hinter sich lassen. In erster Linie betrachtet sie sich eben nicht als Frau, Gattin oder Mutter, sondern als Künstlerin. Das dazugehörige Credo formuliert sie in einem berühmt gewordenen Satz: »Die Ausübung der Kunst ist ja ein großer Teil meines Ichs, es ist mir die Luft, in der ich atme.«[5] So deutlich haben wenige Zeitgenossinnen ihre Prioritäten formuliert – und ausgelebt.

Wer ist diese Vorkämpferin? Welche Bilder haben wir von ihr?

Vermutlich hat man sie als scheu lächelndes junges Mädchen auf dem Hundertmarkschein vor Augen, als romantische Ikone und talentierte Gattin im Windschatten eines wesentlich berühmteren Komponisten. Wer sie wirklich war, was sie wirklich geleistet hat, wird erst deutlich, wenn man die Frau hinter den Bildern entdeckt. Es ist an der Zeit, ihre Geschichte neu zu erzählen, befreit vom Firnis verklärender Lesarten. Nicht zuletzt deshalb, weil sie auch jenseits des historischen Kontextes eine überraschend moderne Frauenfigur ist, die heute sicherlich ähnlich anecken würde wie damals.

Clara Schumanns Ringen um Autonomie, künstlerisch, menschlich, ökonomisch, steht für eine Neuverortung weiblicher Identität, die einzigartig ist im neunzehnten Jahrhundert. Lange bevor die Begriffe überhaupt erfunden wurden, erlebt sie als Working Mom die Herausforderungen der Vereinbarkeit von Familie und Beruf, erkennt die Relevanz eines professionellen Karrieremanagements, betätigt sich im Networking, kämpft um ihre Work-Life-Balance.

Ihre Partnerschaftsprobleme muten ebenfalls verblüffend heutig an. Schon kurz nach der Heirat stellt sie fest, dass sie an einen beziehungsunfähigen Mann geraten ist, der sich zumeist in

Schweigen hüllt, stundenlang hinter der verschlossenen Tür seines Arbeitszimmers verschwindet und seine Abende vorzugsweise im Wirtshaus verbringt. Ohne sie. Von einer Unterstützung für ihre eigenen künstlerischen Belange kann keine Rede sein. Robert erwartet, dass sie ihm zu Diensten ist, und nimmt ihre eigenen Bedürfnisse gar nicht wahr. Zunehmend machen ihr auch seine depressiven Phasen zu schaffen, die sich im Laufe der Jahre zu einer schweren psychischen Erkrankung steigern. Parallel muss sie sich eingestehen, dass sie in eine toxische Beziehung geraten ist, in der die lange verschwiegene künstlerische Rivalität erst in passive, schließlich in offene Aggression umschlägt.

Nicht minder überraschen die queeren Aspekte ihres Lebens. Roberts »attische Nächte«, wie er seine Affinität zum eigenen Geschlecht antikisierend nennt, sind für eine Ehefrau nicht leicht zu verkraften. Bereits während der Verlobungszeit ist seine Bisexualität ein neuralgisches Thema für Clara. Später wird eine ihrer Töchter in einer lesbischen Beziehung leben, sogar fünf Jahre lang mit ihrer Geliebten in Claras Haus wohnen, eine Konstellation, die für einigen Konfliktstoff sorgt.

Erfahrungen mit einer unkonventionellen Beziehung macht auch Clara selbst. Als Robert nach einem Selbstmordversuch seine Tage in der Endenicher Heilanstalt verdämmert, zieht der vierzehn Jahre jüngere, noch weithin unbekannte Johannes Brahms bei ihr ein. Ein klassisches Downdating. Das Getuschel über diese ungewöhnliche Wohngemeinschaft kümmert Clara allerdings wenig. Fortan ist der junge Komponist ihr engster Freund, Lebensgefährte, Gehilfe, zuweilen auch Babysitter ihrer Kinder. Ein aparter Rollentausch.

Die Frage, inwieweit handfest Erotisches eine Rolle spielte, ist weniger interessant als die Pointe dieser Episode: Clara nimmt sich, was sie braucht, hier in Gestalt eines sie verehrenden jungen Mannes, der sie in ihrem anstrengenden Alltag entlastet. Als die

Sache irgendwann schwierig zu werden droht, löst sie die Wohngemeinschaft eben wieder auf und belässt es bei einer Freundschaft. Keine Kompromisse mehr.

Ohnehin wird sie sich nach der Befreiung vom gestrengen Übervater und vom problematischen Ehemann nie wieder auf einen Mann verlassen, weder auf einen festen Partner noch auf die Protektion eines Impresarios. Sie agiert als Businessfrau, eine Self Made Woman, die ihre Karriere selbst in die Hand nimmt. Nichts überlässt sie dem Zufall, stets behält sie die Kontrolle über ihr öffentliches Image, das sie mit inszenierten Portraits, später auch als Herausgeberin von Briefwechseln geschickt zu steuern weiß.

Salopp gesagt, ist Clara Schumann die Lady Gaga des neunzehnten Jahrhunderts: eine selbstbestimmte Künstlerin, die ihren eigenen Mythos erschafft.

Dazu gehört wesentlich die Fama des glücklich liebenden Künstlerpaars, das durch Roberts frühen Tod tragisch auseinandergerissen wurde. Nur so kann Clara glaubhaft machen, es sei ihre höhere Mission, fortan das Erbe des Dahingeschiedenen in den Konzerthäusern dieser Welt lebendig zu halten. Ein geschickter Schachzug. Bis zuletzt tritt sie trauerumflort und ganz in Schwarz gekleidet auf die Bühne. Wenn ihr das Publikum dann schon vorab tief bewegt applaudiert, ist der Rest zumeist ein Kinderspiel.

Heute nennt man das Storytelling: Gib den Leuten eine emotional aufgeladene Geschichte voller Tragik und Drama, dann kannst du dir ihres Zuspruchs sicher sein. Diese Marketingstrategie funktionierte allerdings nur auf Basis des rührseligen Narrativs, sie und ihr Mann hätten bis zu seinem Tod die perfekte Ehe geführt. Was nicht der Fall war. Doch Clara wusste sich zu helfen. Planvoll veröffentlichte sie nur Briefe, die den Mythos befeuerten. Problematisches blieb in der Schublade.

Als süßliche Girlande rankt dieser klug ersonnene Mythos bis in die Gegenwart hinein. So urteilt der Herausgeber von Robert

Schumanns Tagebüchern in den Siebzigern des vorigen Jahrhunderts, die Ehetagebücher seien ein »getreuer Spiegel eines im Ganzen glücklichen Zusammenseins mit der Gefährtin«.[6] Im Vorwort der 2007 erschienenen Ausgabe schreibt deren Herausgeber, die häusliche Zweisamkeit sei für das junge Paar »eine Quelle des Behagens und der Zufriedenheit« gewesen.[7] Und noch 2019 betitelt eine Biografin das Kapitel über die ersten Ehejahre allen Ernstes mit der herzigen Zeile »Hochzeit und junges Glück«.[8]

Clara Schumann hätte diese Art der Rezeption mit tiefer Befriedigung erfüllt. So wie sie auch die vielen Biografien gefreut hätten, die nach wie vor am Mythos eines Traumpaars der Romantik weben und Clara als tragische Heldin glorifizieren.

Was gern verschwiegen wird, sind die Schattenseiten dieser Erfolgsstory: die Entsagungen, die Einsamkeit, das ruhelose Leben einer Künstlerin, die Misserfolge und Zurückweisungen genauso kennt wie rauschende Erfolge. Auch eine gewisse Egozentrik wird man Clara Schumann kaum absprechen können, zuweilen sogar eine frappierende Kälte im Umgang mit ihrer Familie. Die stetig wachsende Kinderschar empfindet sie als Belastung, weshalb sie wahrscheinlich zwei Schwangerschaftsabbrüche herbeiführt. Wenn Dietrich Fischer-Dieskau Anfang der achtziger Jahre schreibt, achtmal sei im Hause der Schumanns die Geburt eines Kindes »freudig begrüßt« worden, so irrt er gewaltig.[9]

Regretting motherhood, ein Begriff, der das lange tabuisierte Bedauern von Müttern benennt, Kinder in die Welt gesetzt zu haben, ist hier eher zutreffend – und unvermindert aktuell. Die Organisation einer adäquaten Kinderbetreuung, über die schon Clara Schumann nachdachte, stellt viele Frauen auch heute oft vor unlösbare Probleme. Hinzu kommt der gesellschaftliche Druck. Wenn Mütter bei beruflichen Terminen oder Geschäftsreisen immer noch gefragt werden, wer denn eigentlich beim Nachwuchs ausharrt, ist das nicht gerade ermutigend. Vermutlich sind weibliche Führungskräfte deshalb überwiegend kinderlos.

Auch Fischer-Dieskaus sentimentale Formulierung, dass Clara »ihren Mann mehr liebte als sich selbst«, kann man getrost vergessen.[10] Nach dem Jammertal der ersten Ehejahre wird ihr klar, dass selbstlose Liebe eine Falle ist, der sie nur entkommt, wenn sie ihre eigenen Ziele in den Vordergrund rückt. So wie die Kinder empfindet sie auch Robert zunehmend als Belastung. Neben seiner Unzugänglichkeit und seinen psychischen Problemen macht Clara insbesondere die künstlerische Rivalität zu schaffen, die nach Roberts Willen zu seinen Gunsten entschieden werden soll – weshalb er anfangs versucht, sie auf ein Hausmütterchen zu reduzieren.

Claras Lösung heißt Loslösung. Zunehmend delegiert sie die familiären Pflichten, parkt die Kinder bei Familie, Freunden oder in Pensionaten, distanziert sich zuletzt auch von Robert. Nach seiner Einlieferung in eine Heilanstalt genießt sie ihre neue Freiheit und geht auf Englandtournee, um endlich international als Künstlerin durchzustarten.

Aber welche Biografie ist schon frei von Widersprüchen und Sollbruchstellen? Jenseits simpler Einordnungen, die Clara Schumann wahlweise als aufopferungsvolle Gefährtin oder rücksichtslose Karrieristin darstellen, lassen sich mit dem heutigen Blick neue Lesarten gewinnen. Anhand von Briefen, Tagebüchern und weiteren Quellen entsteht ein differenziertes Bild, mal inspirierend, mal irritierend, aber stets in Anerkennung der Tatsache, dass hier eine unerhört mutige Frau Pionierarbeit geleistet hat.

Kämpfen muss sie ein Leben lang. Und nicht immer gelingt der Balanceakt zwischen ihren vielen Rollen als Pianistin, Komponistin, Ehefrau, Mutter, Klavierpädagogin, Konzertveranstalterin, Herausgeberin, passionierte Briefeschreiberin. Sei's drum. Für sie zählt nur, dass sie am Ende ihres Lebens auf eine beispiellose Erfolgsgeschichte zurückblicken kann. Mehr noch: Bis in die Gegenwart hinein hat sich ihr Name unauslöschlich ins kulturelle Gedächtnis eingeprägt. Wer kennt heute noch eine Louise Farrenc, Sophie Menter, Marie Moke-Pleyel oder eine Augusta Holmès, die ihre Kompositionen unter dem Pseudonym Hermann Zenta veröffentlichte? Clara hingegen verstand es, sich mit bewundernswerter Hartnäckigkeit und ihrem ausgeprägten Sinn für öffentlichkeitswirksame Imagebildung einen Platz im musikalischen Olymp zu erobern.

Gerade die Ambition, sie unter dem Aspekt ihres Frauseins zu würdigen, führte in der Vergangenheit jedoch zu teils absonderlichen Kommentaren.

So staunt ein Biograf, dass Clara sich »freispielte«, obwohl sie, der zeittypischen Mode folgend, ein Korsett trug: »Ihre ungeheure Kunstleistung muss auch unter diesem Aspekt beurteilt, bewundert werden.«[11] Ein abstruses Kompliment.

Derselbe Biograf macht sich auch Gedanken darüber, welchen Einfluss Claras Hormonstatus auf die Komposition ihres *g-Moll-Klaviertrios op. 17* gehabt haben könnte. Es entsteht einige Monate nachdem sie im Februar 1846 ihr viertes Kind zu Welt gebracht hat. »Hätte das Trio seinen hohen Rang auch dann erhalten, wenn Clara bereits im März mit der Arbeit begonnen hätte?«, räsoniert der Autor. »Hätte zu dieser Zeit das Hormonprogramm des Körpers noch einwirken können auf das Werk?«

Seine unsäglichen Überlegungen krönt er mit der Frage, »ob ihr Körper beim Komponieren mitformulieren konnte, sedierend oder stimulierend«.[12] Unvorstellbar, dass solche Spekulationen über Männer angestellt würden, die ja ebenfalls gewissen hormonellen Schwankungen unterliegen sollen, wie man hört. Der mehr oder weniger subtile Sexismus, mit dem immer noch über Frauen geschrieben wird, ist nicht nur enervierend, er kann auch wenig zu einem authentischen Portrait beitragen, geschweige denn, dass solche Einlassungen der enormen Lebensleistung Clara Schumanns gerecht werden.

Wesentlich spannender für heutige Leserinnen und Leser ist da schon die Frage, woher die Unerschrockenheit rührt, mit der sie sich über Regeln und Konventionen hinwegsetzt.

Bei Clara wird die Musik zum Transmissionsriemen der Befreiung. Von frühester Kindheit an ist es für sie selbstverständlich, sich in dieser Welt zu bewegen, dennoch muss sie als erwachsene Frau ihren Status als Berufsmusikerin immer wieder verteidigen. Von einer Ehefrau und Mutter erwartet man halt, dass sie sich in die häusliche Sphäre zurückzieht. Doch der stetig surrende Motor der Motivation und die Befriedigung, die sie aus ihrer Kunst zieht, sind stärker als alle Genderstereotype. Nicht zuletzt geht es um finanzielle Unabhängigkeit, eine unerlässliche Voraussetzung, um eigene Entscheidungen treffen zu können.

So überwindet sie gängige weibliche Leitbilder – auch heute noch eine der Grundbedingungen, wenn sich Frauen in einer klassischen Männerdomäne durchsetzen wollen. Das wurde zu ihrer Zeit durchaus registriert. Und nicht nur im positiven Sinne.

Bezeichnend ist das Urteil eines Zeitgenossen, der nach einem Konzert unkte: »Im Klavierspiel erwies sie sich als eine große Künstlerin mit männlicher Energie und weiblichem Instinkt ... Man konnte sie jedoch kaum als eine graziöse und sympathische Frau bezeichnen.«[13] Solche Verbalinjurien nahm Clara Schumann gelassen hin. Schon ihr Vater hatte moniert, es fehle ihr an »Coquetterie«, also am Talent, mit dem Publikum zu flirten und sich als begehrenswertes Weibchen zu präsentieren.

Doch Clara ließ sich nicht verbiegen. Nur für ihr öffentlich verbreitetes Bild, das sie mit hübschen Portraits zu prägen wusste, brauchte sie ein dezidiert feminines Image. Der Ruf einer selbstbewussten Managerin oder gar eines Mannweibs hätte da nur geschadet. In der Aufmerksamkeitsökonomie des Konzertwesens war das Frausein nun mal ihr bester Trumpf, weil ihm etwas Außergewöhnliches, geradezu Sensationelles anhaftete. Auf der Bühne aber scherte sie sich nicht darum, ob sie als salonkompatibles Frauenzimmer wahrgenommen wurde. Da war sie einfach Pianistin und Komponistin, eine kompromisslose Künstlerin.

Ihr Leben ist ein Lehrstück über die Bedingungen, unter denen weibliche Selbstverwirklichung gelingen kann. Emanzipation ereignet sich nicht im luftleeren Raum. Ob Kunst, Wissenschaft oder Politik: Mutige Frauen, die ihrer Zeit voraus sind, treffen wir überall dort an, wo ein Lebensthema entdeckt und mit aller Konsequenz verfolgt wird. Weder eine Clara Schumann, eine Marie Curie noch eine Rosa Luxemburg verwirklichten ein diffuses »Selbst«. Sie brannten für ihre Sache. Das verlieh ihnen die Energie, emanzipatorische Impulse auch wirklich umzusetzen.

Schon allein unter diesem Aspekt ist die Wiederentdeckung Clara Schumanns überfällig. Ihr ungewöhnlicher Lebensweg ist jedoch nicht nur faszinierend im Hinblick auf das Erreichte, er zeigt auch, welche Fallstricke lauern, wenn Frau mehr will als das sozial Probate. Wahrhaft inspirierende Erfolgsgeschichten verlaufen niemals linear. Sie kennen auch Enttäuschungen, Rückschläge, Sinnkrisen. Gerade die dunklen Phasen machen diese Biografie so aufschlussreich. Mit enormer Willenskraft und der Überzeugung, im Beruf ihre Erfüllung zu finden, konnte sich Clara Schumann immer wieder aus belastenden Situationen befreien.

Sonst wäre sie das deprimierte Hausmütterchen geblieben, das zu Beginn ihrer Ehe schrieb: »Wenn ich auch wirklich durch meine Kunst befriedigte, so fehlt meiner Persönlichkeit alles, was dazugehört, Glück in der Welt zu machen«.[14]

KAPITEL 1
STRESSTEST

Vom stummen Kind
zur kalkulierten Kunstfigur.
Wie Clara Wieck ein Star wurde

Auch mit seinen stattlichen zweiundachtzig Jahren ist der Geheime Rat von Goethe immer noch eine imposante Erscheinung. Vielleicht etwas kleiner als erwartet, die Nase ein wenig spitzer, die Augen nicht mehr ganz so glutvoll wie auf dem populären Stieler-Portrait, doch kaum gebeugt und geistig unvermindert präsent. Aufmerksam lauscht er der jungen Pianistin, die ihm im Juno-Zimmer seiner Wohnung am Weimarer Frauenplan vorspielt.

Es ist eine große Ehre für die zwölfjährige Clara Wieck. Und eine Feuerprobe. Der Bedeutung ihres berühmten Gastgebers als Testimonial für Künstler aller Art ist sie sich mehr als bewusst. Ein immenser Erwartungsdruck lastet auf dem jungen Mädchen. Vor Goethe spielen zu dürfen, ist schon ein Glücksfall, ein Lob von ihm zu empfangen, käme einem Ritterschlag gleich.

Eingerahmt vom riesigen Juno-Kopf aus strahlend weißem Gips und einem runden Tisch mit bodenlanger Fransendecke, spielt sie um ihr Leben, ihre Zukunft. Fehler kann sie sich so wenig leisten wie Konzentrationsschwächen. Obwohl strapaziöse Reisen hinter ihr liegen, muss Clara liefern, und dafür bietet sie alles auf, was sie gelernt hat: Selbstdisziplin, Präzision, Virtuosität.

Das vom Vater zusammengestellte Programm ist durchaus anspruchsvoll, vor allem aber darauf angelegt, den großen Dichter und Staatsmann Goethe zu verblüffen. Mit den Kompositionen des Parisers Henri Herz, die vor rasanten Läufen und irrlichternden Klangkaskaden nur so wimmeln, wähnt sich Friedrich Wieck auf der sicheren Seite. Was tut da schon zur Sache, dass Kritiker die Stücke seicht finden. Sie sind brandneu, weitgehend unbekannt und bestens geeignet, das pianistische Können seiner Tochter zu demonstrieren. Perlende Läufe beherrscht sie seit ihrer frühesten Kindheit. Und Goethe ist zwar mit Carl Friedrich Zelter befreundet, gilt aber nicht gerade als überragender Musikkenner.

Während Clara ihr Programm absolviert, späht sie aus dem Augenwinkel zum Sessel, in dem der Geheime Rat ihre Darbietung verfolgt. Zumindest ein gewisses Wohlwollen kann sie sich erhoffen; schließlich war es der Hausherr selbst, der ihr ein Kissen auf den zu niedrigen Klavierstuhl gelegt hat. Eine nette Geste, halb väterlich, halb galant. Vorher hat sie mit ihm auf dem Sofa gesessen und geplaudert. Kein schlechter Start nach dem Ärger über das schmutzige Hotelzimmer, in dem herumkrabbelnde Spinnen ihr schönstes Kleid ruiniert haben.[1]

Jetzt muss sie nur noch wie geplant funktionieren. Immer wieder hat Friedrich Wieck ihr eingeschärft, dies sei eine einmalige Gelegenheit. Nicht jeder werde hier vorgelassen, und wenn sie es denn schon mal so weit geschafft habe, dürfe sie es auf keinen Fall verderben.

Ja, der Dichter und Staatsmann von Goethe ist wählerisch. Allzu viele Glücksritter spekulieren auf eine karrierefördernde Begegnung mit dem Olympier, Zutritt hat nur, wer Empfehlungsschreiben vorweisen kann. Das muss auch Friedrich Wieck erfahren, als er mit seiner Tochter im Herbst 1831 nach Weimar reist. Die Residenzstadt mit dem wuchtigen Stadtschloss und den adretten Bürgerhäusern ist unwegsames Gelände für einen Quereinsteiger. In der musikalischen Welt mag sich Wieck bereits einen Namen als Klavierpädagoge und Konzertveranstalter gemacht haben, in Weimar ist er ein absoluter No-Name.

Auch ein No-Go. Hier zählen Rang und Adel, sorgsam gepflegte Verbindungen, einflussreiche Gönner. Entsprechend eisig reagiert Oberhofmarschall von Spiegel, als Friedrich Wieck ihn darum bittet, Clara im Theater auftreten zu lassen, und dabei durchblicken lässt, eine Audienz beim großen Goethe sei ebenfalls genehm. Keine Chance.

»Es herrscht hier Bildung, aber großer Egoismus«, macht Wieck seiner Frustration Luft, »Hofstolz und Etikette« widern ihn an.[2] Aber für den ehrgeizigen Vater gilt: Hochmut kommt vor dem Fall – oder man beugt sich dem Zeremoniell. Nach vielen Kratzfüßen und eifrigem Klinkenputzen ist es ihm nun doch noch gelungen, seiner Tochter zumindest das ersehnte Privatkonzert am Frauenplan zu verschaffen. Falls alles gut geht, könnte es der Auftakt jenes »europäischen Triumphzugs« sein, von dem er schon im Vorfeld der Konzertreise getönt hat.[3] Nach den vielen Jahren mühseligen Tingelns durch die Provinz soll Goethe'scher Rückenwind dafür sorgen, in die großen Konzerthäuser Europas zu gelangen.

Clara weiß das. Und sie gibt alles an diesem 1. Oktober 1831. Gleich das erste Stück, *La Violetta* von Herz, verlangt ihr äußerste Konzentration ab. Im Kopf spielt Vater Wieck jede einzelne Note mit, zählt die Läufe an, atmet unwillkürlich schneller, wenn ein Accelerando vonnöten ist. Clara ist sein Werk. Was ihre Hände vollbringen, verdankt sich allein ihm. So jedenfalls sieht er seine Rolle in dieser musikalischen Symbiose.

Während der *Bravourvariationen op. 2* treffen weitere Gäste ein, was eine gewisse Unruhe mit sich bringt. Dennoch spielt Clara unbeeindruckt weiter, exakt wie ein Musikautomat, zuverlässig wie eine Schweizer Uhr. Sie ist solche Störungen gewohnt und darauf trainiert, selbst unter erschwerten Bedingungen zu glänzen: jede Darbietung ein Balanceakt, jeder Auftritt ein Stresstest.

Die Sache glückt. Goethe ist beeindruckt. Die Herz'schen Kompositionen nennt er »heiter und französisch pikant«, Clara attestiert er ein »richtiges Eindringen in ihren Charakter«.[4] Über ihre außerordentlichen pianistischen Fähigkeiten vergesse man fast die

Komposition, fügt er an und staunt, das Mädchen habe mehr Kraft als sechs Knaben zusammen.[5] Friedrich Wieck atmet auf. Mit solchen Sätzen lässt sich trefflich Werbung machen. Von nun an läuft die Sache wie von selbst. Alle vormals geschlossenen Türen Weimars öffnen sich für Vater und Tochter.

Selbst Oberhofmarschall von Spiegel gibt klein bei. Er gewährt Clara ein Konzert bei Hofe, wo sich Großherzog Carl Friedrich neben sie setzt und ihr uneingeschränkten Beifall zollt. Auf sein Geheiß muss der Oberhofmarschall am Ende vier Louisdor an Friedrich Wieck zahlen, was sicherlich nur zähneknirschend geschieht. Nun geht es Schlag auf Schlag. Am 7. Oktober gibt Clara ein öffentliches Konzert im Weimarer Stadthaus, in das fünfhundert Zuhörer strömen, es folgen Privatkonzerte in adeligen Salons, außerdem hagelt es Empfehlungen für Auftritte in Erfurt, Gotha, Eisenach, Fulda, Frankfurt – und Paris!

Befriedigt kann Wieck bilanzieren, dass sich diese Reise mehr als gelohnt hat. Sogar eine zweite Audienz am Frauenplan wird ihnen zuteil. Danach verehrt Goethe der Virtuosin, die er an anderer Stelle eher gönnerhaft als »ein sehr geschicktes Frauenzimmerchen« bezeichnet, sein Brustportrait in Bronze. Eingeschlagen ist es in einen Bogen Papier mit der Widmung »Der kunstreichen Clara Wieck«.[6]

So könnte man die Weimarepisode als gelungen bezeichnen, von den Startschwierigkeiten einmal abgesehen. Man huldige Clara als einer »Göttin der Klavierkunst«, schreibt Friedrich Wieck volltönend seiner Frau.[7] Nur ein Misston wird ihm in unguter Erinnerung bleiben: Während eines Konzerts spricht ihn die Gattin des Geheimen Regierungsrats Schmidt an; die sichtlich echauffierte Dame wirft ihm vor, er strapaziere seine Tochter über Gebühr und lasse sie zu oft auftreten. Um dem Mädchen ein wenig Vergnügen zu gönnen, sei Clara deshalb zu einer Kinderparty eingeladen.

»Hitzig und gereizt«, wie er selber notiert, lehnt Wieck die Einladung ab. »Ich wünschte, dass alle Eltern ihren Kindern so viel Vergnügen machen können, als ich meiner Clara«, formuliert er eine geharnischte Replik. »Übrigens hat meine Clara nicht Zeit, mit kleinen Kindern zu spielen, und sie soll den Genuss der freien Luft dem Puppenspiel vorziehen.«[8]

Hier spricht ein Mann, der seine Tochter mit eiserner Hand erzieht. Was andere als kindgerechte Aktivitäten betrachten, ist in seinen Augen nichts als Zeitverschwendung. Die einzige Erholung, die er Clara zugesteht, sind ausgedehnte Spaziergänge an der frischen Luft, um ihre körperliche Konstitution zu stärken. Was sie will, wonach sie sich sehnt, spielt keine Rolle. Der Verzicht auf kindliche Spiele und Geselligkeiten gehört nach Wiecks Dafürhalten zu den Grundbedingungen, wenn man eine Existenz als Künstlerin anstrebt.

Früh lernt Clara, ihr gesamtes Leben in den Dienst der Musik zu stellen. Dazu gehören beschwerliche Reisen, miserable Hotels und ein wankelmütiges Publikum, das ihr auch nach Goethes Ritterschlag nicht immer gewogen ist. Sie wird darüber hinwegkommen. So wie über schlechte Kritiken, wiederkehrende Selbstzweifel, sogar den zeitweisen Verlust der Publikumsgunst.

Lässt man Clara Schumanns Leben Revue passieren, so fällt auf, dass die vielen glanzvollen Höhepunkte von ebenso zahlreichen Rückschlägen begleitet sind. Dennoch lässt sie sich nie dauerhaft entmutigen. Ganz offensichtlich verfügt sie über eine ausgeprägte Resilienz, die Fähigkeit also, problematische Lebenssituationen erfolgreich zu bewältigen. Diese Fähigkeit wird ihr buchstäblich in die Wiege gelegt. Auf schmerzhafte Weise.

Familiäre Turbulenzen

In den ersten Lebensjahren ist Clara ein weitgehend übersehenes Kind. Auch wenn man die zeittypischen Gepflogenheiten der Kindererziehung berücksichtigt, hat sie nicht gerade den Jackpot erwischt. Dass sie von einer Amme gestillt und danach einer wortkargen Magd überlassen wird, mag in bürgerlichen Kreisen noch als Usus durchgehen. Dass sie ihre viel beschäftigten Eltern jedoch nur selten und meist unter den Vorzeichen erbitterter Streitigkeiten zu Gesicht bekommt, ist da schon wesentlich belastender.

Es läuft nicht gut im Hause Wieck. Wie sollte es auch anders sein, wenn ein sauertöpfischer Pianofortefabrikant, Musikalienhändler und Klavierlehrer eine lebenslustige Sängerin und Pianistin heiratet?

Sichtet man Friedrich Wiecks schriftliche Hinterlassenschaften, ist er zweifellos jene Sorte Mensch, mit der man auf keinen Fall im Aufzug stecken bleiben möchte. Pedantisch, eigenbrötlerisch, überwiegend missgelaunt, hat er ein wenig einnehmendes Wesen. Seine ehemalige Klavierschülerin Mariane hingegen sprüht vor Temperament. Als Sängerin, die sogar im Leipziger Gewandhaus auftritt, weiß sie das effektvoll einzusetzen. Leider auch im Privatleben. Kommt es zu ehelichen Zwistigkeiten, läuft sie zur veritablen Dramaqueen auf und steigert sich in Weinkrämpfe, die im ganzen Haus zu hören sind.

Als Clara 1819 das Licht der Welt erblickt, ein Jahr nachdem die ältere Schwester Adelheid im Alter von nur neun Monaten verstorben ist, kriselt es bereits gewaltig in der Ehe. Ihre Mutter, überfordert von der Arbeit im Familienunternehmen und frustriert, weil ihre Bühnenkarriere vom Gatten hintertrieben wird, hatte das erstgeborene Baby einfach bei ihren Eltern abgegeben. Nun hofft Friedrich Wieck, dass die kleine Clara überlebt.

Er hat Großes mit ihr vor. Sein Ehrgeiz besteht darin, sie zum Vorzeigeobjekt seines neuen klavierpädagogischen Systems zu formen. Jede Methode braucht ein überzeugendes Musterbeispiel, und er ist fest entschlossen, mit Clara den lebenden Beweis für die Durchschlagskraft seines Programms zu erbringen.

Er muss einige Anläufe nehmen, bevor er zu dieser Berufung findet. Nach Stationen als gescheiterter Theologe, geknechteter Hauslehrer und glückloser Komponist verlegt sich der musikalische Autodidakt darauf, Klaviere zu bauen und möglichst viele Schülerinnen anzulocken. Eine vielversprechende Geschäftsidee. Seit Ende des achtzehnten Jahrhunderts gehört es zum guten Ton, dass bürgerliche junge Damen dergleichen erzeugen. Der Bedarf an Lehrern ist riesig. Überdies weiß Friedrich Wieck, dass die Heranbildung Klavier spielender höherer Töchter lediglich für den alsbaldigen Hausgebrauch gedacht ist. Schnell soll es gehen, virtuos soll es klingen, besondere künstlerische Leistungen sind nicht erforderlich.

Da kommt ihm zupass, dass soeben eine ausgeklügelte Vorrichtung für das Training kleiner Pianistinnenhände erfunden wurde. Flugs kauft er einige dieser neuartigen »Chiroplasten«, nach ihrem Erfinder Johann Bernhard Logier auch Logier'sche Apparate genannt. Sie bestehen aus einem Gestell, das ans Klavier geschraubt wird, um die Hände der halbwüchsigen Elevinnen zu fixieren. Ihre Handgelenke ruhen auf einem schmalen Brett, die Finger müssen einzeln durch separate Öffnungen der Gerätschaft geschoben werden. Derart ruhig gestellt, repetieren sie Fünftonreihen.

Der Unterschied zum herkömmlichen Unterricht ist in etwa so gravierend wie zwischen Ausdruckstanz und Bodybuilding; es geht um Kraft und Präzision durch die endlose Wiederholung der immer gleichen Bewegungen. Im Grunde kündigt sich hier schon ein Zivilisationsbruch an, der Übergang vom Handwerk zur Manufaktur. In der maschinenhaften Unterrichtsmethode ist der Geist der Industrialisierung spürbar – die Verlagerung vom einzelnen Artefakt zum Massenprodukt genauso wie das Primat der Effizienz.

Für Friedrich Wieck, den ökonomisch denkenden Musikunternehmer, hat der Logier'sche Apparat zudem einen erfreulichen Nebeneffekt: Ohne Weiteres kann er zehn bis zwanzig Schülerinnen und Schüler gleichzeitig unterrichten. Alle mit denselben Noten, alle im selben Rhythmus. Er muss nur noch lautstark den Takt vorgeben, individuelle Interpretationen sind schließlich nicht vorgesehen.

Auch Clara kommt in den zweifelhaften Genuss der Apparatur. Bereits zweijährig, so heißt es, setzt sie der Vater erstmals ans Klavier und arretiert ihre kleinen Hände in der Vorrichtung. Aber ob das fruchten wird? Das Kind ist, nun ja, irgendwie verhaltensauffällig. Bis zum Alter von vier Jahren bleibt Clara stumm. Kein einziges Wort, nur Unverständliches kommt ihr ab und an über die Lippen. Aus heutiger Sicht liegt nahe, den Grund dafür in der frühkindlichen Vernachlässigung zu suchen. Wo Liebe und Zuwendung fehlen, wo nur verwahrt und mit dem Allernötigsten versorgt wird, kann man keine altersgerechte Entwicklung erwarten. Auch die zermürbenden Streitigkeiten der Eltern sind wohl wenig dazu angetan, es selbst einmal mit der verbalen Kommunikation zu versuchen.

Derart schwierige Startbedingungen können eine lebenslange Hypothek bedeuten. Doch eines lernt Clara bereits als Kleinkind: Aufmerksamkeit erhält sie, sobald das Klavier ins Spiel kommt. Da steht sie plötzlich im Mittelpunkt, da wird sie als menschliches Wesen wahrgenommen. Heute würden wir von Konditionierung sprechen. Clara verinnerlicht, dass sie sich mithilfe der Musik ins Blickfeld der Erwachsenen spielen kann. Diese Lektion wird ihr gesamtes Leben bestimmen: Am Klavier ist sie wer. Nur am Klavier.

Als ihre Mutter Mariane zum fünften Mal schwanger ist, zerbricht die Ehe der Eltern. Man munkelt sogar, das Kind sei gar nicht von Friedrich Wieck. Gerüchten zufolge soll ein Freund der Familie der Erzeuger sein, der feurige Adolph Bargiel, seines Zeichens Geiger im Leipziger Gewandhausorchester und ein ausgemachter Frauenschwarm. Der Kontrast zu Friedrich Wieck könnte größer nicht sein. Bargiel hat alles, was Mariane Wieck an ihrem Mann vermisst: die Lebenslust, das Spielerische, die künstlerische Leichtigkeit.

Das Kind bringt sie Anfang 1824 zur Welt. Zwei Monate später zieht sie mit Clara und dem neugeborenen Viktor zu ihren Eltern nach Plauen, während Claras jüngere Brüder Alwin und Gustav beim Vater bleiben. Ein Jahr darauf wird Mariane Tromlitz, geschiedene Wieck, Adolph Bargiel heiraten.

Für Clara sind die familiären Turbulenzen nicht unbedingt von Nachteil. Zunächst jedenfalls. Der Aufenthalt im beschaulichen Plauen, wo der Großvater als Kantor wirkt, beschert ihr eine Phase ungewohnt harmonischen Familienlebens. Man unternimmt Spaziergänge in der idyllischen Umgebung, und auch die Atmosphäre bei den Großeltern scheint wohltuend idyllisch zu sein. Denn jetzt, mit viereinhalb Jahren, spricht sie erstmals einzelne Silben und Wörter. Man kann daraus schließen, dass sie unter einer Angststörung leidet, die heute als selektiver Mutismus bekannt ist: ein Krankheitsbild, bei dem Kinder und Jugendliche in belastenden Situationen verstummen, während sie unter günstigeren Bedingungen sehr wohl sprechen können.

Doch die Plauener Atempause ist nur von kurzer Dauer. Wie ein Damoklesschwert schwebt die Vereinbarung der Eltern über Clara, dass sie an ihrem fünften Geburtstag zurück nach Leipzig muss. Die sächsischen Scheidungsgesetze sind streng; sie sehen vor, dass die drei ältesten Kinder stets dem Vater zugesprochen werden. Selbst Marianes flehentliche Bitten können nichts daran ändern. Resigniert schreibt sie ihrem Noch-Ehemann: »Ich habe alles versucht, dich zu erweichen. Du sollst sie haben, mag das Herz mir brechen.«[9]

Projekt Wunderkind

Vaterliebe ist es keineswegs, die Friedrich Wieck auf sein Anrecht pochen lässt. Schon kurz nach der Heirat hatte er seiner Frau eröffnet, er brauche unbedingt eine Tochter zur Verwirklichung seiner ambitionierten klavierpädagogischen Pläne; Mädchen seien halt gefügiger als Jungen. Da ihm Mariane nur diese eine Tochter geschenkt hat, ist Claras Schicksal somit besiegelt. Sie, nur sie, kann dem Vater zu Ehre und Ruhm, hoffentlich auch zu üppig sprudelnden Einkünften verhelfen, so sein Kalkül.

Am 13. September 1824 ist es so weit: Jäh wird Clara dem warmen Plauener Nest entrissen. Für gefühlvolle Abschiedszeremonien oder sanfte Übergangsphasen bleibt keine Gelegenheit. Auf der Hälfte der Strecke wird sie von jener schweigsamen Magd in Empfang genommen, die sie schon in den ersten Jahren mehr beaufsichtigt als betreut hat. Wie Clara diese Trennung erlebt, was in ihrem Inneren vorgeht, während sie als vielversprechendes Investitionsobjekt zurück nach Leipzig beordert wird, darüber schweigen die Annalen. Von nun an führt Friedrich Wieck in ihrem Namen Tagebuch.

Eine harte Zeit beginnt. Verständnis oder gar Trost kann Clara nicht erwarten. Ihre Mutter siedelt im folgenden Jahr – unerreichbar für das Mädchen – mit Adolph Bargiel nach Berlin um, ihr Vater setzt auf unerbittliche Strenge.

Schon kurz nach ihrer Ankunft in Leipzig startet Wieck sein Programm. Doch so einfach wie gedacht läuft die Sache keineswegs. Im Tagebuch vermerkt er enerviert, die Verständigung mit

Clara sei äußerst schwierig, weil das Kind »weder selbst sprechen noch andere verstehen« könne. Und als er am 27. Oktober beginnt, sie mit dem Logier'schen Apparat zu traktieren, erwähnt er sichtlich verärgert ihr »unruhiges Temperament«.[10] Dass es einer Drangsalierung gleichkommt, den Bewegungsdrang einer Fünfjährigen mit dieser mechanischen Vorrichtung zu fesseln, liegt offenbar jenseits seiner Vorstellungskraft.

Erst nach und nach fügt er sich ins Unabänderliche. Die Apparatur wird beiseitegelassen, stattdessen komponiert er eigene kleine Stücke für Clara, ergänzt um Tonleiter- und Dreiklangübungen. Nun zeigen sich erste Fortschritte. Bevor Clara Lesen und Schreiben lernt, erfasst sie den Sinn der Notenschrift, das Vom-Blatt-Spiel klappt zusehends besser, auch die Geläufigkeit nimmt stetig zu. Daraufhin erweitert Friedrich Wieck den Unterricht um Gesangsstunden, damit Clara ein Gefühl für Melodieführungen entwickelt. Nur mit dem Rhythmus hat sie Probleme, weil sie noch nicht die Grundrechenarten beherrscht und entsprechend Mühe mit der korrekten Zählung des Metrums hat.

Zu Jahresbeginn 1825 hält Friedrich Wieck die tägliche Agenda seiner fünfjährigen Tochter fest. Drei bis fünf Stunden besucht sie jetzt eine Elementarschule für Mädchen, hinzu kommen zwei Stunden selbstständigen Klavierübens sowie jeweils eine Stunde Klavierunterricht frühmorgens und am Nachmittag. Zusammengerechnet ergibt das ein Pensum von bis zu neun Stunden täglich. Von einer Kindheit, die diesen Begriff verdient, kann keine Rede sein. Alles ist minutiös durchgetaktet, mit dem erklärten Ziel, Claras pianistische Fähigkeiten so rasch wie möglich zur Konzertreife zu bringen.

Die Eile, mit der Friedrich Wieck vorgeht, hat ihren Grund. Seit Mitte des achtzehnten Jahrhunderts ist das Interesse an halbwüchsigen Virtuosen stetig gestiegen. Zu den Prototypen gehören Nannerl und Wolfgang Amadeus Mozart, die bereits im zartesten Alter durch Europa reisten und sogar von Königen empfangen wurden. Die Faszination für kindliche Talente kommt nicht von ungefähr. Während umjubelte Virtuosen wie Liszt oder Paganini als unheimlich, wenn nicht dämonisch empfunden werden, haftet Wunderkindern der Reiz der Unschuld an, etwas Reines, Unverbildetes.

Eine schöne Illusion, steckt doch harte Arbeit dahinter. Gleichwohl funktioniert die Fiktion einer naturwüchsigen, gleichsam gottgegebenen Begabung glänzend, und die Nachfrage nach immer neuen »Wundern« spornt Friedrich Wieck an, nun ebenfalls sein Glück zu versuchen.

Was ihn zusätzlich befeuert, ist der noch recht neue Trend, speziell kleine Mädchen auf die Konzertbühnen zu katapultieren. Angesichts des Vorurteils, das sogenannte schwache Geschlecht könne nichts Bedeutendes hervorbringen, verdoppelt sich damit die Attraktion kindlicher Virtuosität. Wiecks Erfolgsformel ist simpel: Je jünger Clara mit tadellosen Leistungen begeistern kann, desto besser, je elfenhafter sie wirkt, desto größer der Zauber, den sie aufs Publikum ausübt.

Zu seinem Plan gehört wesentlich die Kunst der Inszenierung. Eine unerlässliche Bedingung, um in den Status eines Wunderkinds zu gelangen. Vorbilder gibt es bereits. Der Typus Kindfrau hat Konjunktur, zu Ikonen verklärte engelhafte Wesen wie Marie Moke-Pleyel oder Anna Caroline de Belleville. Letztere debütiert 1816 zehnjährig in München, beeindruckt Beethoven in Wien, spielt 1830 in Warschau Chopin vor, der ihr einen Walzer widmen wird. Auch Clara kreuzt später ihre Wege – und spricht mit einer Mischung aus Neid und Abscheu vom unausstehlichen Wesen der Konkurrentin.

Friedrich Wieck hingegen betrachtet die Belleville unter dem professionellen Aspekt. Auf Lithografien posiert sie mit zur Seite geneigtem Kopf und hochgestecktem Haar, wodurch ihr zarter

Hals zur Geltung kommt. Stets trägt sie dekolletierte eng anliegende Seidenkleider, deren voluminöse Puffärmel ihre Gestalt noch zierlicher, noch mädchenhafter wirken lassen. Was kann reizvoller sein als der Kontrast zwischen so viel femininer Lieblichkeit und der als männlich empfundenen Kraft an den achtundachtzig Tasten?

1832 lässt Friedrich Wieck eine Lithografie der damals zwölfjährigen Clara anfertigen, auf der sie wie eine kleine Schwester der Belleville wirkt: Mit artig geneigtem Köpfchen lächelt sie den Betrachter an, ihren schmächtigen Körper umhüllt ein weißes Seidenkleid mit gewaltigen Puffärmeln, das dunkle Haar ist zu einem Dutt aufgetürmt und mit einer Schleife versehen, als sei sie eine hübsch verpackte Pralinenschachtel. Die Lithografien verkauft der geschäftstüchtige Vater nach Claras Konzerten, und wie nicht anders zu erwarten, finden sie reißenden Absatz.

Beim Repertoire orientiert sich Wieck ebenfalls am erfolgreichen Vorbild. Hummel, Ries, Herz, Moscheles heißen die Komponisten à la mode, deren virtuose Werke bestens geeignet sind, das nahezu zirzensische Können seiner Tochter vorzuführen. Als besonderes Plus kann Anna Caroline de Belleville mit Improvisationstalent und eigenen Kompositionen aufwarten, was die tonangebende *Allgemeine musikalische Zeitung* 1821 zu der Feststellung veranlasst, offenbar sei das weibliche Geschlecht dann doch sowohl zur schaffenden als auch zur ausübenden Tonkunst geeignet. Für Clara bedeutet das eine weitere Benchmark. 1831 erscheinen ihre *Quatres Polonaises,* die sie im Alter von zehn Jahren komponiert haben soll.

Erziehungsziel Berufsmusikerin

Friedrich Wieck denkt noch weiter. Das Projekt Clara ist derart aufwendig, dass der Lohn seiner Arbeit nicht auf das enge Zeitfenster einer Wunderkindkarriere begrenzt bleiben soll. Anders als Nannerl Mozart, die genauso wenig aus dem Schatten ihres Bruders heraustreten durfte wie später Fanny Hensel, die Schwester Felix Mendelssohn Bartholdys, soll Clara dereinst Berufsmusikerin werden. Friedrich Wieck plant langfristig. Erst Wunderkind, dann Wunderweib, könnte man sein Konzept auf den Punkt bringen.

Damit setzt eine eigentümliche biografische Prägung ein, die Clara als Erwachsene sehr sichtbar von anderen Frauen unterscheiden wird: Sie durchläuft eine weitgehend genderunspezifische Erziehung. Zwar erhalten auch ihre jüngeren Brüder Musikunterricht, doch gemäß Friedrich Wiecks Überzeugung, nur ein Mädchen lasse sich nach seinem Willen formen, fokussiert er sich hauptsächlich auf seine Tochter. Deren Leben wiederum kreist hauptsächlich um das Klavier.

Wie in Weimar der düpierten Regierungsratsgattin mitgeteilt, besitzt Clara keine Puppen, und es gibt auch keine gleichaltrigen Freundinnen, mit denen sie spielen könnte. Abgesehen vom Strickunterricht, den sie schon nach einem halben Jahr wieder aufgibt, gleicht ihre Erziehung eher der eines Jungen. Für die damalige Zeit ist das äußerst ungewöhnlich. Üblicherweise werden Mädchen von Kindesbeinen an auf ihre Rolle als Ehefrau und Mutter vorbereitet, indem man ihnen Puppen statt Bauklötze gibt und sie dazu anhält, Umgang mit anderen Mädchen zu pflegen.

Friedrich Wieck sieht in seiner Tochter jedoch keineswegs die zukünftige Ehefrau und Mutter. Diese Haltung spiegelt sich ex negativo darin wider, dass er seiner eigenen Frau öffentliche Auftritte zunehmend verboten hatte; gegen Ende der Ehe durfte

Mariane nur noch Klaviere vorführen und Klavierunterricht erteilen. Clara hingegen ist eindeutig für eine Karriere bestimmt, die eine spätere Verheiratung ausschließt.

Die zölibatäre Definition einer berufstätigen Frau gilt selbstverständlich nur im Bürgertum, dem sich Wieck zugehörig fühlt. In den unteren Ständen sind Mägde, Köchinnen, Wäscherinnen und viele weitere dienende Berufe die Regel. Für Claras Zukunft hingegen ist ein Entweder-oder verbindlich, und ihr Vater trifft bereits jetzt die Entscheidung, sie zu einem Leben als Künstlerin ohne Mann und Kind zu erziehen.

So antiquiert diese Haltung auch anmutet, hat sie sich doch bis in die jüngere Vergangenheit fortgeerbt. Noch in den fünfziger Jahren des zwanzigsten Jahrhunderts durften weder Pfarrerinnen noch Lehrerinnen heiraten; Letzteres wurde sogar mit einem eigenen Terminus technicus, dem sogenannten Lehrerinnenzölibat, unterstrichen. Die Idee einer Unvereinbarkeit von Familie und Beruf hat sich also relativ lange gehalten. Für Friedrich Wieck ist sie elementar – aus pragmatischen Gründen. Warum sich tagtäglich abmühen und ein Mädchen zum Goldesel dressieren, wenn die Zeit der Ernte durch eine Heirat limitiert ist?

Das daraus resultierende Erziehungskonzept legt den Grundstein für eine Eigenschaft Claras, die bei ihren späteren Zeitgenossen für Irritationen, wenn nicht für offene Missbilligung sorgen wird: Geht es um Berufliches, denkt und handelt sie wie ein Mann. Das heißt, im Zweifel entscheidet sie sich gegen familiäre Pflichten und geht lieber auf Tournee, als Heim und Herd zu hüten.

Von außen betrachtet, wirkt ihr späteres Verhalten deshalb seltsam gefühllos. Andererseits ist es die Konsequenz einer Kindheit, in der Gefühle systematisch der Karriere untergeordnet und im Zweifelsfall ignoriert werden müssen. Vom fünften Lebensjahr an lebt Clara in einem emotionalen Vakuum. Vor allem unerwünschte Gefühle wie Unlust, Trauer oder Angst müssen unterdrückt werden, so wie die Sehnsucht nach inniger Nähe. Die kann ihr der unterkühlte Vater nicht geben. Was fehlt, sind die Wärmegrade einer echten Bindung.

Auch Mariane Bargiel eignet sich wenig dafür – weil sie gar nicht da ist. Nach einem Aufenthalt in Leipzig anlässlich der Scheidung im Jahr 1825 stattet sie ihrer Tochter erst wieder im Mai 1829, also volle vier Jahre danach, einen Besuch ab. »Ich stand immer so fremd in der Welt«, schreibt Clara als junge Frau an Robert. »Was ja das Mädchen so sehr bedarf, Mutterliebe, die genoss ich nie, und so war ich nie ganz glücklich.«[11]

Neben dem Vater sind da nur noch die jüngeren Brüder, zu denen sie jedoch ein eher distanziertes Verhältnis hat, sowie die erwähnte Magd, die bald durch eine Gouvernante ersetzt wird. Auch die zweite Heirat Friedrich Wiecks im Jahr 1828 beschert Clara keine herzenswarme Beziehung. Im Gegenteil. Der gerade mal dreiundzwanzigjährigen Pfarrerstochter Clementine missfällt, dass sich das gesamte Familienleben um Clara dreht, und empfindet sie als Rivalin im Kampf um die Gunst Friedrich Wiecks. Ein zäher Kleinkrieg beginnt. Clementine verweigert dem Mädchen Obst und Kuchen, gönnt ihr nicht mal kleine Geschenke, so rasend eifersüchtig ist sie auf das kapriziöse Geschöpf, den unbestrittenen Liebling ihres Mannes.

»Alles hab ich von meinem eigenen Geld gekauft, nicht eine Stecknadel hab ich von meinen Eltern«, wird sich Clara später beklagen. »Sie schenkten mir nie etwas, nicht einmal eine Kirsche noch Pflaume gab mir die Mutter (Stiefmutter, Anm. d. V.) – ›die hat ja Geld‹, hieß es immer.«[12] In der Tat verfügt Clara schon als Halbwüchsige über Einnahmen aus ihren Konzerten. Wenn auch der Vater den Löwenanteil für sich behält, kann sie sich doch einige Kleinigkeiten davon leisten, was Clementine umso mehr ärgert, als sie finanziell vom Ehemann abhängig ist.

Von ihrer Stiefmutter kann Clara also nichts erwarten. So bleibt der Vater ihre einzige Bezugsperson. Man könnte auch sagen, dass sie ihm auf Gedeih und Verderb ausgeliefert ist. Zuwendung ersetzt er durch sein granithartes Übungsprogramm, für dessen Einhaltung Claras seelische Verfassung vollkommen irrelevant ist. Stattdessen moniert er sogar, sie sei verschlossen. Heute weiß man: So reagieren Kinder, deren Emotionen keine Echokammer finden. Sie panzern sich, verschließen sich, kapseln sich ab.

Die bittere Ironie besteht darin, dass Clara ihrem Vater im Grunde einen Spiegel vorhält. Durch seine lang nachwirkende Scham, aus ärmlichen Verhältnissen zu stammen, nach seinen anfänglichen beruflichen Fehlschlägen und seiner gescheiterten ersten Ehe ist er ein emotional unzugänglicher Mann geworden. Falls er überhaupt mal Gefühle zeigt, dann in Form von Wutausbrüchen. Kann Clara seine hochgesteckten Erwartungen nicht erfüllen, zerreißt er schon mal ihre Noten. Weniger zimperlich verfährt der jähzornige Wieck mit seinen Söhnen. Wenn sie nicht spuren, setzt es Prügel, versagen sie an der Geige, wird ihnen selbige auf den Kopf geschlagen.

Tiefschwarze Pädagogik

Von körperlichen Misshandlungen bleibt Clara verschont, seelisch aber ist sie einem Dauerfeuer negativer Beurteilungen ausgesetzt. Dabei werden weniger ihre pianistischen Leistungen zum Stein des Anstoßes als ihr Wesen, ihre Persönlichkeit. Friedrich Wieck wertet sie permanent ab und scheut nicht einmal davor zurück, dies im Tagebuch zu Protokoll zu geben, das er in Claras Namen führt.

So wirft er der Sechsjährigen vor, sie torpediere seinen Klavierunterricht durch ihre Neigung zum Widerspruch, die sie »geerbt zu haben« scheine.[13] Man muss kein Psychologe sein, um zu erkennen, dass er seinen Zorn auf die abtrünnige Mutter umstandslos auf die gemeinsame Tochter projiziert. Mit Lob hält er sich zurück, weil Clara daraufhin »eigensinnig und in ihren Wünschen unbändig« werde.[14] Neben der selbstgefälligen Auflistung ihres sich stetig erweiternden Repertoires, das er selbstredend als eigenen Erfolg verbucht, geißelt Friedrich Wieck immer wieder ihren vermeintlich schlechten Charakter. Ein Jahr später notiert er, wiederum als Clara maskiert: »Mein Vater tadelt jetzt besonders an mir einen gewissen Neid, – Vergnügungssucht – kindische Empfindlichkeit.«[15]

Da wirkt es fast schon absurd, dass er im Anschluss seiner Bekümmerung Ausdruck verleiht, seine Tochter könne sich nie »an dem Gegenwärtigen freuen«.[16] Wie denn auch, wenn sie ständig unter Beschuss steht? Dass sich Clara anfangs heftig gegen den väterlichen Zwang aufgelehnt haben muss, ist anhand des Jugendtagebuchs leicht zu rekonstruieren. Welche seelischen Verletzungen das andauernde Sperrfeuer anrichtet, kann man zumindest erahnen. Nicht nur, dass sie unter absoluter Kontrolle steht und mit ungeheurem Leistungsdruck aufwächst; menschlich erlebt sie wieder und wieder die völlige Demontage.

Friedrich Wiecks schwarze Pädagogik der Beschimpfungen und Einschüchterungen erreicht einen vorläufigen Höhepunkt, als Clara am 20. Oktober 1828 nach diversen privaten Vorführungen im Leipziger Gewandhaus debütiert. Wenngleich die Neunjährige nur einen von mehreren Programmpunkten bestreitet, ist es ein viel beachteter Erfolg. Selbst die *Allgemeine Musikzeitung* vermerkt, ihr Auftritt gebe Anlass zu den größten Hoffnungen.

Für den ewig unzufriedenen Friedrich Wieck reicht das keineswegs. Zwar erwähnt er Claras fehlerfreie Leistung, auch den anhaltenden Beifall, fährt jetzt aber noch stärkeres Geschütz auf. Mit dem gewohnten Verfahren, in ihrem Namen zu sprechen, listet er neun Tage später den Sündenkatalog ihrer vermeintlichen Verfehlungen auf: »Mein Vater, der längst schon vergebens auf eine Sinnesänderung von meiner Seite gehofft hatte, bemerkte heute nochmals, dass ich immer noch so faul, nachlässig, unordentlich, eigensinnig, unfolgsam pp sei.«[17] Die Strafe folgt auf dem Fuße: Er bricht den Unterricht ab. Von nun an darf Clara nur noch Tonleitern, Etüden und Trillerübungen spielen. Im Gegenzug beginnt er, ihre Brüder im Klavierspiel zu unterweisen.

Das ist die Höchststrafe. Der ultimative Liebesentzug für ein Kind, das Zuwendung ausschließlich über den Unterricht erfährt. Grausamer hätte Friedrich Wiecks Reaktion nicht ausfallen können. Clara kann gar nicht anders, als zu Kreuze zu kriechen. Welche andere Option als Unterwerfung hat sie denn schon, wenn sie von ihrer einzigen Bezugsperson emotional erpresst wird? Am 5. November vermeldet das Tagebuch, ihr Vater erteile ihr wieder Klavierstunden, »nachdem ich fest versprochen, mich zu ändern«.[18]

Diese Achterbahnfahrt wird noch lange ihr Leben bestimmen: Zeigt sie Wohlverhalten, kann sie seiner Beachtung sicher sein, widersetzt sie sich, folgt die Bankrotterklärung ihres Charakters.

Wie toxisch Friedrich Wiecks Einfluss bleibt, macht sich anlässlich eines Konzerts bemerkbar, das Clara im März 1830 in Dresden gibt. »Wir finden hier eine nicht geahnte Aufnahme«, schreibt der Vater voller Stolz an seine Frau Clementine. »Claras musikalische Ausbildung (nicht allein als Virtuosin) findet jeder hier für fabelhaft, und so will denn jeder ausgezeichnete Spieler dieselbe auch hören und sich von dem nie Gehörten überzeugen.«[19] Dass die Zehnjährige bereits komponiert und zur Verwunderung des Publikums über ein spontan vorgegebenes Thema improvisieren kann, trägt zum Dresdner Erfolg bei.

Für Clara ist es dennoch kein Anlass zur Freude. »Nach dem Schluss klatschte die ganze Gesellschaft«, berichtet Friedrich

Wieck von einer Darbietung in kleineren Kreis wenige Tage später. »Sie stand ganz ruhig und ernst auf und sagte ›da klatscht ihr nun, und ich weiß doch, dass ich schlecht gespielt habe‹, und verlor einige Tränen.«[20]

Es ist beklemmend, wie wenig sie von sich hält, weil ihr immer nur das eigene Ungenügen gespiegelt wird. So geht das jahrelang. In einem Brief an Mariane Bargiel beschwert sich Friedrich Wieck über die mittlerweile Fünfzehnjährige, die bereits auf eine Wunderkindkarriere als Pianistin und Komponistin zurückblicken kann: »Wenn ich nicht wäre, würde sie kein einziges Stück vollendet spielen – denn sie ist so zerstreut, dass sie in der Regel nicht weiß, ob sie spielt, und der Eigensinn dabei verzerrt ihr Gesicht.«[21]

Nur zu gern geriert er sich als Retter. Wer Clara in Wahrheit rettet, ist sie selbst. Anfangs folgt sie noch einer rein extrinsischen Motivation: Ihren eigenwilligen Charakter kann sie nicht ändern, trotz aller Versprechungen, wohl aber kann sie Bestrafungen vermeiden und Belohnungen erheischen, wenn sie sich am Klavier anstrengt. Darüber hinaus verwandelt sich die Musik jedoch zunehmend in einen Zufluchtsort, an dem sie sich ihre eigene Welt erschafft. In der Realität muss sie ihre Gefühle verbergen, Klavier spielend kann und darf sie sie zum Ausdruck bringen. Dadurch entsteht eine starke intrinsische Motivation: Die Musik wird zum Ereignisraum für Emotionen, die nirgendwo sonst ausgelebt werden dürfen.

Noch oft werden Rezensenten jene ungeheure »Kraft« ihres Spiels betonen, die schon Goethe aufgefallen war. Von weiblichen Pianisten erwartet man zarte Klänge und fein abgestufte Emotionen, doch Clara durchbricht dieses Klischee. Weil sie gar nicht anders kann.

Wann immer es eine Komposition erlaubt, drischt sie förmlich aufs Klavier ein, agiert sich aus, donnert Doppeloktaven in die Tasten, als sei das ihre einzige Chance auf eigenständiges Handeln –

nicht nur in der Musik, auch in einem Leben, das längst in der Musik stattfindet. Wegen des ungeheuren Kraftaufwands hat sie gespaltene Nägel, manchmal trägt sie blutende Fingerkuppen davon.

Überlebensstrategie Musik

»Es ist nicht bloß ein dunkler Trieb, welcher Clara vorwärtstreibt, nein! Sie weiß, was sie will!«, schreibt der Musikschriftsteller Johann Peter Lyser in seinem 1833 veröffentlichten *Musiker-Almanach*. »Mit einer für ihr Alter und ihre körperliche Ausbildung unbegreiflichen Kraft weiß sie es zu gestalten, ohne jemals die Schranke zu überspringen, was umso mehr zu bewundern ist, als sich der Charakter ihres Spiels mehr zum Großartigen, Leidenschaftlichen als zum Eleganten, Zierlichen hinneigt.«[22]

Lyser verdanken wir auch eine Momentaufnahme, die bei aller schwärmerischen Emphase einigen Einblick in Claras Psyche erlaubt. »Das feine hübsche Gesichtchen mit den etwas fremdartig geschnittenen Augen, der freundliche Mund mit dem sentimentalen Zug, der dann und wann etwas spöttisch oder schmerzlich – besonders, wenn sie antwortet – verzieht«, zeichnet er das Bild des Teenagers. »Es ist«, so resümiert Lyser, »als wisse das Kind eine lange, aus Lust und Schmerz gewobene Geschichte zu erzählen, und dennoch – was weiß sie? – Musik!«[23]

Er hätte auch sagen können: *nur* Musik, nicht ahnend, dass es eine sehr reale Geschichte ist, die Clara unentwegt erzählt. Ihre eigene leidvolle Geschichte, in der das Klavierspiel Zuflucht, seelische Entlastung, ja eine innere Heimat gewährt.

Es geht dabei um weit mehr als den äußeren Erfolg. Vielmehr strahlt die Erfahrung, Ohnmachtsgefühle durch Selbstermächtigung überwunden zu haben, auf die gesamte Persönlichkeit zurück. Albert Bandura, Psychologe und Begründer der sozialkognitiven Lerntheorie, spricht in diesem Zusammenhang von Selbstwirksamkeitserwartung. Mit diesem Begriff kennzeichnet er die Überzeugung, nach erfolgreich bewältigten Herausforderungen auch künftig schwierige Situationen aus eigener Kraft meistern zu können. Für Clara hat dieser Lernprozess existenzielle Bedeutung. Zeitlebens von Lampenfieber geplagt, ist jeder gelungene Auftritt ein Sieg über ihre Ängste – und über den Vater.

Im Laufe der Jahre wird die Musik zu ihrer Überlebensstrategie, um nicht an den permanenten Diffamierungen Friedrich Wiecks zu zerbrechen. Der sieht sie immer nur defizitär, am Klavier jedoch fühlt sie sich »richtig«. Ermutigt durch das anhaltend positive öffentliche Echo, gewinnt sie fortschreitend an Selbstvertrauen und definiert ihre Identität folgerichtig über die Musik.

Menschlich mag sie – nach Meinung Wiecks – ihre Makel haben, auch als Komponistin stellt sie sich immer wieder in Frage, doch am Klavier fühlt sie sich unangreifbar, wenn nicht unverwundbar. Dadurch entwickelt sie eine bemerkenswerte Frustrationstoleranz. Ob es sich um Streitigkeiten mit dem Vater handelt, die nervenzerfetzende Verlobungszeit mit Robert Schumann, wiederkehrende Erkrankungen, Ehekonflikte oder Phasen der Erfolglosigkeit – nie gibt sie auf, nie erliegt sie der Versuchung, zu resignieren. »Ich bin ein gepanzertes Mädchen«, charakterisiert sie sich selbst, als sie kurz vor einem Wiener Konzert erfährt, dass ihre Gegner sie ausbuhen wollen.[24]

Mit jedem weiteren Jahr festigt sich ihr Glaube, dass sie alle Probleme bewältigen wird, solange sie Halt in der Musik findet. Ihre innere Stärke und ihre Durchsetzungskraft haben hier ihre Wurzeln. Die erlernte Resilienz wirft auch ein neues Licht auf ihre Beziehung zum Vater. Im Grunde durchläuft Clara eine Variante des Stockholm-Syndroms, bei dem das Opfer eine positive Bindung zum Täter aufbaut. Sie hält es für Liebe. Und je älter sie wird, desto dankbarer spricht sie über ihn. Selbst während der

Verlobungszeit, in der sie von Friedrich Wieck ebenso diskreditiert wird wie der missliebige Robert, wirbt sie bei diesem um Verständnis.

»Denke einmal, dass Vater alles an mich gewandt, sein Vermögen hat er für mich gegeben, meine Geschwister um meinetwillen vernachlässigt«, beschwört sie ihn. »Schmerzlich ist mir, wenn Du auf Vater einen Stein werfen willst, weil er für seine vielen mir gewidmeten Stunden nur einen kleinen Lohn verlangt.«[25]

Noch emphatischer verteidigt sie Friedrich Wieck in reiferen Jahren. Dreiundsechzigjährig nimmt sie ihn vor Kritikern in Schutz, die ihm ex post ein zu rigoroses Regiment vorwerfen. »Die Leute, die von solch ernster Erziehung keinen Begriff haben, legten alles als Tyrannei und Grausamkeit aus«, erklärt sie einer Freundin und rühmt nicht nur das »pädagogische Genie« ihres Vaters, sie deutet seine Erziehung auch als Schule der Lebenstüchtigkeit: »Ich danke ihm Zeit meines Lebens für alle die sogenannten Grausamkeiten. Wie hätte ich der Ausübung der Kunst bei all den schweren Schicksalen, die mir auferlegt waren, wohl so fortleben können?«[26]

Eine rhetorische Frage. Und ganz unrecht hat Clara keineswegs. Dass sie später viele Schicksalsschläge zu überwinden vermag, ist der Unerbittlichkeit geschuldet, mit der sie von früher Kindheit an ans Klavier gezwungen wurde. Zwar fungiert Friedrich Wieck durchaus als ihr Zuchtmeister, zugleich aber ebnet er ihr unwissentlich den Weg zu einer neuen Selbst- und Weltwahrnehmung: Aus ihrer Perspektive ereignet sich das »wahre Leben« am Klavier, auf der Bühne, im Konzert. In einem Paralleluniversum also, das sie jederzeit aufsuchen kann, wenn die Realität da draußen überfordernd zu werden droht.

Und die Realität bleibt weiterhin ein Stresstest. Claras rasanter Aufstieg zum Klavierstar ist mit Strapazen und Entbehrungen erkauft, durch die sich ihr stählerner Charakter formt. Sooft ihr Friedrich Wieck auch vorhält, ohne ihn sei sie ein Niemand, wächst in ihr die Gewissheit, dass ja sie selbst die Leistungen erbringt, die ihr Applaus und Ruhm eintragen – entgegen allen väterlichen Kassandrarufen. Auf der Bühne muss sie sich ausschließlich auf ihre eigenen Fähigkeiten verlassen, die sie in der Tat immer aufs Neue unter Beweis stellt.

Diese Erfolgserlebnisse verändern sie. Und zwar durch einen eigentümlich dialektischen Prozess: Friedrich Wieck will den Eigensinn seiner Tochter mit strengsten musikalischen Exerzitien zähmen, nicht ahnend, dass sie genau daraus die Energie schöpfen wird, sich ihm dereinst zu entziehen.

Ermutigt vom Prinzip der Selbstwirksamkeit und beflügelt vom wachsenden Selbstvertrauen, löst sie sich zusehends aus der emotionalen Abhängigkeit vom Vater und erlangt nach und nach eine bemerkenswerte Unabhängigkeit. Rückfälle wie zu Beginn ihrer Ehe bleiben die Ausnahme. Nach Roberts Tod, dem ein mehr als vierzig Jahre langes Witwendasein folgt, lebt sie bewusst ohne einen Mann an ihrer Seite, weil sie um die Gefahren weiß, die eine allzu enge Bindung mit sich bringt. In diese Falle will sie nie wieder laufen.

Aus der Erfahrung der Selbstermächtigung hat sie etwas Entscheidendes gelernt: Nicht etwa irgendein Mann, sondern der Beruf ist ihr verlässlichster Partner fürs Leben.

KAPITEL 2

VERDRÄNGTES

Flirting with disaster.
Robert Schumann und
die Faszination des Abgrunds

Clara ist wie verwandelt. Leicht und frei fühlt sie sich auf diesem Spaziergang durch den sommerlich grünen Auenwald. Eichen, Ulmen und Schwarzpappeln säumen die Ufer der vielen Seen und Flüsse, der Waldboden ist bedeckt mit Bärlauch und blassgelb blühenden Leipziger Windröschen, überall ergeben sich reizvolle Ausblicke.

Schon oft war Clara hier unterwegs. Die Wanderwege zwischen Connewitz und Leipzig sind nicht nur äußerst beliebt bei Städtern, die zu den idyllisch gelegenen Ausflugslokalen südlich der Sachsenmetropole pilgern, sie gehören auch zu Friedrich Wiecks Ertüchtigungsprogramm. Täglich stehen zwei- bis dreistündige Fußmärsche auf der Agenda, mit denen er die robuste Konstitution seiner Tochter sichert. Der Gang nach Connewitz und retour ist quasi eine Routineangelegenheit.

Doch heute ist alles anders. Ausgelassen wirft Clara ihre Arme in die Luft. »Ach, wie glücklich bin ich«, jubelt sie leise.

Sie sagt es mehr zu sich selbst. Vielleicht aber auch in der Hoffnung, dass es der neue Schüler hört, den ihr Vater unter seine Fittiche genommen hat. Und ja, der mitwandernde Robert hört es nicht nur, er berichtet es sogar seiner Mutter, so eigentümlich berührt ihn Claras »wilde und schwärmerische« Art.[1] Ohne Zweifel genießt er die Anziehungskraft, die er auf das gerade mal zwölfjährige Mädchen ausübt. Immer wieder sucht es seine Nähe, neckt ihn, fordert ihn spielerisch heraus.

Auch bei diesem Spaziergang. Liegt ein Stein im Weg, zupft Clara ihn warnend an der Jacke – und stolpert dann nur zu oft selbst über den betreffenden Stein, so durcheinander ist sie, so aufgeregt, so glücklich, dass dieser junge Mann in ihr Leben geschneit ist.

Als Robert Schumann im Herbst 1830 bei den Wiecks einzog, war er zwanzig, Clara elf. Trotz des Altersunterschieds fühlten sie sich auf der Stelle wesensverwandt: das frühreife Kind und der unreife junge Mann, das Mädchen, das sich wie eine kleine Erwachsene benehmen soll, und der ungestüme Träumer, der nicht erwachsen werden will. Gut aussehend ist er, ein bisschen verrückt und voller Geschichten. Die erzählt er vorzugsweise abends, und Clara kann es kaum erwarten, sich von ihm in magische Welten entführen zu lassen.

Nach dem Spaziergang geht es zurück nach Leipzig in die Wieck'sche Wohnung an der Grimmaischen Gasse. Es ist ein bürgerlich schlicht eingerichtetes Zuhause mit rohen Holzdielen und schmucklosen Möbeln aus Kirschbaumholz, doch groß genug, um einen Klavieraleven als Logiergast aufzunehmen. Für Clara ist der neue Mitbewohner ein Quell fortwährender Begeisterung. Zwar führt Friedrich Wieck ein offenes Haus und empfängt in seinem Salon sowohl die örtliche Musikszene als auch berühmte durchreisende Komponisten und Musiker – aber keiner ist wie Robert.

Nach dem Abendessen spielen sie manchmal vierhändig Klavier, danach sind die Geschichten dran. Aus dem Stand erfindet Robert Gespenstermärchen und entpuppt sich als wahres Füllhorn skurriler Einfälle. Clara hängt an seinen Lippen. Emotional ausgehungert, wie sie von jeher ist, lässt sie sich von seinem Überschwang anstecken. Endlich hat sie jemanden gefunden, bei dem sie Gefühle zeigen darf. Und der Gefühle in ihr weckt.

Bald schon haftet ihrer Freundschaft etwas Verschwörerisches an: Wir gegen den Rest der Welt. Was zugleich bedeutet: Wir sind anders als diese trockenen Spießer, die uns mit ihrer taghellen Welt belästigen. Lass uns auf die dunkle Seite wechseln, auf die Nachtseite der Rätsel und Geheimnisse. Fantasie an die Macht!

Im ersten Brief, den Clara im Januar 1832 von ihrem »mondsüchtigen Charadenaufgeber« erhält, spürt man die spielerisch flirrende Vertrautheit, die sich zwischen ihnen aufgebaut hat. »Ich war während Ihrer Abwesenheit in Arabien, um alle Märchen zu erzählen, die Ihnen gefallen könnten«, fabuliert Robert drauflos. »Sechs neue Doppelgängergeschichten, 101 Charaden, 8 spaßhafte Rätsel und dann die entsetzlich schönen Räubergeschichten und die vom weißen Geist – hu, huh, wie's mich schüttelt!«[2]

Aus seinen Worten spricht mehr als die Lust am Fantastischen. Im Motiv des Doppelgängertums tun sich Abgründe auf, die Robert als glühender Jean-Paul-Verehrer aus dessen Roman *Siebenkäs* kennt: eine Identitätsverwirrung, ausgelöst durch die schaurige Entdeckung eines tiefschwarzen Pendants. Die Realität wird plötzlich brüchig, nichts ist, wie es scheint. Oder, radikaler: Niemand ist, wie er zu sein scheint, denn im Hintergrund lauert immer ein Doppelgänger, der das Unheimliche, Verbotene, Anarchische des Ichs zum Vorschein bringt.

Für Clara und Robert wird das Doppelgängermotiv zum Geheimcode ihrer Annäherung. Das beginnt bereits damit, dass Robert mehr in ihr sieht als die auf Karriere getrimmte brave Tochter. 1831 hält er in seinem Tagebuch fest: »Wieck und Clara sind sehr romantische Figuren. Etwas Paganinisches müsste mit einfließen.«[3] Also etwas Ungestümes, Genialisches, Entgrenztes. Doch schon jetzt sieht er das Mädchen, in dem die Emotionen brodeln: »Was ist Clara für ein Wesen!«, wundert er sich im Sommer 1831, kurz vor ihrem zwölften Geburtstag. »Gewiss sprach sie am geistreichsten von uns allen – kaum drei Schuh hoch, liegt ihr Herz schon in einer Entwicklung, vor der mir bangt. Launen und Laune, Lachen und Weinen, Tod und Leben, meist in scharfen Gegensätzen, wechseln in diesen Mädchen blitzschnell. Ach nein; aber Geschichten, sagte sie, Geschichten, das ist mein Leben.«[4]

In dem Backfisch, der geistig erstaunlich wach ist, ahnt er bereits die junge Frau, die koketter flirtet, als ihr Vater jemals für möglich halten würde, später auch die auf eine romantische

Liaison eingeschworene ferne Fast-schon-Geliebte. So ist es nur folgerichtig, dass er einen neuen Namen für dieses facettenreiche Wesen erfindet: Zilia, wahlweise auch Chiara oder Chiarina.

Damit hat es eine besondere Bewandtnis. In seinem Davidsbündler-Zirkel – einem von Robert initiierten Club ausgewählter Künstler, die engstirnigen Musiktraditionalisten den Kampf ansagen – treten einige Personen seines Umfelds mit Aliasnamen auf. Er selbst spaltet sich in Florestan und Eusebius auf, ein »Schelmenpaar«, das an die ungleichen Figuren Vult und Valt aus Jean Pauls Roman *Flegeljahre* erinnert. Florestan steht für das Leidenschaftliche, Vorwärtsstürmende, Eusebius für das Nachdenkliche, Elegische seines Charakters. Clara weist er die Rolle einer kunstverständigen Mitstreiterin zu, die sich als Zilia, Chiara respektive Chiarina an seine Seite – und den philiströsen Kritikern entgegenstellt.

Ihr neuer Name steht zugleich für einen Mix aus Fakten und Fiktion, aus dem er sich eine Fantasie-Clara nach seinem Gusto erschafft: eine Doppelgängerin, an die er im Sommer 1833 eine exzentrische Bitte richtet.

»Ich spiele morgen Punkt 11 Uhr das Adagio aus Chopins Variationen«, lässt er sie wissen, »und werde dabei stark an Sie denken, ja, ausschließlich an Sie. Nun die Bitte, dass Sie dasselbe tun möchten, dass wir uns geistig sehen und treffen. Der Punkt würde wahrscheinlich über dem Thomaspförtchen sein, als wo sich unsere Doppelgänger begegnen. Wäre Vollmond, so schlüge ich diesen als Briefspiegel vor. Ich hoffe sehr auf eine Antwort. Tun Sie es nicht und springt morgen in der zwölften Stunde eine Saite, so bin ich's. Ich bin's auch – von ganzem Herzen – Robert Schumann.«[5]

Würde Clara heute leben, sie hätte wahrscheinlich ein verzücktes »Wow« gehaucht. Was könnte denn bitte unwiderstehlicher sein als ein imaginäres Rendezvous kurz vor Mitternacht, in zeitlicher Nähe zur Geisterstunde? Selbstverständlich ist sie mit von der Partie. Allerdings nicht ohne Robert in ihrer Antwort zu ermahnen, er solle weniger »bairisches Bier« trinken.[6]

Das ist halb im Spaß, halb im Ernst gemeint. Seinen allzu ausgiebigen Bierkonsum wird sie ihm noch häufig vorwerfen, so wie seine Neigung zu schönen Menschen beiderlei Geschlechts. Doch womöglich spürt sie schon jetzt, dass der faszinierende Tausendsassa Robert Schumann einen Doppelgänger hat, der so gar nicht in ihre Jungmädchenwelt passt. Einen dunklen Persönlichkeitsanteil – haltlos, maßlos, fatalen Genüssen ergeben –, der ihr zum Verhängnis werden könnte, falls sie noch weiter in seinen Bannkreis gerät.

Aber gerade das macht natürlich auch den Reiz aus. Clara ahnt vermutlich den Bad Boy hinter diesem gut aufgelegten jungen Mann, der mit ihr scherzt und lacht, als sei das Leben ein vergnügliches Spiel voller Rätsel und Geheimnisse. Widerstehen kann sie weder dem amüsanten Freund noch dem Bad Boy. Zu verheißungsvoll ist die Fantasiewelt, in die er sie entführt. Und zu unerfahren ist dieses junge Mädchen, das sich bestens auf den achtundachtzig Tasten auskennt, aber keinerlei Erfahrung mit innigen Freundschaften oder gar Liebeleien hat.

Schicksalhafte Begegnung

Es mag zwiespältig wirken, das Leben einer Frau nachzuzeichnen und dabei ausgerechnet einem Mann derartig viel Aufmerksamkeit zu widmen. Im Falle Clara Schumanns verhält es sich anders. Ihre Geschichte, ihre Persönlichkeit, auch ihre äußerst lange Karriere sind untrennbar mit Robert Schumann verknüpft. Insbesondere ihre Eigenständigkeit in reiferen Jahren wäre undenkbar ohne jene Verschmelzungs- und Ablösungsprozesse, die sie mit Robert durchlebt.

Was ersehnt sie sich von ihm? Welche Leerstellen soll er füllen? Welche Enttäuschungen wird er ihr bereiten, und wie wächst sie daran?

Bei der Beantwortung dieser Fragen sind die Phasen einer emanzipatorischen Entwicklung zu besichtigen, die einzigartig für Frauen ihrer Zeit ist. Erst durch die Reibung an der ambivalenten Figur Robert Schumanns regt sich in Clara das Bewusstsein für ihr ganz eigenes Wünschen und Wollen, für ihre künftige Rolle in der Musikwelt, nicht zuletzt für das, was sie *nicht* will. Insofern wird Robert zum wichtigsten Katalysator ihrer inneren und äußeren Befreiung.

Nach ersten flüchtigen Begegnungen lernt Clara ihn näher kennen, als er sein ohnehin vernachlässigtes Jurastudium abbricht und im Jahr 1830 bei Friedrich Wieck vorstellig wird. Zwei Jahre zuvor hat er schon einmal Klavierunterricht bei Wieck genommen, jetzt will er Pianist werden, ein gefeierter Virtuose, der beste von allen. Drunter geht's nicht. In seinem Tagebuch hält Robert fest, wenn er in einem Bereich nicht der Erste sein könne, wolle er sich gar nicht weiter damit beschäftigen. Wieck korrespondiert daraufhin erst einmal mit Roberts Mutter, erkundigt sich nach der Ernsthaftigkeit des Ansinnens und stimmt schließlich zu.

Ganz gewiss werde er einen Meisterschüler heranziehen, verspricht er, und untermauert seine Behauptung mit dem Beispiel seiner überaus erfolgreichen Tochter. Im Tagebuch, das er für Clara führt, ist ihm der Neuzugang allerdings nur anderthalb dürre Zeilen wert. »Herr Schumann aus Zwickau ist den 16. Oktober zu uns gezogen in die beiden Stuben nach der Reichsstraße hinaus«, notiert er knapp.[7]

Dass sich seine Tochter spontan zu Robert hingezogen fühlt und bereits dreizehnjährig einen umfangreichen Briefwechsel mit ihm beginnt, scheint Wieck nicht stutzig zu machen. Auch seine Frau Clementine nimmt keinerlei Anstoß an der immer intensiveren Korrespondenz, obwohl sie anfangs alle Briefe liest, weil sie die kryptische Handschrift des Schreibers für Clara entziffern muss.

So wachsam auch jeder Schritt des jungen Mädchens kontrolliert wird, offenbar halten weder Vater noch Stiefmutter für möglich, Clara könnte Gefühle für Robert hegen. Genauso wenig können sie sich wohl vorstellen, ein halbes Kind sei in der Lage, mehr als musikalisches oder freundschaftliches Interesse bei ihm hervorzurufen. Sie werden das Mädchen noch jahrelang unterschätzen. So etwas wie Verliebtheit kommt in ihrer Welt augenscheinlich nicht vor, und Clara wird ohnehin vorrangig als Werkzeug der väterlichen Ambitionen betrachtet.

Im November 1835, zwei Jahre nach dem ersten Brief, küssen sich Robert und Clara zum ersten Mal. Es ist ein derart überwältigendes Erlebnis, dass Clara fast ohnmächtig wird.

Der Kuss geschieht heimlich, klar. Robert ist inzwischen fünfundzwanzig, sie sechzehn, und die Eltern haben allenfalls eine vage Ahnung, was da eigentlich läuft. Vorsorglich hatte Wieck seine Tochter bereits im Frühjahr 1834 nach Dresden geschickt, wo sie Fremdsprachen lernen sollte. Doch wie intensiv die Verbindung der beiden ist, liegt wohl jenseits seiner Vorstellungskraft. Etwa, dass die beiden Liebenden schon viele gestohlene Momente miteinander verbracht haben: in der Wieck'schen Wohnung, wenn niemand zu Hause war, in Reichels Garten, einem parkähnlichen Areal mit einer Promenade entlang der Pleiße, und natürlich am Thomaspförtchen, einem Durchbruch in der Stadtmauer zwischen Thomaskirche und Thomasschule.

Registriert haben die Eltern nur, dass Claras Verhalten im Laufe der vergangenen Monate zusehends rebellischer geworden ist. Enerviert schreibt Friedrich Wieck an seine Ex-Frau Mariane Bargiel: »Clara ist jetzt oft so unbesonnen, herrisch, voller unvernünftigem [sic] Widerspruch, nachlässig, im höchsten Grade unfolgsam, grob, eckig, ungeschliffen, ungeheuer faul.«[8]

Er kann sich keinen Reim darauf machen. Claras Aufsässigkeit meinte er mittlerweile im Griff zu haben, ihr neuerliches Aufbegehren gibt ihm Rätsel auf. Der Begriff der Pubertät ist zwar schon bekannt, aber wenig gebräuchlich, und Wieck ist auch nicht gerade der geborene Empathiker, der in Claras Widerspenstigkeit die heikle Übergangsphase vom Kind zur Erwachsenen erkennen würde. Noch weniger begreift Friedrich Wieck den Zusammenhang zwischen ihren Verhaltensauffälligkeiten und der Bekanntschaft mit einem gewissen Robert Schumann. Der geht schließlich längst seiner eigenen Wege.

Nachdem Roberts selbst gebaute Apparatur zur Kräftigung des rechten Mittelfingers eine dauerhafte Lähmung der Hand zur Folge hatte, endete seine Pianistenlaufbahn, bevor sie überhaupt beginnen konnte.[9] Weiterer Klavierunterricht erübrigte sich damit. Gleichwohl hält Robert Kontakt mit Friedrich Wieck, den er unter dem Namen Meister Raro in seinen Club der Davidsbündler aufgenommen hat, desgleichen mit Zilia, seiner verehrten Mitstreiterin.

Die beiden sehen sich eher selten. Dennoch befeuert Robert weiterhin Claras Fantasie und wird zum Brandbeschleuniger ihres pubertären Protests. Auch wenn sie beruflich wie privat auf unabsehbare Zeit an den gestrengen Vater gebunden ist, verspürt sie doch den altersspezifischen Impuls einer inneren Abnabelung. Da kommt der unkonventionelle Robert gerade recht. Er ist das absolute Gegenprogramm zu Friedrich Wieck, ein genialischer Hallodri und Rebell, der sich auf seine Fahnen geschrieben hat, zumindest die musikalische Welt gründlich aufzumischen.

Durch Roberts ebenso poetisches wie streitbares Davidsbündler-Konzept verankert sich in Clara die Idee, dass man die Dinge keineswegs so hinnehmen muss, wie sie sind – schließlich besetzt Robert in den aktuellen musiktheoretischen Debatten die Position des energischen Neuerers. Als Komponist ungehörten Klängen auf der Spur, als Musikkritiker ein Verfechter der romantischen Avantgarde, verachtet er die konservative Kritikasterzunft. Die wird beispielsweise durch Ludwig Rellstab vertreten, der in seiner Musikpostille *Iris im Gebiete der Tonkunst* gegen alles Neue, auch gegen Chopin polemisiert.

Robert hingegen veröffentlicht 1831 einen hymnischen Artikel über Chopins *Variationen op. 2*, basierend auf Mozarts »Là ci darem la mano«. »Hut ab, ihr Herrn, ein Genie!«, heißt es in der berühmten Rezension in Form eines Gesprächs zwischen dem Autor, hier als Julius firmierend, und seinen Alter Egos Florestan und Eusebius. Bereits aus dem Notenbild blickten den Betrachter »lauter fremde Augen, Blumenaugen, Basiliskenaugen, Pfauenaugen, Mädchenaugen wundersam an«, so Schumanns erster Eindruck. Für ihn gleicht das Werk einer »himmlischen Erscheinung«.[10]

Ebendiese frisch erschienenen Variationen nimmt Clara auf Geheiß des Vaters sogleich in ihr Repertoire auf. Es sei das schwerste Stück, das sie jemals einstudiert habe, ist im Tagebuch zu lesen, »eine originelle und geistreiche Komposition«, deren Wert zu Unrecht verkannt sei.[11] Nach außen hin ist die Entscheidung, sie dennoch aufzuführen, ein klares Votum für Chopin, durch das Clara zugleich Partei für Roberts progressive Gesinnung ergreift.

Damit steigt das noch so junge Mädchen von der reinen Interpretin zur Akteurin in einer leidenschaftlich geführten Debatte auf, eine Tatsache, die sie völlig zu Recht als schmeichelhaft empfindet. Ab jetzt spielt sie gewissermaßen in der Erwachsenenliga. Als Robert im Sommer 1834 seine *Neue Zeitschrift für Musik* gründet, klebt die zu diesem Zeitpunkt Vierzehnjährige einen Zettel an ihre Tür: »Feierlichst erwählter Mitarbeiter der neuen musikalischen Zeitung Clarus Wieck.«[12] Das Wortspiel zeugt nicht nur von der Gewissheit, dass Robert es mühelos decodieren wird. Vielmehr ist der scherzhafte Genderwechsel ein Indiz mehr dafür, dass sie die Freundschaft mit ihm als Initiation in die Erwachsenenwelt versteht – klingt doch Clarus wie eine Verballhornung der Namen Clara, Meister Raro und Carus, einem Leipziger Professor, mit dem Robert und auch Wieck befreundet sind.

Konspirative Annäherung

Schon die bloße Existenz des Briefwechsels markiert einen Wendepunkt in Claras Leben: Bei Robert Schumann ist sie wer. Und nicht nur am Klavier, wie ehedem.

Sicher, Robert macht sich öffentlich für sie stark, als er sie 1832 in der Zeitschrift *Komet* mit der verhassten Konkurrentin Anna Caroline de Belleville vergleicht: Das Spiel der Belleville »schmeichelt dem Ohre, ohne mehr in Anspruch zu nehmen, das der Clara senkt sich ins Herz und spricht zum Gemüt. Jene ist dichtend, diese das Gedicht.«[13] Viel wichtiger aber als Elogen dieser Art ist die Aufmerksamkeit, die er ihr schenkt.

Das übersehene Kind, das väterlichen Zuspruch lediglich um den Preis tadellosen Funktionierens erhält, fühlt sich durch Robert als Ganzes wahrgenommen, auch jenseits ihrer pianistischen Leistungen. Als liebenswertes fantasievolles Mädchen und als Gesprächspartnerin, die mit ihm über seine und eigene Werke korrespondiert. Sogar eine Gemeinschaftsproduktion wird in Angriff genommen: 1833 entsteht das *Premier Concert pour le Pianoforte avec accompagnement d'Orchestre*, ihr *Klavierkonzert a-Moll op. 7*, an dem Robert redigierend mitarbeitet und auch die Instrumentierung übernimmt.

Entscheidend ist, dass Clara in Robert eine neue Bezugsperson findet. Und zwar die einzige neue Bezugsperson in ihrem zunehmend nomadischen Leben. Da sie durch ihre Konzerttätigkeit immer häufiger auf Reisen ist, ergeben sich allenfalls lose Bekanntschaften, enge Freundschaften lässt dieser unstete Lebensstil kaum zu. Auch langjährige Kontakte mit Gleichaltrigen sind rar. Zur Schule ist Clara nur ein Jahr lang gegangen, danach hat sie der Vater zu Hause unterrichtet. Ab 1833 werden Elise und Emilie List zu neuen Freundinnen und Vertrauten. Mit ihren Eltern haben sie eine Weile in den USA gelebt, Clara nimmt bei Emilie Englischstunden. Doch bereits 1836 wird Emilie in ein Internat nach Paris geschickt, sodass nur noch brieflicher Kontakt möglich ist, ein Jahr später zieht die gesamte Familie nach Paris.

In dieser Situation sozialer Unbehaustheit wird Robert zum Fixstern ihres Universums. Persönliche Treffen erwartet er gar nicht. Anfangs reicht es völlig aus, dass sie einander schreiben, ganz einerlei wo sie sich gerade befinden. So wird Clara zur eifrigen Briefeschreiberin und erhält ihrerseits Briefe von Robert. Zu wenige, wie sie anfangs anmahnt. Clara will mehr, viel mehr. Denn Robert selbst ist es, der ihren biografisch geprägten Wunsch nach Beachtung getriggert hat.

Bereits im Sommer 1833, kurz vor ihrem vierzehnten Geburtstag, schreibt er ihr: »Große Sehnsucht habe ich, Sie zu sehen.«[14] In einem anderen Brief dieses Sommers berichtet er von einer fiebrigen Erkrankung und fügt hinzu: »Der Doktor hat sogar verboten, mich zu stark zu sehnen, nach Ihnen nämlich, weil es zu stark angriffe.«[15]

Solche Sätze mögen sich als drollige Späße verkleiden, verfehlen aber keineswegs ihre Wirkung auf Clara. Endlich ist da jemand, der Sehnsucht nach ihr hat. Endlich einer, der zwar anderswo seinen Vergnügungen nachgeht, doch immerzu an sie denkt, wie er beteuert: »Mitten unter all den Herbstfesten und sonstigen Freudenhimmeln guckt immer ein Engelskopf hindurch, der dem einer mir wohlbekannten Clara auf's Haar gleicht.«[16] Ferne sei nur »auseinandergerückte Nähe«, interpretiert er ihr unkörperlich schwärmerisches Verhältnis. »Ich spreche täglich mit Ihnen (ja noch leiser als ich gewöhnlich pflege) und weiß doch, dass Sie mich verstehen.«[17]

Ein imaginäres Rendezvous, imaginäre Gespräche – wie sollte Clara diesem Brieffreund widerstehen? Sie genießt den konspirativen Touch des Austauschs, das Gefühl, heimlich ein Doppelleben zu führen. Und Roberts Anspielungen versteht sie nur zu gut. »Postillione, liebe Clara, wirken überhaupt auf mich so magisch, wie etwa der vortrefflichste Champagner«, teilt er ihr augenzwinkernd mit. »Ordentliche Sehnsuchtswalzer sind diese Trompetenstückchen für mich, die uns an etwas erinnern, was wir nicht besitzen.«[18]

Ein charmantes Kompliment, wenn die eigenen Briefe mit Champagner verglichen werden. Die poetische Sprache des belesenen Zwickauer Verlegersohns tut ein Übriges, um Clara zu betören. Mal spricht er von einem Luftballon, den er gern mit seinen Gedanken anfüllen und zu ihrer Adresse schweben lassen würde, mal entwirft er das Bild von Schmetterlingen, die ihr seine Briefe überbringen. Und dann ist da noch der Humor. In Claras bisherigem Leben war er äußerst spärlich gesät, Robert versteht sich bestens auf Scherz, Ironie und tiefere Bedeutung. Sein Ton hat etwas uneigentlich Schillerndes, und sie reagiert nur zu gern darauf.

So adressiert er einen Brief an »Madamigella Clara Wieck«, sie revanchiert sich mit »Herrn Robert Schumann, Wohlgeboren«, kurz darauf nennt sie ihn »Vielliebchen«[19]. Anlässlich seines Geburtstags im Juni 1834 fordert die Vierzehnjährige dann recht keck einen überfälligen Antwortbrief von ihm. »Dieser [sic] geistreiche, originelle und witzige Brief empfiehlt Ihnen – in aller Langsamkeit – (Eiligkeit lieben Sie nicht) – Ihre Freundin – Clara Wieck – Clara Wieck – Doppelgänger.«[20]

Längst ist die Erwähnung ihrer Doppelgängerin ein Synonym für jenen Teil ihres Ichs, der nicht nur Briefe schreibt, sondern sich zu geheimen mitternächtlichen Dates schleicht. Ist das noch Tändelei? Oder schon eine beginnende Liebesbeziehung?

Wenn man bedenkt, dass der Altersunterschied von neun Jahren bei Erwachsenen eine Petitesse wäre, hier aber einen Teenager und einen erwachsenen Mann betrifft, hat allein schon die Frage einen gewissen Hautgout. Sosehr Robert anfangs betont, er denke an Clara keineswegs »wie der Freund an die Freundin, sondern wie ein Pilgrim an das ferne Altarbild«,[21] ist doch spürbar, dass er in ihr recht bald die Frau entdeckt. Als sie bereits ein Liebespaar sind, bekennt er denn auch rückblickend, dass ihn bereits während seiner Zeit als Logiergast weit mehr als freundschaftliche Gedanken umgetrieben hätten.

»Du warst damals ein kleines eigenes Mädchen mit einem Trotzkopf, einem Paar schöner Augen, und Kirschen waren Dein Höchstes«, erinnert er sich an das Jahr 1830. »Du bist es, ohne zu wollen und zu wissen, die mich sogar eigentlich schon seit langen Jahren vom Umgang mit weiblichen Wesen abgehalten. Wohl dämmerte mir schon damals der Gedanke auf, ob denn Du vielleicht gar mein Weib werden könntest.«[22]

So weit die Beschwörung einer schicksalhaften Liebe, die seit der ersten näheren Bekanntschaft als heilige Bestimmung über ihren Häuptern schwebt. Die Tatsachen sprechen eine etwas andere Sprache.

Im Mai 1832, Clara ist soeben von einer Reise nach Paris zurückgekehrt, vermerkt Robert anerkennend in seinem Tagebuch, sie sei »hübscher und größer, kräftiger und gewandter« geworden, mokiert sich aber darüber, sie betrage sich »kindisch einfältig«. Anlässlich des gemeinsamen Besuchs einer Tiermenagerie nennt er sie »albern und ängstlich«. Kurz darauf wird sie bei einem geselligen Zusammensein ausgelacht, weil sie den Unterschied zwischen Gans und Ente nicht kennt. Und Robert lacht mit.[23] Das Bild, das er in solchen Tagebuchnotizen entwirft, entspricht keineswegs der verständigen jungen Erwachsenen, als die sich Clara so gern von ihm gespiegelt sieht. Erst nachträglich projiziert er in sie hinein, was er in ihr sehen möchte: die früh vollendete spätere Geliebte.

Dunkler Doppelgänger

Bei der zunächst schriftlich erblühten Liebe bleibt er im Hintergrund: Roberts dunkler Doppelgänger. Mit den romantisch umflorten Briefen hat er in etwa so viel zu tun wie ein Jahrmarktsschwank mit einem Shakespeare-Sonett. Robert ist halt eine Spielernatur. Ein Jahr bevor er zu Friedrich Wieck nach Leipzig übersiedelt, notiert er ins Tagebuch: »Es macht mir Spaß, einen l i c h t e n Schleyer über meine Seele zu werfen und die beobachtenden Menschen auf das Glatteis zu führen.«[24] Auch so kann man natürlich das Doppelgängermotiv variieren – als Schabernack, um die Nachtseite vor anderen zu verbergen und sich ins Fäustchen zu lachen, wenn diese Maskerade gelingt.

Lüften wir doch einmal den lichten Schleier. Ist er den Frauen wirklich so abhold, weil allein Clara vom Fleck weg sein Herz in Besitz genommen hat? Nun, wenige Monate nachdem Robert bei den Wiecks eingezogen ist, verbringt er seine Nächte vorzugsweise bei einer gewissen Christel. Weil er Frauen so gern nach seinem Wunsch modelliert, nennt er sie »Charitas«, in Anlehnung an den griechischen Begriff selbstloser Nächstenliebe. Ein hübscher Euphemismus. Christel, zeitweilig Dienstmagd im Hause Wieck, lässt sich ihre Liebesdienste nicht nur gut bezahlen, sie steckt Robert auch noch mit Syphilis an.

Im Mai 1831 heißt es in seinem Tagebuch: »Nachmittag Christel blass – Mitteilungen – nur Schuld gebiert die Nemesis.«[25] Durch die Erwähnung der Rachegöttin wird klar, dass er die Geschlechtskrankheit als gerechte Strafe für seinen lasterhaften Lebenswandel betrachtet.

Das Erstsymptom, ein nässendes Geschwür am besten Stück, bereitet ihm Höllenqualen, so wie die Behandlung mit »Narzissenwasser«. Von Schmerzen gebeutelt und in desolater Verfassung, zeigt er das Malheur einem Freund, dem Medizinstudenten Christian Gottlieb Glock: »Früh ging's schlecht mit der Wunde, und Glock machte ein verlegenes Gesicht – Schmerzen beißend und fressend – es ist so ein halber – gebt so mir einen ganzen, einen Löwen, der zerfleischt, aber nur keinen kleinen nagenden.«[26] Diese Kalamität ist bald überstanden. »Abends noch Glock – Der Teufel wäre gebannt«, heißt es kurz darauf im Tagebuch.[27]

Was Robert ausblendet, sind die drohenden Spätfolgen der Krankheit. Das sekundäre Stadium beginnt für gewöhnlich einige Wochen nach der Infektion mit Hautausschlägen, Fieber, Kopfschmerzen und Mattigkeit. Jahre später werden dann auch die inneren Organe, vor allem aber Gehirn und Nervensystem angegriffen. Dieses Neurosyphilis genannte Stadium wird heute als einer der Gründe für Roberts schwere geistige Erkrankung in späteren Jahren betrachtet, die ihn zusammen mit seinem Hang zur Schwermut völlig aus der Bahn werfen wird.

Einstweilen nimmt er sein Nachtleben wieder auf. Christel lässt sich ebenfalls behandeln, insgesamt sechs Jahre lang wird Robert immer wieder das Bett mit ihr teilen – parallel zur Liebesbeziehung, die sich mit Clara entwickelt.

Wenn er sich nicht gerade mit seiner Charitas vergnügt, gibt es da auch noch diese holländische Dame, die in Leipzig eine Waffelbude betreibt, jedoch mehr als Süßes zu bieten hat: »Und dann ein erster, leiser Kuss – und wie dann die Augen schimmerten!«[28] Auch seine Nachbarin mit den »griechischen Augen« fasziniert ihn. Die Welt ist einfach voller Wunder und Versuchungen, leichthändig jongliert er stets mit mehreren Bällen in der Luft.

Typischer Tagebucheintrag: »Die Griechin macht Augen wie nie. Clara ist herzlieb. Charitas kommt heute.«[29]

Abgesehen von solchen Eskapaden verbringt er seine Nächte vorzugsweise im Kaffeebaum, jenem berühmten Leipziger Künstlerlokal, in dem schon so illustre Gäste wie August der Starke, Johann Sebastian Bach und der junge Goethe ihr Bier getrunken haben. 1711 als Gasthaus Zum Arabischen Coffee Baum gegründet, liegt es in unmittelbarer Nähe des Leipziger Rathauses. Der Besucher tritt unter einem prächtigen Türsturz ein, geschmückt mit einem in Stein gehauenen, orientalisch gekleideten Herrn, der sich von seinem puttenhaften Diener eine Tasse Kaffee reichen lässt.

Für Robert sind die alkoholischen Getränke des Etablissements allerdings weit reizvoller. Er spricht ihnen reichlich zu und nobilitiert das Lokal zum Treffpunkt der Davidsbündler. Getreu seiner Devise: »Wirtshäuser sind die eigentlichen Orte, wo man seine Leute kennen lernt«,[30] debattiert und trinkt er dort oft bis zum Morgengrauen.

Und dann sind da noch die »attischen Nächte«. Seit Studienzeiten fühlt sich Robert immer wieder zum eigenen Geschlecht hingezogen. Dazu gehören ausgelassene Gelage und nächtliche Wanderungen mit seinen »Sonnenjünglingen«, bei denen ihm »ganz griechisch zumute« wird. Die Namen seiner Lover sind zahlreich. Etwa Gisbert Rosen, ein attraktiver und stets elegant gekleideter Kommilitone, mit dem er einige Reisen unternimmt. Im Tagebuch sind seine Capricen nur stichwortartig vermerkt, mehr als Gedächtnisstütze denn für die Nachwelt gedacht, um nicht noch posthum aufzufliegen.

Typische Notate lauten: »Einzige attische Nacht mit meinem Rosen und Weber.« »Einschlummern auf Rosens Schoße – aufgewacht am Sonntagnachmittag 1/2. ~ Uhr – Jammer.« »Weber – Ulk – Punschroyal für Champagnerpunsch delicat – Küsse – Lemke zärtlich.« »Mit Anderson, Baar, Schramm in Schlüssel's – Wein – Zärtlichkeit mit Anderson – Bewusstlosigkeit – Verliebtheit – Laternenstörungen.« »Bier – attische Nacht bei mir – Anderson – Hohnhorst – Baar – Braun – Windeck.« »Früh Klavier – hässlicher Tag – der ekelhaft verliebte, zärtliche Weber – meine Kälte und sein Schmerz.«[31]

Wiederkehrend erscheint in solchen Passagen das Wort »knill«, eine Umschreibung für komatöse Betrunkenheit. Ähnlich häufig ist die Erwähnung des Jammers beziehungsweise Katzenjammers nach solchen Nächten. Ob Robert seine homoerotischen Abenteuer wirklich bedauert oder gar Reue empfindet, sei dahingestellt. Als selbst erklärte romantische Künstlernatur nimmt er für sich einen Ausnahmestatus in Anspruch, moralische Bedenken delegiert er ans bürgerliche Spießertum: »Wer kann vom Genie verlangen, dass es Charakter haben soll?«[32]

Was ihn vermutlich weit mehr beschäftigt, ist die Tatsache, dass Homosexualität zu Beginn des neunzehnten Jahrhunderts unter Strafe steht und im Falle eines unfreiwilligen Outings auch zur gesellschaftlichen Stigmatisierung führen würde. Also muss alles heimlich geschehen, zumeist im Schutze privater Wohnungen.

Massive Zweifel

Doch Leipzig ist eine überschaubare Stadt – und was das bildungsbürgerliche Milieu betrifft, ein Dorf. So bleibt durchaus nicht verborgen, wie Robert seine Nächte verbringt. Auch Clara kommt zu Ohren, was er so treibt, wenn er nicht gerade komponiert oder schwärmerische Briefe verfasst. Zunächst erfährt sie von seinen Trinkgelagen. In Umkehrung der Altersverhältnisse zieht sie ihm als Vierzehnjährige mütterlich streng die Ohren lang und wünscht sich: »Dass Sie nicht immer von allem das Gegenteil tun möchten, – weniger bairisches Bier trinken, – nicht sitzen bleiben, wenn andere fortgehen, – aus Tag nicht Nacht machen und umgekehrt.«[33]

Daraufhin verteidigt Robert sein Lotterleben mit dem Argument, als Künstler mit einer Doppelnatur sei es ihm völlig unmöglich, sein Verhalten zu ändern. »Täte nicht Florestan von allem das Gegenteil – tränke Eusebius weniger bairisches Bier, bliebe irgendein anderer Bündler nicht noch sitzen, wenn Andere längst fort wären u.s.w., so wäre ich eben der, der ich nicht bin.«[34] Was sollte Clara dem entgegenhalten? Da Robert die durchzechten Nächte als Beweis seines Künstlertums umdeutet, kann sie schwerlich etwas dagegen einwenden.

Auf einem anderen Blatt steht allerdings Roberts Homophilie. In dieser Hinsicht kennt Clara kein Pardon. Als sie von seiner Disposition durch ihren Vater erfährt, erfasst sie blankes Entsetzen.

1837 ist ihre Liebe zu Robert kein Geheimnis mehr. Friedrich Wieck weiß mittlerweile, dass die beiden ein Paar sind und heiraten wollen. Wie man sich leicht vorstellen kann, reagiert er mit höchster Empörung auf dieses Ansinnen. Zum einen will er sich keinesfalls seines Lebenswerks und seiner Einnahmequelle berauben lassen, zum anderen aber: Ausgerechnet Schumann, dieser Irrwisch, der sich erst die rechte Hand ruiniert, dann seine Nächte im Wirtshaus verbringt und als erfolgloser Komponist keine Einkünfte hat, will sein Schwiegersohn werden?

Wiecks Taktik, Clara umzustimmen, ist die ungeschminkte Wahrheit. Immer wieder führt er ihr Roberts Trunksucht vor Augen, seine prekären finanziellen Verhältnisse, zuletzt auch sein Faible für junge Männer. Im Oktober 1837 kommt es deshalb zu einem fürchterlichen Streit zwischen Clara und Robert. Voller Erbitterung angesichts der neuesten Enthüllungen wirft sie ihm »das Eine« an den Kopf und stellt ihm ein Ultimatum: Entweder sei Schluss damit, oder sie verlasse ihn.

Bestürzt von ihrer Verve und voller Verzweiflung, dass er sie womöglich verlieren könnte, schwört Robert, fortan auf jedwede erotische Begegnung mit Männern zu verzichten. Womit er nicht rechnet, ist Friedrich Wiecks Hartnäckigkeit. Zwei Wochen lang spioniert der zornentbrannte Vater Robert hinterher. Das Ergebnis seiner Recherchen als nächtlicher Hobbydetektiv übermittelt Wieck sogleich an Clara: Schwur gebrochen; Robert hat eine Liaison mit einem gewissen Herrn Nohr. Wieck nennt nur den Nachnamen, wahrscheinlich handelt es sich um den Geiger und Komponisten Friedrich Nohr, zeitweiliger Mitarbeiter der *Neuen Zeitschrift für Musik*.

Clara schäumt. »Du hast es mir ja beschworen! Solltest Du mich hintergehen können? Noch einmal sag ich es Dir, kannst Du Deine Leidenschaft durchaus nicht bezähmen, so kann ich nie die Deine sein, dann will ich lieber einem ehelichen Glück entsagen.« Nach diesem Ausbruch rudert sie allerdings wieder zurück und versichert ihm bereits einige Zeilen später, sein Schwur gelte selbstverständlich mehr als das Wort ihres intriganten Vaters. »Mein Glaube steht unerschütterlich!«[35]

Weil nicht sein kann, was nicht sein darf? Wie blind, wie blauäugig kann eine Frau sein?

Gerade noch hat Clara einen tiefen Blick in die Abgründe des Bad Boy geworfen, trotzdem hält sie zu ihm. Alles Belastende, was sie seit langem über ihn weiß, alles Schockierende, das sie soeben erfahren hat, schiebt sie einfach beiseite. Dabei geht es ja nicht um irgendeinen Freund, sondern um den Mann, mit dem sie ihr Leben, ihre Zukunft teilen will.

Das Interessante an dieser Konstellation ist die auffällige Rolle von Verdrängungsleistungen. Und das gleich doppelt. Anfangs ist Clara von Robert fasziniert, weil er Dinge auslebt, die sie verdrängen musste. Seine überbordende Fantasie, seine Zügellosigkeit, seine zuweilen ins Hysterische gesteigerte Emotionalität, auch sein sprunghafter Lebensstil wären für sie undenkbar. Sie wurde zur Impulskontrolle erzogen; zur funktionstüchtigen Tochter, die am Klavier brilliert und sowohl Gefühle als auch kindliche Wünsche unterdrücken musste.

Jetzt verdrängt sie ihre Ängste und Zweifel. Der gesunde Menschenverstand könnte ihr prophezeien, dass sie Robert nicht ändern wird, nicht ändern kann. Doch die Liebe – oder das, was sie dafür hält – flüstert ihr ein, alles werde gut, sobald sie nur verheiratet sind.

Den Gipfel ihrer Verdrängungskünste erreicht Clara, als Robert ihr seine psychische Labilität gesteht. Freimütig berichtet er von zurückliegenden depressiven Phasen und bekennt sogar, er habe einstmals mit dem Gedanken an Suizid gespielt. Das wäre schon beängstigend genug für eine junge Frau. Erschwerend kommt jedoch hinzu, dass er dieses Thema erstmals 1837 anspricht, als sie ihn wegen seiner Homosexualität zu verlassen droht.

»Du hast recht, ich *verdiene* dich nicht«, gibt er den zerknirschten Sünder. »Aber deshalb darfst du mich nicht kränken, mich irre machen an mir selbst, einen bis zur Krankheit schwermütigen Menschen, der schon so viel um dich gelitten, nicht noch scheuer … machen. Verlass mich nicht, Du einziges Mädchen. Ich klammere mich an Dir fest; gibst Du nach, so ist es um mich geschehen…«[36]

Systematisches Wegschauen

Eine erfahrene Frau hätte womöglich die Taktik hinter dem flehentlichen Ton durchschaut. Man könnte auch sagen: die emotionale Erpressung erkannt. Clara ist jedoch völlig unerfahren. Überdies gefiel sie sich von Anfang an in der mütterlich mahnenden Rolle, als Beleg ihres frühen Erwachsenseins. Auch jetzt meint sie, erwachsen reagieren und stark sein zu müssen. Dass der große Robert sein Schicksal, ja sein Leben in ihre Hände zu legen scheint, erfüllt sie mit einer gewissen Genugtuung. Damit wertet er sie auf. Plötzlich ist sie diejenige, die Macht über ihn hat. Vermeintlich. Denn das Jahr, auf das Robert anspielt, hätte ihr deutlich zeigen können, dass er sehr wohl in der Lage ist, auch ohne sie mit Schicksalsschlägen umzugehen.

Seine Suizidgedanken liegen vier Jahre zurück. 1833 ist das Jahr, in dem Julius Schumann, Verlagsbuchhändler und Roberts drittältester Bruder, an Tuberkulose und seine Schwägerin Rosalie an Cholera verstirbt. Ihn dürstet nach Trost. Bei der vierzehnjährigen Clara kann er ihn nicht finden. Deshalb sucht er sich neue »Retter«, die ihn aus seinem Elend erlösen sollen. »Qualen der fürchterlichsten Melancholie vom Oktober bis Dezember – Eine fixe Idee, die, wahnsinnig zu werden, hatte mich gepackt.« Er will sich aus dem Fenster stürzen, vorsichtshalber wechselt er die Wohnung: »Vom vierten Stock, wo ich es nicht mehr aushalten konnte, in den ersten zu Günz gezogen. Günther als Schlafgenosse.«[37]

Dann, im Dezember 1833, taucht »wie ein Stern«[38] ein gewisser Ludwig Schuncke am depressiv verdunkelten Leipziger Himmel auf. Der Komponist und Pianist, Spross einer angesehenen Musikerfamilie, macht sogleich Furore im Davidsbündler-Club. In Gestalt von Florestan schwärmt Robert, dieser junge Mann gleiche einer Schillerstatue von Thorvaldsen, seine Freunde vergleichen Schuncke mit einer pompejischen Skulptur. Man begeistert sich an seinen wilden Locken, seinen mesmerisierenden Augen, der markanten Nase.

Sehr zum Verdruss Claras, die ohnmächtig mit ansehen muss, dass sich ihr Schwarm einem neuen Freund zuwendet, ist Schuncke nun Widmungsträger von Roberts Kompositionen – eine Ehre, die eher ihr gebührte, wie sie findet. Nachdem Schuncke seine dritte Klaviersonate zum Besten gegeben hat, wird er sogleich zum neuen Mitglied der Davidsbündler befördert. Gemeinsam mit ihm – sowie mit Friedrich Wieck und dem Pianisten Julius Knorr – gründet Robert 1834 die *Neue Zeitschrift für Musik*. Schuncke und er stehen sich nah, sehr nah, inspirieren sich gegenseitig kompositorisch, beziehen sogar eine gemeinsame Wohnung bei Madame Herrmann in der Burgstraße 21. »Von Ostern 1834 mit Schuncke zusammengewohnt = dabei oft wüst gelebt«, notiert Robert.[39]

Erst Schunckes früher Tod im Dezember desselben Jahres beendet die enge Freundschaft. Doch lange vorher schon flirtet Robert mit einer Klavierschülerin Friedrich Wiecks, Ernestine von Fricken. Wie einst er selbst wohnt sie zu dieser Zeit als Logiergast bei den Wiecks. Clara hält Ernestine für eine Freundin – und ist fassungslos, als Robert auf die hübsche vollbusige Siebzehnjährige fliegt wie eine Motte ins Licht.

In einem Brief an Clara vom Juli 1834 nennt er Ernestine »einen hellen Edelstein, der nie überschätzt werden kann«.[40] Robert huldigt ihr unter anderem in seinem Klavierzyklus *Carnaval*. Kunstvoll variiert er die Buchstaben ihres böhmischen Geburtsorts Asch und vermählt sie kompositorisch mit einigen Buchstaben seines eigenen Namens. Doch damit nicht genug. Da ihm ein Arzt angeblich geraten hat, seine Depressionen durch eine Heirat zu heilen, verlobt er sich bereits wenige Monate nach dem ersten Kennenlernen mit Ernestine von Fricken. Sie soll ihn retten, wie er selber sagt.

Ein herber Affront für Clara, mehr noch, ein Liebesverrat. Aus purem Trotz flirtet sie nun ihrerseits mit dem deutlich älteren Cellisten August Theodor Müller, und weil das noch nicht Revanche genug erscheint, auch mit einem Freund ihres Vaters, dem Gesangslehrer und Komponisten Carl Banck, der als »Serpentinus« Mitglied der Davidsbündler ist. Gut gewählt. So kann sie sicher sein, dass ihre Avancen Robert zu Ohren kommen, der hoffentlich, hoffentlich eifersüchtig wird.

Robert ist aber eher eifersüchtig auf Felix Mendelssohn Bartholdy. Der genialische Pianist und Komponist ist ein gern gesehener Gast im Hause Wieck und als frisch ernannter Kapellmeister des Gewandhausorchesters mit der Aura des Erfolgs umgeben. Robert hingegen kann nur mit seiner *Neuen Zeitschrift für Musik* punkten. Als Komponist ist er noch weit entfernt vom Durchbruch, und da er weder gut noch gern dirigiert, weil es ihn »geniert«[41], scheint eine vergleichbare Karriere als Kapellmeister wenig realistisch.

Doch siehe da: Im Januar 1836 löst Robert die Verbindung mit Ernestine von Fricken. Ganz offiziell waren sie zwar nie verlobt, aber es gab ein Jawort, den obligatorischen Ringetausch sowie eine Kontaktaufnahme zur Familie. Vorbei. Zwei Monate nach dem ersten Kuss, den Robert als versierter Parallel-Liebender mit Clara getauscht hat, ist die Sache mit Ernestine vom Tisch. Allerdings sind es nicht Gefühle für Clara, die ihn zu diesem Schritt bewegen. Mittlerweile weiß er, dass Ernestine adoptiert wurde und deshalb keinen Anspruch auf das Erbe ihres adeligen Vaters erheben kann. Robert fühlt sich betrogen. Wie mit Fesseln habe es ihn angefangen zu drücken, als er von ihrer Armut erfuhr, so seine Klage. Er findet es schlicht unzumutbar, »wie ein Handwerker« für das tägliche Brot zu sorgen.[42]

Selbst relativ unbefangene Beobachter erkennen die kühle Berechnung – man könnte auch sagen: die schuftige Verantwortungslosigkeit – des Mannes, der noch kurz zuvor seine Sehnsucht nach Ernestine beteuert hat. Wie sehr sie darunter leidet, durch die gelöste Verbindung enttäuscht und bloßgestellt zu sein, ist ihm ziemlich gleichgültig.

Auch Clara erfährt von den nicht sehr ehrenvollen Trennungsumständen. Ein Grund mehr, sich zu fragen, mit wem sie es bei Robert eigentlich zu tun hat. Und wie reagiert sie? So wie gewohnt. Nonchalant verdrängt sie diese entlarvende Episode. Ihrer

Freundin Emilie List schreibt sie erleichtert: »Ich glaube am Ende, dass dies alles nur ein Traum war … nur dass ich vergessen habe hinzuzufügen, dass es ein Traum ist.«[43] Auch so kann man natürlich unangenehme Tatsachen in Luft auflösen; man deklariert sie einfach als Traum.

Von Robert lassen mag Clara nicht. Es gibt so vieles, das gegen ihn spricht, aber auf alles hat er eine Antwort, für alles eine Erklärung, eine Entschuldigung. Und Clara glaubt ihm.

In lichten Momenten ahnt sie, dass sie sich an einen Mann zu binden gedenkt, der ihr noch sehr viel Kummer bereiten wird. Doch solche Momente gehen schnell vorüber. Zu stark ist die Faszination einer Beziehung, die ihr einen permanent hohen Emotionslevel beschert. Ob im positiven oder negativen Sinne, ist da fast gleichgültig. Clara, die Aufmerksamkeit und Bestätigung lange nur vom Konzertpodium kannte, hat eine neue emotionale Bühne entdeckt: die Liebe als Wille und Vorstellung.

KAPITEL 3

DRAMA

Im emotionalen Reizklima.
Zerwürfnisse und
Kampfansagen vor der Ehe

Trauben von Menschen stauen sich vor dem tempelartigen Prachtbau des Wiener Musikvereins. Das Gedränge an den meterhohen Portalen ist so dicht, dass da und dort sogar die Ellenbogen zum Einsatz kommen. Im Handumdrehen entsteht eine wüste Rempelei, sodass schließlich Polizisten anrücken müssen, um den Tumult zu bändigen.

Alle wollen die gerade mal achtzehnjährige Leipziger Pianistin erleben, die Wien seit Tagen in Atem hält. »Der Lärm über uns ist in der Stadt bereits fürchterlich«, notiert Clara ins Tagebuch.[1] Und das mit Grund: Schon im Vorhinein haben die Zeitungen den »Clara-Krieg« ausgerufen, denn die Ankündigung ihres Konzerts weckte nicht nur Neugier, man versteht es auch als Herausforderung des amtierenden Wiener Publikumslieblings Sigismund Thalberg. Der Charakter seines Spiels sei Vollendung, schwärmen Kritiker. Die Messlatte für Clara liegt also hoch, sehr hoch. Kann sie den populären Klaviervirtuosen und Komponisten übertrumpfen, der vom Kaiser höchstselbst zum k. u. k. Kammervirtuosen ernannt wurde?

Mit einigem Herzklopfen betritt Clara die Bühne des verschwenderisch dekorierten Saals mit den vergoldeten Karyatiden und den üppigen Deckengemälden. Das hier ist nicht Leipzig, Dresden oder Zwickau. Das hier ist Wien, ein – wenn nicht *das* – Epizentrum der europäischen Musikkultur. Unzählige Pianisten versuchen hier ihr Glück, konkurrieren miteinander, überbieten sich mit spektakulären Bravourstücken. Schließlich gilt für die österreichisch-ungarische Metropole, was Frank Sinatra dereinst in seiner New-York-Hymne besingen wird: If you can make it there, you can make it anywhere.

Thalberg ist das bereits gelungen. Er hat »eine Bravour, die alles übertrifft, was wir bisher auf diesem Instrument gehört hatten«, wird die Leipziger *Allgemeine musikalische Zeitung* über ihn schreiben, »und einen hinreißend gefühlvollen Vortrag, der die Übergänge vom donnerähnlichen Forte zum leise dahinsterbenden Piano aufs Reizendste motiviert und verbindet«.[2]

Wenn man es mit einem derart gefeierten Künstler aufnehmen will, darf man sich nicht ins Bockshorn jagen lassen. Clara setzt sich sehr gerade hin. Konzentriert sich, blendet alles aus, was sie jetzt noch aus dem Konzept bringen könnte. Zum Beispiel das Wiener Publikum, das smarte Selbstdarsteller mag, »frisierte Eichhörnchen«, die »stark nach Pomade riechen«,[3] während sie eine eher reservierte junge Frau ist, der noch nie daran gelegen war, mit ihrer Musik auch gleich den perfekten Rampenservice abzuliefern. Schon allein deshalb muss sie jetzt wirklich alles aufbieten, was sie kann, noch besser spielen, noch brillanter als je zuvor.

Nach dem letzten Ton ihres Programms bricht frenetischer Beifall los. Zwölfmal wird sie auf die Bühne zurückgerufen, um die immer wieder aufbrandenden Ovationen entgegenzunehmen. Es ist ein Sensationserfolg. Ein Triumph. Überglücklich steht Clara neben dem Flügel, überglücklich und zutiefst erleichtert. Schon bevor es am nächsten Tag in den Gazetten zu lesen sein wird, ist allen Anwesenden klar, dass sie den Sieg im Wettstreit der Virtuosen davongetragen hat.

Ab jetzt liegt Wien im Clara-Wieck-Fieber. Nicht einmal Charismatiker wie Thalberg haben eine vergleichbare, fast schon hysterische Begeisterung ausgelöst wie die achtzehnjährige Clara. In der Saison 1837/38 erreicht sie eine Popularität, wie man sie heute nur von Popstars kennt. Lithografien ihres Konterfeis werden ihrem Vater förmlich aus den Händen gerissen, Konditoren veranstalten einen Wettbewerb, aus dem die »Torte à la Wieck« hervorgeht, tausendfach verschlungen von den Fans. Selbst die nicht ganz unkomplizierte Musikkritikerszene Wiens gerät in einen Taumel der Begeisterung.

»Demoiselle Wieck hat unser musikalisches Publikum entzückt«, schwärmt ein Rezensent des *Wiener Morgenblatts*. »Das Erscheinen dieser Künstlerin kann als epochemachend betrachtet werden, denn die höchste Kunstfertigkeit, mit der größten Genialität vereint, wie dies hier der Fall war, dürften sich nur selten vorfinden.«[4]

Es gibt auch andere Stimmen. Etwa der mit vergiftetem Lob getränkte Verriss Moritz Gottlob Saphirs, der ihr zwar »technische Vollendung«, »riesige Kraft«, »Glanz und Brillantfeuer« attestiert, ihren Stil jedoch als seelenloses Gehämmer abqualifiziert: »Sie nimmt Hacke und Spaten und haut und gräbt und hackt.« Seine Kritik gipfelt in dem vernichtenden Urteil, Clara Wieck lasse ihre Zuhörer in »gedankenloser Empfindungsleere« zurück.[5] Mit dem Vorwurf oberflächlicher Virtuosität steht er nicht allein da. Doch was zählt das schon, wenn Dichterfürst Franz Grillparzer einen Lobgesang auf Claras Beethoven-Interpretation verfasst?

Metapherntrunken spricht Grillparzer vom Geiste Beethovens, den der Meister in einem Schrein weggeschlossen und den Schlüssel danach ins Meer geworfen habe. Erst Clara habe ihn wiedergefunden: »Der Schlüssel passt. Der Deckel fliegt. Die Geister, / Sie steigen auf und senkend dienend sich / Der anmutreichen, unschuldsvollen Herrin, / Die sie mit weißen Fingern, spielend, lenkt.«[6]

Gerade in Wien, wo nach Beethovens Tod ein wahrer Kult um den zu Lebzeiten nicht immer von Fortune verwöhnten Komponisten entstanden ist, kommt dieses Gedicht einem Ritterschlag gleich. Das Publikum kümmert sich ohnehin nicht um philiströse Einwände. Wen interessiert schon die Häme einiger Kritiker? Unverdrossen strömt man in die Konzerte, applaudiert Clara, macht sie zum Star.

Sogar ihr Vater ist zufrieden. Für gewöhnlich hat er stets etwas zu mäkeln, doch angesichts des überwältigenden Erfolgs kann Friedrich Wieck nur noch konstatieren, dass sich die jahrelange Investition in seine Tochter – die er immer noch als sein Geschöpf betrachtet – mehr als amortisiert hat. Vielleicht wird sie dadurch ja eines Besseren belehrt und lässt von ihrem Plan ab, diesen furchtbar windigen Robert Schumann zu ehelichen. Was kann der ihr denn schon bieten im Vergleich zu den Triumphen, die sie ohne ihn einheimst?

Robert wiederum sitzt im fernen Leipzig, verfolgt den sensationellen Aufstieg seiner Verlobten in den Zeitungen und erhält Briefe, die ihn nicht unbedingt fröhlich stimmen. Als ihm Clara amüsiert von der »Torte à la Wieck« berichtet, lässt er sich mit der Antwort volle acht Tage Zeit. Angeblich deshalb, weil er so viel komponiert. Die perfide Strategie Friedrich Wiecks hat er längst durchschaut. »Mit jedem Beifallssturm schiebt mich dein Vater einen Schritt weiter von sich«, lautet seine klarsichtige Diagnose, weshalb er ihr allen Ernstes vorschlägt, doch bitte ein bisschen schlechter zu spielen.[7]

Clara denkt gar nicht daran. Sie schwelgt im Hochgefühl, den internationalen Durchbruch geschafft zu haben – und zwar als junge Erwachsene. Nur wenige Musiker, die einst als Wunderkinder gehandelt wurden, können das von sich sagen. Gemeinhin rückt das Verfallsdatum einer allzu früh begonnenen Karriere mit jedem Jahr bedrohlich näher; spätestens nach Einsetzen der Pubertät ist der Zauber dann verflogen und die Faszination dahin.

Nicht so bei Clara. All die Jahre der Entsagungen und des väterlichen Drills zahlen sich jetzt aus. Man reißt sich um sie, verwöhnt sie mit Geschenken, Verehrer machen ihr im Hotel ihre Aufwartung. Es ist wie ein Rausch. Täglich erhält sie Einladungen in die Salons des Hochadels, spielt sogar vor der Kaiserin Maria Anna. Wien liebt sie. Trotz ihres jugendlichen Alters wird sie zum Ehrenmitglied der berühmten Gesellschaft für Musikfreunde ernannt, womit sie einer Hall of Fame angehört, in der so illustre Namen wie Beethoven, Schubert und Mendelssohn Bartholdy vertreten sind.

Im März 1838 wird ihr schließlich die höchste Ehre zuteil, die für ihresgleichen im österreich-ungarischen Kakanien zu haben ist: der Titel einer k. u. k. Kammervirtuosin, verliehen von Seiner Majestät, dem Kaiser. Damit hat sie ihren Konkurrenten Thalberg ein weiteres Mal ausgestochen, ist sie doch erst achtzehn, während er den begehrten Titel mit einundzwanzig erhielt. Außerdem ist sie eine Frau, was die Sache noch ungewöhnlicher macht, und hat mit ihren Programmen einigen Mut bewiesen.

Bei ihrem ersten Wiener Konzert geht sie mit Pixis, Henselt und Chopin auf Nummer sicher. Nach diesem Abend, der ihr den glorreichen Sieg im Konkurrenzkampf mit dem ungleich berühmteren Thalberg einbringt, folgt ein wagemutiges Experiment: Sie spielt eine eigene Komposition, ihr Klavierkonzert, sowie Bachs Cis-Dur-Fuge aus dem ersten Band des *Wohltemperierten Klaviers*.

Es ist ein doppeltes Wagnis. Als Komponistin ist sie weitgehend unbekannt, kann also nicht auf den Wiedererkennungseffekt eines populären Reißers bauen. Desgleichen erfordert Bach zu spielen einige Courage. Die große Bach-Renaissance, die 1829 nach Felix Mendelssohn Bartholdys Berliner Aufführung der *Matthäus-Passion* eingesetzt hat, ist noch nicht bis Wien vorgedrungen. Deshalb wird Claras Programmwahl als etwas spektakulär Neues empfunden – und umjubelt. Sie muss die Bach'sche Fuge sogar wiederholen, so begeistert ist das Publikum.

Im nächsten Konzert traut sie sich an Beethovens *Appassionata*, was in der Wahlheimat des Komponisten ebenfalls einigen Mut erfordert. In Wien hält sich fast jeder für einen Beethoven-Experten, die Meinungen sind anschließend geteilt. Im vierten Konzert setzt sie mit Liszt und Thalberg wieder auf bewährte Brillanz, im fünften schließlich wartet sie erneut mit einer Überraschung auf: Sie spielt Mendelssohn Bartholdys *Capriccio h-moll op. 22,* eine Novität für Wien.

Zufrieden stellt Clara fest, dass es durch ihren Nimbus der siegreichen Virtuosin gelungen ist, den bis dato kaum bekannten Mendelssohn Bartholdy dem Wiener Publikum näherzubringen. Jetzt sei er in aller Munde, vermerkt sie stolz, selbst seine Kritiker könnten nichts mehr gegen ihn einwenden. Allein dieses Detail beweist ihren durchschlagenden Erfolg: Nur große Instrumentalisten können einem wenig bekannten Komponisten zum Durchbruch verhelfen, weil man ihnen sozusagen alles abkauft.

Von nun an, so viel scheint sicher, hat sich Clara für alle Zeiten als Pianistin ersten Ranges etabliert. Dass sie zweieinhalb Jahre später heiraten und einen empfindlichen Karriereknick wird verkraften müssen, ist zu diesem Zeitpunkt noch unvorstellbar.

Verspielte Trümpfe

Am Aufbruch zur Eigenständigkeit versuchen sich erstaunlich viele Musikerinnen des neunzehnten Jahrhunderts – und scheitern nur zu oft am Veto der Familie oder des Ehemanns. Fanny Hensel ist ein sprechendes Beispiel dafür. Bereits in jungen Jahren gilt sie als hochbegabte Pianistin und Komponistin, wird jedoch von ihrem Vater in die Schranken gewiesen, als sie vierzehn ist, in einem Alter also, in dem sich der Konflikt zwischen bürgerlicher Bestimmung und künstlerischer Ambition abzeichnet. 1820 schreibt Abraham Mendelssohn seiner Tochter, für ihren jüngeren Bruder Felix werde die Musik vielleicht dereinst ein Beruf sein, »während sie für Dich stets nur Zierde, niemals Grundbass Deines Seins und Thuns werden kann«.[8]

Als Felix Mendelssohn Bartholdy 1827 *Zwölf Gesänge mit Begleitung des Pianoforte op. 8* veröffentlicht, nimmt er drei Lieder seiner Schwester darin auf, ohne sie als Komponistin zu erwähnen, desgleichen im op. 9, das ebenfalls drei Lieder von Fanny enthält. Nur zähneknirschend findet sie sich mit ihrer Unsichtbarkeit ab: »Dass man übrigens seine elende Weibsnatur jeden Tag, auf jedem Schritt seines Lebens von den Herren der Schöpfung vorgerückt bekommt, ist ein Punkt, der einen in Wut und somit um die Weiblichkeit bringen könnte …«[9]

Heute ist Fanny Hensel nur noch einschlägig Interessierten ein Begriff. Auch Namen wie Josephine Lang, Maria Malibran oder Maria Theresia von Paradis lösen selbst bei hochfrequenten Konzertgängern allenfalls Achselzucken aus, weil die Werke dieser Komponistinnen nie Eingang in den Kanon gängiger Repertoires gefunden haben. Doch es gibt Ausnahmen. Nicht etwa, was die Präsenz in den Konzerthäusern dieser Welt betrifft, wohl aber im Hinblick auf ihre Eigenständigkeit.

Claras Konkurrentin Anna Caroline de Belleville ist so eine Ausnahme. 1831 heiratet sie fünfundzwanzigjährig einen britischen Geiger, der kein Problem damit hat, sie als Musiker und Ehemann auf ihren Tourneen zu begleiten. Gemeinsam konzertieren sie auf ausgedehnten Reisen durch ganz Europa. Auch als das Paar 1839 nach England übersiedelt, tritt die Belleville weiter auf, fokussiert sich dann zunehmend auf das Komponieren und bekleidet sogar – wie auch ihr Ehemann – eine Professur an der Royal Academy in London. *Mission accomplished*, möchte man sagen.

Doch abgesehen von den wenigen Frauen, die aufgrund günstiger Umstände und mit einer guten Portion Willenskraft auch jenseits ihrer Jugendjahre reüssieren, bleiben die Handlungsspielräume für Musikerinnen äußerst eng. Spätestens mit der Heirat werden sie in die häusliche Sphäre verbannt, wo sie ihre Talente allenfalls privatim ausleben dürfen.

Bei Clara verhält es sich völlig anders. Vom Vater zur Berufsmusikerin erzogen, ist sie im Gegensatz zu den meisten ihrer Zeitgenossinnen vom Heiratszwang befreit. Damit verfügt sie über ideale Startbedingungen für ein unabhängiges Leben als Künstlerin. Sie könnte sich also ihre Freiheit erhalten, zumal sie keinen Ehemann braucht, um ihre finanzielle Zukunft zu sichern. Auch dafür gibt es bereits ein Role-Model: Emilie Mayer, Jahrgang 1812, eine der berühmtesten Komponistinnen des neunzehnten Jahrhunderts. Ja, berühmt – und zu Lebzeiten enthusiastisch gefeiert.

Couragiert trotzt Emilie Mayer dem Vorurteil, allein dem Manne sei »die ursprüngliche Schöpfungskraft« vorbehalten, Frauen hingegen müssten sich mit der »weiteren bildsamen Pflege des Gegebenen« begnügen, wie noch 1880 in der *Allgemeinen Deutschen Musikzeitung* nachzulesen ist.[10] Als sie im Alter von einundsiebzig Jahren stirbt, hinterlässt sie nicht nur ein beeindruckendes Œuvre, zu dem acht Sinfonien und fünfzehn Konzertouvertüren zählen, sondern ist auch zur Mitvorsteherin der Opernakademie Berlin sowie zum Ehrenmitglied des Münchner Philharmonischen Vereins ernannt worden.

Das Erfolgsgeheimnis dieser ungewöhnlichen Biografie lässt sich auf zwei wesentliche Faktoren reduzieren: Erstens braucht Frau eine tolerante Familie, die keinerlei Druck ausübt, sich in einer bürgerlichen Ehe wegschließen zu lassen; zweitens ist finanzielle Unabhängigkeit eine Conditio sine qua non. Beides wird Emilie Mayer zuteil. Ihr Vater fördert ihre musikalische Ausbildung, besteht auch nicht auf einer Verheiratung, und als sie nach seinem Tod vom Erbe leben kann, steht ihrer weiteren künstlerischen Entfaltung nichts mehr im Wege.

Genau diese beiden Trümpfe – finanzielle Unabhängigkeit, Wegfall des Heiratszwangs – hat Clara in der Hand. Und verspielt sie sehenden Auges, für Robert Schumann, den Mann ihres Herzens.

Oder für jenen Robert, den sie sich nun ihrerseits aus Fakten und Fiktionen zusammenfantasiert?

Fünf Jahre liegen zwischen dem ersten Kuss und der gerichtlich erstrittenen Heirat. Fünf lange Jahre, in denen die beiden zumeist voneinander getrennt sind, einander oft monatelang brieflich anschweigen, sich entzweien und wiederfinden, einander mit Liebesschwüren, dann wieder mit Vorwürfen überhäufen. Andere Paare hätten irgendwann aufgegeben, statt nach solchen emotionalen Achterbahnfahrten vor den Altar zu treten. Doch diese beiden lieben – einander? Oder nicht vielmehr das Drama?

Dafür spricht der Ton ihrer Briefe. Es sind weithin Inszenierungen einer romantisch überhöhten Vorstellung von Liebe, bei der unerfüllte Sehnsüchte und schier unüberwindliche Hindernisse eine kardinale Rolle spielen.

Der Zeitgeist tut ein Übriges. War noch die Aufklärung von Affektkontrolle geprägt – auch in der Musik, die man als Zähmung von Gefühlsregungen verstand und deshalb standardisierte Affektkürzel bevorzugte –, steht der romantische Geist ganz im Zeichen individueller Empfindung und formaler Entgrenzung. Nicht von ungefähr sind Genres wie Romanze und Fantasie en vogue: keine strenge Sonatenform mehr, sondern Sentiment, das sich seine eigene Form sucht. Dazu gehört ganz selbstverständlich der Grundton poetischer Melancholie, für Robert ein vertrautes Idiom.

Wie fragil jedes Glück bleiben muss, weil im Kampf zwischen Engeln und Dämonen stets Letztere obsiegen, erläutert er 1828 in seinem Tagebuch: »O, es ist jener stille Engel in der Brust, den keine Zunge nennen und keine Lippe aussprechen kann, welcher die zerrissenen Menschen in dem Blumen- und Dornen-Labyrinthe des Lebens vereint und den gefühlreichen Herzen schöne Minuten gibt, die kein Leben und keine Zukunft aufwiegen können, bis der finstere Dämon, der jedes Glück im Leben hasst, das Schicksal, mit seinen Tränen zwischen die Seelen tritt und die Rosenfesseln zerschmettert, die der Genius flocht und den erschrockenen weinenden Engel der Menschen fortführt und den Menschen weiter nichts zurücklässt, als Freudenzähren für die Vergangenheit und Schmerzenstränen für die umwölkte Zukunft.«[11]

Diese Sätze klingen bereits wie die Skizze eines zukünftigen Romans über Clara und sich selbst – halb Tragödie, halb Dramolett, aber aufgehoben in der Gewissheit, dass es mit den tragischen Aspekten seine Richtigkeit hat, wenn man einer großen romantischen Liebe erliegt. Welche zartfühlende Seele braucht schon ungetrübtes Glück …

Vom hohen Pathos der Schicksalsergebenheit lässt sich Clara immer wieder mitreißen. Die vielen Schwierigkeiten, ja selbst die Zerwürfnisse sprechen in ihren Augen keineswegs gegen die Verbindung. Jetzt rächt sich das emotionale Vakuum, in dem sie so lange gelebt hat. Gefüllt wird es mit Gefühlen für einen Mann, der sie betört, weil sie durch ihn ihre eigene Gefühlswelt entdeckt: ein ungekanntes Spektrum überbordender Emotionen, von leidenschaftlicher Verliebtheit über brennende Sehnsucht bis hin zu herben Enttäuschungen.

Imaginäre Parallelwelten

Die wahre Tragik liegt darin, dass sich zwei Menschen aneinander ketten, die man heute als »histrionische« Persönlichkeiten bezeichnen würde. Robert wie Clara lieben Theatralik und dramatische Zuspitzungen. Als sie 1831 einmal von einem Ausflug mit dem Vater zurückkehren, verkündet Robert unheilvoll: »Wir sind vielleicht zum letzten Mal zusammen. – Die Cholera, Cholera.« Mit diesem apokalyptischen Unkenruf trifft er einen Nerv bei Clara. »Auf der Heimkehr flüsterten wir von Ahnungen,

Träumen, Doppelgängern usw. – Zilia schmiegte sich immer fester.«[12]

Zum histrionischen Erscheinungsbild gehört auch eine gewisse Egozentrik, die als gesteigerte Sucht nach Lob und Anerkennung sichtbar wird, außerdem durch unbeständige Gefühle und permanent wechselnde Gemütslagen. Vor allem aber neigen Histrioniker dazu, Beziehungen viel intensiver, viel enger wahrzunehmen, als es durch die Realität gerechtfertigt wäre. Sie leben und lieben gewissermaßen im Paralleluniversum ihrer Tagträume.

Diese Parallelwelt haben sich Clara und Robert früh erschaffen, expressis verbis durch das Doppelgängermotiv. So ist es denn auch kein Zufall, dass sich ihre Liebesbeziehung über viele Jahre hinzieht, in denen man die realen Begegnungen an zwei Händen abzählen kann. Dass Clara überhaupt etwas fühlt, macht Robert zum Objekt ihrer Begierde. Die räumliche Distanz ist alles andere als freiwillig; dennoch passt die Symptomatik der Fernstenliebe zu diesen beiden Menschen, die – jeder auf seine Weise – wenig Realitätssinn, dafür umso mehr Leidensbereitschaft haben: im emotionalen Reizklima einer Beziehung, die von Anfang an konspirativ war, in den Jahren vor der Heirat jedoch einen fast schon virtuellen Charakter annimmt.

Sicherlich ist auch die uneingestandene Angst vor einer Ernüchterung im Spiel, wenn große Gefühle ihre Alltagstauglichkeit beweisen müssen. Andererseits schaffen die vielen Trennungen eine Voraussetzung dafür, sich qua Briefwechsel ausführlicher über die Modalitäten der geplanten Ehe zu verständigen. Auch andere Paare des neunzehnten Jahrhunderts haben über weibliche Autonomiebestrebungen debattiert, selten sind die Gefechte zwischen männlicher Beharrungskraft und weiblichem Aufbegehren aber derart detailliert nachzulesen wie im Briefwechsel zwischen Robert und Clara in den Jahren vor ihrer Hochzeit.

Wie kommt es zu den Trennungsphasen? Warum sehen sie sich kaum?

An Claras sechzehntem Geburtstag im September 1835 ist die Welt noch in Ordnung. Neben Felix Mendelssohn Bartholdy und einigen Davidsbündlern gehört auch Robert Schumann zum Kreis der fröhlich feiernden Gratulanten. Er verehrt Clara ein Porzellankörbchen sowie eine zylindrische Taschenuhr, für die er mit seinen Freunden zusammengelegt hat. In großer Runde trinkt man Champagner, Clara bringt in Gegenwart ihrer Eltern einen Toast auf die edlen Spender aus.

Der erste gestohlene Kuss im November desselben Jahres ereignet sich unter erregend gefährlichen Umständen. Clara bringt Robert nach einem abendlichen Beisammensein im Elternhaus zur Haustür, und ihr fällt fast die Kerze aus der Hand, als sie einander küssen. Kurz darauf reist Robert seiner Angebeteten nach Zwickau hinterher, wo sie sich anlässlich eines Konzerts am 6. Dezember erneut nahekommen. »Ich vergess es nie, dieses Küssen«, wird er sich später erinnern. »Du warst gar zu hold an jenem Abend. Und dann konntest (Du) mich im Konzert gar nicht ansehen. Du Clara in Deinem blauen Kleid.«[13]

Zurück in Leipzig, nutzen sie jede Gelegenheit, sich heimlich zu treffen. Wenn die Eltern Wieck abends eingeladen sind, täuscht Clara jetzt manchmal Unwohlsein vor, um Robert daheim zu empfangen. »Schöne Stunden in ihren Armen des Abends in Wiecks Hause«, heißt es dann in Roberts Tagebuch.[14]

Weihnachten 1835 wird noch zusammen gefeiert. Robert schenkt Clara ein Stirnband und »Ohrkringel«. Doch Anfang des neuen Jahrs erkennt Friedrich Wieck, dass diese Freundschaft keineswegs so harmlos ist wie gedacht, und es kommt zu einem harten Bruch. Ab jetzt ist jeder weitere Umgang mit Robert verboten. Mitte Januar reist Wieck mit Clara nach Dresden, um nur ja keine günstigen Gelegenheiten mehr entstehen zu lassen. Ablenkung muss her. Also sorgt er dafür, dass Clara unablässig eingeladen wird: Fast täglich spielt sie in privaten Zirkeln, regelmäßig geht es mit dem Vater ins Theater oder Konzert.

Da und dort kann die Kontaktsperre mit kleinen Tricks umgangen werden. Sporadisch gelingt der schriftliche Austausch durch Vertraute, die Claras Briefe zur Post tragen und Roberts dort abholen, doch die Sehnsucht nach körperlicher Nähe wächst. Als Friedrich Wieck im Februar 1836 nach Leipzig reist, weil er als Klavierhändler einige Geschäfte abzuwickeln hat, nutzt Robert diese Chance. Auf dem Weg zur Beerdigung seiner Mutter macht er Station in Dresden, wo er »himmlische Stunden« mit Clara verbringt.

Trotz aller Vorsichtsmaßnahmen fliegen die heimlichen Rendezvous auf. Nach seiner Rückkehr spürt Wieck sogleich, dass etwas nicht stimmt. Dienstboten werden in die Zange genommen, Freunde und Bekannte verhört, bis herauskommt, dass seine Tochter keineswegs so sittsam ist wie verlangt – und Helfershelfer hatte. Voller Zorn notiert der Vater: »Die Zofe Sophie, die geschwätzige und überaus kluge, macht die Verschwiegene und sieht mich nach meiner Rückkehr als einen an, der nichts zu wissen braucht. Ja und Nein ziehe ich mit Gewalt aus ihr heraus.«[15] Weibliche List es denn auch, die manches möglich machte: Unter anderem stattete Clara eine gute Bekannte mit ihrer Federboa aus und schickte die Komplizin an ihrer Stelle ins Theater, um sich unterdessen mit Robert zu vergnügen.

Friedrich Wieck ist auf Zinne. So nicht. Nicht mit seiner Tochter. Wutentbrannt droht er Robert an, ihn zu erschießen, falls er sich ihr noch einmal nähert. Von nun schirmt er Clara noch hermetischer ab, durch strikte Kontrolle und ausgedehnte Konzertreisen. Bald darauf geht es über Bautzen und Görlitz nach Breslau. Claras einzige Verbindung zu Robert besteht jetzt darin, dass sie seine Klavierstücke aufführt, unter anderen die *Toccata C-Dur op. 7*. Das ist dann aber auch alles.

Nach den Vorfällen in Dresden bricht eine Eiszeit an. Bis zum August 1837, eineinhalb Jahre lang, gibt es keinerlei Briefe mehr und allenfalls zufällige Begegnungen, bei denen Clara so tut, als kenne sie Robert nicht. Selbst als er ihr seine *Sonate fis-Moll* schickt – »Pianoforte-Sonate, Clara zugeeignet von Florestan und Eusebius« –, wartet er vergeblich auf eine Reaktion. Dabei ist dieses Werk als »Herzensschrei nach Dir« gemeint.[16]

Im Juni 1836 fordert sie ihre Briefe zurück, im November verlässt ihn aller Mut. »Clara liebt mich noch so warm wie sonst«, behauptet er wider besseres Wissen gegenüber seiner Schwägerin Therese, »doch habe ich völlig resigniert.«[17] So muss er denn mit Christel vorliebnehmen, die mittlerweile schwanger ist. Das Kind, ein Mädchen, kommt im Januar 1837 zu Welt; Robert bezeichnet es in aller Sachlichkeit als »Folge« seiner Daueraffäre. Aber Verantwortung übernehmen? Wozu denn? Im Dezember desselben Jahres schenkt er seiner Charitas zwei Taler, damit ist diese Liaison Vergangenheit.

Wesentlich lieber tröstet er sich mit neuen Sonnenjünglingen. Etwa mit dem englischen Pianisten und Komponisten William Sterndale Bennett, von dessen Klavierspiel Robert alias Eusebius schwärmt, es weile »am leis atmenden See mit dem zitternden Monde dahin«.[18] Ein weiterer Neuzugang ist Goethes Enkel Walther von Goethe. Der schüchterne junge Mann mit der schulterlangen Mähne und dem kecken Schnäuzer weilt in Leipzig, um bei Felix Mendelssohn Bartholdy Klavierunterricht zu nehmen. Rasch entsteht eine enge Freundschaft mit Robert. Vielleicht auch mehr – die homosexuelle Orientierung Walther von Goethes ist bekannt.[19]

Eine gemeinsame Reise nach Weimar im Juni 1837 fällt allerdings ernüchternd für Robert aus. Walthers Liebe klebt, seine

Mutter Ottilie ist eine allzu aufdringliche Person. Robert will den Goetheenkel nur noch loswerden und hat auch schon ein Auge auf ein neues interessantes Wesen geworfen: die junge englische Pianistin Robena Anna Laidlaw.

Über ihr Konzert im Leipziger Gewandhaus am 2. Juli 1837 verfasst er eine äußerst positive Rezension. Jedes lobende Wort muss für Clara wie ein Schlag ins Gesicht sein, erwähnt er in seinem Artikel doch Laidlaws »so gründliches gutes und eigentümliches Spiel« sowie ihre »Liebenswürdigkeit«.[20] Selbstverständlich liest Clara diese Eloge. Und selbstverständlich hat sie bereits im Juni Vernichtendes über die Konkurrentin geschrieben, weil bekannt ist, dass die Engländerin ihren Robert – shocking! – ganz allein in seinem Leipziger Domizil besucht hat und dort im Schlafrock antraf.

»Aber welch erbärmliches ledernes Konzert war das!«, wütet Clara im Tagebuch. Beethoven sei von der Laidlaw ganz falsch interpretiert worden, und überhaupt spiele sie »alles in einem Tone weg wie eine Maschine«.[21] Es muss Clara ungeheuer wurmen, wie viel Aufmerksamkeit Robert der gleichaltrigen Klaviervirtuosin entgegenbringt. Umso aufrichtigere Schadenfreude empfindet sie bei einer Anekdote, die ihr Vater kolportiert: Die Laidlaw habe in Roberts Gegenwart über eine seiner Sonaten gesagt, das sei »verrücktes Zeug« – ohne zu wissen, dass sich hinter dem Namen Eusebius niemand anderes als er selbst verbirgt.[22]

Es gärt in Clara. Da der Vater ihren Dauergalan Carl Banck aus dem Haus und aus dem Sinn verbannt hat – wieder einmal beißt Wieck einen Mann weg, weil die Sache zu heiß wird –, regen sich nun doch wieder Gefühle für Robert. Vielleicht auch nur pure Eifersucht auf Robena Anna Laidlaw.

Anfang August 1837 setzt Clara drei von Roberts *Sinfonischen Etüden* auf das Programm ihrer Matinee im Leipziger Börsensaal. Es ist ihr erstes Leipziger Konzert nach zwei Jahren ausgedehnter

Tourneen, die sie unter anderem nach Bremen und Hamburg geführt haben. Zermürbt von den Reisen in unbequemen Kutschen und den lausigen Unterkünften, die der geizige Wieck bucht, vielleicht auch von dem Wunsch beseelt, ihrem immer missgelaunteren und misstrauischeren Vater eins auszuwischen, sendet sie Robert durch ihr Hausmädchen Nanny eine Einladung.

Natürlich erscheint er im Börsensaal. Die Wiederbegegnung entfacht in ihm sogleich neuen Liebesfuror, aromatisiert mit nagenden Zweifeln, weil Clara sich keinerlei Gemütsregung anmerken lässt. Weder bei einem kurzen Blickkontakt vor Konzertbeginn noch bei ihrem Vortrag auf der Bühne kann er irgendwelche Gefühlsstürme entdecken.

Wie gut sie ihre Emotionen zu verbergen gelernt hat, verbergen lernen musste, kommt Robert, dem personifizierten Überschwang, gar nicht in den Sinn. Auch im Tagebuch, das Clara unter den gestrengen Augen des Vaters führt, handelt sie den Abend nur mit wenigen Worten ab: »Es war für die große Hitze sehr besucht und das Publikum ein dankbares.«[23] Was in Wahrheit in ihr vorgeht, gibt sie nicht preis. So ist Robert denn auch irritiert. »Ich dachte, Du könntest mich nicht mehr lieben, wo Dir das möglich war, wo ein Mann gezittert hätte«, kommentiert er später ihre untadelige Leistung am Flügel.[24]

Dennoch fühlt er sich ermutigt, Clara endgültig für sich zu erobern. Gleich nach dem Konzert schickt er ihr einen Brief. »Sind Sie noch treu und *fest*?«, fragt er bang darin. »So unerschütterlich ich an Sie glaube, so wird doch auch der stärkste Mut an sich irre, wenn man gar nichts von dem hört, was einem das Liebste auf der Welt.«[25]

In der Tat, Clara ist ihm entglitten. Das hält Robert jedoch keineswegs davon ab, nun nach vollen achtzehn Monaten Funkstille mit der Tür ins Haus zu fallen: Er kündigt einen Brief an, den sie Friedrich Wieck an ihrem achtzehnten Geburtstag im September überreichen soll – ein Schreiben, in dem er offiziell um ihre Hand anhält. Sofern sie mit diesem Procedere einverstanden sei, solle sie ihm dies unverzüglich mitteilen: »Vergessen Sie also das ›Ja‹ nicht.«[26]

Clara reagiert überraschend schnell. Zwei Tage später, am 15. August, antwortet sie: »Nur ein einfaches ›Ja‹ verlangen Sie? So ein kleines Wörtchen – so wichtig! Doch – sollte nicht ein Herz so voll unaussprechlicher Liebe wie das meine dies kleine Wörtchen von ganzer Seele aussprechen können? Ich tue es, und mein Innerstes flüstert es Ihnen *ewig* zu.«

Auf diese Weise verloben sie sich. Brieflich, was sonst. Allerdings scheint Clara das Eheversprechen dann doch ein wenig zu luftig im Raum zu schweben. Eindringlich fügt sie hinzu: »Die Schmerzen meines Herzens, die vielen Tränen, könnt ich das schildern – vielleicht will es das Schicksal, dass wir uns bald einmal sprechen.«[27] Nun ja, wirklich das Schicksal? Weder er noch Clara haben in den vergangenen achtzehn Monaten nennenswerte Versuche unternommen, die Kontaktsperre zu umgehen. Und selbst jetzt schrickt Clara vor einer Begegnung zurück.

»Heute Morgen war ich fest entschlossen, ich wollte zu Ihnen«, gesteht sie Robert am 19. August. »Mein Geist war schon vorausgeeilt, doch plötzlich hielt es mich fest – ich sah Ihr Fenster, eine Träne quoll aus meinen Augen, ach, wie war sie heiß und schwermütig, das Herz voll von Gefühlen ging ich zu Hause.«[28] Vermutlich ahnt sie schon, was Friedrich Wieck von Roberts Beteuerungen halten wird, es sei keine triviale Begierde im Spiel, nein, er wolle Clara auf Händen tragen und auch künstlerisch fördern.

Robert ist dennoch optimistisch. »Vielleicht dass der Vater nicht die Hand zurückzieht, wenn ich ihn um meinen Segen bitte«, orakelt er. »Wir sind vom Schicksal schon füreinander bestimmt; schon lange wusst' ich das, aber mein Hoffen war nicht so kühn, Dir es früher zu sagen und von Dir verstanden zu werden.«[29]

Die Fallhöhe zwischen Wunsch und Realität ist immens, der Aufprall umso härter. Friedrich Wiecks Zurückweisung ist nicht nur enttäuschend, sie bedeutet auch eine narzisstische Kränkung für Robert. Von jeher sah er sich als Ausnahmeerscheinung, unkonventionell, frei, genialisch, als jemanden also, für den die banalen bürgerlichen Regeln nicht gelten. Im Namen ebenjener Regeln wird er jedoch von Wieck abgeschmettert und darüber hinaus auf seine Charakterschwächen hingewiesen. Statt für seine unvergleichliche Künstlernatur Wohlwollen, Bewunderung oder gar Liebe zu empfangen – und Clara gleich mit –, holt er sich eine sehr persönlich gefärbte Abfuhr.

Diese Herabwürdigung durch Friedrich Wieck ist für Robert noch weit schlimmer als die Verweigerung der Heiratserlaubnis. »Er hat eine neue Art zu vernichten«, schreibt er Clara am Boden zerstört, »er stößt einem das Messer mit dem Griff in das Herz.«[30] Als typischer Histrioniker fragt sich Robert nicht etwa, was in Clara vorgeht, sondern ist vollauf damit beschäftigt, seine eigenen Wunden zu lecken: »Ihr Bild ist mir zerflossen, dass ich mir kaum Ihr Auge denken kann«, seufzt er, so gekränkt ist er in seinen »heiligsten Gefühlen«.[31]

Clara hingegen bleibt bemerkenswert ruhig. Da sie sicherlich mit diesem Ausgang des tollkühnen Unterfangens gerechnet hat, reagiert sie besonnen, nimmt ihren Vater sogar in Schutz. Hin- und hergerissen zwischen dem Mann, dem sie ihr Künstlertum verdankt, und dem Künstler, den sie seit eineinhalb Jahren nicht mehr gesehen hat, bittet sie Robert, nur ja nichts Unbedachtes zu tun: »Meine Angst ist oft sehr groß. Kann ich bauen auf Ihre Vorsicht? Und werden Sie fest genug sein, allen Wünschen des Vaters entgegenzukommen? Er ist etwas hart, das ist wahr, aber ich glaube, wir werden es ihm beide einmal danken.« Nun wieder ganz die folgsame Tochter, teilt sie Robert mit: »Vater habe ich versprochen, heiter zu sein und noch einige Jahre der Kunst und der Welt zu leben.«[32]

Womöglich ist es jedoch weniger Gehorsam als vielmehr Einsicht, die sie dazu bewogen hat, sich dem väterlichen Urteilsspruch zu fügen. Wiecks Gegenargumente klingen ja durchaus vernünftig. Er findet seine Tochter zu jung für eine Heirat, fürchtet zu Recht, ihre Karriere könnte allzu früh enden, und hält dem immerhin bereits Siebenundzwanzigjährigen vor, er sei weit davon entfernt, finanziell für eine Familie sorgen zu können.

Doch Robert hat kein Ohr für die Stimme der Vernunft. Er hört nur heraus, dass er weder bewundert, geliebt noch für sozial satisfaktionsfähig gehalten wird, um als Schwiegersohn in Frage zu kommen. Diesen Dolchstoß in sein recht gut entwickeltes Ego wird er nie ganz verwinden. In mehreren Briefen schildert er über viele eng beschriebene Seiten hinweg immer wieder seine verletzten Gefühle. »Ich könnte tagelang fortschreiben«, heißt es ungewöhnlich hellsichtig in einem dieser Briefe, und natürlich fehlt auch nicht der suizidale Unterton: »Bitte Gott, dass er mich nicht in Verzweiflung untergehen lässt.«[33] Clara aber solle stark sein, ermahnt er sie.

Nun, die Ringe sind getauscht, man verspricht einander, durchzuhalten, und sei es bis zu Claras Volljährigkeit in drei Jahren. Bereits Anfang Oktober kommt es jedoch zu einem hochgeheimen Stelldichein. Clara, erstaunlich unerschrocken, wenn man die Zeit und ihr zartes Alter bedenkt, gibt Robert bei diesem Treffen gewissermaßen einen Vorschuss auf das Eheversprechen; danach vermerkt er in gleich zwei Briefen, sie habe ihm »alles gewährt«, vulgo sich von ihm entjungfern lassen.[34] Im Tagebuch spricht er vom »letzten und höchsten Geschenk«.[35] Wie Clara das erlebt, was das mit ihr macht, verrät sie nirgendwo schriftlich. Allenfalls ihrer Freundin Emilie List wird sie Details anvertraut haben, in Briefen, die sogleich verbrannt werden mussten, um keinerlei Spuren zu hinterlassen.

Nach diesem vorläufigen Höhepunkt der immer wieder wortreich beschworenen Amour fou beginnt eine weitere sehr lange Durststrecke. Friedrich Wieck setzt einmal mehr auf seine bewährte Reisestrategie; diesmal soll es unter anderem nach Prag und Wien gehen, zwei eminent wichtige Städte, wenn man sein Glück als Virtuosin machen will. Im Vorfeld wird er Clara ordentlich ins Gebet genommen haben, denn am Tag vor ihrer Abreise konfrontiert sie Robert mit jenen homoerotischen Eskapaden, die ihr Vater als Hobbyspion entdeckt hat.

In aller Bestimmtheit erinnert sie Robert daran, was eine Heirat mit ihm bedeuten würde. »Wer weiß, welch glänzende Aussichten sich mir noch darbieten werden, doch alledem entsage ich mit Freuden«, erläutert sie die Konsequenzen. »Nur für Dich lebe ich, alles will ich Dir geben, dann aber tue du auch etwas.« Die Bedingung, die sie stellt, ist unmissverständlich: »Bedenke, eine Kunst will ich opfern, nicht mehr die Lobessprüche der Welt empfangen … Also, Robert, ich beschwöre Dich, das *Eine* – tue es nicht mehr.«[36]

Er wird sie beschwichtigen, sie wird ihm glauben. Das alte Spiel. Dennoch ändert sich Claras Einstellung Robert gegenüber in der kommenden Zeit beträchtlich. Anfangs versichert sie noch, es gebe »keine Minute, wo ich nicht Deiner gedenke«, zunehmend schlägt sie in den Briefen jedoch ganz andere Töne an.[37] Denn nun, mit achtzehn Jahren, erlebt sie Erfolge, die alles Bisherige in den Schatten stellen. In Prag wird sie so überschwänglich gefeiert, dass sie nach ihren Konzerten immer wieder auf die Bühne gerufen wird, um den nicht enden wollenden Applaus entgegenzunehmen.

Clara steht auf einem neuen Gipfel ihres Ruhms. Und Robert? Beschwert sich fortgesetzt über ihren Vater, von dem er noch einmal postalisch eine Kampfansage bekommen hat. Robert zitiert ihn mit den Worten: »Ehe ich zwei solche Künstler zusammen bürgerlich und häuslich unglücklich und beschränkt sehe, opfere ich lieber meine Tochter allein oder auf eine oder die andere Weise.« Außerdem hat Wieck ihn wissen lassen: »Und muss *ich* meine Tochter schnell anderweitig *verheiraten*, so können nur Sie die Ursache davon sein.«[38]

Daraufhin insinuiert Robert, Friedrich Wieck warte doch insgeheim nur auf eine lukrative Partie für Clara und werde sie gewissermaßen verkaufen, sobald irgendein reicher Mann, möglichst ein Adeliger, daherkomme. Das weist Clara entschieden zurück. Sofern Robert annehme, sie lasse sich über ihren Kopf hinweg mit »Herrn von Perlenschnur oder Diamantenkrone« verheiraten, sei er ganz gewaltig auf dem Holzweg. In diesem Kontext formuliert sie die offensive Replik: »Im Ernst aber, bin ich ein kleines Kind, das sich zum Altar führen lässt wie zur Schule? Nein, Robert. Wenn Du mich Kind *nennst*, das klingt so lieb, *aber, aber,* wenn Du mich *Kind denkst*, dann tret' ich auf und sage: ›Du irrst‹!«[39]

Garniert mit immer neuen Liebesschwüren, verschärfen sich die Auseinandersetzungen. Unter dem Eindruck ihrer glänzend verlaufenden Karriere stellt Clara die Frage, wie denn das Zusammenleben mit Robert eigentlich aussehen wird. Und zwar ganz konkret, nicht etwa verklärt durch romantische Visionen. Im Bewusstsein, mittlerweile als Star gehandelt zu werden, und beeinflusst durch ihren Vater, der um ihre berufliche wie ökonomische Zukunft fürchtet, konfrontiert sie Robert mit ihren eigenen Vorstellungen von der Ehe.

Es sind Zeugnisse vitaler Emanzipationsimpulse. Clara spricht jetzt vieles an, was Frauen noch heute beschäftigt: die Frage der eigenen Identität, die Problematik der finanziellen Abhängigkeit, das gesellschaftlich vorgegebene Machtgefälle zwischen Mann und Frau, auch den Wunsch, nach der Heirat weiterhin ihre beruflichen Ziele zu verwirklichen. Zunächst aber geht's ganz schlicht ums Geld.

»Ich will nicht Pferde, nicht Diamanten, ich bin ja ganz glücklich in Deinem Besitz«, beteuert sie, »doch aber will ich ein sorgenfreies Leben führen, und ich sehe ein, dass ich unglücklich sein würde, wenn ich nicht immerfort in der Kunst wirken könnte, und bei Nahrungssorgen? Das geht nicht. Ich brauche viel und sehe ein, dass zu einem anständigen Leben viel gehört. Also Robert, prüfe Dich, ob Du im Stande bist, mich in eine sorgenfreie Lage zu versetzen. Bedenke dass, so einfach ich erzogen, ich doch nie eine Sorge gehabt, und nun sollt' ich meine Kunst vergraben müssen! Die Liebe ist schön, aber, aber – –«[40]

Im Klartext heißt das: Sie wird ihn nicht heiraten, bevor er seine finanziellen Verhältnisse zu ihrer Zufriedenheit geordnet hat. Und: Keinesfalls will sie für ihn ihre Konzerttätigkeit aufgeben. Das ist Salz in Roberts Wunden, schimmern darin doch Wiecks Argumente hindurch. Was hilft es da, dass Clara versichert, ihre unverblümten Forderungen seien »mit großer Liebe geschrieben«?[41]

Robert ist so erschüttert, dass er eine schwer alkoholisierte Wanderpartie mit Walther von Goethe nach Connewitz unternimmt und wieder in dessen Arme sinkt. *Das Eine* – »ich tue es dennoch«, notiert er für sich.[42] Nach dieser ersten Trotzreaktion braucht er zwei Wochen für eine Antwort. Sie fällt bitter aus, bisweilen sarkastisch. »Ich möchte alle Spießbürger umarmen«, spottet er beleidigt und wirft Clara vor, sie rede ihrem Vater nach dem Munde. Die Kälte ihrer Zeilen sei »mörderisch«, beschwert er sich: »Du hättest es aber auch romantischer ausdrücken können.«[43]

Wohl wahr, ihn stört vor allem ihre nüchterne Betrachtungsweise. Und genau darum geht's. Immer wieder haben Biografen den romantischen Charakter der Beziehung betont.[44] Aufrechterhalten lässt sich diese Deutung aber nur, wenn man ausschließlich sehnsuchtsvoll schmachtende Passagen der Korrespondenz auswählt. Betrachtet man den vollständigen Briefwechsel, sind keineswegs zwei verzweifelt Liebende zu besichtigen, die den Romeo-und-Julia-Mythos variieren, schicksalhaft füreinander bestimmt und durch ebendieses Schicksal immer wieder grausam auseinandergerissen. Auf den zweiten Blick offenbart die Vorgeschichte dieser Ehe einen erbitterten Geschlechterkampf. Auf beiden Seiten.

Robert missfällt die Perspektive, womöglich als erfolgloses Mauerblümchen im Schatten einer berühmten Virtuosin wahrgenommen zu werden, Clara wiederum will nicht am Herd versauern. Das aber signalisiert ihr Robert. Es mag scherzhaft klingen, wenn er sagt: »Im Kochen wirst Du in Wien auch keine großen Fortschritte machen – Du wirst mir manchmal kuriose Gerichte auftragen, z. B. Beefsteaks mit vielem guten Willen pp. Ich kann vor Lachen nicht weiterschreiben.«[45] Lustig ist das keineswegs, nur ein weiterer Hinweis darauf, wie er sich die Rollenverteilung denkt.

Das beweisen schon die Bemerkungen, die er dieser Einlassung voranstellt. Als sei seine quasi naturwüchsige männliche Dominanz noch nicht genug, betont Robert, er sei schließlich der Ältere und habe daher das Recht, über Clara zu verfügen: »Um wie vieles ich also klüger sein muss als Du. Überhaupt wird es Dir schwerlich gelingen, das berühmte Instrument über mich zu handhaben, ich werde Dich Wildfang zu bändigen wissen.«[46] Das »Instrument«, von dem er spricht, ist zweifellos Claras erotische Anziehungskraft. Sie scheint die Leidenschaftlichere von beiden zu sein, worauf sie manchmal anspielt: »Das Zimmer wird immer kälter, ich aber immer heißer.«[47] Wie Robert seinen »Wildfang« zu bändigen gedenkt, möchte man sich lieber nicht so genau vorstellen.

Was die existenziellen Fragen betrifft, gerät er immer mehr in Erklärungsnot. Von Clara aus den rosaroten Wolken seiner

Gefühle geholt und aufs Irdische verwiesen, wird Robert zusehends pampig. Hätte er in den sechziger Jahren des zwanzigsten Jahrhunderts gelebt, wäre ihm wahrscheinlich der Spontispruch »Realität ist was für Fantasielose« eingefallen. Ja, es stimme, seine finanziellen Verhältnisse seien »nicht so glänzend«, gesteht er zu, »aber so, dass manches Mädchen, manches schöne und gute auch, die Hand darauf geboten und gesagt hätte ›wir müssen es zusammennehmen, aber du sollst an mir eine gute Hausfrau finden pp. pp.‹ Du dachtest damals vielleicht auch so – jetzt denkst du anders.«[48]

Gut beobachtet. Mit etwas Abstand denkt Clara inzwischen tatsächlich ganz anders über die Perspektiven, die Robert ihr bietet. Ginge es nach ihm, würde sie in der Versenkung verschwinden: »Deine große Kunst würdest Du natürlich pflegen, wie immer, doch weniger für alle und des Erwerbes wegen, als für einzelne Auserlesene und unseres Glückes halber.«[49] Für Clara ist das keine Option, weder künstlerisch noch finanziell. Nach Rechnung ihres Vaters benötigt sie zweitausend Taler jährlich. Robert wiederum spricht in einem späteren Brief von sechshundert bis siebenhundert Talern, die er für sich veranschlagt und die ihm – vielleicht! – in zwei Jahren zur Verfügung stehen werden. Damit müsse sie sich begnügen: »Es ist nämlich meine Meinung, dass eine Frau nicht mehr brauchen darf als der Mann.«[50]

Hoppla. Clara, die nach ihren jüngsten Erfolgen davon ausgehen kann, dass die Kassen auch zukünftig klingeln, wenn sie weiterhin als Pianistin auftritt, findet diese Ansage wenig verlockend. Ohnehin regt sich Widerspruch in ihr, weil Robert zunehmend patriarchale Züge erkennen lässt.

Als er sich beklagt, sie schreibe ihm zu selten, ist das nur Wasser auf ihre emsig klappernden Mühlen. »Ich glaub' fast, Du willst mich schon im Voraus die Herrschaft des Mannes fühlen lassen«, kontert sie halb kokett, halb enerviert.[51] Was im Umkehrschluss heißt, dass sie sich dieser Herrschaft offen widersetzt. Zu Recht geht sie davon aus, dass er noch den formbaren kleinen Teenager von einst in ihr sieht, wie er wenig später selber eingesteht: »Aber manchmal, verzeih es mir, denke ich immer noch, ich habe ein fünfzehnjähriges Mädchen vor mir, weil wir uns so lange nicht gesehen.«[52]

Genau das ist das Problem. In den vergangenen Jahren hatten sie kaum Kontakt. Die große Liebe, von der immerzu die Rede ist – im Grunde ist sie bei beiden ein vom Wunschpartner losgelöstes Gefühl, genährt durch verklärte Erinnerungen und diffuse Zukunftsträume, nicht aber durch gemeinsam verbrachte Zeit.

Selbstbewusste Forderungen

Clara durchschaut die fehlende Bodenhaftung der Beziehung früher als Robert. Die erfolgreiche junge Frau, die gerade im Begriff ist, einen Siegeszug durch die großen Konzerthäuser Europas anzutreten, fühlt sich von ihm verkannt. »Du wirst diesen Enthusiasmus nicht begreifen können«, schreibt sie eine Spur herablassend über ihre Triumphe in der k. u. k. Hauptstadt, »da Du gar nicht weißt, was ich eigentlich leiste und was nicht; da Du mich als Künstlerin überhaupt viel zu wenig kennst.«[53] Der Wiener würde hier von Abwatschen sprechen. Selbstbewusst überschreitet Clara die Grenze des kleinen Mädchens, das immer zum großen Robert aufgeschaut hat, und tritt ihm als junge Erwachsene entgegen, die eine Beziehung auf Augenhöhe beansprucht, in diesem Falle sogar auf Robert herabblickt.

Ein unerhörter Rollentausch, auch ein spektakulärer Befreiungsakt. Zwischen den Zeilen ist noch mehr zu lesen: Mittlerweile genießt sie eine Anerkennung, die Robert ihr letztlich verweigert, weil er viel zu sehr mit sich selbst beschäftigt ist.

Aus der Ferne muss er in den Zeitungen nachlesen, wie ihr Stern aufgeht, während es mit seiner Komponistenlaufbahn nicht recht vorwärtsgehen will. Und wieder einmal sorgt er sich vor allem um sich selber: »Manchmal (aber nur sehr selten) wandelt mich wohl eine böse Furcht an, ob Du über die vielen Ehren, die Dir als Künstlerin noch bevorstehen, den armen schlichten Künstler nicht vergessen wirst, der Dich mit keinen Titeln und mit nichts als seiner Liebe schmücken kann.«[54]

Seinen Versuch, Clara nun auch noch Schuldgefühle wegen ihres Erfolgs einzureden, indem er den Underdog herauskehrt, beantwortet sie mit Liebesbeteuerungen. An anderer Stelle spielt sie die Ahnungslose, die angeblich gar nicht versteht, warum die Leute so viel Aufhebens um sie machen.

Es sind lediglich diplomatische Manöver. Clara spürt sehr wohl, dass ihr rauschender Erfolg Robert unheimlich ist. Aber einknicken? Niemals. Als sie im Dezember 1837 in Wien die größten Triumphe ihrer Karriere feiert, stellt sie klar, was ihr die begeisterte Resonanz des Publikums bedeutet: alles. »Welch erhabenes Gefühl, die Kunst so zu treiben, dass man sein Leben dafür lässt!«, schreibt sie voller Euphorie. »Das Letzte und alles übrige habe ich heute getan und lege mich zufrieden und beglückt nieder.« Zwar ergänzt sie sogleich, das Glück werde erst mit Robert vollkommen sein, schließt aber mit einer wichtigen Einschränkung: »Nun bin ich Dein auf ewig – mit mir, meiner Kunst.«[55]

Sie hätte auch sagen können: *nicht ohne* meine Kunst. Und die will sie weiterhin öffentlich ausüben, nicht etwa im toten Winkel einer Ehe. Was soll sie davon halten, dass Robert von einem hübschen Haus am Stadtrand fantasiert: »Dich bei mir, – arbeiten, – selig und still mit Dir leben«?[56] Wenn man noch den jubelnden Applaus im Ohr hat, ist der Gedanke an eine derartige Friedhofsstille wenig attraktiv.

Von seinem Selbstmitleid will sich Clara jedenfalls nicht mehr manipulieren lassen. Sie weiß ja, dass er einiges Talent besitzt, sich in seine Verzweiflung hineinzusteigern: »Recht vergraben kann ich mich, recht verkrallen in den Schmerz.«[57] Clara hat anderes im Kopf: »Viele Besuche, Gratulationen ohne Ende.«[58] Unablässig wird sie zu Soireen und Bällen eingeladen, erhält kostbare Geschenke und Blumenbouquets, sonnt sich in ihrem neuen Ruhm. Gleichwohl beherrscht sie die Kunst der Manipulation inzwischen fast so gut wie Robert, denn eines hat sie sich in all den Jahren von ihm abgeschaut: Konkurrenz belebt das Geschäft. Auch in Liebesdingen.

Um ihre Unabhängigkeit zu demonstrieren, erzählt sie im vergnügten Plauderton von ihrer Anziehungskraft auf die Männerwelt. »Heut war der Abend, wo ich mir vorgenommen, Dir recht viel zu schreiben, da kommt ein Courmacher (ein Mann, der ihr den Hof macht, Anm. d. V.) und verdirbt mir den ganzen schönen Abend«, berichtet sie ein wenig scheinheilig. »Auch ein Enthusiast ist hier, der mich mit jedem Blick zu verschlingen droht, und setz ich mich ans Klavier, so ist es vollends aus, dann mach ich mich jedes Mal auf eine Umarmung gefasst.«[59] Mit einiger Genugtuung fügt sie hinzu, dass es sich bei den beiden Herren um talentierte Komponisten handele – um keine reichen Trottel also, sondern ernst zu nehmende Konkurrenten für Robert.

Eingehüllt in fortwährende Liebesschwüre, wird der Ton schärfer. Am Silvesterabend 1837 beginnt ein Brief von Robert: »Erst ein Kuss – und nun soll sich ordentlich gezankt werden.«[60] Vor allem der Dissens, was die zukünftige Ehe betrifft, steigert sich zum Dauerkonflikt, der mal unterschwellig, mal offensiv ausgetragen wird. Vorrangig geht es dabei um die Frage, wer von den beiden Entscheidungshoheit beanspruchen darf. Der Mann, weil das seiner gesellschaftlichen Position entspricht? Oder die Frau, weil sie erfolgreicher ist und im Zweifelsfall das Geld nach Hause bringen wird?

Romantisch ist das ganz und gar nicht. Robert findet sich plötzlich in einem Machtkampf wieder – mit einer Kontrahentin, die sich zunehmend kritischer äußert.

Recht schnell entzaubert sich der Romeo-und-Julia-Mythos auch, wenn man in Betracht zieht, was die beiden eigentlich beruflich voneinander erwarten. Kurz gesagt, erhofft sich Clara karrierefördernde Rezensionen in Roberts *Neuer Zeitschrift für Musik*, er wiederum spekuliert auf eine höhere Popularität als Komponist, wenn Clara seine Werke auf die Bühne bringt. Dieses gegenseitige Kalkül ist Gegenstand zahlloser Diskussionen, die lange vor der heimlichen Verlobung einsetzen.

Das Prinzip *manus lavat manum* – Eine Hand wäscht die andere – hat schon in der Geschäftswelt seine Tücken, in Liebesangelegenheiten führt es unweigerlich zu Verdruss, weil die Waage nie ganz ausgeglichen sein kann. Schon gar nicht bei einem Künstlerpaar, das sehr unterschiedliche Prioritäten setzt.

Beginnen wir mit Clara. Ja, sie spielt durchaus Kompositionen von Robert, hält sie aber ungeeignet für große Konzertpodien. Da muss Effektvolles her, Bravourstücke von Herz, Thalberg, Kalkbrenner, Liszt. Nur so lassen sich Begeisterungsstürme erzeugen. Im kleinen Kreis der Kenner entfalten etwa Roberts *Papillons* durchaus ihre Wirkung, doch das Miniaturhafte, Poetische dieser Stücke, in denen Geschichten erzählt werden, statt mit virtuosen Passagen aufzutrumpfen, verhallt in den großen Musiktempeln. Einen Schumann spielen heißt subtil zu akzentuieren, feinste Stimmführungen hervorzuheben, behutsam mit Crescendi, Accelerandi und vor allem sparsam mit dem Pedal umzugehen. Nichts fürs breite Publikum, das nach Beeindruckungsbrillanz giert.

Von ihrem Vater hat Clara gelernt, wie man ein applausträchtiges Programm zusammenstellt. Da kann sie keine Rücksicht auf Roberts Befindlichkeiten nehmen. Dennoch hat sie in Wien mit Mendelssohn Bartholdys *Capriccio* bewiesen, dass sich auch mit

Werken jenseits des Mainstreams punkten lässt – und genau das hätte Robert für seine eigenen Kompositionen erwartet. Wenn überhaupt, trägt Clara sie aber nur im kleinen Kreis vor, etwa seinen *Carnaval*.

Das sorgt für Unmut beim Daheimgebliebenen. Immerhin räumt er ein, dass Clara womöglich recht habe und seine Stücke bei den Wienern durchfallen könnten, weil sie nicht verstanden würden. Das ist auch Claras Argument, allerdings nicht nur im Hinblick aufs große Publikum. Kritisch merkt sie zu einigen seiner Kompositionen an, sie seien »unklar«. Ein offener Affront für Robert, der nun seinerseits ihr Klavierkonzert niedermacht.

Damit spricht er einen neuralgischen Punkt an. Clara ärgert sich darüber, dass in Roberts Zeitschrift so wenig und dann zuweilen auch noch Negatives über sie erscheint. Ihr Klavierkonzert ist in der *Neuen Zeitschrift für Musik* verrissen worden – nicht von Robert selbst, aber von seinem Mitarbeiter Becker. Ihr Leipziger Konzert im Börsensaal vom 13. August wurde von einem anderen Mitarbeiter, Franz Brendel, eher halbherzig abgehandelt, ein weiteres Konzert im Oktober völlig übergangen. Unvergessen ist auch ein satirisches Schelmenstück, in dem Robert kaum verschlüsselt Clara und ihr Umfeld aufs Korn nimmt: mit Friedrich Wieck als verbohrtem Antiromantiker, Claras Verehrer Carl Banck als lächerlichem Fagottisten und sie selbst in einer Doppelrolle als lyrische Beda und leicht hysterische Ambrosia.

Jetzt wirft sie ihm all das an den Kopf. Besonders erzürnt sie, dass Robert damit auch ihrem Vater die Anerkennung verweigert. »Überwinde Dich und schreib doch zuweilen eine Bemerkung über mich, das wird Balsam auf sein verwundetes Herz sein«, beschwört sie Robert, eingedenk dessen, was Wieck aus alldem folgert: »Tut Schumann nicht einmal jetzt in diesem Verhältnisse etwas für die Clara – sollte er es etwa tun, wenn er verheiratet ist?«[61]

Das fragt sie sich sicherlich auch. Warum einen Mann ehelichen, der sie publizistisch unterstützen könnte, es aber nicht nur unterlässt, sondern sie auch noch bloßstellt? Da kommt man ins Grübeln. Es steht sogar zu vermuten, dass sie schwankend wird, als ein weiterer »Courmacher« auftaucht, der schneidige Fürst Alfred von Schönburg-Hartenstein: zweiundfünfzig, vermögend, rettungslos in Clara verliebt. Friedrich Wieck sieht es mit Wohlgefallen. Er verlässt sogar die angemietete Wohnung, wenn der hochwohlgeborene Verehrer ein, zwei Stunden mit Clara verbringt.

Brieflich schwört sie Robert, sie habe dem Fürsten jeglichen Kuss verweigert, fühle sich aber verpflichtet, ihn zu empfangen: »Er ist ein unzarter unausstehlicher Mann, und doch kann ich nichts gegen ihn tun, da Vater sehr bös sein würde, indem er mir sehr viel hier nutzt.«[62]

Ganz so unausstehlich scheint ihr Galan keineswegs zu sein. Als Clara von Wien nach Graz weiterreist, ist er auch dort flugs zur Stelle, und sie trifft sich nicht nur mit ihm, er überrascht sie auch mit einem besonderen Geschenk: Alfred von Schönburg-Hartenstein überreicht Clara eine kostbare Uhr – jedoch unter der Bedingung, dass sie ihm als Andenken die ihrige überlässt. Es ist jene zylindrische Uhr, für die Robert mit seinen Freunden zusammengelegt hat. Eine Erinnerung an gemeinsam verbrachte Stunden also, ein Unterpfand ihrer Liebe.

Welche wahrhaft liebende Frau würde sich von solch einem Erinnerungsstück trennen? Clara scheint das wenig zu kümmern. Sie nimmt das fürstliche Geschenk an und überlässt ihrem Verehrer die eigene Uhr. Diesen Verrat wird sie Robert später damit begründen, der Fürst habe ihr die Uhr quasi geraubt. Eine wackelige Ausrede.

Überhaupt mischen sich immer häufiger Zweifel in die Korrespondenz. So kommt auch ein leidiges Thema zur Sprache, das Robert zu gern ins Nirwana des Vergessens verbannt hätte: die Sache mit Ernestine von Fricken. Clara, die von Ernestine mittlerweile einige weitere Details erfahren hat, hält wenig von Roberts Treueschwüren, die er mit dem Hinweis auf ihre Ringe untermauert. »Hatte Ernestine nicht auch einen Ring von Dir?«, fragt sie spitz. »Und, was noch mehr sagen will, Dein Ja-Wort? Und doch, Du hast das Band zerrissen.«[63] Touché. Da kann sich Robert noch so sehr winden, ein Plus auf seinem Glaubwürdigkeitskonto wird nicht mehr daraus.

Und der Konflikt über die Aufgabenverteilung in der Ehe? Im Jahr vor der Hochzeit, als Clara ihre Befürchtung äußert, ohne Konzertauftritte bald in Vergessenheit zu geraten, teilt Robert ihr brieflich nochmals seinen Standpunkt mit, und zwar in einer Deutlichkeit, die heute jede Frau mit hohen beruflichen Ambitionen in die Flucht treiben würde.

»Das ist doch nicht Dein Ernst«, erregt er sich. »Würdest Du als Künstlerin vergessen, wirst Du denn nicht als Weib geliebt? – Gib mir die Hand, dass Du mir so etwas nicht wieder sagst? – Das erste Jahr unserer Ehe *sollst* Du die Künstlerin vergessen, *sollst* nichts als Dir und Deinem Haus und Deinem Mann leben, und warte nur, wie ich Dir die Künstlerin vergessen machen will – nein, das *Weib* steht doch noch höher als die Künstlerin, und erreiche ich nur das, dass Du gar nichts mehr mit der Öffentlichkeit zu tun hättest, so wäre mein innigster Wunsch erreicht.«

Nach dieser haarsträubenden Passage, mehr Machtdemonstration als Ausdruck großer Gefühle, folgt der Todesstoß ins Herz ihres künstlerischen Selbstverständnisses: »Das bisschen Ruhm auf dem Lumpenpapier, was Dein Vater als höchstes Glück auf der

Welt betrachtet, verachte ich.«[64] Mit anderen Worten: Die vielen begeisterten Zeitungsartikel sind angeblich das Papier nicht wert, auf dem sie gedruckt wurden. Alles, was Clara sich aufgebaut, alles, wofür sie sich jahrelang abgerackert hat und was ihr wichtig ist, soll plötzlich Makulatur sein.

Spätestens jetzt hätte sie erneut intervenieren – oder einen Rückzieher machen müssen. Stattdessen bestätigt sie umgehend qua Unterschrift auf einem offiziellen Dokument, sie stimme einem Prozess gegen ihren Vater zu, um die Heirat zu erzwingen.

Clara will diese Ehe. Um jeden Preis. Hofft sie, Robert zur Vernunft zu bringen, wenn sie erst seine Frau ist? Einstweilen versucht sie es mit Schadensbegrenzung. Als Kompromiss zwischen den divergierenden Wünschen stellt sie ihm einen *summer of love* nach der Heirat in Aussicht. Doch was sie Robert darüber hinaus vorschlägt, ist nicht etwa Verzicht aufs Konzertieren zugunsten häuslicher Idylle, sondern ein schwindelerregender Reiseplan, in dem die Hochzeit nur in einem Nebensatz vorkommt.

Aus Paris, wo sie im Winter 1839/40 gastiert, schreibt sie: »So bleibe ich hier und reise Anfang des Jahres 1840 nach Stuttgart (da kann ich ein brillantes Konzert machen im Theater, was mir Herr Reichmann besorgt), nehme auf dem Wege Karlsruhe mit und gehe über München nach Sachsen zurück, und zwar, wie ich dachte, nach Zwickau oder Schneeberg, da lassen wir uns trauen, ziehen dann nach Dresden (wo ich vorher hinreise mit Therese und das Logis einrichte), bleiben da den ganzen Sommer in aller Ruhe und gehen im Winter nach Petersburg, wo ich doch gern hingehen möchte.«[65] Anschließend könne eine Tournee nach England folgen, eventuell auch nach Holland und Belgien.

Robert ist not amused. Warum also hält sie an ihm fest? Erliegt sie ihren Gefühlen? Welcher Art diese Gefühle sind, darüber legt sie sich keinerlei Rechenschaft ab.

Aufschluss darüber gibt ihre briefliche Antwort direkt nach Roberts Zurückweisung durch Friedrich Wieck: »Er wird sich doch einmal fügen müssen, und tut er es nicht, nun, so flüchte ich zu Dir, um zu finden, was ich bei den Eltern nicht fand.«[66] Was bedeutet: Sie sehnt sich nach Liebe in Form familiärer Geborgenheit. Dieses Motiv wiederholt sich in einem weiteren Brief, als sie die fehlende Mutterliebe ihrer Kindheit beklagt, weshalb sie »immer so fremd in der Welt« gestanden habe: »Du hast mich erst die Liebe in ihrer ganzen Größe gelernt, erst wenn ich mit Dir vereint bin, werde ich ganz glücklich sein, und da wollen wir denn alles Erlittene vergessen.«[67]

Hier geht es um zwei Menschen, deren Defizite sich komplementär ergänzen, denn auch Robert verbindet mit seiner Vorstellung von einer Ehe nicht unbedingt ewiges Liebesglück. Was er sucht, ist vor allem Stabilität. Von einer Ehe erhofft er sich eine Besserung seiner wiederkehrenden seelischen Verschattungen, sehr wahrscheinlich auch die Unterdrückung seiner bisexuellen Disposition.

Schon Jahre zuvor stöhnte er im Tagebuch: »Himmel! Wenn ich mein ganzes Leben durchgehe, wohl mehr als einem Irrgarten gleich, was sind doch da für Teiche, Sümpfe unter Götterstatuen, herrlichen Menschen, wie Rosen, Weber, Flechsig.« Und er fleht: »Gott! Ich will mich ändern, ich schwöre dir's – nur einen Menschen gib mir, nur einen einzigen, an den ich das Herz legen kann – eine Geliebte, eine Geliebte, gib mir ein weibliches Herz – ein weibliches Herz!«[68]

Was daraus folgt? Clara möchte durch Robert die emotionale Kälte ihrer Kindheit und Jugend heilen, er wiederum hat sich durch Menschen von jeher Rettung aus seinen seelischen Krisen erhofft, sei es durch Ernestine, einen seiner Sonnenjünglinge – oder jetzt eben Clara. So nimmt denn die Chronik eines angekündigten Desasters ihren Lauf.

KAPITEL 4
ZWÄNGE

Auf dem Boden der Realität.
Desillusionierung und Rückzug
als verheiratete Frau

Ein schlechter Stern scheint über diesem winterlich grauen 6. Dezember 1841 zu stehen. Dabei hat Clara so große Hoffnungen in den heutigen Abend gesetzt: endlich wieder vor Publikum spielen, endlich wieder den Applaus genießen, der ihr so sehr gefehlt hat. Doch nun reiht sich ein Malheur an das nächste. Erst klappt es nicht mit der bestellten Kutsche, dann sorgen vergessene Noten für Aufregung, obendrein muss Clara auf der Bühne feststellen, dass der Stuhl vor dem Flügel wackelt.

Ihre Nervosität steigert sich, als sie aus dem Augenwinkel einen Blick ins Publikum wirft. Das Konzert findet im Leipziger Gewandhaus statt, dort also, wo sie als Neunjährige ihr Debüt hatte. Der hohe lang gestreckte Raum, dessen Emporen mit schlanken Säulen und fein ziselierten Gittern geschmückt sind, ist bis auf den letzten Platz besetzt. Es könnte gewissermaßen ein Heimspiel sein. Neunhundert Menschen werden ihr zuhören, und von jeher haben die Leipziger Clara Wieck bejubelt.

Aber jetzt ist sie Clara Schumann. Eine verheiratete Frau, deren Ruhm langsam verblasst. Die Ehe, die sie vor fünfzehn Monaten eingegangen ist, hat einen hohen Tribut gefordert: keine Tourneen mehr, keine begeisterten Rezensionen, keine Blumenbouquets. Aus dem gefeierten Star von einst ist eine graue Maus geworden.

Schon optisch entspricht sie nicht mehr dem Bild der strahlenden jungen Pianistin, der einst die Fans zu Füßen lagen. Ihre weißen dekolletierten Seidenkleider sind Vergangenheit. Bereits in der Verlobungszeit hat sie sich Roberts Wunsch gefügt, nur noch nonnenhaft hochgeschlossene Kleider in Dunkelbraun oder Schwarz zu tragen. Die weichen Wellen und koketten Löckchen, die ihr Gesicht zuweilen umrahmten, sind ebenfalls verschwunden.

Jetzt trägt sie ihr Haar streng zurückgekämmt und zu einem Knoten geschlungen, sodass ihre etwas verhärmten Gesichtszüge umso stärker hervortreten. Drei Monate zuvor, im September 1841, hat Clara ihr erstes Kind zur Welt gebracht. Die Erschöpfung nach Schwangerschaft und Geburt sieht man ihr deutlich an.

Mit bebenden Händen ordnet sie die Noten auf dem Flügel, während sie versucht, ihr schreckliches Lampenfieber zu bezwingen. Seit der Hochzeit im September 1840 ist sie nur einmal im Gewandhaus aufgetreten. Ein einziges Mal binnen eineinhalb Jahren. Das war am 31. März, und schon damals hatte sie Angst, sich wieder der Öffentlichkeit zu präsentieren.

Aber vielleicht ist das Publikum heute ja gar nicht ihretwegen so zahlreich erschienen? Diesen Eindruck hatte sie bereits im März. Damals stand Roberts mit Spannung erwartete *Sinfonie Nr. 1 B-Dur op. 38* auf dem Programm, von ihm selbst *Frühlingssinfonie* betitelt: sein erstes großes Orchesterwerk, uraufgeführt unter dem Dirigat von Felix Mendelssohn Bartholdy. Heute nun wird eine vorläufige Fassung seiner *Sinfonie d-Moll* erklingen, sowie *Ouvertüre, Scherzo und Finale op. 52.*

Der wahre Publikumsmagnet des Abends heißt jedoch zweifellos Franz Liszt – ist er doch der berühmteste Virtuose Europas, noch dazu Frauenschwarm, Salonlöwe, hochgeachteter Komponist. Klein fühlt sich Clara neben dem legendären »Paganini des Klaviers«, glanzlos und unbedeutend. Wer ist sie denn schon, seit sie geheiratet hat? Eine respektabel Klavier spielende Ehefrau, die vor kurzem Mutter geworden ist, im öffentlichen Musikleben aber kaum noch eine Rolle spielt.

Die Komplikationen mit der Kutsche, den Noten, dem vermaledeiten Wackelstuhl tun ein Übriges, um Clara zu verunsichern. Nein, die Sterne stehen alles andere als gut. »Ein Dämon hat sich gegen mich verschworen«, mutmaßte sie schon wenige Tage zuvor, als sie sich aus Versehen in den Finger stach und deshalb nicht üben konnte.[1] Ein Dämon scheint es auch gewesen zu sein, der Liszt eingeflüstert hat, sein *Hexameron* aufs Programm zu setzen. Die Variationen über ein Duett aus Bellinis *I puritani* sind eine Gemeinschaftsproduktion der Herren Thalberg, Herz, Pixis, Czerny, Chopin und Liszt, von Letzterem für zwei Klaviere bearbeitet. Schon die illustren Absender stehen für Virtuosität auf höchstem Level, und genau das bereitet Clara Kopfzerbrechen.

Das Werk erfordert nahezu wahnwitzige pianistische Fertigkeiten, die sie früher mühelos bewältigt hätte, denen sie sich momentan jedoch nicht gewachsen fühlt. Sie darf ja nicht mehr stundenlang ihre bewährten Kraftübungen absolvieren, weil es Robert in der hellhörigen Wohnung beim Komponieren stören würde. Eine Einschränkung, die ihr schwer auf der Seele liegt. Bereits im Oktober 1840 äußerte sie die Befürchtung, ihre Geläufigkeit zu verlieren, und damit die unverzichtbare Basis ihres Berufs: »Ich war und bin höchst melancholisch! Ich habe weder Kraft noch Lust zum Spiel und spiele merklich schlechter diese Tage als früher.«[2]

Wenn sie doch wenigstens aus ihrem alten Repertoire schöpfen dürfte – die tausendfach trainierten Reflexe würden sie über einige Unsicherheiten hinwegtragen. Doch als Solistin wird sie nur Mendelssohn Bartholdys *Capriccio* spielen, das sie seit langem beherrscht, danach ist das vierhändige *Hexameron* dran, »ein furchtbar brillantes Stück«, wie sie findet, wobei die Betonung ganz klar auf »furchtbar« liegt.[3]

Da braucht sie all ihre Konzentration und, noch wichtiger: Selbstvertrauen. Gar nicht so leicht, wenn man weiß, dass der eigene Mann im Publikum sitzt. Robert ist Claras musikalische Instanz und mittlerweile ihr schärfster Kritiker. Wieder und wieder hat er sie zurechtgewiesen, ihren Stil in Frage gestellt, ihr fehlende Ausdruckskraft bescheinigt.

Der freundliche Applaus, mit dem Clara empfangen wird, kann sie nicht trösten, so wenig wie der Schlussapplaus. Die Genugtuung, die sie früher bei solchen Anlässen erfüllte, will sich partout nicht einstellen. Selbst die Tatsache, dass das Publikum begeistert klatschend eine Wiederholung fordert, ändert nichts daran. »Ich war nicht zufrieden, sogar sehr unglücklich diesen Abend und die folgenden Tage, weil Robert nicht befriedigt war«, fasst sie ihre Enttäuschung über sich selbst zusammen.[4] Den großen Applaus habe sie gar nicht verdient. Schließlich meine ja auch Robert, dass sie »nicht so gut gespielt habe als oft andere Male«.[5]

Oder ist dieses verzagte Resümee nur gespielte Unterwürfigkeit, um neuerlichen Diskussionen aus dem Weg zu gehen? Seit der Heirat ist Claras Wunsch, häufiger öffentlich aufzutreten, ein mit rhetorischen Samthandschuhen ausgetragener Streitpunkt. Anders als in der Verlobungszeit wagt sie jedoch keine offene Rebellion, sondern unterwirft sich Roberts Wünschen, auch seinem musikalischen Urteil, stets darauf bedacht, ihn nur nicht zu verärgern.

Wo ist die Frau, die ihm so beherzt Paroli geboten hat? Wo ist die kecke Clara, die Forderungen stellte, statt »die Herrschaft des Mannes« zu akzeptieren?

Zehn Tage nach dem vermeintlich missglückten Auftritt folgt ein weiteres Konzert mit Liszt und seinem *Hexameron*. Wieder ist der Publikumserfolg überwältigend, wieder kann sich Clara nicht daran freuen. Im Tagebuch vermerkt sie lediglich, das vierhändige Stück sei »mit demselben Furor als das erste Mal« aufgenommen worden.[6] Punkt. Mehr Worte verliert sie nicht über das Konzert – vielleicht um Robert nicht unnötig mit Erfolgsmeldungen zu provozieren. Ohnehin ist ihm die Resonanz auf seine eigenen Werke wichtiger als Claras Auftritt. Für ihn ist sie nur noch schmückendes Beiwerk, und er denkt gar nicht daran, ihr ein paar ermutigende Worte zu gönnen.

Clara nimmt es hin. Was wirklich in ihr vorgeht, behält sie für sich. Doch man sollte Clara Wieck, verehelichte Schumann, nicht unterschätzen.

Nervenzerfetzender Countdown

Am 12. September 1840, einen Tag vor dem einundzwanzigsten Geburtstag der Braut, geben Clara Wieck und Robert Schumann einander in der Dorfkirche Schönefeld bei Leipzig das Jawort. Es ist ein heiliger Moment für die beiden. Allerdings auch ein von vielen Fragezeichen begleiteter Akt. Wie soll sich das Zusammenleben gestalten, über das sie im Vorfeld so heftig gestritten haben? Wie wird sich die häusliche Zweisamkeit anfühlen, nachdem sie einander jahrelang kaum gesehen haben?

Für ein rauschendes Fest sehen sie offenbar keinen Anlass. Die kleine bescheidene Hochzeitsfeier, wenig mehr als ein Essen mit einigen Freunden und Claras Mutter, ist schon abends um neun Uhr vorbei. Danach gehen die frisch Vermählten in ihre neue Wohnung in der Leipziger Inselstraße. Vermutlich sind sie restlos erschöpft nach den Ereignissen der letzten Monate, nach den endlosen Kämpfen und Zweifeln. Vielleicht fragen sie sich auch, wofür sie überhaupt gekämpft haben. Im Nachhinein könnte man durchaus auf die Idee kommen, dass sie in einen gewissen Zugzwang geraten sind, bis sie von den Ereignissen förmlich überrollt wurden.

Der Countdown zur Eheschließung beginnt paradoxerweise damit, dass Friedrich Wieck im Mai 1839 nach einem hektischen Hin und Her erhitzter Briefe unzumutbare, wenn nicht unerfüllbare Bedingungen für seine Heiratserlaubnis stellt. Er dekretiert, dass Clara und Robert künftig nicht mehr in Sachsen leben dürfen, will einen Großteil des von Clara erworbenen Vermögens einbehalten und erst fünf Jahre später auszahlen, enterbt sie bei der Gelegenheit, fordert von Robert eine realistische Aufstellung seiner Einkünfte und rächt sich für Claras angebliche Unbelehrbarkeit damit, dass er nun vollkommen mit ihr bricht.

Sein kalter Brief erreicht sie in Paris und trifft sie mitten ins Herz. Dabei kommt er nicht unbedingt überraschend. Schon als Clara im Februar zu ihrer Konzertreise in die französische Hauptstadt aufbrach, weigerte sich Friedrich Wieck, sie wie gewohnt als Tourmanager zu begleiten. Zum ersten Mal ist sie ohne ihren Vater unterwegs, ohne männlichen Schutz, ohne ihren Impresario, der stets die Unterkünfte und die so wichtigen Kontakte vor Ort organisiert hat.

Dennoch behauptet sie sich wacker. Mehrfach tritt sie in privaten Zirkeln auf, besucht Musiksoireen und gibt ein recht erfolgreiches öffentliches Konzert. Dass sie diese Atempause weit weg von den heimischen Querelen genießen kann, liegt vor allem an der herzlichen Aufnahme durch Familie List. Bis der Brief eintrifft. Obwohl Clara täglich von ihren Freundinnen Emilie und Elise umsorgt wird, hat sie sich noch nie so verwundbar, so verlassen gefühlt. Trotz aller Differenzen hätte sie wohl nicht für möglich gehalten, dass Friedrich Wieck sie tatsächlich fallen lässt.

Und wer trägt die Schuld daran? Irgendwie alle. Clara, weil sie zur Erbitterung ihres Vaters Roberts Schummeleien über seine Einkünfte Glauben schenkt; ihre Freundin Emilie, die sowohl Wieck als auch Robert gut gemeinte, aber völlig unüberlegte Briefe gesendet hat; zu guter Letzt Robert, der mit einem provokanten Schreiben an Friedrich Wieck die Situation eskalieren ließ. Nun steht Clara ganz allein da.

Dies wäre der Moment, in dem Robert als liebender Mann nach Paris hätte fahren können, um sie zu trösten und aufzurichten. Doch an einem schnellen Wiedersehen scheint ihm gar nicht gelegen zu sein. Er rät Clara sogar, möglichst lange in Paris zu bleiben und dort recht oft zu konzertieren. Ungewohnt penibel rechnet er ihr vor, dass »der Aufenthalt dort ebenso viel bringt als das Reisen«, aber ohne die Zusatzkosten einer Tournee, sodass höhere Einnahmen winken.[7] Sie soll noch möglichst viel Geld vor der Hochzeit verdienen, schon allein wegen der Aussteuer, die sie sich selber zusammenspielen muss, da von ihrem Vater nichts mehr zu erwarten ist.

Clara zu besuchen, kommt Robert gar nicht in den Sinn. Er muss erst einmal den Tod seines Bruders Eduard verkraften und seinen vergeblichen Versuch, in Wien Fuß zu fassen. Es war Claras Vorschlag, künftig dort zu wohnen, wo sie ihre größten Erfolge gefeiert hat. Daraufhin hoffte Robert, einen Wiener Verleger für seine *Neue Zeitschrift für Musik* zu finden, doch der Plan scheiterte grandios – nicht zuletzt wegen seines mangelnden diplomatischen Geschicks. Sowohl Tobias Haslinger als auch Anton Diabelli winkten ab. Ohnehin hätte Roberts streitbares Blatt wohl kaum eine Chance gehabt, durch die engmaschige Metternich'sche Zensur zu schlüpfen.

Nach seiner fehlgeschlagenen Mission geht es Schlag auf Schlag. Im April 1839 kehrt Robert unverrichteter Dinge nach Leipzig zurück, im Mai kreuzen sich jene Briefe, die für Zorn auf allen Seiten sorgen. Im Juni unterzeichnet Clara die Einwilligung, einen Prozess gegen ihren Vater anzustrengen, um die Heirat gerichtlich durchzusetzen.

Letztlich tut sie es *contre cœur*. Nicht nur, weil sie nach wie vor an Friedrich Wieck hängt und ihn Robert gegenüber tapfer verteidigt. Sie befürchtet auch, bei einem Prozess könnte allerlei Belastendes über ihren Verlobten herauskommen, schließlich kennt sie zumindest einen Teil seines stattlichen Sündenregisters. Noch größere Sorgen macht sich Robert selbst. In Alpträumen sieht er sich bereits von Jägern in den Wald getrieben, falls vor Gericht seine Beziehung zu Christel offenbar wird, seine Syphilis, seine Nächte mit den Sonnenjünglingen.

Doch der Stolz ist größer als seine berechtigte Angst vor der totalen sozialen Vernichtung. Danach gibt es kein Zurück mehr. Der Rechtsstreit ist eine öffentliche Angelegenheit, die viel Aufsehen erregt. Um nicht vollends das Gesicht zu verlieren, nachdem Wieck wie befürchtet Roberts Trunksucht, seinen allgemein liederlichen Lebenswandel, dazu kindisches und unmännliches Verhalten sowie seine mangelnde ökonomische Basis ausposaunt hat, sind die beiden Zankhähne Robert und Clara gleichsam zum Sieg verdammt. Denn gezankt wird weiter. Sogar schlimmer als je zuvor.

Clara wirft Robert vor, ihren geliebten Vater vor den Kopf gestoßen zu haben, Robert geißelt sie als materialistische Spießerin, die an Geld statt Gefühlen interessiert sei. Die meisten dieser Briefe werden vernichtet – durch Claras Hand, weil sie wohl meint, solche Injurien dürften niemals an die Öffentlichkeit gelangen. Doch schon die erhaltenen Schreiben sind unversöhnlich genug, um das gesamte Projekt Ehe in Frage zu stellen. Dafür spricht auch, dass Clara erst im August 1839 Abschied von Paris nimmt. So groß wie schriftlich beteuert kann die Sehnsucht nach Robert also nicht sein, sonst wäre sie sicherlich früher nach Leipzig gereist.

Das Leben in der französischen Hauptstadt scheint ihr zu gefallen, wenngleich sie Robert immer wieder versichert, es sei dort alles fad und langweilig. In Wahrheit wird sie fast täglich eingeladen, etwa zu glanzvollen Diners beim Klavierfabrikanten Erard, trifft Persönlichkeiten wie Heinrich Heine, Alexandre Dumas, Luigi Cherubini, Hector Berlioz und besucht die Oper, wo sie unter anderem Donizettis *Lucia di Lammermoor* und Bellinis *La sonnambula* sieht.

Nicht zuletzt verlebt sie in Paris unbeschwerte Stunden mit Emilie und Elise List. »So waren wir sehr vergnügt«, lautet eine typische Eintragung ins Tagebuch. »Der Abend wurde mit Singen, Spielen und Plaudern verbracht.«[8] Das vermeintlich öde gesellschaftliche Leben und die angeblich unausstehlichen Franzosen können sie jedenfalls nicht daran hindern, ihre Rückkehr immer weiter hinauszuzögern. So lange, bis sie für ihre Aussage vors Leipziger Appellationsgericht zitiert wird und dafür persönlich erscheinen muss.

»Bald also soll ich Dich sehen, ich kann das Glück gar nicht fassen!«, schreibt sie Robert kurz vorher. »Es kam mir so unvermutet, dass ich beinah die Besinnung verlor vor Schreck und Freude.«[9] Ja, den Schreck oder zumindest eine gewisse Furcht vor dieser Begegnung kann man bestens nachvollziehen. Ein Jahr lang haben sie einander nicht gesehen, ein Jahr der Liebesschwüre, aber auch der Eifersüchteleien und Streitigkeiten. »Bleib mir gut!«, fleht sie Robert an. »Ich fürchte, Du liebst mich nicht mehr, wenn Du mich gesehen – zürne mir nicht!«[10]

Robert geht es ähnlich. Er habe sich verändert, die eine oder andere Sorgenfalte sei dazugekommen, gesteht er Clara. Auch berichtet er jetzt oft von seiner Schwäche und Anfällen von Melancholie. »Sehr alt werde ich ohnedies nicht, dies weiß ich genau«, orakelt er in einem Anfall von Pessimismus. »Es haben eine Menge Leidenschaften in mir gestürmt; der Kummer um Dich hat auch an mir gezehrt. Du bist es aber auch, die mir Frieden und Heilung bringen wird.«[11]

Und da ist es wieder, das Rettungsmotiv. Beide haben Federn gelassen bei ihrem Kampf gegen Friedrich Wieck, doch Robert, den ohnehin Stimmungsschwankungen plagen, empfindet diesen Kampf als existenzielle Bedrohung. Unterliegt er vor Gericht, bedeutet das sowohl menschlich als auch künstlerisch eine Rufschädigung, von der er sich lange nicht erholen würde.

Am 14. August geht's für Clara zurück Richtung Sachsen. Zunächst reist sie jedoch über Frankfurt nach Altenburg, »wo ich endlich nach einjähriger Trennung meinen geliebten Robert wiedersah«, so im Tagebuch vermerkt. Formell steigt sie im Hotel Stadt Gotha ab, Robert im Gasthaus Schnecke, wo sie sich heimlich treffen. Als unverheiratetes Paar offiziell ein gemeinsames

Zimmer zu nehmen, verbietet sich schon qua Gesetz. »Das Andere können wir aber getrost wagen«, befindet Robert, »denn wir sind Braut und Bräutigam, und sie sollen uns nur in Ruhe lassen!«[12]

»Ich war unbeschreiblich glücklich!«, heißt es in Claras Tagebuch.[13] Wie mag sie diese Begegnung wirklich erlebt haben, nach einem ganzen Jahr, in dem die beiden – tja, Liebenden? – nur brieflich Kontakt hatten und nicht müde wurden, einander zu bekriegen? Nur zu oft schrieb Robert Verstörendes, etwa: »Ich dachte kaum an meine Pariser Braut und sann auf neue, die mich besser zu würdigen verstünden«, ganz zu schweigen von seinen hässlichen Vorwürfen.[14] Schwer vorstellbar, dass ein vorgezogener Honeymoon nach solchen Briefen völlig ungetrübt verläuft.

Die nächste Trennung lässt nicht lange auf sich warten. Zurück in Leipzig, muss Clara feststellen, dass sie Hausverbot beim Vater hat. Plötzlich ohne feste Bleibe und ohne Zugriff auf ihr Vermögen, das vom Vater eingefroren wurde, zieht sie der Not gehorchend zu ihrer Mutter nach Berlin. Neben einer willkommenen Zuflucht findet sie bei Mariane Bargiel vor allem Verständnis für ihre Liebeswirren. Nachdem Robert seiner Schwiegermutter in spe einen längeren Antrittsbesuch abgestattet hat, steht sie Claras und Roberts Plänen wohlwollend gegenüber. Wahrscheinlich gefällt ihr überdies, dass sie ihrem halsstarrigen Ex-Mann ein Schnippchen schlagen kann, wenn sie die Tochter mit offenen Armen empfängt.

Fast ein Jahr lang bleibt Clara in Berlin. Gleich im Oktober gibt sie dort zwei Konzerte – zu denen Robert nicht erscheint. Ein Affront mit Ansage. »Zu Deinem Konzert komme ich nicht«, muss sie lesen. »Vielleicht aber den Tag darauf. Doch auch dieses will ich Dir nicht versprechen und überhaupt meine Pläne in ein gewisses Dunkel Dir verbergen, damit Du gar nicht weißt, wie Du daran bist mit mir.« Er nennt das »Bräutigamslaunen«.[15] Im Übrigen schweige er jetzt tagelang und murre vor sich hin.

Sind das Depressionen? Oder Spielchen? Roberts Hinweis, sie müssten noch ein wenig »fasten und büßen«, kann Clara nicht verstehen. Sie vermutet eher, dass er die Reisekosten nach Berlin scheut, und versucht sich in Sarkasmus. »Du hast eine sehr ruhige Sehnsucht«, erwidert sie pikiert. »Wenn Du so als Ehemann wie jetzt als Bräutigam bist, muss ja das Leben mit Dir ein himmlisches sein!«[16] Noch ahnt sie nicht, wie recht sie damit hat.

Und es bleibt bei den Spielchen. Robert kann es einfach nicht lassen. So berichtet er von einem Besuch bei der Pianistin Marie Moke-Pleyel, die in Leipzig gastiert. Er habe sie nachmittags im Bett räkelnd vorgefunden. Zwei Stunden sei er bei ihr geblieben, weil sie so schöne Augen habe und so ungeheuer interessant sei. Wie uninteressant muss sich Clara fühlen, wenn sie so etwas liest?

An Weihnachten 1839 zerstreiten sie sich, weil Clara nach Roberts Auffassung seine *g-Moll-Sonate* zu schnell spielt. Im Februar geht sie in Begleitung ihrer Mutter auf Tournee durch Norddeutschland. Auch bis unmittelbar vor der Heirat unternimmt sie weitere Konzertreisen, sodass sie Robert nur sporadisch trifft – was ihn nicht sonderlich stört. »Kühle Dich ab, Du feurige Braut«, spielte er schon zuvor auf ihr Wiedersehen in Altenburg an. »Es hat auch sein Gutes, dass wir nicht den ganzen Tag beieinander (sind); gar zu viel Glück taugt nichts.« In der Ehe sei es dann anders: »Da gibt's zu Kochen pp.«[17] Nicht gerade ein gutes Omen für die gemeinsame Zukunft.

Fremdelnde Zweisamkeit

Am 1. August 1840 gewinnt Robert den Prozess. Einer Heirat steht also nichts mehr im Wege. Doch wissen die beiden überhaupt, worauf sie sich eingelassen haben? Und kann man ihre Fernstenliebe, diese immer wieder beschworene Romeo-und-Julia-Fiktion überhaupt in den Alltag transferieren? Fragen, die sich selbst beantworten. Und wie es halt so ist bei Happy Ends mit Hindernissen, fangen die Probleme nach der Hochzeit erst richtig an.

Drei Jahre lang waren sie verlobt und haben einander in dieser Zeitspanne kaum gesehen – Robert mit dem Kopf in den Wolken, Clara in der Wirklichkeit des Konzertwesens. Kommuniziert wurde vor allem schriftlich, dem körperlosen Chatten heutiger Tage vergleichbar. Was eine gelebte Beziehung bedeutet, auch jenseits der Frage, ob Clara weiterhin auftreten darf, davon hatten sie wohl eher nebulöse Vorstellungen.

Geblendet vom Ideal der Künstlerehe, hegten sie hochfliegende Träume. Jetzt sind sie plötzlich in der Realität gelandet: allein zu zweit, in ihrem neuen Domizil an der Leipziger Inselstraße. Der wuchtige dreistöckige Bau mit der neoklassizistischen Fassade beherbergt eine geräumige Wohnung im ersten Stock, zu der auch ein Salon gehört, Claras künftige Wirkungsstätte als Gastgeberin und Klavier spielende Ehefrau. Es muss ein merkwürdiges Gefühl sein, sich nach all der Zeit, in der sie für diese Ehe gekämpft haben, auf einmal am Ziel ihrer Wünsche wiederzufinden. Sehnsüchte setzen ungeheure emotionale Energien frei. Unablässig haben sie Claras und Roberts Fantasie beflügelt, zu poetischen Liebesgeständnissen angeregt, in einen permanenten Ausnahmezustand des Hoffens und Bangens versetzt.

Vorbei. Nun haben sie einander. Und auf einmal fehlt die berauschende Energie der Sehnsucht. Stattdessen müssen sie etwas völlig Neues, Ungewohntes lernen: Nähe.

Für Clara ist es ein frustrierender Lernprozess. Anders als erwartet, lebt sie zwar mit Robert unter einem Dach, als sonderlich innig kann man das Zusammenleben jedoch keineswegs beschreiben. Statt sich fortan Seite an Seite der Musik zu widmen, so wie in den Briefen immer wieder ausgemalt, zieht sich Robert von früh bis spät zum Komponieren in seine Studierstube zurück, wo er nicht gestört werden will. Was ist mit dem inspirierenden Austausch, von dem Clara geträumt hat? Warum werden die Unterhaltungen, die sie in aller Weitschweifigkeit brieflich geführt haben, nicht Auge in Auge fortgesetzt?

Von Nähe ist jedenfalls wenig zu spüren, dafür ist Robert schon allein physisch zu wenig präsent. »Du musst mir schon manchmal ein schriftliches Gespräch mit Dir erlauben«, schreibt Clara gleichermaßen enttäuscht wie vorwurfsvoll ins Ehetagebuch, das er ihr zur Hochzeit überreicht hat. »Ich kann Dich (Deiner, Anm. d. V.) den ganzen Tag über nicht viel habhaft werden.«[18] Da ist es umso ärgerlicher, dass Robert bald darauf eine neue Klavierschülerin annimmt, die junge hübsche Amalie Rieffel, für die er sehr wohl Zeit erübrigt. »Ich möchte mich wohl auch bei ihm als Schülerin melden«, bemerkt Clara mit schneidender Ironie, »ich hätte dann öfter das Glück, ihm vorspielen zu dürfen.«[19]

Irgendetwas läuft hier gehörig schief, das ist nur zu klar. Ohnehin darf bezweifelt werden, dass die beiden über das Talent verfügen, mit einem Partner zusammenzuleben. Prägend für Clara ist, dass sie von frühester Kindheit an als Star herumgereicht wurde. In einen alltäglichen familiären Kontext musste sie sich nie einfügen. Eine engere Beziehung hatte sie nur zum Vater, der freilich Bedingungen für seine Zuwendung stellte. Was emotionale Nähe bedeutet, wie man eine erfüllende Beziehung lebt und sich dem Gegenüber öffnet, diese Erfahrung blieb ihr verwehrt.

Robert wiederum kultiviert von jeher etwas Ungebundenes, frei Flottierendes. Ganz im romantischen Sinne verkörpert er die Figur des einsamen Wanderers, worüber unter anderem seine Reisetagebücher Aufschluss geben. Getrieben von immensem Freiheitsdrang, gepaart mit Anfällen von Weltekel, stilisiert er sich bereits 1828 zum Genie, das sich selbst genug ist: »Die Einsamkeit ist der vertraute Umgang mit uns selbst, sie ist ein Enttäuschtsein von allen äußern Eindrücken, die die Welt auf uns außert (ausübt,

Anm. d. V.), sie ist eine wirkende, denkende, schaffende Ruhe, der aktive Seelenzustand der Passivität des Körpers. – Die Einsamkeit ist die Amme aller großen Geister, die Mutter der Heroen, die Gespielin des Dichters, die Freundin der Künste.«[20]

Im Grunde schließt das eine Ehe aus. Denn alles, was eine Frau ihm sein könnte – Amme, Mutter, Gespielin, Freundin –, gibt ihm bereits die Einsamkeit. Dementsprechend bevorzugt er auch als verheirateter Mann das Alleinsein. Clara hat keinen Zutritt zu seiner Studierstube, recht ungeniert wird sie auf Abstand gehalten. Eine deprimierende Erfahrung. Nachdem der Vater mit ihr gebrochen und sie ihre einzige bisherige Bezugsperson verloren hat, kann oder will Robert die entstandene Lücke nicht füllen. Das ist umso fataler, als Clara völlig auf ihn fixiert ist.

»Ich hänge so ganz von seiner Stimmung ab«, klagt sie im Ehetagebuch. »Es mag vielleicht nicht gut sein, ich kann mir aber nicht helfen.«[21] Roberts Stimmungen – oder vielmehr: Verstimmungen – sind in der Tat ein Problem. Zusehends entpuppt er sich als wortkarger Einzelgänger, so als sei er gar kein Ehemann, sondern ein Eremit, der eher zufällig geheiratet hat. Heute würde man von Bindungsschwäche sprechen. Ein Begriff, den Robert weit von sich weisen würde, weil er als Künstler nach wie vor einen Ausnahmestatus beansprucht.

Letztlich gehört auch das Ehetagebuch zu seiner Abschottungstaktik: Wie der vorhergehende Briefwechsel ist es eine eher distanzierte Form der Kommunikation. Zwar kündigte er an, es solle »ein Büchlein der Bitten« werden, »auch eines der Vermittlung und Versöhnung, wo das Wort nicht ausreicht«;[22] die Einträge sind jedoch nicht notwendigerweise Ausgangspunkte für klärende Gespräche. Da der Austausch monologisierend erfolgt, bleibt völlig offen, auf welche Passagen der jeweils andere eingeht, oder ob das Thema unbeantwortet verhallt.

Oft muss Clara nachhaken, ob sie ihn wirklich glücklich machen kann, bringt auch immer wieder das Konzertieren zur Sprache – was darauf schließen lässt, dass die beiden kaum »echte Gespräche« über dieses heikle Thema führen.

Für sie ist das entmutigend, für Robert die perfekte Vermeidungsstrategie. Konflikten kann er elegant aus dem Weg gehen und will es vermutlich auch, weil er fürchtet, in persönlichen Diskussionen den Kürzeren zu ziehen. Schreibend verfügt er über eine ungeheure Eloquenz und verfasst Texte auf höchstem literarischem Niveau, in der Konversation aber zeigt er sich fast absurd gehemmt. Zeitgenossen schildern ihn als einen Mann, der nur leise und unverständlich murmelnd spricht, wenn er sich denn überhaupt mal äußert. Ein redefreudiger Partner ist er definitiv nicht, und in Gesellschaft verstummt er oft ganz.

»Schumann war den ganzen Abend wie üblich schweigsam und verschlossen«, schildert der Geiger Alexej Fjodorowitsch Lwow seine Eindrücke, nachdem Robert bei ihm zu Gast war. Zumeist habe Clara die Fragen für ihren Mann beantwortet. Der wiederum habe mit gesenktem Kopf in einer Ecke gesessen: »Die Haare hingen ihm ins Gesicht, sein Gesichtsausdruck war streng-nachdenklich, es schien, als würde er vor sich hinpfeifen.«[23]

Nein, ein Kommunikationsgenie ist Robert keineswegs. Marie Wieck, Claras jüngere Halbschwester, kolportiert in diesem Zusammenhang eine berühmt gewordene Anekdote. Nach einem Treffen mit Richard Wagner habe Robert gesagt: »Ist das ein unmöglicher Mensch, der eine Stunde lang ohne Unterbrechung spricht!«, während sich Wagner anschließend über Robert beschwert habe: »Ist das ein unnahbarer Mensch, der eine Stunde lang kein Wort spricht.«[24]

Von so viel indifferenter Geistesabwesenheit sind auch viele Besucher im Hause Schumann düpiert. Nur wenn sich enge Freunde wie Felix Mendelssohn Bartholdy zum Speisen und Musizieren ankündigen, taut Robert ein wenig auf. Wesentlich häufiger kommt es zu peinlichen Szenen, weil der Hausherr verstockt dasitzt, mit Wein und Zigarre beschäftigt, ohne seine Gäste eines Wortes zu würdigen. »Viele Störungen durch Besuche«, heißt das dann in seiner Wahrnehmung.[25]

Gesellschaftliche Kontakte meidet er, wenn möglich. Selbst als das Paar bei den eng befreundeten Mendelssohns eingeladen ist, bleibt er lieber zu Hause. »Robert begleitete mich diesen Abend nicht – er war abgespannt und hatte daher keine Lust, hätte sich aber gewiss wohl befunden«, schreibt Clara mit leisem Tadel ins Ehetagebuch.[26] Ein andermal begründet er sein Fernbleiben mit den lapidaren Worten: »Ich war in menschenscheuer Stimmung nicht hingegangen.«[27] Keine einfache Situation für Clara. Nur selten erlebt sie entspannte Abende, an denen sie mit Robert Champagner trinkt – das Lieblingsgetränk des jungen Paars – und »schwärmt«, wie sie solche kleinen Gelage nennen.[28]

Doch das sind eher Ausnahmen. Wie mit einem Mann umgehen, der sich tagsüber weitgehend entzieht, Geselligkeiten wenig schätzt, die Nächte aber zuweilen noch im Wirtshaus Poppe verbringt, wo er sich mit seinen Sonnenjünglingen trifft und reichlich dem Alkohol zuspricht?

Selbstverleugnung

Claras Körper antwortet für sie. Wenige Wochen nach der Heirat befällt sie ein diffuses Unwohlsein; die überwiegende Zeit verbringt sie im Bett, Ärzte können ihr nicht helfen. »Klärchen, werde mir bloß nicht kränker«, mahnt Robert. »Bedenke, wo noch Liebe im Hause wohnt, da lässt sich schon alles tragen.«[29] Fragt sich nur, was sie denn noch alles ertragen soll. Sie darf nicht mehr ausgiebig Klavier üben, Konzertreisen hat Robert ihr verboten, und zu allem Überfluss macht sich ihr Gatte auch noch rar.

Parallel hat das Projekt Verzwergung begonnen. Aus der großen Virtuosin soll ein kleines namenloses Hausmütterchen werden. Die Frau, die Robert früher als »cara Clarissima« feierte und in seiner Fantasiewelt der Davidsbündler als Zilia, Chiara, Chiarina überhöhte, muss sich jetzt die biedere Anrede Kläre gefallen lassen. Auch die Kriterien ihres Werts definiert Robert neu. Bereits in der Verlobungszeit hatte er von einem »Prachtweib« fantasiert, »mit dem Häubchen auf dem Kopf und dem Schlüsselbund am Gürtel«.[30] Clara tut ihm den Gefallen. Folgsam trägt sie das brave weiße Spitzenhäubchen, das ebenso der Domestizierung dient wie Roberts Lob nach einem Diner im Hause Schumann, Clara schicke sich »ganz reizend zur Wirtin an«.[31]

Ein zwiespältiges Kompliment. Nicht nur, dass Clara nach ihrem nomadenhaften Leben der vergangenen Jahre gleichsam stationär in eine Wohnung gesperrt wird, auch in ihre Rolle als Hausfrau hineinzuwachsen, bereitet ihr einige Probleme. Von heute auf morgen soll sie Qualitäten unter Beweis stellen, die sie weder beherrscht noch freudig in Angriff nimmt.

Damit nicht genug. Schon in der zweiten Ehewoche macht sie Bekanntschaft mit einem Robert Schumann, der sie nicht mehr vergöttert, sondern harsch kritisiert. Beim Studium der Bach'schen Fugen – immerhin hat sie einst mit Bach in Wien brilliert – gibt Robert ihr »einen starken Verweis«, weil sie eine Stimme oktaviert hat.[32] Außerdem wirft er ihr seelenloses, mechanisches Spiel vor. Auch über den Wert von Komponisten sind sie unterschiedlicher Meinung, ganz so wie es Robert in der Verlobungszeit prophezeit hat: »Doch glaub ich, sind wir in unserem Urteil oft weit voneinander. Dass wir uns darüber später ja keine bitteren Stunden machen!«[33]

Ein frommer Wunsch. Die bitteren Stunden, sie bleiben vor allem Clara nicht erspart. Damals ging es um Bennett und Berlioz, jetzt macht Robert alles nieder, was ihr die größten Triumphe eingebracht hat: ihre stupende Virtuosität und insbesondere jene Bravourstücke, mit denen sie einst das Publikum begeisterte.

Es kommt einer Selbstverleugnung gleich, dass sie sich jetzt Roberts Meinung anschließt: »Je weniger ich jetzt öffentlich spiele, je mehr wird mir das ganze Virtuosentum verhasst! Die Konzertkompositionen als: Etüden von Henselt, Fantasien von Thalberg, Liszt pp. sind mir ganz zuwider geworden.«[34] Letztlich nimmt sie damit hin, dass Robert ihr nicht nur die Zukunft verbaut, sondern sie auch noch ihrer Vergangenheit beraubt. Alles war falsch, signalisiert er ihr, also musst du auch nicht bedauern, dass deine Karriere vorbei ist.

Im Namen der Fürsorge und der Heranbildung eines seriösen Musikgeschmacks demoralisiert er seine Frau immer mehr. Ob bewusst oder unbewusst, steckt wohl die Absicht dahinter, sie so lange zu zermürben, bis sie am Ende gar nicht mehr auftreten will. So nimmt es kaum wunder, dass Claras Selbstvertrauen stetig schwindet. Als der berühmte Virtuose und Komponist Ignaz Moscheles die Schumanns im Oktober des ersten Ehejahrs besucht, hat sie bereits aller Mut verlassen. »Ich soll ihm vorspielen und ängstigte mich mehr als vor einem ganzen Publikum«, schreibt sie verzagt. »Ich fühle überhaupt meine Ängste beim Vorspielen immer mehr zunehmen.«[35]

Im November ist Clara dann jede Freude am Klavierspiel vergangen. »Es gelingt mir wohl zuweilen etwas, doch es ist nur Zufall, und so kann denn mein Spiel auch keinen wahren Genuss gewähren, da ich ängstlich spiele, und dies teilt sich auch den Zuhörern mit«, schildert sie ihre desolate Verfassung. »Ich bin immer matt, und traurig macht mich der Gedanke, dass es vielleicht lange dauert, ehe ich meine alte Kraft wiedergewinne.«[36]

Was bedeuten da schon all die Beteuerungen im Ehetagebuch, nie sei sie glücklicher gewesen? Wenn man die rhetorischen Girlanden entfernt, mit denen sie diese Schwindelei kaschiert, ergibt sich ein ganz anderes Bild: »Ich stehe täglich in neuer Liebe zu meinem Robert auf, und scheine ich auch manchmal trübe, fast unfreundlich, so sind es nur Sorgen, deren Ursprung doch immer die Liebe zu ihm ist.«[37] Das bezieht sich zwar vordergründig auf ihren Konflikt mit dem Vater, liest man den Eintrag aber genau, macht sie allein Robert für ihre bedrückte Stimmung verantwortlich. Der Preis für diese Ehe war hoch. Glücklich wirkt Robert aber nicht gerade auf Clara.

Ja, auch Robert geht es nicht gut. Es scheint, als werde ihm alles zu viel. Immer häufiger verschanzt er sich in seinem Studierzimmer. »Robert arbeitete diese Woche sehr fleißig«, berichtet Clara Mitte Dezember, »befindet sich aber seit unserer Vermählung nie ganz wohl, das (was, Anm. d. V.) mich zuweilen ganz traurig und besorgt macht.«[38] Im Februar 1841 verfällt er dann regelrecht, und Clara mit ihm: »Unser Befinden war die Woche über schlecht! Ich leide fortwährend am Kopf, und Robert ist in einem vegetierenden Zustand.«[39]

Der Grund ist angeblich Überanstrengung, weil er so viel komponiert. Allerdings hat er auch früher viel gearbeitet, ohne zu »vegetieren«. Die Schuld an diesem Ungemach sucht Clara wieder einmal bei sich selbst. »Bist du wirklich ganz glücklich?«, fragt sie ängstlich im Ehetagebuch. »Ist nichts an mir, an meinem Wesen, das Dir missfällt?«[40]

Nein, an ihrem Wesen liegt es nicht, dass Robert so schlechter Laune ist. Was beiden wahrhaft zu schaffen macht, ist als *arrival fallacy* bekannt. Dieser sogenannte Ankunftsfehler unterläuft immer dann, wenn man sein gesamtes Glück an ein bestimmtes Ziel geknüpft hat: sei es der neue Job, ein neuer Partner oder, trivialer, das neue Auto. Mit dem Erreichen des Ziels, so die irrige Hoffnung, werde sich das ganz große Glück quasi von selbst einstellen. Für Clara und Robert hatte das Ziel stets aus der Heirat bestanden – doch statt überschäumender Glücksgefühle machen sich nun Ernüchterung und Enttäuschung breit. Die Erwartungen an eine allein selig machende Ehe waren einfach zu hoch gewesen.

Mit der Nähe ist es halt kompliziert. Bereits 1834 überraschte Robert ja die damals dreizehnjährige Clara mit der kühnen These, Ferne sei nur »auseinandergerückte Nähe«.[41] Seither haben sie einander zahllose Briefe gesendet – und doch aneinander vorbeigeschrieben, jeweils im eigenen Universum kreisend. Eigentlich kennen sie sich gar nicht. Wahrscheinlich passen sie auch gar nicht so gut zusammen wie gedacht, denn unter der Oberfläche der biedermeierlichen Zwangsidylle schwelen noch ganz andere Konflikte.

Clara leidet darunter, dass sie für den sprachmächtigen und hochgebildeten Robert intellektuell nicht satisfaktionsfähig ist. Vom Vater zum Wunderkind abgerichtet, hat sie sich ausschließlich auf die Musik fokussiert, kaum bedeutende Literatur gelesen, weder geläufig Fremdsprachen erlernt noch die Kunst der geistvollen Konversation.

»Ich fühle mich manchmal recht unglücklich in mir selbst – wenn ich so in meinem leeren Kopf mich umsehe«, bekennt sie. »Nun, so lange nur noch mein Robert sich mit mir begnügt, ist's gut, aber wär das auch nicht, da wär's ganz aus mit mir!«[42] Zwischen den Zeilen solcher Einträge nisten Ängste über Ängste. Ist er ihrer womöglich schon überdrüssig, trotz seiner wiederholten Liebesschwüre? Bremst sie gar seine Schaffenskraft? Dieser Eindruck drängt sich bereits wenige Wochen nach der Hochzeit auf, als Robert im Oktober 1840 in eine kompositorische Krise gerät.

Damit scheint Claras angestrebte Rolle als Muse ebenso gescheitert zu sein wie das Konzept der Ehe als kreativer Symbiose. »Glaubst du etwa, weil Du mich nun zur Frau hast, nun ginge es nicht mehr?«, fragt sie beklommen im Ehetagebuch. Über die Gründe seiner Blockade schweigt er sich aus, was sie noch ratloser, noch niedergeschlagener macht.[43]

Aber auch Robert fühlt sich unterlegen – wegen seiner Erfolglosigkeit. Schon während der Verlobungszeit fragte er sich in seinem Tagebuch: »Bin ich zu wenig neben ihr?«[44] Nach der Heirat fällt die Antwort pragmatisch aus: Ganz offensichtlich will er die unausgesprochene künstlerische Rivalität zwischen sich und Clara beenden, indem sie erst gar nicht auftreten darf. Sie soll daheimbleiben, um ihn, den weniger Erfolgreichen, nicht zu beschämen. Im Gegenzug kompensiert er seine gefühlte Inferiorität damit, dass er sich ihr gegenüber als musikalische Autorität aufspielt und sie auf ihre vermeintlichen Defizite als Pianistin hinweist.

Das klang 1831, in der Anfangsphase ihrer Annäherung, noch ganz anders. Schon bevor sein Virtuosentraum platzte, musste sich Robert eingestehen, dass es ihm an Fleiß und innerer Beteiligung mangelte, während Clara selbst den Herz'schen Bravourstücken Leben einhauchte: »Des Morgens ging Alles miserabel – ganz miserablinsky – Nachmittag. Bei Wieck – sehr teilnehmend gegen mich – ich würfe die Herzischen Variationen wie einen Hund hin – charakterisiert richtig – ich kann unmöglich heucheln oder die Leute merken die Verstellung im Augenblicke – bei Clären kommt es von innen heraus.«[45]

Im Vergleich zu Clara war er also nur ein leidlicher Klavierspieler und vermutlich eifersüchtig auf ihr Können. Ein Grund mehr, jetzt ihre Fähigkeiten in Frage zu stellen. Auch die Legitimität eigener Interpretationen seiner Werke spricht er ihr rundheraus ab. »Du hast aber nicht recht, Klärchen«, erinnert er sie an die hierarchischen Verhältnisse, wobei er nicht zufällig das Diminutiv ihres Namens verwendet. »Der Komponist, und nur er allein weiß, wie seine Kompositionen darzustellen sind. Glaubtest Du's besser machen zu können, so wär's dasselbe, als wenn der Maler z. B. einen Baum pp besser machen wollte, als ihn Gott geschaffen.«[46]

Fortschreitende Demoralisierung

In dieser vertrackten Konstellation schwankt Clara zwischen Unterwerfung und vorsichtigem Aufbegehren. Offene Rebellion ist ihre Sache nicht. Nach dem monatelangen Prozess und den Rufmordkampagnen Friedrich Wiecks, der nicht einmal die eigene Tochter mit Verleumdungen verschonte, steht die Ehe unter ungeheurem Erfolgsdruck.

Scheitern ist keine Option. Clara weiß nur zu gut, dass sie gleichsam zum Glücklichsein verdammt ist. Zumindest auf dem Papier. Wer kann schon garantieren, dass das Ehetagebuch nicht dereinst von Dritten gelesen wird? Von jeher liebäugelte Robert mit der Veröffentlichung seiner gesamten Korrespondenz. Überzeugt, dass er als Genie in die Musikgeschichte eingehen wird, will er auf diese Weise für den angemessenen Nachruhm sorgen. Sehr wahrscheinlich ist deshalb auch das Ehetagebuch »auf ein imaginäres Publikum, ja vielleicht auf die ›Nachwelt‹ gemünzt«, wie ein Herausgeber seiner Tagebücher nachträglich feststellt.[47]

Clara sind derartige Pläne natürlich bekannt. Auch über die Brautbriefe hatte Robert geäußert, diese sollten womöglich gedruckt werden. So liegt nahe, dass das gemeinsame Journal Intime gar nicht so intim ist wie behauptet, sondern ebenfalls der Nachwelt zugänglich gemacht werden soll. Was aber, wenn zukünftige Leser entdecken, dass ihr die hart erstrittene Ehe alles andere als ungetrübtes Glück beschert?

Um sicherzugehen, verlegt sich Clara auf ein vorsichtiges Lavieren und Taktieren. »Ich bin alle Tage glücklicher mit Dir, mein lieber Mann«, flötet sie im Ehetagebuch, um dann fortzufahren: »Und ist es, dass ich manchmal nicht so glücklich scheine, so sind es nur andere Skrupel, die ich mir mache – meistens Unzufriedenheit mit mir selbst.«[48] Ihre Tiefstapelei könnte man auch als Verschleierungstaktik bezeichnen; nichts darf den Schein einer prinzipiell glücklichen Verbindung stören. Ihre Nöte wagt Clara allenfalls verklausuliert zur Sprache zu bringen: Zwischen unablässig wiederholten Beteuerungen, wie selig sie an seiner Seite sei, versteckt sie ihre Kritik an Roberts bevormundender Haltung.

Dass sie darunter leidet, in die Häuslichkeit verbannt zu sein, offenbart sie beispielsweise, indem sie geschickt über die Bande spielt. Über ihre Freundin Elise List schreibt Clara: »Die kleine Lina hat ein großes Talent zur Musik, doch wird es an ihr unterdrückt, die Mutter will eine Hausfrau aus ihr machen … Wie dauert einen doch das!«[49] Solche Bemerkungen sind natürlich an den mitlesenden Robert adressiert – der sie geflissentlich übergeht.

Auch Claras Bitten, auf Tournee gehen zu dürfen, werden weitgehend ignoriert. »Soll ich nun den ganzen Winter stillsitzen, nichts verdienen, was ich doch so leicht könnte?«, insistiert sie daraufhin im Ehetagebuch. »Jeder fragt, ob ich nicht reise – ich komme ganz in Vergessenheit, und in einigen Jahren, wenn wir vielleicht eine Reise machen wollen, wer weiß, was da anderes in der Kunst die Leute beschäftigt.«[50] Das sind gleich zwei gute Argumente. Zum einen möchte Clara die Gunst der Stunde nutzen, bevor ihr Ruhm verweht ist, zum anderen steht es nicht gut um die Finanzen, sodass eine Aufbesserung der Haushaltskasse dringend geboten wäre. Weder das eine noch das andere lässt Robert gelten.

Falls Clara wider besseres Wissen gehofft hat, auch verheiratet als erfolgreiche Pianistin zu glänzen, so dämmert ihr jetzt, wie naiv diese Vorstellung war. Robert will sie ja nicht nur ganz für sich; zusätzlich fühlt er sich durch die Vorstellung, seine Frau könnte weiterhin öffentlich auftreten und Geld verdienen, in seiner sozialen Rolle als Ehemann bedroht. Schließlich hat er während des Heiratsprozesses versichert, er könne finanziell für Clara sorgen. Eine wackelige Behauptung. Die Einnahmen aus dem Druck seiner Kompositionen und dem Vertrieb seiner *Neuen Zeitschrift für Musik* liegen weit unter den vor Gericht genannten Summen.

Doch wieder einmal ist sein Stolz stärker als der gesunde Menschenverstand, stärker auch als die Gesetze der Arithmetik, mit denen er leicht ausrechnen könnte, dass die laufenden Kosten seine Einkünfte deutlich übersteigen. Und so folgt er der bürgerlichen Parole, die bis ins zwanzigste Jahrhundert hinein gegen die Berufstätigkeit von Ehefrauen ins Feld geführt wird: Meine Frau muss nicht arbeiten.

Clara hingegen bleibt nichts anderes übrig, als sich mit dem wenigen zu begnügen, was Robert ihr zugesteht. Da sie nicht wie gewohnt morgens viele Stunden lang ihre »Kraftübungen« absolvieren darf, studiert sie weiterhin das Bach'sche *Wohltemperierte Klavier* und beschäftigt sich intensiv mit den Sonaten Beethovens. Das wird ihr später den Ruf einer führenden Beethoven-Interpretin eintragen, die man in einem Atemzug mit Mendelssohn Bartholdy und Liszt nennt. Vorerst ist es jedoch eine eher private Beschäftigung ohne jede Perspektive, irgendwann im Konzertsaal damit zu reüssieren.

Ihre größte Befürchtung ist es, schwanger zu werden. Im Ehetagebuch deutet sie mehrfach an, sie wolle auch deshalb möglichst bald auf Tournee gehen, weil sich in Kürze »Hindernisse« einstellen könnten – womit sie Kinder meint. »Meine Angst steigt von Tag zu Tag«, gesteht sie einmal ungewöhnlich offenherzig. »Ich bin melancholisch, und manche Sorgen quälen mich – gebe Gott, dass meine Besorgnisse nicht eintreffen.«[51]

Damit ist ein Leitmotiv installiert. Mehr noch als die erzwungene Häuslichkeit peinigt sie die Vorstellung, durch ein Kind gehandicapt zu sein. Noch kann sie sich nicht vorstellen, wie diese Rollen miteinander zu vereinbaren wären, und Robert bekräftigt ihre Bedenken. Über eine Bekannte Claras, die berühmte Sängerin und alleinerziehende Mutter Wilhelmine Schröder-Devrient, fällt er ein hartes Urteil: »Eine Hausfrau, ein Weib, eine Mutter kann solch eine Künstlerin nicht sein, und sie ist es wohl auch nicht.«[52] Darin steckt ein unmissverständlicher Imperativ: Bleib zu Hause, Clara, und gib deine Karrierepläne ein für alle Mal auf!

Flucht in die Selbstdemontage

Auch ohne Kinder führt Clara bereits ein Schattendasein. Für jemanden, der die Spiegelung im applaudierenden Publikum so dringend braucht wie sie, ist das eine Tortur. Ihre schier ausweglose Lage ist nicht nur beklemmend, sie erzeugt auch Wut. Diese offen zu artikulieren, verbietet sich allerdings durch den lediglich semiprivaten Charakter des Ehetagebuchs; stattdessen richtet Clara ihre unterdrückten Aggressionen gegen sich selbst. Das beginnt schon damit, dass sie sich als unzurechnungsfähige Göre hinstellt: »Ich schwatze recht dummes Zeug, nicht wahr, mein lieber Robert?«[53] Kurz darauf macht sie sich noch kleiner, indem sie sich selbst attestiert, als Künstlerin fehle es ihr an Charisma: »Wenn ich auch wirklich durch meine Kunst befriedigte, so fehlt meiner Persönlichkeit alles, was dazugehört, Glück in der Welt zu machen.«[54]

Zunehmend verwandelt sich ihre Wut in eine nahezu erschütternde Selbstsabotage. Es gibt zahllose Einträge, in denen sie sich radikal abwertet, eigentümlich den Du-kannst-nichts-und-bist-nichts-Tiraden ihres Vaters ähnelnd.

Der Vergleich mit Robert fällt selbstverständlich niederschmetternd aus: »Ich krittele fortwährend an mir und genüge mir nicht für *Ihn.*«[55] Auch pianistisch bezeichnet sie sich als Versagerin: »Mir ging so Vieles im Sinn herum, vor allem mein Spiel, das mich zur Verzweiflung bringen könnte.«[56] Deshalb bricht sie in Tränen aus, als Felix Mendelssohn Bartholdy die Schumanns besucht und einige seiner *Lieder ohne Worte* spielt. »Ich sah Roberts freudestrahlenden Blick dabei, und es war mir so schmerzlich, dass ich fühlen musste, dies ihm nie bieten zu können«, resümiert Clara völlig am Boden zerstört. »Ich schämte mich meiner Tränen, die ich im Beisein Mendelssohns vergossen, doch konnte ich nicht anders.«[57]

Kein negatives Wort dagegen über Robert, der doch der Urheber ihres Kummers ist und sie noch dazu vom Üben abhält. »Mein Klavierspiel kommt wieder ganz hintenan, was immer der Fall ist, wenn Robert komponiert«, stöhnt sie wenige Wochen danach. »Nicht ein Stündchen am ganzen Tag findet sich für mich!«[58]

Die erzwungene Untätigkeit am Klavier könnte sie ohne Weiteres dafür nutzen, nun ihrerseits neue Werke zu erschaffen, doch sogar als Komponistin hält sie gar nichts mehr von sich. Unversehens gerät sie in eine Abwärtsspirale, die sie immer tiefer in den Sog schwärzester Selbstzweifel zieht. »Ich habe gar kein Talent zur Komposition!«,[59] erklärt sie und macht indirekt ihre Ehe dafür verantwortlich, wenn sie kurz darauf schreibt: »Mit dem Komponieren ist doch auch gar nichts mehr – alle Poesie ist aus mir gewichen.«[60] Ihre selbstzerstörerischen Diagnosen gipfeln schließlich Wochen später in dem Satz: »Mit dem Komponieren will's nun gar nicht gehen – ich möchte mich manchmal an meinen dummen Kopf schlagen!«[61]

Daraus spricht eine Autoaggression, die schon an Selbsthass grenzt. Sie kann sich nicht mehr lieben, traut sich nichts mehr zu und demontiert sich so nachhaltig, dass so gut wie nichts mehr von ihr übrig bleibt – außer einer desperaten Hausfrau.

Die Krux besteht darin, dass Clara niemals wagen würde, ihre Wut offen auf Robert zu lenken. Verräterisch ist jedoch die Schilderung ihres Liebesfurors: »Ich könnte ihm manchmal vor Liebe Leides tuen mit meinen Küssen, statt ruhiger, (wie man sagt, dass man in der Ehe wird), werde ich immer feuriger! – Mein armer gepeinigter Mann!«[62] Küsse, Bisse, das reimt sich, möchte man da mit Kleist sagen. Es hat eine beklemmende Logik, dass sich Claras aufgestaute Gefühle in derartigen Fantasien entladen. Untätig, verbal geknebelt und unzufrieden mit sich selbst, sieht sie keine andere Perspektive, als sich nun vollends ihrem Mann auszuliefern – wenngleich er nicht die Lösung, sondern das Problem ist.

Hier wiederholt sich die Symptomatik des Stockholm-Syndroms, das schon ihre Beziehung zum Vater kennzeichnete: Clara klettet sich geradezu an Robert, bis zum Identitätsverlust. Als er im Oktober 1840 in seine erste kreative Blockade gerät, an der sie sich selbst die Schuld gibt, verwandelt sie sich mehr und mehr in seine Assistentin. Nicht dass er sich offen despotisch aufführte. Der Druck, den er ausübt, ist ein Glanzstück subtiler Manipulation. So trägt er Clara, die schon mit zehn Jahren zu komponieren begonnen hat und auf ein beachtliches Konvolut eigener veröffentlichter Werke zurückblicken kann, eine »saure Arbeit« auf, wie er selber sagt: Sie soll Abschriften seiner Kompositionen anfertigen.

»Tut sie doch alles so gern, wenn es für mich ist«, kommentiert er diese Zumutung.[63] Was sie wirklich gern tun würde – diszipliniert Klavier üben, auf Konzertreisen gehen, Anerkennung und Bestätigung genießen –, ignoriert er nonchalant.

Im Januar 1841 wird Clara dann tatsächlich schwanger. »Am meisten betrübt mich, dass ich so wenig spielen kann und so kraftlos bin«, notiert sie im Ehetagebuch. Und noch etwas betrübt sie: »Robert ist seit einigen Tagen sehr kalt gegen mich.« Der Grund ist seine Arbeit an der *Frühlingssinfonie.* Einen kreativen Rückzug gesteht sie ihm durchaus zu, dennoch leidet sie darunter: »Niemand kann aufrichtigeren Teil nehmen an allem, was er unternimmt, doch zuweilen kränkt mich diese Kälte, die ich am allerwenigsten verdiene.«[64]

Als sei höhere Gerechtigkeit im Spiel, fällt in die Zeit der Schwangerschaft dann doch noch eine der glücklichsten Phasen ihres Ehelebens: Während einer gemeinsamen Reise nach Dresden hat sie ihren Robert endlich ganz für sich. Kein Rückzug ins Arbeitszimmer, kein brütendes Schweigen. Sie wandern zur Bastei des imposant zerklüfteten Elbsandsteingebirges, schauen in schwindelnde Abgründe, die Robert wegen seiner Höhenangst kurz an den Rand des Wahnsinns bringen, sind aber ansonsten recht vergnügt.

Weil Robert bereits Vaterstolz erfüllt? Oder weil er davon ausgeht, ein Kind werde Clara endgültig ans Haus binden? Dass die Schwangerschaft zwiespältige Gefühle in Clara auslöst, scheint er entweder nicht zu bemerken, oder er schiebt ihre Sorgen einfach beiseite – so wie er es auch mit ihren mehr oder weniger offen formulierten Ängsten hält, die sämtlich im Ehetagebuch nachzulesen sind.

Als Histrioniker mit leicht narzisstischen Zügen ist er eben ein Meister des Ausblendens und ein Virtuose des *wishful thinking*. Als Clara ihn immer eindringlicher fragt, ob sie ihn denn auch wirklich glücklich mache, antwortet er zwar, sie habe »viel zu leiden«, geht dann aber zur Tagesordnung über, um seinen Eintrag mit den nichtssagenden Worten zu beenden: »Zum Schluss hab Dank, Kläre, für all die Liebe, die Du mir immer zeigst, für Deine Geduld, Dein Tragen. Es wird gewiss alles zum Besten werden.«[65]

Nun, was das Beste ist, darüber macht sich Clara ihre eigenen Gedanken. Es wird noch eine Weile dauern, bis sie das Joch der ehelichen Restriktionen abstreift. Vorerst leidet sie stumm. Aber das Leben muss anders werden, ganz anders. Wofür hat sie die Erfahrung der Selbstermächtigung gemacht, wenn ihre Talente im Dämmerschlaf liegen?

KAPITEL 5

BALANCEAKTE

Kinder, Mann, Klavier.
Ein Alltag zwischen Überforderung
und Selbstbestimmung

Es ist fünf Uhr nachmittags, um sechs Uhr wird Clara Schumann auf dem Konzertpodium erwartet. Höchste Zeit also, ein bühnentaugliches Kleid anzuziehen, sich vielleicht noch mit ein paar Fingerübungen warmzuspielen und dann eine Kutsche zu bestellen. So wäre es früher gewesen. Vor ihrer Verheiratung. Stattdessen steht Clara in einem schlichten Hauskleid am Küchentisch, um noch rasch das Abendessen für ihre Kinder vorzubereiten. Nichts Aufwendiges – es gibt Milch und Brötchen, die freilich vorher aufgeschnitten werden müssen.

In aller Eile setzt sie das Messer an, als plötzlich ein scharfer Schmerz ihren linken Zeigefinger durchzuckt. Entsetzt starrt sie auf die heftig blutende Wunde. Sie hat sich die Fingerkuppe abgeschnitten, ein Alptraum für jeden Pianisten.

Die Hände sind Claras kostbarstes Kapital. Bei Hausarbeiten schützt sie sie deshalb mit Handschuhen, doch der Zeitdruck hat sie unvorsichtig werden lassen. Was tun, um Himmels willen? Das Konzert absagen? Nein, kommt nicht in Frage. Zum einen trägt sie mit ihren Honoraren inzwischen wesentlich zum Familieneinkommen bei, zum anderen muss sie wann immer möglich Bühnenpräsenz zeigen.

Unvergessen die Gehässigkeit, mit der ein Kritiker schrieb: als Clara Wieck vergöttert, als Clara Schumann ignoriert. Das entspricht zwar nicht der Wahrheit, weil sie auch nach ihrer Verheiratung immer wieder Erfolge feiern konnte, gleichwohl hat sich dieses Menetekel tief in ihr Bewusstsein eingebrannt. Es gibt einfach zu viele Leute, die auf das Ende ihrer Karriere lauern. Die Gefahr besteht durchaus, das weiß Clara. Der Schmelz der Jugend ist dahin, und auch ihre Wunderkindgeschichte ist kein Bonus mehr, der sich nach so vielen Jahren noch verwerten ließe.

Das Publikum vergisst schnell. Neue aufstrebende Talente drängen jetzt auf die Podien, Klavierstars wie der zehn Jahre jüngere Anton Rubinstein, der von Liszt protegiert wird. Wie Clara spielt Rubinstein alles auswendig, aber mit einer Leidenschaft, dass man ihm sogar falsche Töne verzeiht.

Wenn sie sich auf dem wachsenden Markt virtuoser Pianisten behaupten will, muss sie sich doppelt und dreifach anstrengen, um mitzuhalten: durch ein stetig erweitertes Repertoire, ausgereifte Interpretationen, aber eben auch durch Zuverlässigkeit. Schon zwei, drei Absagen könnten dazu führen, dass man sie als unsichere Kantonistin abschreibt. Sie kann es sich einfach nicht leisten, Konzertveranstalter und Publikum zu enttäuschen.

Eine knappe Stunde später betritt Clara Schumann die Bühne, wie immer sehr aufrecht und mit stoischer Miene. Nur wer genauer hinschaut, entdeckt den Verband an ihrem linken Zeigefinger: ein »englisches Pflaster« aus Taftstreifen, getränkt mit Fischblasenextrakt, Glycerin, Benzoetinktur und Spiritus. Eine höllische Mixtur, die wie Feuer in der frischen Wunde brennt. Dennoch spielt Clara so untadelig, als sei nichts geschehen. Sie ist durch eine harte Schule gegangen. Unpässlichkeiten wurden vom Vater nie als Hinderungsgrund akzeptiert, und weil sie auf ihren Tourneen oft auf Flügeln mit schwergängigen Mechaniken und hängenden Tasten spielen musste, ist sie es gewohnt, jedwedes Handicap auszugleichen.

Besonders drastische Umstände erlebte sie bei einem Berliner Konzert im Oktober 1839, als sie von Schwindelanfällen und einem steifen Arm geplagt wurde. Die Flügelträger waren so ungeschickt, einen Fuß des Instruments abzubrechen, sodass es schief auf der Bühne stand, während des Konzerts tropfte dann auch noch Kerzenwachs von den Leuchtern auf die Tasten. Grandios gespielt hat sie trotzdem. In ihrer Welt gibt es keine Entschuldigung für holpernde Läufe, rhythmische Verzögerungen oder weggelassene Töne. Schon gar nicht interessiert sich das Publikum für die Nöte einer Mutter, die sich zwischen Beruf, Ehemann, Hausfrauenpflichten und einer stetig wachsenden Kinderschar aufreibt.

Doch nicht nur in der Öffentlichkeit steht Clara unter Druck. Auch ihr Gatte blickt eher skeptisch darauf, dass sie weiterhin auftritt, statt brav daheimzubleiben. Einst war sie die Frau seines Lebens, jetzt soll sie sein Mädchen für alles sein. Das akzeptiert sie durchaus, zu schaffen ist es allerdings nur, wenn sie mit eiserner Disziplin punktet. Also beißt sie die Zähne zusammen und macht ihren Job. Auch mit einer verletzten Hand, in der es unablässig brennt und pocht.

Bürgerliche Rollenerwartungen

Jeder, der Beruf und Familie miteinander vereinbaren muss, kennt den Spagat zwischen professionellen und privaten Herausforderungen. Auch im einundzwanzigsten Jahrhundert hat sich wenig daran geändert. Vor allem berufstätige Frauen stehen nach wie vor unter einem gewissen Beweisdruck, die gleichen Leistungen zu erbringen wie Kolleginnen und Kollegen ohne familiäre Verpflichtungen. Was im Hintergrund abläuft, etwa ein krankes Kind oder pflegebedürftige Eltern, bleibt unberücksichtigt. Und da es immer noch überwiegend Frauen sind, die sämtliche Familienbelange schultern, arbeiten zwei Drittel der erwerbstätigen Mütter in Teilzeit, so das Statistische Bundesamt.

In den Chefetagen wird die Problematik noch deutlicher. Laut Auskunft des Bundesministeriums für Familie, Senioren, Frauen und Jugend sind 72 Prozent der weiblichen Führungskräfte in Deutschland kinderlos. Eine Zahl, die belegt, wie wenig sich offenbar Spitzenjobs mit Mutterpflichten vereinbaren lassen. Die Gruppe weiblicher Führungskräfte mit Kindern unter drei Jahren ist übrigens so verschwindend klein, dass sie statistisch gar nicht erfasst werden kann.

Die Doppelbelastung von Familie und Beruf ist im neunzehnten Jahrhundert überwiegend für Frauen der unteren Stände ein Thema – wenn auch keines, das größere allgemeine Beachtung fände. Man nimmt als selbstverständlich hin, dass Frauen aus dem Bauern- und Arbeitermilieu keine andere Wahl haben, als das Familieneinkommen aufzubessern. Sie verdingen sich als Mägde, Hausmädchen, Wäscherinnen, zunehmend auch in Manufakturen und Fabriken. Umso größer ist der Stolz von Ehemännern des Bürgertums, dass sie ihren Frauen ein sogenanntes sorgenfreies Leben bieten können.

Umso größer ist aber auch das Unverständnis, wenn eine bürgerliche Frau arbeiten *will*, noch dazu in einem Bereich, der nicht unbedingt hohes soziales Prestige verspricht. Berufsmusikerinnen sind noch die Ausnahme, abgesehen von Sängerinnen und Pianistinnen, denen dann aber auch der Ruch des fahrenden Volks anhängt, weil man sie in der schillernden Sphäre von Theatern und umherreisenden Künstlern verortet.

Unverheirateten Frauen aus dem bürgerlichen Milieu gesteht man allenfalls Berufe im pädagogischen Bereich zu, sei es als Gouvernante oder Privatlehrerin, auch als Krankenschwester oder Pflegerin – Tätigkeiten also, die sich unmittelbar aus dem häuslichen und damit weiblichen Kontext ergeben. Ein solides bürgerliches Familienleben als Ehefrau und Mutter mit einer öffentlich ausgelebten musikalischen Laufbahn zu verbinden, schließt sich so gut wie aus. Die Frage der Vereinbarkeit, die in den Debatten des zwanzigsten und einundzwanzigsten Jahrhunderts eine so große Rolle spielt, existiert schon in den Köpfen des Bürgertums: als ein Ding der Unmöglichkeit.

Clara Schumann wählt dennoch diesen Weg, und fast lebenslang gehört die Doppelbelastung von Familie und Beruf zu ihrem Alltag. Nur die Art und Weise, wie sie damit umgeht, ändert sich im Laufe der Jahre entscheidend.

Zu Beginn ihrer Ehe beugt sie sich der Rollenaufteilung, die gesellschaftlich erwartet und nicht zuletzt vom Ehemann verlangt wird: In erster Linie soll sie eine gute Hausfrau sein. Wie diese Vorgabe begründet wird, kann man in einem der unzähligen Ratgeber nachlesen, die im neunzehnten Jahrhundert erscheinen. Über die ideale Gattin heißt es in einem Brevier: »Der Mann hat seinen Beruf der Welt gegenüber, sie den ihrigen im Hause; er gehört der Menschheit an, und seine Tätigkeit bezieht sich auf diese; ihr ist ein kleiner Kreis gezogen, und indem sie diesem dient, ist ihre Mission als Weltbürgerin erfüllt.«[1]

Aus heutiger Sicht klingt das haarsträubend, damals wirkt es schlüssig – nur dass es sich im Falle Claras genau umgekehrt verhält. Schon als junge Frau ist sie durch Europa gereist, also bereits eine Weltbürgerin im eigentlichen Sinne. Roberts Radius hingegen fällt vergleichsweise bescheiden aus. Als Komponist noch weithin unbekannt, ist er nach frühen Kavaliersreisen und seinem Jurastudium in Heidelberg kaum über Sachsen hinausgekommen.

Nun soll Clara der großen Welt entsagen und sich mit einem relativ kleinen Wirkungskreis zufriedengeben. Bevor es so weit ist, konzertiert sie in einem fort, um vor der Heirat noch eigenes Geld zu verdienen. Unter anderem reist sie nach Weimar, wo sie in Gegenwart der Kaiserin von Russland auftritt. Welche Herausforderungen vor ihr liegen, ahnt sie wohl schon dunkel. »Jetzt trachte ich danach, so viel als möglich mit der Künstlerin die Hausfrau zu vereinigen«, nimmt sie sich vor, hegt aber auch berechtigte Skrupel: »Sehr schwer denke ich mir die Führung einer Wirtschaft, immer das rechte Maß und Ziel zu treffen, nicht zu viel auszugeben, aber auch nicht in Geiz zu verfallen. Ich denke, mit der Zeit alles das zu lernen.«[2]

In der Tat, ihr Nachholbedarf ist immens. Bislang musste sie sich nie mit banalen Alltagsdingen abgeben, dafür waren ihre Stiefmutter Clementine oder das Personal zuständig. Von typisch weiblichen Beschäftigungen hielt Friedrich Wieck seine Tochter bewusst fern, weil er als Musikpädagoge eine ganz eigene Theorie entwickelt hatte, was einer pianistischen Laufbahn nützte oder schadete.

»Angestrengte und anstrengende weibliche Arbeiten und Zeichnen oder Malen vertragen sich schlechterdings nicht mit einem ernstlichen praktischen Klavierspiel«, heißt es in seiner Schrift *Clavier und Gesang.* »Ich habe in meinem langen Klavierwirken jedenfalls nie etwas Erkleckliches ausrichten können bei strickenden, häkelnden und stickenden Damen.« Bei der Erziehung seiner Tochter macht er deshalb alles anders. Nicht nur, dass Clara keine Puppen hat; später entfällt auch das übliche hauswirtschaftliche Programm, das junge Frauen durchlaufen, um Nützliches wie kochen, backen und handarbeiten zu lernen. Dafür hat Wieck ein schlagendes Argument: »Zehnerlei in äußerster Mittelmäßigkeit treiben – was frommt es der feineren Ausbildung – der Zukunft – dem inneren Glück und der Humanität?«[3]

Selbst wenn man dagegenhält, dass es nicht nur hehre Motive wie Glück und Humanität sind, die ihn zur Heranbildung einer erfolgreichen Musikerin veranlassen, stellt er Clara doch über die meisten ihrer Geschlechtsgenossinnen: Statt ein bisschen von allem, aber nichts richtig zu können, soll sie sich ganz auf das Wesentliche konzentrieren.

Jetzt macht sie die gegenteilige Erfahrung. Nach der Heirat kreist ihr Leben nicht mehr ausschließlich um die Musik – die ist nur noch eine Beschäftigung von vielen. Während Friedrich Wieck im Grunde eine fortschrittliche Haltung vertritt, da er

Frauen prinzipiell ein künstlerisches Eigenleben ohne »typisch weibliche« Tätigkeiten zugesteht, geht Robert völlig selbstverständlich davon aus, dass Clara von nun an einen Großteil ihrer Zeit mit häuslichen Aufgaben verbringt.

Einen Vorgeschmack darauf erhält sie in den Wochen vor der Hochzeit, als sie die Einrichtung der Wohnung übernimmt – eine Aufgabe, für die sich Robert nicht zuständig fühlt und die für Clara völliges Neuland ist. So wundert sie sich erst einmal, »was dazugehört, das Nötigste zu schaffen«.[4] Im Grunde muss sie bei null anfangen. Auf eine Aussteuer kann sie nicht zurückgreifen, weil ihr Friedrich Wieck die Auszahlung ihres Vermögens und auch die Herausgabe ihres Flügels sowie weiterer persönlicher Dinge verweigert. Wo das Geld geblieben ist, das sie in den vergangenen Monaten eingenommen hat, darüber schweigt sie sich aus.

Bis auf ein paar Teetassen aus Hamburg und einige weitere Kleinigkeiten aus Jena ist nichts da. Hat sie sich Kleider gekauft? Schuhe? Schmuck? In Möbel, Teppiche, Gardinen oder sonstigen Hausrat hat sie ihre Konzerthonorare jedenfalls nicht investiert.

Schweren Herzens nimmt Clara jetzt Geld von Robert an und sucht sich alles mühsam zusammen: »Was bin ich herumgelaufen! Nun haben wir endlich Tapeten, Meubles pp.« Als das Nest fertig ist, warten weitere teils ungewohnte Aufgaben auf sie. Überspitzt gesagt, wird sie von der Diva zur Dienerin. Was das bedeutet, schildert Robert recht anschaulich: »Clara studiert mit echter Liebe viel Beethoven'sches (auch Schu- und Ehemännisches), hat mir viel beigestanden beim Ordnen meiner Sinfonie, die nun bald in den Druck gehen soll – liest nebenbei Goethes Leben, schneidet auch Bohnen, wenn's sein muss.«[5]

Roberts Aufzählung ließe sich beliebig verlängern. Clara liniert auch das Notenpapier für Robert, näht später Kleidung für die Kinder, macht Besorgungen, hält die Wohnung in Ordnung. Für die Unterweisung am Herd steht anfangs Mariane Bargiel zur Verfügung. Um ganz sicherzugehen, hat Robert seiner Braut schon lange vor der Hochzeit, an Weihnachten 1839, ein rot eingebundenes Rezeptbuch geschenkt: *Neues einfaches Kochbuch für bürgerliche Haushaltungen und bürgerliche Küchenzettel für Hausfrauen des Mittelstandes.* Auf dem Cover ist in goldenen Lettern der Schriftzug eingeprägt: *Meiner Hausfrau gewidmet – RS*. Eine nette Geste, auch eine klare Ansage, was er von ihr erwartet.

Und ja, Clara gibt sich Mühe. »Das Kochen will ich dann schon lernen, dass ich Dir ein gutes Stück Braten zubereiten kann«, schrieb sie ihm bereits im April 1839 aus Paris. »Du scheinst doch das Essen sehr zu lieben!«[6] Gewissenhaft arbeitet sie das Kochbuch durch, wobei sie alle Gerichte anstreicht, die ihr – vor allem aber wohl Robert – zusagen könnten.

Das meiste ist fleischbetonte Hausmannskost: Lendenbraten, Saurer Kalbsbraten, Rindfleisch mit Sardellenbrühe, Karpfen mit Polnischer Brühe. Für eine blutige Anfängerin wie Clara klingen die Rezepte durchaus anspruchsvoll. Wie soll sie denn bitte aus dem Stand eine Kartoffelsuppe mit Schalotten und Knoblauch fabrizieren, die mit Parmesan und Muskatnuss verfeinert werden muss?

Viel Zeit zum Üben mit dem Kochlöffel bleibt ihr nicht. Schon zwei Tage nach der Hochzeit steht die Feuerprobe in Sachen Küche und Herd an. »Erstes Gericht«, vermeldet Robert im Ehetagebuch. »Spannung auf den Gesichtern der Teilnehmenden. Vortrefflich schmeckte es.«[7] Gleich am nächsten Tag ist ein Braten dran, der unter Aufsicht von Mariane Bargiel in den Ofen geschoben wird.

Mit der ihr eigenen Zähigkeit versucht Clara, sich das unbekannte Terrain der Kulinarik zu erobern. Im ersten Ehejahr legt sie sogar einen Gemüsegarten hinter dem Haus an. »Ich arbeite zuweilen darin, auch begieße ich dann und wann, und das alles macht mir das größte Vergnügen«, beteuert sie – und fügt mit der schon bekannten Relativierungstaktik hinzu: »Mir fehlt doch wahrlich gar nichts zu meinem Glück, wenn es nicht zuweilen ein melancholischer Blick in die Zukunft ist, der mich trübt.«[8] Die Melancholie, die sie wiederkehrend anspricht, ist dem Paradox ihrer tätigen Untätigkeit geschuldet. Clara hat jetzt immer etwas zu tun. Aber eben nicht nur das, was sie als ihre eigentliche Berufung empfindet: Klavierüben, Komponieren, Konzertieren.

Bereits vor der Geburt der Kinder hält sie Robert ganz klassisch den Rücken frei. Wie nicht anders zu erwarten, profitiert er von dieser Symbiose, während Claras Interessen immer mehr ins Hintertreffen geraten. »So fleißig mein Robert die Kunst betreibt, so wenig tue ich darin, der Himmel weiß!«, stöhnt sie auf, »es gibt immer und immer Abhaltungen, und so klein unsere Wirtschaft auch ist, so habe ich doch immer dies und jenes zu tun, das mir Zeit raubt.«[9]

Implizit gibt sie Robert damit zu verstehen, dass sie ihre Zeit lieber für etwas Sinnvolles nutzen würde: die Vorbereitung ihrer weiteren Karriere und die Aufbesserung der Haushaltskasse, mit der es nicht zum Besten steht. In Phasen, in denen sie sich pianistisch wieder mehr zutraut, schlägt sie Robert deshalb vor, nach Holland, Belgien, Dänemark und Russland zu reisen. Es liege doch nahe, das Angenehme mit dem Nützlichen zu verbinden, indem sie sowohl ihrer Berufung folge als auch Geld verdiene. »Wir können dann sorgenfrei leben«, führt sie Robert die Vorteile vor Augen, »überlege es Dir doch noch einmal recht ordentlich, mein lieber Mann.«[10]

Robert muss nicht lange überlegen. Hier und da erlaubt er Clara Auftritte, am liebsten im Rahmen öffentlicher Konzerte, in denen seine eigenen Werke aufgeführt werden. Doch ihre Idee, lukrative Tourneen ins Ausland zu unternehmen, stößt bei ihm auf taube Ohren.

Diese widerstreitenden Einschätzungen haben nicht nur mit dem traditionellen weiblichen Rollenbild zu tun, das Robert favorisiert; sie stehen auch für zwei ganz unterschiedliche Persönlichkeitsaspekte. Clara, die durch ihren Vater an ein abwechslungsreiches Konzertleben gewöhnt ist, möchte hinaus in die Welt, Robert, der sich immer mehr als Eigenbrötler entpuppt, verkriecht sich lieber daheim.

Schon vor der Heirat war Clara diese Diskrepanz bewusst. »Er liebt ja das Weltgetümmel und das Herumtreiben in steifen Gesellschaften pp gar nicht«, charakterisiert sie ihren menschenscheuen Verlobten.[11] Jetzt wird offensichtlich, dass Robert an der Ehe vor allem die Zurückgezogenheit und wohlgeordnete Abläufe schätzt. Er, der Unstete, »Liederliche«, stets vom Absturz Bedrohte, braucht feste Strukturen. Der gesamte Tagesrhythmus richtet sich daher nach seinen Bedürfnissen, nicht etwa nach Claras.

Robert komponiert vorzugsweise morgens, genau dann, wenn sie früher ihre Kraftübungen absolviert hat. Außerdem sind regelmäßige Mahlzeiten wichtig für ihn, gemeinsame Spaziergänge sowie die Möglichkeit, jederzeit Gäste zu empfangen. Durch seine Frau hat Robert zum ersten Mal ein Sozialleben im eigenen Zuhause. Für ihn ist das von Vorteil, weil er einflussreiche Musiker wie Mendelssohn Bartholdy, Liszt, Moscheles und weitere Multiplikatoren des kulturbürgerlichen Milieus empfangen kann. Es ist reines Networking. Wenngleich er kaum etwas zur Konversation beiträgt, verspricht er sich durch solche Kontakte Vorteile für sein berufliches Fortkommen. Nur allzu anstrengend darf es nicht werden. Da ist es natürlich praktisch, alles an Clara zu delegieren: die Bewirtung, die Gespräche, selbst das musikalische Begleitprogramm.

Im heimischen Salon kommt ihm durchaus zupass, dass er sich mit einer talentierten Frau schmücken kann, etwa anlässlich einer Soiree bei »Madame Schumann«, bei der zwanzig Gäste zugegen sind. »Sie badete die ganze Gesellschaft in schöner Musik«, erzählt Robert und vergisst auch nicht zu erwähnen, dass Clara »ganz fein in ihrem Häubchen« aussah.[12] Was man heute benevolenten Sexismus nennt, die Verfestigung von Genderklischees durch Komplimente, wird von Clara durchaus als Lob aufgefasst. Sie will ja allen beweisen, dass sie eine gute Hausfrau ist, nicht nur eine hervorragende Künstlerin – ganz so wie sie es Robert vor der Heirat versprochen hat.

Was solche Versprechen in der Realität des Alltags bedeuten, war ihr wohl nur ansatzweise bewusst. Sicher, sie verfügt über Personal, wie in ihren Kreisen üblich. Es gibt zwei Hausmädchen, eine fürs Grobe, eine für Anspruchsvolleres. Dennoch obliegt Clara die gesamte Organisation des Haushalts und das Wohl der zahlreichen Gäste. Ein Besucher berichtet von einem Abend, an dem sie – nicht etwa Robert – unermüdlich Weinflaschen aus dem Keller in den Salon schleppt.

Letztlich sind es unliebsame Pflichten für Clara. Wie soll sie einen klaren Gedanken fassen oder gar komponieren, wenn sie als Gastgeberin die volle Verantwortung für das Gelingen solcher Abende trägt? Jede Festivität, jedes schlichte Mittagessen bereitet ihr einen »unruhevollen Tag«, an dem sie voller Besorgnisse ist, »wie immer der Tag, wo man Tischgäste hat, wenn es auch noch so einfach ist. Ich lebe immer in tausend Ängsten den Mittag über, ob es auch den Gästen schmeckt und ich meinem Manne keine Unehre mache.«[13]

Ein Tag im Oktober 1840 vermittelt einen guten Eindruck, was Clara bereits vier Wochen nach der Heirat stemmen muss. Aus

Roberts Perspektive hört sich das folgendermaßen an: »Montag den 12ten gab es viel Besuch. Bürck aus Weimar, David mit einem Herrn Landsberg aus Rom, denen Klara vorspielte, dann Moscheles mit einem von Moscheles mitgebrachten und vielgerühmten Literaten Chorey, Nachmittag die Mädchen von List's, dann Mendelssohn mit seiner Frau.« Für ihn ist der ununterbrochene Gästereigen kein Problem, weil sich Clara um alles kümmert. »Die Studien in Bach ruhen seit schon 14 Tagen«, berichtet Robert weiter. »Dafür lese ich jetzt Shakespeare, um mir alles auf Musik Bezügliche anzuzeichnen, was mir dann Clara in ein schönes Buch schreibt.«[14]

Während er also das Studium des *Wohltemperierten Klaviers* hintanstellt, eine gemeinsame Aktivität, die Clara für manchen Verzicht entschädigt hat, verlegt er sich auf die Shakespeare-Lektüre, mit Clara als dienstbarem Geist an seiner Seite. Zum Klavierüben kommt sie bei so vielen Ablenkungen kaum noch, an Komponieren ist gar nicht zu denken, und das rege Sozialleben im Hause Schumann nimmt kein Ende.

Offenbar langweilt es sie auch manchmal. So hält sie einen Abend fest, an dem die Gattin des Verlegers August Robert Friese fast die gesamte Konversation bestreitet. »Immer die alten Geschichten!«, notiert Clara entnervt, weil die Dame ihr letztlich einen Spiegel vorhält: »Madame Friese jammert über Haus, Hof, Küche, Keller, Mann, Kinder.«[15] Mit diesen Themen muss sie sich ebenfalls auseinandersetzen, obwohl sie eigentlich andere Interessen hat.

Ihr kulinarisches Dilettieren gibt sie denn auch recht rasch auf; nach dem ersten Braten werden keine weiteren Kochkünste erwähnt. Vielleicht ist auch einiges misslungen, sodass Robert als ebenso passionierter wie kräftiger Esser auf einer Köchin besteht. An den Herd stellt sich Clara jedenfalls nicht mehr. Als sie Wochen später eine Köchin aus nicht näher genannten Gründen entlässt, speist das Paar kurzfristig auswärts im Restaurant.

Exitstrategie Geldverdienen

Denkt Clara noch manchmal an Prag, Wien, Paris, wo sie ohne Häubchen unterwegs war, zu glanzvollen Empfängen eingeladen wurde und sich nicht um häusliche Belange kümmern musste? Unablässig kommt im Ehetagebuch das große Glück dieser Ehe zur Sprache, doch Claras Desillusionierung ist kaum zu überhören. Zunehmend wirkt sie überfordert, was sich unter anderem in ihrer schlechten körperlichen Verfassung zeigt. So richtet sie eine nur notdürftig versteckte Warnung an Robert: »Ich fühle mich matt und angegriffen, und mich befällt manchmal eine schreckliche Angst um meine Gesundheit.«[16]

Da ist es fast schon absurd, wenn er ihr in diesen Tagen einen etwas holpernden Vers verehrt: »Das Innigste, das Gott ersann, ist ein guter Mann.«[17] Nun ja. Was auch immer sich Clara von der Verheiratung erhofft hat, jetzt versinkt sie immer tiefer im Einerlei des Alltags und der gesellschaftlichen Verpflichtungen.

Hinzu kommen Geldsorgen. Eine Weile versucht sie, wenigstens durch Klavierunterricht etwas hinzuzuverdienen, eine weitere Last, die auf ihre Schultern gelegt wird. Für die einstmals berühmte Virtuosin ist das Unterrichten ein Abstieg, wenn nicht eine Herabwürdigung, zumal Claras Schülerinnen, Damen des Leipziger Bürgertums, nicht gerade durch Talent auffallen. »Die Engländerin hatte heute ihre dritte Stunde bei mir«, berichtet sie im Ehetagebuch. »Taktloseres kann in der Welt nicht existieren! Keinen Finger kann sie natürlich auf die Tasten setzen, teils aus Nervenschwäche (die eine große Rolle bei ihr spielt), teils Folge eines schlechten Unterrichts.«[18]

Noch ist nicht abzusehen, dass Clara dereinst als hochgerühmte Klavierpädagogin in die Musikgeschichte eingehen wird. Der Unterricht, den sie ihren Leipziger Schülerinnen erteilt, ist allenfalls unter der Rubrik Zubrot zu verbuchen. Die damit verbundenen

Zumutungen muss sie für lumpige zwei Taler pro Stunde ertragen. Zum Vergleich: Ihr letztes Konzert als Clara Wieck im Stadtsaal von Weimar brachte ihr ein Honorar von siebzig Talern ein.

Doch die Zeit ist auf ihrer Seite. Nach der Geburt ihrer ersten Tochter Marie ist nicht länger zu leugnen, dass Robert als Komponist keineswegs erfolgreich genug ist, um eine solide finanzielle Basis für seine Familie zu schaffen. Alle Befürchtungen, die Friedrich Wieck ins Feld geführt hat, um seiner Tochter die Heirat auszureden, treffen ein: Weder Roberts *Neue Zeitschrift für Musik* noch die Drucklegung seiner Kompositionen können die laufenden Kosten decken. Immer häufiger muss er etwas von seinem väterlichen Erbe zuschießen, das eigentlich als feste Kapitalanlage gedacht war.

Damit hat Clara ein starkes Argument für die Wiederaufnahme ihrer Konzerttätigkeit, sogar für längere Tourneen. Es reicht einfach nicht ohne zusätzliche Einkünfte. Ganz gleich, was Robert davon hält, dass seine Frau wieder ihrem Beruf nachgehen möchte, ganz gleich auch, wie lange sie über dieses Thema während der Verlobungszeit gestritten haben: Der ökonomische Aspekt gibt den Ausschlag.

Wie sehr sie ihr Comeback als Pianistin befriedigt, verrät ein Brief an ihre Freundin, die Sängerin Pauline Viardot-García. Im Januar 1842 schreibt Clara aus Leipzig: »Ich gab vor kurzem hier ein außerordentlich brillantes Konzert, worin unter anderem zwei Sinfonien von meinem Mann gespielt wurden und Liszt mit mir ein Duo vortrug. Das Publikum war wahrhaft enthusiasmiert. Ich spielte vor einigen Tagen wieder in einem der Gewandhauskonzerte und erregte einen Enthusiasmus, wie es mir hier noch nicht vorgekommen. Es ist gewiss etwas Seltenes, dass ein Talent in seiner Vaterstadt so anerkannt wird als das Meinige, und was mich so sehr freut, ist die Liebe und Achtung, welche wir hier genießen.«[19]

Moment mal. Spricht sie hier etwa von jenen Konzerten mit Liszt, die im Ehetagebuch als Fehlschlag vermerkt wurden? Genauso ist es. Was Clara denkt und was sie Robert mitteilt, sind zwei verschiedene Dinge. Ihre Freude über das wieder aufgenommene Konzertieren wagt sie nur ihrer Freundin Pauline anzuvertrauen; dass sie die finanziellen Nöte im Hause Schumann aber womöglich als Exitstrategie aus ihrem künstlerischen Schattendasein betrachtet, behält sie lieber ganz für sich. Stattdessen handelt sie. Für den Februar und März 1842 organisiert sie eine Tournee durch Norddeutschland, anschließend soll es nach Dänemark und Schweden gehen. Clara möchte endlich dorthin zurück, wo sie sich wirklich zu Hause fühlt – auf die Bühne.

So ist es nur die halbe Wahrheit, wenn sie ihrer Freundin Emilie List mitteilt, es gehe bei der Reise vor allem ums Geld: »Ich bin eine Frau, versäume zu Hause nichts, verdiene nichts, warum sollte ich nicht meinem Robert auch einmal mit meinem Talent ein kleines Scherflein spenden?«[20] Clara braucht die Auftritte auch für ihr Seelenheil, für ihr beschädigtes Selbstwertgefühl. Mit den Worten »Ich versäume zu Hause nichts« spricht sie eine kaum verhohlene Kritik am täglichen Einerlei aus. Dreimal täglich Essen auf den Tisch stellen, Robert zu Diensten sein, Gäste bewirten, dem Kind beim Aufwachsen zuschauen: Wozu das alles, wenn ihr großes Talent brachliegt?

In Lichte solcher Sinnfragen wird das Reisen natürlich noch um einiges attraktiver. Auf Tourneen ist Clara aller Hausfrauenpflichten enthoben. Sie logiert in Hotels oder bei Bekannten, muss nicht für regelmäßige Mahlzeiten sorgen und kann sich wieder ganz auf das konzentrieren, was sie am besten beherrscht: gut vorbereitet vor Publikum spielen.

Gerade mal ein halbes Jahr ist die kleine Marie alt, als Clara nach Konzerten in Dresden und Weimar sowie zwei Auftritten im Leipziger Gewandhaus zu einer längeren Tournee aufbricht. Mit ihrem Muttersein kann sie das durchaus vereinbaren. Der Aufbau einer innigen Beziehung zum Baby, das sogenannte Bonding, entspricht weder ihrer eigenen Erfahrung einer lieblosen Kindheit noch den allgemeinen Gepflogenheiten. Eine Amme kümmert sich um das Kind, zusätzlich wird eine Verwandte engagiert, die bei Marie ausharrt. Zwei Monate soll Claras Tournee dauern, und bei allem Abschiedsschmerz ist sie sicher, das Richtige zu tun.

In Begleitung von Robert geht es zunächst nach Bremen, anschließend nach Oldenburg. Dort bestätigt sich seine Befürchtung, als Gemahl womöglich in Claras Schatten zu stehen: Sie wird bei Hofe eingeladen, er nicht. Diese Zurücksetzung kratzt verständlicherweise an seinem Ego, sodass er Claras Erfolg nur mäßig begeistert zur Kenntnis nimmt. »Der Gedanke an meine unwürdige Stellung in solchen Fällen ließ aber keine Freude in mir aufkommen«, schreibt er verschnupft ins Ehetagebuch.[21] In Hamburg hellt sich seine Stimmung ein wenig auf, weil man dort seine *Erste Sinfonie* aufführt. Dennoch, nach dieser Station ist Schluss mit seinem Dasein als Schattenmann.

Vom 18. Februar bis zum 10. März 1842, knapp drei Wochen lang, hat er die Rolle des übersehenen Begleiters ertragen, jetzt fährt er zurück nach Leipzig. Er muss sich um seine Zeitschrift und seine kompositorische Arbeit kümmern, wie er erklärt, allerdings spürt man seinen Verdruss, dass Clara auf der Reise permanent im Mittelpunkt steht.

Zu Hause angekommen, vermisst er sie gleich schon wieder, macht sich aber vor allem Gedanken über die Außenwirkung: »Was wird *die Welt* sagen?«[22] Robert fürchtet das Gerede der Leute, weil Friedrich Wieck mit Wonne das Gerücht verbreitet, sie hätten sich scheiden lassen. Weit schwerer noch wiegt die allgemeine Auffassung, eine Frau gehöre ins Haus zu Mann und Kind. Wie steht Robert denn da, wenn er jetzt seine Tage als Strohwitwer zubringt? »Es war doch einer meiner dümmsten Streiche, dich von mir gelassen zu haben«, bedauert er seine überhastete Abreise rückblickend. Claras Argument, dass die kleine Familie auf ihre Einkünfte angewiesen sei, ist jedoch schlechterdings nicht zu entkräften, was er als zusätzlichen Gesichtsverlust empfindet. »Ja, es ist durchaus nötig, dass wir Mittel finden, unsere Talente nebeneinander zu nützen«, gesteht er zähneknirschend ein. »Einstweilen will ich unsere Kleine bewachen.«[23]

Kopenhagener Triumphe

Fortan wird Clara von einer jungen Frau namens Marie Garlichs begleitet. Obwohl sie den Abschied von Robert nach eigenem Bekunden unter Schluchzen und Wehklagen erlebt, ja sogar krank wird und kurzzeitig nicht spielen kann, blüht sie auf, als sie schließlich Kopenhagen erreicht. Dort rollt man ihr gleichsam den roten Teppich aus. Alle drei Konzerte, die sie selber organisiert, sind ausverkauft. Man jubelt ihr zu, drei weitere Konzerte folgen, davon eines bei Hofe. »Der König und die Königin sind sehr liebenswürdig«, berichtet Clara stolz. Kurz darauf wird sie von der dänischen Königin sogar zu einem Privatkonzert ins Schloss eingeladen.[24]

Ihr Aufenthalt in Kopenhagen ist das absolute Kontrastprogramm zum belastenden Alltag daheim. Wie in alten Zeiten wird sie enthusiastisch gefeiert und in der Upper Class herumgereicht. »Viel Trubel«, notiert Clara sichtlich erfreut. »Ich machte viele Besuche, bekam viele und lebte sozusagen in Saus und Braus.« Mit Rücksicht auf den mitlesenden Robert verweist sie selbstverständlich darauf, dieses glanzvolle Leben habe sie gar nicht richtig genießen können: »Der Liebste aber fehlte mir, und inmitten all des Beifalls, Vergnügens, konnte ich doch nicht heiter werden.«[25]

Ihre Schilderung der Feste, Bälle und Einladungen lässt jedoch einige Zweifel an dieser Darstellung aufkommen. Unversehens hat sich die Hausfrau mit Häubchen wieder in den Star zurückverwandelt, dem überschwänglich gehuldigt wird. Kein Scharren im eigenen Garten mehr: Der Hofgärtner lässt ihr täglich üppige Blumengebinde ins Hotel bringen. Kein Schleppen von Weinflaschen: Eine Madame Hartmann schickt ihr regelmäßig Wein und Früchte aufs Zimmer. Auch jegliche Küchenarbeiten fallen flach, stattdessen wird sie in die erlesensten Zirkel Kopenhagens zum Diner eingeladen.

Es muss ein Labsal für Clara sein, nach den eintönigen häuslichen Verrichtungen endlich wieder geschätzt und verwöhnt zu werden. So wie früher steht auch eine Schar männlicher Verehrer bei ihr Schlange, allen voran der junge Dichter Hans Christian Andersen. Was tut da schon zur Sache, dass sie ihn als eitel und hässlich beschreibt: »Trotzdem mochte ich ihn gern.«[26] Im Gegensatz zu ihrem allzu schweigsamen Gatten ist Andersen ein gut aufgelegter Geschichtenerzähler und amüsanter Unterhalter, an dessen kindlichem Gemüt Clara ihren Spaß hat. Seine häufigen Besuche veranlassen sie zu der geschmeichelten Bemerkung, er sei »sehr verliebter Natur!«.[27] Und da sage noch einer, als Ehefrau und Mutter sei man nicht mehr begehrenswert für die Herrenwelt, hätte sie ergänzen können.

Seit Maries Geburt leidet sie unter Roberts Missmut. »Ich dachte, er hätte mich nicht so lieb als im ersten Jahr«, kommentiert sie sein abweisendes Verhalten im Ehetagebuch.[28] In Kopenhagen nun erlebt sie sich als liebenswerte Frau, der man unaufhörlich den Hof macht – die perfekte Gelegenheit, eifersüchtige Gefühle beim Gatten zu wecken.

Robert versteht die Botschaft und reagiert tief beleidigt. Er schreibt ihr kaum noch, und wenn, dann demonstrativ einsilbig. Im Gegenzug beginnt er wieder, unmäßig zu trinken, tröstet sich mit seinem neuen Sonnenjüngling Hermann Hirschbach und verliert viel Geld beim Glücksspiel. Brieflich ermahnt sie ihn, mehr auf seine Gesundheit zu achten. Er aber steigert sich nur umso mehr in sein Ungemach hinein: »Miserables Leben – trübsinnige Zeit – an Komponieren nicht zu denken!«[29]

Auch an Marie verschwendet er offenbar nicht allzu viele Gedanken. So fragt Clara irritiert nach, wie es denn um ihre Tochter stehe, von der er so lange nichts erzählt habe. Jede Kleinigkeit interessiere sie: »Ich will wissen, was sie anzieht, ob sie Schuhe hat, ob sie des Nachts ins Wickelbett kommt, ob sie Haare bekommt.«[30] Für Robert ist das alles weniger interessant. Clara müsse ihre Tournee abbrechen und ihn von seinem »sündigen Leben« erlösen, beschwört er sie. Ganz unrecht hat er nicht mit diesem Ansinnen: Ohne seine Frau fehlt ihm der Halt. Es bedarf einiger langwieriger Erklärungen vonseiten Claras, warum sie unmöglich abreisen kann, und wieder einmal ist der ökonomische Aspekt ihr bester Trumpf. Wenn auch nur eine Seite der Medaille.

Clara Schumann ist zweiundzwanzig in diesem Frühjahr 1842. Eine junge Frau, die daheim Verantwortung für Mann, Kind, Haushalt tragen muss – und in Kopenhagen ihre lang unterdrückte Lebenslust wiederentdeckt, auch ihre fast vergessene Weiblichkeit. Sie legt jetzt sogar Rouge auf, wie Marie Garlichs berichtet, die dem schmollenden Robert schreibt, wie überaus reizend Clara bei ihrem Konzert im Königlichen Theater ausgesehen habe. Auf einmal kann sie wieder das Leben einer ungebundenen Starpianistin führen, umschwärmt nicht nur von Hans Christian Andersen, sondern auch von einigen weiteren Verehrern.

Da ist Herr von Levetzau, »einer meiner Beschützer, ein höchst freundlicher einnehmender Mann«, Advokat Bunsen, »ein sehr gescheiter Mann«,[31] sowie zwei hübsche junge Adelige, der Prinz von Glücksburg und der Prinz von Hessen, die sie bei einer Einladung kennenlernt und auf einem Ball wiedertrifft. »Ich hatte die Absicht, *nicht* zu tanzen«, versichert sie Robert, »doch welcher Mensch ist ohne Eitelkeit, als zwei Prinzen kamen, tanzte ich auch zwei Tänze.«[32] Der Festlichkeiten sind kein Ende. Etwa im Reitbahnsaal, wo abends Musik gespielt wird, »Erfrischungen aller Art zu haben sind und der Saal auf das Brillanteste erleuchtet ist«.[33]

Jeden Tag geht Clara mit ihren neuen Bekannten am Meer spazieren: »Den größten Genuss verschaffte mir, täglich die See von anderer Farbe zu finden, grün, hellblau, schwarz wie Eisen.« Was sind dagegen schon die Spaziergänge nach Connewitz. »Solche Naturschönheiten kennt man bei uns nicht – mir geht nichts über das Erhabene der See.«[34] Ach ja, und rein zufällig sind auch die beiden Prinzen zuweilen mit von der Partie.

Wer will ihr verdenken, dass sie nur ungern Abschied von jener Stadt nimmt, »wo man mir so viel Liebe erwiesen und wo mir zu jeder Zeit so viel Auszeichnung zuteilwurde«?[35] Auch finanziell hat sich die Tournee gelohnt. Bei ihrer Rückkehr nach Leipzig kann Clara mit einer stattlichen Bilanz aufwarten, die sie säuberlichst auflistet. Nach Abzug aller Kosten hat sie stolze 940 Taler eingenommen, und das in wenigen Wochen. Um die Höhe dieser Summe zu ermessen, reicht ein Blick auf das Salär, das man Robert später für die Position eines Städtischen Musikdirektors in Düsseldorf anbieten wird: 1000 Taler. Im Jahr.

Konfliktträchtige Neuverortung

Die Konzertreise nach Norddeutschland und Dänemark – weitgehend ohne Robert – markiert einen Wendepunkt in Claras ehelicher Vita. Bereits während der Rückfahrt nach Leipzig räsoniert sie über ihre Zukunft, kunstvoll verschleiert mit den Worten: »Gefühle verschiedenster Art drängten sich mir auf, doch will ich sie nicht zergliedern. Jeder könnte sie sich ja denken.«[36] Mehr muss sie auch gar nicht andeuten, denn das Ergebnis ihrer Gedanken und Gefühle spricht für sich: Ab jetzt ist sie fest entschlossen, alles unter einen Hut zu bekommen, Mann, Kind, Haushalt, Karriere. Vor allem die Karriere.

Ihr Ausbruchsversuch aus der häuslichen Enge ist umso erstaunlicher, wenn man sich die Randbedingungen im neunzehnten Jahrhundert vergegenwärtigt. Clara lehnt sich gegen die ehelichen Beschränkungen in einer Zeit auf, in der Frauen nicht voll geschäftsfähig sind, weder wählen noch an Universitäten studieren können und nur mit Erlaubnis des Ehemanns arbeiten dürfen. Dennoch will sie sich ihre Rolle als Musikerin zurückerobern, in ihren Kreisen eine ungewöhnliche Berufswahl und für Ehefrauen schon gar nicht vorgesehen.

Weibliche Vorbilder sind dementsprechend rar. Die Sängerin Wilhelmine Schröder-Devrient, mit der Clara befreundet ist, mag als Beleg dienen, dass auch Mütter auf der Bühne stehen können. Zugleich ist sie jedoch ein Beispiel dafür, dass dieser Balanceakt äußerst kritisch gesehen wird. Nach ihrer Scheidung vom Schauspieler Carl Devrient spricht man ihr das Sorgerecht für die gemeinsamen Kinder schon bald ab, ausgelöst durch einen dramatischen Vorfall: Während einer abendlichen Gesangsdarbietung lässt die Amme daheim eines der Kinder so ungeschickt fallen, dass es stirbt. Dafür macht man nicht etwa die Amme, sondern die Sängerin verantwortlich und sieht in diesem Unglück die Regel bestätigt, dass Mütter gefälligst zu Hause bleiben sollten.

Ohnehin hat Wilhelmine Schröder-Devrient einen äußerst schlechten Ruf. Es wird gemunkelt, sie habe zahlreiche Affären, böse Zungen nennen sie eine Hure. Dass sie auf Claras Wunsch hin Patin ihrer Tochter Marie wird, ist Robert – wenig überraschend – ein Dorn im Auge, spricht jedoch dafür, dass Clara mehr in ihr sieht als die Rabenmutter mit dem üblen Leumund.

Ein weit respektableres Vorbild gibt da schon die Sängerin Pauline Viardot-García ab, mit der Clara eine lebenslange Freundschaft verbindet. Die gebürtige Spanierin kann mit vielen Begabungen aufwarten: Nicht nur als charismatische Opernsängerin und ausdrucksstarke Liederinterpretin macht sie sich einen Namen, sie ist auch Pianistin, Komponistin, Regisseurin und Schauspielerin, spricht außerdem fließend Spanisch, Französisch, Italienisch und Deutsch. Als sie 1838 in Leipzig auftritt, fühlt sich Clara sofort zu ihr hingezogen. Später konzertieren sie gemeinsam, sowohl vierhändig am Klavier als auch im Rahmen von Liederabenden, bei denen Clara ihre Freundin am Flügel begleitet.

Nicht zufällig ist es Pauline, die Clara in der Verlobungszeit ermutigt, auch ohne ihren Vater eine Konzertreise nach Paris zu unternehmen. Dort sehen sie sich im Frühjahr 1839. Clara zieht sogar ins selbe Hotel, erlebt aber auch, dass die viel beschäftigte Sängerin oft keine Zeit hat, weil sie so glänzend vernetzt ist, dass sich ein Engagement ans nächste reiht.

Im April 1839 reist Pauline nach London, wo sie »mit großem Beifall debütiert«.[37] Als sie 1840 den Schriftsteller und Theaterdirektor Louis Viardot heiratet, bedeutet das keineswegs das Ende ihrer Karriere. Der zwei Jahrzehnte ältere Ehemann gibt daraufhin sogar seinen Direktorenposten am Pariser Théâtre-Italien auf, um seiner Frau bei Konzertreisen als Manager zur Seite zu stehen. Selbst die Geburt der gemeinsamen Tochter Louise – sie kommt 1841 zur Welt, im selben Jahr wie Claras älteste Tochter Marie – ist kein Hinderungsgrund für ausgedehnte Tourneen. Oft bleibt das Kind wochenlang bei der Großmutter, während Pauline in Metropolen wie London, Madrid und St. Petersburg weiterhin Erfolge feiert.

Ohne Frage ist die freiheitsliebende Berufsmusikerin ein inspirierendes Role-Model für Clara. Im provinziellen Leipzig gibt es keine Künstlerin, die sich so beherzt über weibliche Rollenklischees hinwegsetzen würde. Anders als die selbstbewusste Kosmopolitin Pauline hat Clara allerdings einen Ehemann, der sie eher ausbremst als ermutigt.

Doch, doch, sie weiß das Wiedersehen mit Robert und Marie durchaus zu schätzen: »Das Schönste war sein lieber Blick, den ich wieder in mir aufnehmen konnte, und die roten Bäckchen meines Engelchens, die ich wieder küssen konnte.«[38] Nach ihrem Kopenhagen-Abenteuer muss sie sich allerdings erst einmal erneut in die Leipziger Zweisamkeit fügen. Der Alltag hat sie wieder: Marie wird abgestillt, unablässig stehen Gäste vor der Tür. Und Robert? Nun, es sieht ganz so aus, als sei er unzufrieden, obwohl er zwei Quartette komponiert und höchst produktiv für seine Zeitschrift arbeitet.

Gut möglich, dass er sich durch Claras Erfolg in Kopenhagen bedroht fühlt, auch durch die Vorstellung, sie könnte ein weiteres Mal ohne ihn auf Tournee gehen. »Stille Ostern – ohne Clara – wie werden nur die nächsten sein!«, notierte er in diesem Frühjahr.[39] Und: »Die Trennung hat mir unsere sonderbare schwierige Stellung wieder recht fühlbar gemacht.«[40] Seine größte Befürchtung ist es sicherlich, Clara könnte durch ihre Reise voller glamouröser Vergnügungen auf den Geschmack gekommen sein und das Eheleben jetzt vergleichsweise öde finden. Angesprochen wird das Thema – wie immer – nicht. Ein Stimmungsbild ihrer Gemütslage gibt Clara jedoch nach einem Spaziergang ins sattsam bekannte Connewitz wieder: »Wir brachten dort einige Stunden etwas langweilig zu – wir waren weder lustig noch traurig!«[41]

So hat es etwas Demonstratives, wenn Robert dagegenhält: »In unserem Gärtchen ergehen wir uns auch oft. Überhaupt gefällt es mir in unserer Inselstraße, dass ich gar kein Verlangen nach anderem trage.« Der Anlass für diese Bemerkung folgt auf dem Fuße: »Clara hat aber große Reiselust.«[42] Sie möchte im September nach Salzburg fahren, wo ein Mozartdenkmal eingeweiht wird, versagt sich diesen Wunsch dann aber ihrem Mann zuliebe. Danach verfällt sie auf die Idee, in die Berge zu reisen. Auch dieser Wunsch bleibt unerfüllt, weil Robert darauf besteht, Marie daheimzulassen, in der Obhut von »Dienstleuten«, was wiederum Clara nicht möchte.

Eines wird allzu deutlich: Sie ist hin- und hergerissen zwischen Freiheitsdrang und mütterlichen Pflichten – bis sie einsieht, dass sie Prioritäten setzen muss, wenn sie nicht untergehen will. Die Spannungen mit Robert nehmen zu, von kleinen Stürmen ist nun die Rede. Clara begehrt auf.

Qua Ehetagebuch versucht Robert noch, sie zur Räson zu bringen, indem er die Bemerkung einer Bekannten zitiert: »Es gefiele ihr so an Clara, dass sie die Kunst *mehr wie eine Dilettantin* triebe. In diesen Worten liegt ein so feines Lob.«[43] Man weiß nicht, was man schlimmer finden soll, die Verkennung von Claras Fähigkeiten oder Roberts unverhohlenen Triumph. Wie professionell Clara in Wahrheit ist, will sie ihm im Oktober 1842 bei einem Gewandhauskonzert zeigen – scheitert jedoch an dieser Herausforderung, weil ihr die häuslichen Pflichten über den Kopf gewachsen sind.

Im September war Marie schwer erkrankt, was Clara sehr mitgenommen hat. Auch Robert forderte ihre ganze Aufmerksamkeit. Er kränkelt jetzt oft und benötigt überdies ihre Assistenzarbeit bei seinen Kompositionen. Außerdem ist sie wieder schwanger und war oft unpässlich. In der Summe waren das so viele Hindernisse, dass sie kaum dazu gekommen ist, ihr Konzert angemessen vorzubereiten.

So kann Robert mit einer Spur Gönnerhaftigkeit konstatieren, dass ihr Versuch, Familie und Beruf zu vereinbaren, ein vergebliches Unterfangen bleiben muss. Es mangele ihr halt an Zeit, ihre Fingerfertigkeit auf dem einstigen Stand zu halten. »Daran bin ich schuld und kann es doch nicht ändern«, merkt er mit leidlich gespielter Zerknirschung an. »Clara sieht doch auch ein, dass ich ein Talent zu pflegen habe und dass ich jetzt in der schönsten Kraft bin und die Jugend noch nützen muss.« Die Pflege ihres Talents sei somit zweitrangig. »Nur so geht es in Künstlerehen«, redet er ihr ins Gewissen. »Es kann nicht alles beieinander sein, und die Hauptsache ist doch das übrige Glück.«[44]

Schön wär's, möchte man da spontan kontern. Ja, es gibt glückliche Tage, doch die Konflikte spitzen sich zu, und die finanzielle Situation erscheint immer auswegloser. Claras Replik beginnt denn auch mit dem Eingeständnis, sie sei von unbeschreiblichem Trübsinn befallen. »Ich denke, Du liebst mich nicht mehr wie sonst, ich fühle es so klar, dass ich Dir nicht genügen kann«, schreibt sie verzagt, »und bist Du zärtlich, so dünkt mir zuweilen, ich müsste dies Deinem guten Herzen zuschreiben, das mir nicht wehe tun möchte.«[45]

Weit mehr noch belastet sie der Gedanke an die Zukunft, die gemeinsame und ihre eigene. Sich auf Robert als Ernährer und Versorger der Familie zu verlassen, wäre illusorisch, das wird ihr immer eindringlicher bewusst. »Sehr alt werde ich ohnedies nicht, dies weiß ich genau«, hat er ihr ja schon während der Verlobungszeit geschrieben. »Du bist es aber auch, die mir Frieden und Heilung bringen wird.«[46] Eine vergebliche Hoffnung. Seine labilen Phasen häufen sich, nervöse gesundheitliche und seelische Beschwerden plagen ihn, manchmal bleibt er einfach im Bett.

Claras Trübsinn ist daher nicht nur auf ihre wenig zufriedenstellende Lage als Künstlerin zurückzuführen, sie wurzelt auch in der Erkenntnis, dass die Ehe beide unglücklich macht. Das Experiment, ihrer beider Talenten gerecht zu werden, ist bislang ohne ermutigende Resultate geblieben.

Um es gleich vorwegzunehmen: Trotz aller Demoralisierung schafft es Clara, sich aus dieser Sackgasse zu befreien. Dazu trägt wesentlich das aufrichtige Lob Mendelssohn Bartholdys bei, der ihr Klavierspiel nach wie vor schätzt. Doch Clara will raus aus ihrem engen Umfeld, raus der sächsischen Provinz, wo man ihr den einen oder anderen Auftritt zugesteht, aber weder finanziell noch im Sinne der überregionalen Beachtung genug bieten kann.

Nach und nach versucht sie, mehr Raum für sich zu gewinnen. Mit geradezu wagemutiger Entschlossenheit verlegt sie sich bald darauf, viele Konzerte selbst zu organisieren. In Kopenhagen hat sie bereits unter Beweis gestellt, dass ihr das auch in Abwesenheit des Ehemanns gelingt, der eigentlich ihre Verträge unterschreiben und ihre Honorare hätte in Empfang nehmen müssen. Doch auch in dieser Hinsicht ist Clara eine gelehrige Schülerin ihres Vaters. Da es noch keine Konzertagenturen gibt, nimmt sie vor Ort eben alles selbst in die Hand, falls sie nicht von einem Theater oder Konzerthaus eingeladen wurde.

Jetzt kommt ihr zugute, dass sie schon als Kind erlebt hat, wie man sich in einer Stadt als Pianistin etabliert. Mit Empfehlungsschreiben anerkannter Musiker im Gepäck muss man halt so lange in tonangebenden privaten Zirkeln spielen, bis man Zugang zu einem Konzertsaal erhält. So geschehen in Kopenhagen, so auch damals in Weimar, als sich nach heftigem Antichambrieren Friedrich Wiecks erst Goethes Salon, danach das Stadthaus für sie öffnete.

Ein Restrisiko bleibt dennoch. Vermutlich erinnert sich Clara noch an die Hindernisse, die sich ihr in Frankfurt in den Weg stellten, als sie dort als Zwölfjährige auftreten wollte. Die anfängliche Tingelei durch die Salons der Stadt beschreibt ihr Vater im Jugendtagebuch als wahre Höllentour. Bei einem gewissen Hofrat

Euler wird Clara nach der ersten Darbietung sogleich vom Klavier verdrängt, weil nun ein Geiger seine Künste vorführen will, danach ein Sänger, schließlich die Harfe spielende Gastgeberin. Wutentbrannt verlässt Wieck die Szenerie.

Auch in Paris einen eigenen Konzertabend aus der Taufe zu heben, war schwieriger gewesen als gedacht. »Mit dem Konzert hab ich jetzt große Mühen«, schrieb Clara damals an Robert. »Drei bis vier Stunden muss man herumfahren, um einige Besuche zu machen, alles Mögliche muss man tun, um Billette zum Konzert abzusetzen, in das Haus muss man sie den Leuten schicken, und dann muss man noch gewärtig sein, dass sie einem die Hälfte zurückschicken.« Ihr Fazit: »Dass doch der Künstler sich so oft demütigen muss!«[47]

Inzwischen ist sie allerdings erwachsener, reifer, auch selbstbewusster geworden. So leicht lässt sie sich nicht mehr die Butter vom Brot nehmen. Zwar gab es Rückschläge auf ihrer Tour im Frühjahr 1842, etwa in Lübeck, wo das gesamte Publikum in Opernaufführungen strömte, sodass sie lieber kein Konzert gab, als vor leeren Stühlen zu spielen; oder bei einem Abstecher nach Hamburg, wo sich wegen der bevorstehenden Ostertage niemand für einen weiteren Auftritt von ihr interessierte. Andererseits war es ihr ein Leichtes, sich in Kopenhagen hochzuspielen, sogar bis ins dänische Königshaus.

Man kann kaum ermessen, was für einen Phasensprung das für Clara bedeutet. Schon ihr Pariser Aufenthalt in der Verlobungszeit war ein Schritt in die Eigenständigkeit gewesen, wenn auch die Resultate bei weitem nicht an die frühe Konzertreise nach Paris heranreichten, als ihr Vater insgesamt vierzig Auftritte für sie arrangierte. Kopenhagen aber hat ihr gezeigt, dass sie keinen Ehemann braucht, auch keinen Vater, um ihr Glück zu machen – nur ihr Talent, die richtigen Kontakte zu knüpfen, um anschließend durch ihre Kunst zu überzeugen.

Und noch etwas hat ihr der Aufenthalt in Kopenhagen gezeigt: Sie, die sich Robert intellektuell immer unterlegen fühlte, war eine gesuchte Gesprächspartnerin in der dänischen Hauptstadt. Sie vermochte Schriftsteller wie Hans Christian Andersen und Komponisten wie Niels Wilhelm Gade zu fesseln, überdies machte sie bei den Damen der Gesellschaft Furore. Man spürt die Genugtuung, auch die Erleichterung, wenn sie an eine ihrer Unterstützerinnen zurückdenkt: »Madame Hartmann liebte mich (bin ich so arrogant zu glauben) um meiner selbst willen.«[48]

Das ist ein Schlüsselsatz. In Kopenhagen war sie wirklich wer – nicht nur am Klavier, nicht nur von Roberts Gnaden, sondern als faszinierende Künstlerin, die Menschen für sich gewinnen konnte.

Ihre erste größere Tournee nach der langen Inkubationszeit voller Zweifel und Zurücksetzungen führt sie im Januar 1844 nach Russland. Marie und die im April 1843 geborene Elise bringt sie bei Roberts Bruder unter, der mit seiner Frau in Schneeberg lebt. Robert begleitet sie auf dieser Konzertreise, oft widerwillig, noch häufiger unter fiebrigen Erkältungen, Rheuma und allerlei Ängsten leidend, aber immerhin. Als wolle sie ihm entgegenkommen, setzt Clara nun einige seiner Kompositionen aufs Programm, unter anderem das *Allegro op. 8*, das *Klavierquintett Es-Dur op. 44* sowie zwei seiner *Fantasiestücke op. 12*, »Des Abends« und »Traumes Wirren«.

Pikant ist ihre Wahl des *Allegros*: Die Veröffentlichung datiert von 1834, vorher hatte Robert mit Clara über das Stück korrespondiert, es dann aber Ernestine von Fricken gewidmet. Die zwiespältigen Erinnerungen, die mit der frühen Komposition verbunden sind, scheinen Clara nicht weiter zu stören. Über Sentimentalitäten ist sie weit hinaus. Jetzt geht's ums Ganze, um ihre Existenz als Künstlerin und Ernährerin der Familie.

Daraus erwächst ihr eine ungeheure Energie. Mit bemerkenswerter Robustheit gibt sie an jeder Station der strapaziösen Reise

Konzerte: in Berlin, Königsberg, Tilsit, Riga, Dorpat, bis sie nach St. Petersburg und anschließend nach Moskau gelangen. Unbehelligt von Mutterpflichten, kann Clara Einladungen beim russischen Adel annehmen, wie ehedem mit gekrönten Häuptern speisen und wertvolle Kontakte knüpfen. Nur Robert bleibt ihr Sorgenkind. Die holperigen Fahrten durch Schnee und Eis bringen ihn an das Ende seiner Kräfte, die fremden Städte, die teils schmutzigen Hotels, die fortwährende Kälte. Clara ist solche Strapazen gewohnt, ihr Mann leidet unter immer neuen Krankheiten.

Ist das noch Hypochondrie oder schon ein Anzeichen allgemeiner Zerrüttung? In jedem Falle gehört es zu den Symptomen seiner fast schon trotzigen Verweigerungshaltung, sich immer häufiger im Hotelbett zu verschanzen. In St. Petersburg erhält das Paar eine höchst ehrenvolle Einladung an den Kaiserhof. Robert schlägt die Einladung aus, sodass Clara nichts anderes übrig bleibt, als allein hinzugehen.

Vier Monate dauert diese Tournee, die sie auf eigenes Risiko mit erheblichen Investitionen in Reisekosten, Hotels und Saalmieten organisiert hat. Und das Publikum applaudiert ihr nicht nur, sie kann auch einen Gewinn von 3000 Talern mit nach Hause nehmen. Eine nahezu astronomische Summe – die vielen Präsente, darunter kostbare Schmuckstücke, noch gar nicht eingerechnet.

Von nun an wird Clara noch oft auf Reisen sein. Daran können auch ihre vielen Schwangerschaften nichts ändern. Im Laufe der Jahre bringt sie acht Kinder zur Welt, sieben überleben das Kleinkindalter. Trotz des zunehmend unerwünschten Kindersegens tritt sie weiterhin auf, auch wenn sie dadurch in manche Bredouille kommt – so wie an jenem Konzertabend, an dem sie mit einer abgetrennten Fingerkuppe spielt.

Es bleibt ein Balanceakt, alles zu wollen, Ehe, Kinder, Karriere. Bei Gesprächen mit ihren Kindern sitzt sie meist am Klavier und spielt nebenher Fingerübungen. Doch der Versuch, das alles selbst zu stemmen wie zu Beginn ihrer Ehe, weicht zusehends einer neuen Strategie: Clara delegiert die Erziehung an helfende Hände. Kindermädchen werden eingestellt, die älteren Kinder irgendwann in einschlägige Institute geschickt, in Pension gegeben oder Verwandten anvertraut.

Was das für ihre Kinder bedeutet, blendet sie weitgehend aus. Später schildert ihre Tochter Eugenie die seelischen Verwerfungen, die damit einhergehen: »Damals erschien es uns als etwas ganz Natürliches, dass wir unter Fremden aufwuchsen, und wir fanden uns hinein als in etwas Unabwendbares.«[49] Doch Eugenie erinnert sich auch an die Einsamkeit, die Sehnsucht nach der Mutter, die herzzerreißenden Abschiede, das Unglück, gleichsam elternlos zu sein. Das ist der Preis des Erfolgs, den Clara bezahlt – respektive ihre Kinder zahlen lässt. Zur Ehefrau wurde sie nie erzogen, und auch die Rolle der aufopferungsvollen Mutter, die ihre eigenen Bedürfnisse hintanstellt, bleibt ihr zeitlebens fremd. Wahre Erfüllung findet Clara nur in der Musik.

KAPITEL 6

RIVALITÄTEN

Toxisch vereint.
Die Ehe als künstlerische Symbiose
und Konkurrenzsituation

Wie eine anmutige weiße Wolke schwebt der Brühlsche Gartenpavillon über dem Elbufer. Der einstöckige Rokokobau mit den bodentiefen Fenstern liegt auf einem acht Meter hohen Mauervorsprung, »Die Bastion« genannt, am nördlichen Ende der berühmten Brühlschen Terrassen. Es gibt wohl keine prominentere Adresse für ein Künstleratelier in Dresden als diesen Pavillon. Aber es ist ja auch nicht irgendein Künstler, der hier residiert.

Ernst Friedrich August Rietschel gehört zu den wichtigsten Bildhauern seiner Zeit. Bereits siebenundzwanzigjährig erhält er eine Professur an der Dresdner Kunstakademie, im Laufe der folgenden Jahre werden seine Skulpturen im spätklassizistischen Stil landauf, landab die öffentliche Denkmalkultur prägen. Ob Luther, Lessing oder Carl Maria von Weber, Rietschel modelliert sie alle. Sein bekanntestes Werk steht auf dem Theaterplatz in Weimar: Das Goethe-Schiller-Denkmal, 1857 enthüllt, feiert die beiden Geisteshelden überlebensgroß mit selbstbewusst erhobenem Blick und einem Lorbeerkranz, den sie sich brüderlich teilen.

Als Clara 1846 Rietschels Atelier betritt, kennt sie sicherlich sein Dresdner Friedrich-August-Denkmal, außerdem seine beiden Giebelreliefs am Königlichen Hoftheater. Auffallend an diesem Giebelschmuck ist die ungeheure Lebendigkeit der Figurengruppen, die sich zu den jeweils mittig platzierten Allegorien von Musik und Tragödie gesellen. Auch Rietschels Giebelrelief am Berliner Opernhaus Unter den Linden kennt Clara vermutlich. Einmal mehr hat er dafür das Thema Musik aufgegriffen, in Gestalt einer Leier spielenden, höchst verführerischen Frauenskulptur mit langem wehendem Haar.

Am heutigen Tag wird das Ehepaar Schumann dem Bildhauer Modell sitzen. Es war eine Idee des Verlegers Hermann Härtel, die beiden von berufener Hand portraitieren zu lassen. 1837 ist Roberts *Carnaval* bei Breitkopf & Härtel erschienen, einem der ältesten und traditionsreichsten Musikverlage; seither hat er dort weitere Werke veröffentlicht, unter anderem die *Frühlingssinfonie*. Nun will Härtel seinem Hauskomponisten mit einer cleveren Marketingmaßnahme auf die Sprünge helfen: Um Roberts Popularität zu steigern, soll ein Doppelportrait mit Clara entstehen, die ebenfalls bei Breitkopf & Härtel veröffentlicht hat, etwa ihr *Zweites Scherzo c-Moll op. 14* sowie die *Drei Präludien und Fugen op. 16*.

Wie wichtig solche Portraits sind, zeigt Claras Aufstieg zur Starpianistin. Ihre frühe Karriere wurde nicht nur von umjubelten Auftritten und begeisterten Rezensionen befeuert, auch der Verkauf nachgedruckter Portraitzeichnungen, Gemälde und Stiche machte sie bekannt.

Der Iconic Turn ist nicht erst eine Erfindung des zwanzigsten Jahrhunderts. Schon das musikaffine Publikum des neunzehnten Jahrhunderts möchte Bildnisse seiner musikalischen Hausgötter erwerben, am liebsten solche mit künstlerischem Mehrwert. Darauf setzt Härtel mit seiner Wahl Ernst Rietschels. Nebenbei kalkuliert er natürlich ein, dass Robert durch den Scoop eines Doppelportraits auch gleich vom ungleich größeren Ruhm seiner Frau profitieren kann.

Der Bildhauer begrüßt die Schumanns ausgesprochen herzlich. Seit kurzem wohnen sie in Dresden, und so wie der Dirigent Ferdinand Hiller, der Historienmaler Eduard Bendemann sowie der Arzt und Maler Carl Gustav Carus zählt auch Rietschel zum engsten Freundeskreis. Man kennt sich, man schätzt einander, ist derselben künstlerischen Sphäre zugehörig. Gute Voraussetzungen also für eine fruchtbare Zusammenarbeit.

Auf seine heutige Aufgabe als Portraitist ist Rietschel bestens vorbereitet. Der hagere Mann mit der verwegenen dunklen Haartolle hat bereits ein Konzept für das Bildnis entwickelt, deshalb bittet er seine Gäste, nebeneinander Platz zu nehmen. Er hat ein Halbrelief im Sinn, Clara und Robert Wange an Wange im Profil, als innig vereintes Künstlerpaar. Vielleicht hat er sich dabei vom Doppelportrait Jacob und Wilhelm Grimms anregen lassen, denn ein Stich von 1843 zeigt die Brüder ebenfalls dicht nebeneinander im Profil, die Blicke nach links ausgerichtet.

Nachdem Rietschel Stift und Papier zur Hand genommen hat, nimmt er seine Modelle näher in Augenschein. Im hellen Tageslicht, das durch die hohen Atelierfenster fällt, entgeht ihm kein Detail, keine physiognomische Besonderheit. Doch schon bevor er die ersten Skizzen anfertigen kann, kommt es zum Eklat. Nicht ahnend, welchen Unmut er damit auslöst, hat sich Rietschel so positioniert, dass Clara im Vordergrund erscheint. Das ist nicht nur eine höfliche Geste der Dame gegenüber, es ist auch im Sinne der Bildkomposition gerechtfertigt. Seit der Eheschließung hat Robert deutlich an Gewicht zugelegt; sein aufgedunsenes Gesicht fällt im Hintergrund weniger auf, außerdem nimmt sich Claras zartes Profil mit der geraden Nase und der fein geschwungenen Kinnpartie davor umso aparter aus.

Robert aber erkennt in dieser Konstellation nur eines: Er wird schmählich in die zweite Reihe gedrängt. Während des Disputs, der sich daran entzündet, besteht er darauf, selbst im Vordergrund abgebildet zu werden, weil der schaffende Künstler der ausübenden Künstlerin weit überlegen sei.

Die Verve, mit der er seine These verficht, und die Tatsache, dass er sich am Ende durchsetzt, wirft ein Schlaglicht darauf, wie stark ihn die Konkurrenzsituation in dieser Ehe beschäftigt. Das könnte auch öffentlich für einigen Konfliktstoff sorgen, wenn nicht Clara immer wieder klein beigeben würde. Auch jetzt akzeptiert sie die nachgeordnete Position, die Robert ihr zuweist. Auf dem fertigen Doppelportrait wird sie halb von ihrem Mann verdeckt, dessen massiger Kopf als Erstes ins Auge springt, bevor der Blick weiter zu ihrem Profil schweift.

Zugleich akzeptiert Clara Roberts Argument, sie sei ja lediglich eine ausübende Künstlerin. Dass sie als Ehefrau weiterhin komponiert, ist für ihn eine Quantité négligeable, wenn es um das öffentlich verbreitete Bild geht. Mit dieser Einschätzung steht er nicht allein da. Auch in der Wahrnehmung seiner Zeitgenossen wird gern unterschlagen, dass Clara sehr wohl eine »schaffende Künstlerin« ist. Selbst Liszt, der sie gut kennt, charakterisiert ihre Ehe als Verbindung zweier verschiedener, wenn auch einander ergänzender Professionen: »Keine glücklichere, keine harmonischere Vereinigung war in der Kunstwelt denkbar als die des erfindenden Mannes mit der ausführenden Gattin, des die Idee repräsentierenden Komponisten mit der ihre Verwirklichung vertretenden Virtuosin.«[1]

In seinen Worten, so freundlich sie gemeint sein mögen, verbirgt sich ein zeittypisches Vorurteil: Der Mann ist produktiv, die Frau reproduktiv. Als Nachhall der Genieästhetik, die in der zweiten Hälfte des achtzehnten Jahrhunderts den künstlerischen Diskurs bestimmte, hält sich hartnäckig die Theorie, nur ein Mann könne die gottgleiche Schöpferkraft in sich tragen. Liszt ist offensichtlich derselben Meinung. Was impliziert, dass er Claras kompositorische Arbeit getrost unter den Tisch fallen lassen darf. Indem er ihre interpretatorische Leistung zur bloßen »Ausführung« herabstuft, spricht er ihr dann gleich ein zweites Mal das originäre Künstlertum ab.

Der Subtext seiner Aussage ist somit alles andere als ein Kompliment an Clara. Vielmehr folgt Liszt der gängigen Betrachtungsweise, Frauen auf eine dienende Funktion zu reduzieren. Mit solchen Vorurteilen musste sich Clara vor ihrer Verheiratung nicht auseinandersetzen. Niemand nahm Anstoß daran, dass sie als Virtuosin und Komponistin in Personalunion auftrat. Erst mit dem Ehering änderte sich alles.

Die Idee eines Künstlerpaars mag reizvoll sein, zumal in der Epoche der Romantik, in der Seelenverwandtschaften zu den beliebtesten Topoi gehören. Den Alltagstest kann diese Idee allerdings noch nicht bestehen, weil die sozialen Regeln eine klare Hierarchie der Geschlechter verlangen. Eine Beziehung auf Augenhöhe erscheint unzulässig, wenn nicht undenkbar. Clara darf die verständnisvolle Gefährtin sein, die hilfreiche Mitarbeiterin und liebende Muse, überflügeln darf sie ihren Gatten nicht. Rietschels Bildnis veranschaulicht diesen gesellschaftlichen Konsens idealtypisch. Mancher Zeitgenosse könnte sogar auf den Gedanken kommen, Clara solle doch froh sein, überhaupt gemeinsam mit einem derart genialen Mann abgebildet zu werden.

So hinterlässt das von Freunden des Paars als äußerst lebensecht gelobte Portrait einen etwas faden Nachgeschmack. Dennoch – oder gerade deshalb, weil es die gesellschaftlich erwünschte Geschlechterhierarchie zementiert – wird es zu einem Schlager der Schumann-Ikonografie. Aufgrund der hohen Nachfrage muss Rietschel zahllose Abgüsse anfertigen, so viele, dass die Form bereits brüchig geworden ist, als Clara ihn 1854 um einen Abguss für Franz Liszt bittet. Auch die Stiche, die 1848 und 1850 nach Rietschels Vorlage entstanden sind, haben sich zum Renner entwickelt, so wie eine kleine Version als Brosche, in Elfenbein geschnitzt.

Das Thema Doppelportrait bleibt offenbar schwierig. Vier Jahre nach dem Atelierbesuch entsteht die einzige Daguerreotypie, die Clara und Robert als Paar zeigt, und jetzt, im Jahr 1850, muss nicht mehr um die Platzierung gerangelt werden. Längst ist die Rollenaufteilung ein Fait accompli. Clara sitzt am Flügel, die rechte Hand ruht auf der Tastatur, die linke im Schoß. Ein unmerklich angedeutetes Lächeln liegt auf ihrem Gesicht, so als habe sie ihren

Frieden mit ihrem Platz als Interpretin gemacht und präsentiere sich einem imaginären Publikum.

Robert steht ihr gegenüber, einen Ellenbogen auf den Flügel gestützt, das Kinn in die Hand geschmiegt. Anders als seine Frau setzt er kein verbindliches Lächeln auf. Er muss nicht mit potenziellen Betrachtern kommunizieren, das hat längst Clara für ihn übernommen, die Außenministerin seines kleinen häuslichen Imperiums. Stattdessen signalisiert sein gesenkter, leicht umwölkter Blick den allem Irdischen entrückten Denker.

Nur seine leicht gekreuzten Beine mit dem seltsam schräg angewinkelten rechten Fuß verraten, dass er keineswegs auf so sicherem Fundament steht, wie es zunächst den Anschein hat. Die Pose missglückt, das Bild, das er so gern verkörpern möchte, bröckelt merklich.

Auf diese Weise kehren sich die Signale unbeabsichtigt um. Eigentlich sollen ein stehender Mann und eine sitzende Frau die Rangfolge symbolisieren, in diesem Falle zusätzlich den jeweils zugewiesenen künstlerischen Stellenwert. Doch während Clara souverän und ausgeglichen wirkt, spürt man Roberts Unbehagen mit sich selbst, etwas Kippeliges, Unsicheres, über das die einstudiert wirkende Denkerpose nur dürftig hinwegtäuschen kann. Auch im übertragenen Sinne steht Robert nicht mit beiden Beinen fest auf der Erde. Ein Grund mehr für Clara, sich zurückzunehmen: im gesellschaftlichen Leben, auf Bildnissen – und als Komponistin.

Emotionale Verwerfungen

Ein unbedarfter Betrachter könnte meinen, Clara Wieck und Robert Schumann seien geradezu prädestiniert für eine Ehe als produktive Künstlergemeinschaft. Die Voraussetzungen dafür sind durchaus gegeben. Von wem, wenn nicht von einem Komponisten könnte Clara Verständnis und Ermutigung für ihr eigenes Schaffen erwarten? Von einem Ehemann, der einem bürgerlichen Beruf nachgeht, sicherlich nicht. So erhofft sie sich denn auch von ihrer Verheiratung einen Team-Spirit, der ihr neben verwehrten Auftrittsmöglichkeiten zumindest neue Entwicklungsperspektiven als Komponistin eröffnet.

Aber war es wirklich nötig, dass Robert auf sein vermeintliches Recht des Stärkeren pochte und sich in Rietschels Atelier in den Vordergrund drängte? Als psychohygienische Maßnahme durchaus. Seine erregte Intervention ist das Resultat fortgesetzter narzisstischer Kränkungen, die sich in ihm aufgestaut haben und anlässlich des Doppelportraits umso heftiger zum Ausbruch kommen. Besonders Claras Tourneen, bei denen er als Begleiter fungiert, führen Robert immer wieder vor Augen, wie herabwürdigend es ist, noch weitgehend unbekannt zu sein und deshalb als bloßes Anhängsel seiner Frau betrachtet zu werden.

»Kränkungen, die kaum zu ertragen«, schreibt er tief verletzt während der Russlandreise, »und Claras Benehmen dabei!« Sie hingegen ist sich keiner Schuld bewusst. »Ich weiß von nichts«, wundert sie sich. »Es scheint mir aber jetzt, bei Durchlesung der Notizenblätter, dass ich oft Roberts Unwillen erregt habe – in böser Absicht gewiss nie, dann immer durch Unbeholfenheit und Mangel raschen Geistes.«[2]

Eine halbherzige Entschuldigung, die taktvoll über die Ursache seiner Verstimmung hinweggeht: dass ihr Ruhm immer noch heller strahlt als Roberts, der einstweilen als schwaches Fünkchen im musikalischen Kosmos glimmt. Bei dieser Asymmetrie wird es noch lange bleiben, zu Roberts großer Erbitterung. Welcher Komponist lässt sich schon gern nach einem Konzert seiner Frau fragen, ob er denn ebenfalls musikalisch sei? Immerhin ist es der niederländische Prinzgemahl Friedrich, der während einer Tournee im Winter 1853 diese ahnungslos herablassende Frage stellt.

Missachtungen sind schwer zu verwinden, wenn man generell um Anerkennung ringen muss. Ohne Clara könnte Robert die wiederkehrenden Durststrecken seiner Karriere vielleicht verkraften, doch der ständige Vergleich mit seiner berühmten Frau zermürbt ihn zusehends. Als er Ernst Rietschel Modell sitzt, hat er tiefe Krisen hinter sich. Teils sind sie auf seine labile seelische Disposition zurückzuführen, teils auf eine schwere berufliche Enttäuschung: Als Nachfolger von Felix Mendelssohn Bartholdy, der 1841 als Kapellmeister nach Berlin wechselte, wurde der Däne Niels Wilhelm Gade berufen – nicht etwa Robert, der durch sein langjähriges musikalisches Wirken in der Stadt auf diesen Posten gehofft hatte.

Wie konnte man ihn derart übergehen? Ist das etwa der Dank für die erfolgreichen Uraufführungen seiner *Frühlingssinfonie* und des Oratoriums *Das Paradies und die Peri* im Leipziger Gewandhaus? Warum hat man ihm nicht den Respekt erwiesen, der ihm gebührt?

Die Tragweite dieser Entscheidung ist immens. Für einen Komponisten jener Zeit ist eine Anstellung als Kapellmeister die einzige Option, sein Künstlertum auf ehrenvolle Weise mit einem Brotberuf zu verbinden. Roberts Ernennung wäre das Ende aller Sorgen gewesen. Mit einem Schlag hätte er seine finanziell unsichere Existenz beenden und seine Anerkennung in der Musikwelt beträchtlich steigern können. Auch für Clara, die den größten Teil des Familieneinkommens bestreitet, wäre es ein Glücksfall gewesen. Mit einem gut verdienenden Mann hätte sie die Freiheit, seltener aufzutreten und dafür ihre kompositorische Arbeit zu intensivieren. Doch es scheint, als hätte sich das Schicksal gegen Robert verschworen.

Im Herbst 1844 ereilen ihn dann während eines Besuchs in Dresden schwere Anfälle von Depression, Schlaflosigkeit und

Angstzuständen. Seine Verfassung ist so miserabel, dass sich das Paar gegen eine Rückkehr nach Leipzig entscheidet und schließlich ganz nach Dresden übersiedelt. Da sich Robert ohnehin von Leipzig verschmäht fühlt, erscheint ihm dies als beste Lösung: einen Neuanfang in Dresden zu versuchen, wo er nicht täglich an seinen Gesichtsverlust erinnert wird.

Doch nach der Schlappe in Leipzig muss er nun auch noch hinnehmen, dass ihm Richard Wagner in Dresden den Rang abläuft. Schon vor der Berufung zum Zweiten Hofkapellmeister im Jahre 1843 haben Wagners Opern *Rienzi* und *Der fliegende Holländer* rauschende Erfolge in Dresden erlebt. Mit seiner Überwältigungsästhetik, die das Genre der Oper zum Gesamtkunstwerk steigert, knüpft Wagner nun mühelos an diese Erfolge an, während Robert darunter leidet, dass sich sein eigener großer Durchbruch quälend hinauszögert.

Angesichts solcher Erfahrungen ist nachvollziehbar, dass er nun zumindest auf dem Doppelportrait als der Größere, Wichtigere wahrgenommen werden möchte. Wenn schon die Leitung des Gewandhauses und das breite Publikum seine Qualitäten ignorieren, will er wenigstens der Nachwelt als bedeutender Komponist im Gedächtnis bleiben, dessen Frau allenfalls die Hintergrundmusik liefert.

Und was hält Clara davon, in die zweite Reihe verwiesen zu werden? Gewiss ist es ihr peinlich, dass der unterschwellig schwelende Konflikt um den Bedeutungsvorrang in Gegenwart Rietschels ausgetragen wird. Seit Robert ihr jedoch anlässlich der Russlandtournee ungebührlich auftrumpfendes Benehmen vorgeworfen hat, nimmt sie sich wohlweislich zurück. Sie weiß ja um seine Nöte. Vor allem weiß sie, wie katastrophal sich jeder neue Tiefschlag auf seine seelische Verfassung auswirkt.

Als Roberts Ehefrau muss sie seine depressiven Phasen notgedrungen mittragen. Das heißt, sie muss sie nach außen moderieren und nach innen besänftigen. Offiziell ist dann von Überarbeitung die Rede, inoffiziell wird Clara zur Depressionsbetreuerin, deren Mitleid zugleich ein Mitleiden ist. Warum also über ihre Position im Doppelportrait streiten? Die Konsequenzen könnten fatal sein. Deshalb betreibt sie lieber Schadensbegrenzung, als zuzulassen, dass Robert eine neuerliche Demütigung erfährt.

Man kann das weibliche Klugheit nennen, empathisches Verhalten oder auch Verzicht, im Grunde ist es Selbstschutz. Indem sie ihren Mann vor einer weiteren Krise bewahrt, rettet sie auch ihr eigenes Seelenheil.

Robert wiederum schätzt Clara als Partnerin, die sein Rückzugsbedürfnis toleriert, wenn er über einem neuen Werk brütet. Auch als Mitarbeiterin und Gesprächspartnerin, mit der er sich über seine Kompositionen austauschen kann, ist sie ihm hochwillkommen. Womit sich die Frage stellt: Hemmt oder beflügelt er Claras kompositorisches Schaffen?

Beschädigte Identität

Die Antwort ist ein entschiedenes Jein. Anfangs sieht es so aus, als werde die Ehe ein ruhiger Hafen sein, in dem sich Clara wieder vermehrt um ihre kompositorische Arbeit kümmern kann. Während der Monate vor der Hochzeit vernachlässigt sie manchmal das Komponieren, abgelenkt von den Aufregungen rund um den Heiratsprozess, von Konzerten und dem abwechslungsreichen Pariser Leben. Es gibt jedoch einen weiteren Grund: 1839 wird sie auf einmal unsicher.

Nachdem Robert ihre Konkurrentin Marie Moke-Pleyel in seiner *Neuen Zeitschrift für Musik* ausgiebig gelobt hat, ist Clara niedergeschlagen, weil sie meint, dass deren Klavierspiel generell höher bewertet werde als ihres. In diesem Zusammenhang formuliert sie auch massive Zweifel an ihrer kompositorischen Gabe. »Ich glaubte einmal, das Talent des Schaffens zu besitzen, doch von dieser Idee bin ich zurückgekommen«, schreibt sie resigniert. »Ein Frauenzimmer muss nicht komponieren wollen – es konnte noch keine – sollte ich dazu bestimmt sein? Das zu glauben, wäre eine Arroganz, zu der mich bloß der Vater einmal in früherer Zeit verleitete.«[3]

Dieser Tagebucheintrag kommt etwas überraschend. Meint sie wirklich, ihr Komponieren sei ein Irrweg gewesen, den sie lediglich ihrem Vater zuliebe beschritten hat? Wenn man ihre Produktivität vor der Ehe betrachtet, ist das wenig glaubhaft. Trotz der vielen Konzertreisen entstehen in ihrer Jugendzeit mehr Werke, als ein überanstrengter Teenager auf bloße Anordnung des Vaters hin komponieren würde.

Ohnehin reichen Friedrich Wiecks Kompetenzen gerade mal aus, seiner Tochter solide musiktheoretische Grundkenntnisse zu vermitteln. Als Komponistin überholt sie ihn recht rasch. Über die knapp Zwölfjährige urteilte Robert noch, ihr Vater dränge sie durch seine gängelnde Art in die falsche Richtung: »Und dieses An- und Hineinfantasieren, das er aus Zilia herausfantasieren will, ist wohl für die praktische Zukunft, verdirbt aber den Fluss der Fantasie; das Überwallen und der Flügelschlag des Genius rauscht hier nicht.«[4]

Schneller als gedacht wird der Genius flügge. Das zeigen unter anderem Claras *Quatre pièces caractéristiques op. 5,* die so eigenwillig klingen wie die dazugehörigen Titel, etwa »Le sabbat« oder »Le ballet des revenants«. In den Charakterstücken spiegelt sich ihr Faible für Gespenstergeschichten, das Robert in ihr geweckt hat. Allein »Le sabbat« ist ein irrwitziger Tanz mit seinem hämmernden Rhythmus und der Bizarrerie greller Dissonanzen, die durch den Kunstgriff des kurzen Vorschlags, auch Acciaccatura genannt, entstehen. Das hat eine ungeheure Energie, und der Spielwitz, den

Clara pianistisch aus diesem Effekt ziehen kann, springt einem schon im Notenbild förmlich entgegen.

Mit diesem Opus begeistert sie sogar Chopin, der die Wiecks im September 1836 besucht. Vier Jahre zuvor hat man einander während einer Parisreise kennengelernt, die Clara und ihren Vater erstmals in die französische Hauptstadt führte. Jetzt lässt sich Chopin Claras Opus 5 vorspielen, dazu zwei Stücke aus den *Soirées musicales* und ihr Klavierkonzert. Im Tagebuch kann sie stolz vermerken: »Er war entzückt, sprach sich enthusiastisch aus und schied gerührt von uns.«[5] Chopins Enthusiasmus ist übrigens echt. Der Komponist besteht darauf, die Noten der *Quatre pièces caractéristiques* mitnehmen zu dürfen, so gut gefallen sie ihm.

Insgesamt veröffentlicht Clara zwischen 1831 und 1840 zehn größere und kleinere Werke für Klavier, die eine erstaunliche Sicherheit im Umgang mit Genres wie Impromptu, Ballade oder Mazurka zeigen. Auch ihr *Klavierkonzert a-Moll op. 7,* zwischen 1833 und 1836 entstanden, ist alles andere als eine halbherzig hingeworfene Auftragsarbeit für den Vater. Robert hilft ihr bei der Orchestrierung, in dieser Hinsicht kann Friedrich Wieck ihr schon nichts mehr beibringen.

Völlig unabhängig von Robert trifft Clara jedoch die Entscheidung, mit dem Genre des Klavierkonzerts anders umzugehen, als man von einem Teenager erwarten würde, dessen Vater für seine klippschulartigen musiktheoretischen Ansichten bekannt ist. Statt vorgegebenen Schemata zu folgen, lässt sie ihre langjährige Erfahrung mit der freien Improvisation einfließen.

Kompositorisch gebändigt, verleiht die Anmutung des Fantasierens dem Werk eine Frische und Originalität, die Claras Erfindungsgeist belegt, nicht etwa, dass hier Dienst nach Vorschrift absolviert wurde. Der Wille, etwas Einzigartiges zu erschaffen, ist unverkennbar. Zu den unkonventionellen Einfällen gehört eine fünfzehn Takte währende reine Orchesterpassage gegen Ende des ersten Satzes, abgelöst von einem längeren solistischen Klavierpart, der direkt zum zweiten Satz überleitet. Es ist eine ungewöhnliche Idee, die beiden Sätze auf diese Weise zu verbinden, ohne die übliche Pause, die man erwarten würde.

In diesem zweiten Satz, Romanze betitelt, verzichtet Clara dann ganz auf satte Orchesterklänge: Er ist ein Zwiegespräch von Klavier und Cello. Dieses Konzept ist zwar nicht völlig neu, entbehrt aber nicht der Pikanterie, weil Clara zur Zeit der Komposition mit dem Cellisten August Theodor Müller flirtet. Ein biografisches Aperçu also, das sie mit Bedacht in Musik umsetzt. Sicherlich hat sie ihren Spaß daran, dass nur Eingeweihte die Anspielung verstehen.

Es ist eines der erfolgreichsten Werke ihrer frühen Karriere. Wie viel Selbstbewusstsein Clara aus dem sich ständig vergrößernden Repertoire eigener Kompositionen zieht, verraten einige Zeilen, die sie Friedrich Wieck im Sommer 1838 zusammen mit ihrem *Scherzo op. 10* sendet. Da sie auf Gut Maxen nahe Leipzig in der Sommerfrische weilt, konnte ihr der Vater beim Komponieren nicht über die Schulter schauen. Mit kessem Nachdruck hebt sie jetzt die Vorzüge des *Scherzos* hervor und entkräftet im Vorhinein etwaige kritische Kommentare.

»Zu lang ist es, glaube ich, nicht, da es sehr schnell, ›appassionato que possibile‹ geht«, erklärt sie ihm. »Das misterioso streich mir aber ja nicht weg, denn das ist das Schönste am ganzen Ding.«[6] Kein Irrweg also, sondern ein munteres Fortschreiten bestimmt ihre kompositorische Entwicklung. Doch schon ein Jahr nach Vollendung des Scherzos sieht alles ganz anders aus. Nun spricht sie plötzlich von »Frauenzimmern«, die von falscher Arroganz getrieben seien, falls sie allen Ernstes Talente in sich spüren.

Vielleicht ist der Briefwechsel mit Robert nicht ganz unschuldig an diesem Meinungsumschwung, entwirft er doch immer wieder das Bild einer bescheidenen, Häubchen tragenden Clara, die sich aus der Öffentlichkeit zurückziehen soll. Die rückwirkenden Generalzweifel, die sie 1839 anmeldet, überschneiden sich überdies mit einer Phase, in der ihre kompositorische Arbeit kurzzeitig zum Erliegen kommt. Genau der richtige Zeitpunkt also, um nach neuen Impulsen Ausschau zu halten und ihre Kenntnisse systematisch zu verfeinern. Was wäre möglich gewesen?

Claras komponierende Zeitgenossin Emilie Mayer beispielsweise erhält zunächst Unterricht bei Carl Loewe in Stettin, um anschließend nach Berlin zu gehen, wo sie ihre Studien bei Adolph Bernhard Marx fortsetzt, einem der wichtigsten Musikwissenschaftler seiner Zeit. Der Zelter-Schüler, der 1830 als Professor an die Friedrich-Wilhelms-Universität Berlin berufen wird und ab 1832 als Universitätsmusikdirektor fungiert, gilt als exzellenter Theoretiker. Unter anderem entwickelt er retrospektiv ein theoretisches Gerüst für die Sonatensatzform, schreibt Bücher über Beethoven und Gluck und übt als Kritiker großen Einfluss auf das zeitgenössische Musikleben aus.

Es trägt wesentlich zu Emilie Mayers Erfolg bei, dass sie mit Marx einen anerkannten Spezialisten aufgesucht hat. Zudem ist er gut vernetzt, was ihr anschließend manche Tür öffnet. Clara sind solche Möglichkeiten verwehrt. Nach der Heirat im Jahr 1840 übernimmt ihr Mann die Rolle des weiterführenden Lehrers.

Gemeinsame Projekte

Robert ist weitgehend Autodidakt. Nur ein Dreivierteljahr, vom Juli 1831 bis zum März 1832, hat er bei dem Zelter-Schüler Heinrich Dorn Generalbassübungen und kontrapunktische Studien betrieben, darüber hinaus aber »wenig geregelten Kompositionsunterricht« genossen.[7] Er kann mit Clara Bach und Beethoven analysieren, er kann sie auch in seine Vorstellungswelt mitnehmen, von einem systematischen Unterricht zu sprechen, wäre übertrieben. Dennoch werden sich die gemeinsamen Studien in zahlreichen Werken niederschlagen, in denen sie das Konzept der romantischen Musiksprache – als Resultat von Eingebungen – um traditionelle Konzepte wie Anlehnungen an die Fugenform ergänzen.

Die gemeinsame Auseinandersetzung mit musiktheoretischen Fragen entfällt allerdings nach recht kurzer Zeit, weil sich Robert stärker auf sein eigenes Schaffen fokussiert. Sein positiver Einfluss auf Clara besteht hauptsächlich darin, dass er ihre stockende Kompositionsarbeit wieder in Fluss bringen möchte.

Was er im Allgemeinen über Komponistinnen denkt, kann man seiner Rezension eines Bravour-Allegros der Komponistin Julie Baroni von Cavalcabò entnehmen. »Die Namen unserer Komponistinnen lassen sich bequem auf ein Rosenblatt schreiben, daher wir jeder nachspüren und uns nichts entschlüpft von Damenwerken«, schreibt Robert 1836 in der *Neuen Zeitschrift für Musik*. »Denn ein Mädchen, das über Notenköpfen Hauben- und andere Köpfe vergessen kann, muss zehnmal mehr Grund besitzen zu komponieren als wir, die wir's nur der Unsterblichkeit wegen tun.«[8]

Hat Clara wirklich zehnmal mehr Grund, zu komponieren, als ein Mann, als andere Frauen? Es scheint, als sei Robert tatsächlich davon überzeugt. Ob er dabei an ihre Unsterblichkeit denkt oder doch eher an die eigene, sei dahingestellt, denn im Januar 1841, ein halbes Jahr nach der Heirat, fordert er sie auf, etwas zu seinem neuen Projekt beizutragen. »Die Idee, mit Clara ein Liederheft herauszugeben, hat mich zur Arbeit begeistert«, heißt es im Ehetagebuch. Neun Lieder aus Rückerts *Liebesfrühling* vertont er in nur einer Woche. »Clara soll nun auch aus dem Liebesfrühling einige komponieren. O tu es, Klärchen!«[9]

Seine Bitte fällt in eine Zeit, in der sie sich wegen der beginnenden Schwangerschaft mit Marie kraftlos fühlt und erneut an ihrem Talent als Komponistin zweifelt. Robert hingegen verfällt in einen wahren Schaffensrausch. Für ihn ist die Ehe nach anfänglichen Blockaden ein ungeheurer Kreativitätsbeschleuniger. Zuvor hat er ausschließlich Klaviermusik veröffentlicht, 1840 wird sein sogenanntes Liederjahr, das bereits im Januar Aufschwung nimmt.[10] Er selbst spricht von einhundertfünfzig Liedern, die er bis zum Herbst 1840 fertigstellt, etwa die Zyklen *Liederkreis op. 39* und *Dichterliebe op. 48* sowie als Hochzeitsgeschenk, auf rotem Samt dargeboten, den Liederzyklus *Myrten op. 25*, in dem er unter anderem Gedichte von Goethe, Rückert, Heine, Lord Byron und Thomas Moore vertont.

Ganz im romantischen Geist ist Robert überzeugt, große Kompositionen seien ein Reflex auf intensive Erlebnisse. Dieser Eindruck verstärkt sich, wenn er schreibt, die dramatischen Umstände, unter denen die beiden Liebenden zueinanderfanden, hätten ihn schon zwischen 1836 und 1838 zu einer Vielzahl von Kompositionen inspiriert: zu seiner *Klaviersonate fis-Moll,* der *Fantasie C-Dur,* den *Davidsbündlertänzen*, den *Kreisleriana* und den *Noveletten.*

So ist auch seine kreative Blockade in den ersten Wochen nach der Eheschließung zu verstehen. Keine Dramen mehr, keine Kämpfe, woher also die Inspiration nehmen? Für Clara stellt sich die Frage gar nicht. Sie braucht keine Dramen, nur Ermutigung. Daran fehlt es durchaus nicht zu Beginn ihrer Ehe. So ablehnend Robert auch ihrem Wunsch zu konzertieren gegenübersteht, als Komponistin motiviert und unterstützt er sie nach Kräften. Damit löst er zum einen sein Versprechen ein, eine fruchtbare künstlerische Symbiose zu erschaffen, zum anderen ist eine komponierende Gattin kompatibel mit seiner Vorstellung einer häuslichen Arbeitsgemeinschaft: Clara braucht ihn, um von ihm zu lernen, er braucht Clara als kritischen Gegenpart.

Mit ihrer Feedbackkontrolle hat er schon mehrfach gute Erfahrungen gemacht. So übersendet er ihr im März 1840 das *Lied der Braut op. 25/11,* woraufhin sie anmerkt: »Sag mir doch, lieber Robert, warum hast Du zu Anfang des Liedes zwei Quinten? Das fällt doch ein wenig auf, jedes Mal wenn ich's spiele, stört es mich.« Vor der Veröffentlichung ändert Robert die monierte Passage.[11]

Umgekehrt nimmt sie nicht jede Kritik von ihm an, anfangs jedenfalls. Bevor Clara 1840 ihre *Trois romances op. 11* beim Wiener Verlag Mechetti veröffentlicht, schickt sie Robert die Noten und bittet ihn auch um Vorschläge für Titel, mit denen man den französischen Geschmack treffen könnte. 1838/39 teilweise in Paris entstanden, möchte Clara das dortige Publikum für sich einnehmen. Aber was soll sie mit »Heimweh« und »Mädchens Heimweh« anfangen? Daraus spricht ja wohl eher das Wunschdenken des Daheimgebliebenen. Die Titel übernimmt sie so wenig wie Roberts Änderungen an den Noten. 1839 erscheint die zweite Romanze separat als Beilage der *Neuen Zeitschrift für Musik.* Unverändert. Noch sind sie ebenbürtige Partner, die einander in nichts nachstehen, wenn es um formale Fragen geht.

»An Deiner Romanze habe ich nun abermals gehört, dass wir Mann und Frau werden müssen«, schreibt er ihr. »Du vervollständigst mich als Komponisten wie ich Dich. Jeder Deiner Gedanken kommt aus meiner Seele, wie ich ja meine ganze Musik Dir zu verdanken habe. An der Romanze ist nichts zu ändern; sie muss bleiben, wie sie ist.«[12]

Für Robert ist der Austausch so wichtig, weil er sich das Komponieren weitgehend selbst beigebracht hat. Es gibt keinen ehemaligen Lehrer, an den er sich wenden könnte, um professionellen Rat einzuholen. Insofern ist ihm natürlich daran gelegen, dass sich Clara kompositorisch weiterentwickelt. Nur so kann sie mit seiner Entwicklung Schritt halten und ihm weiterhin beratend zur Verfügung stehen. Und sein Schaffensrausch hält an. 1841 vollendet er seine *Erste Sinfonie,* die im März des Jahres mit großem Erfolg im Leipziger Gewandhaus uraufgeführt wird. Auch Clara tritt in diesem Konzert auf, und die Öffentlichkeit ist überzeugt, hier sei eine gelungene Künstlerehe zu besichtigen.

Claras eigenes Schaffen ist spärlich seit der Hochzeit. Drei Lieder schenkt sie Robert 1840 zu Weihnachten: »Am Strande«, »Ihr Bildnis« und »Es fiel ein Reif in der Frühlingsnacht«, letztere von Heine, das erste von Robert Burns. Sie hat sie sich förmlich abgerungen, hält sie für minderwertig und sich selbst für unfähig, den poetischen Gehalt der Gedichte zu erfassen. Die drei Lieder bekommen nicht einmal eine Opuszahl. Etwas mehr hält sie offenbar von »Ich stand in dunklen Träumen«, ebenfalls 1840 entstanden, das mit fünf weiteren Liedern 1843 als op. 13 erscheint, gewidmet der dänischen Königin. Ein Lied, von Melancholie umflort, ein Doppelgängerwerk, in dem die leidlich glückliche Ehefrau und die tief unglückliche Komponistin einander musikalisch die Hand reichen.

In den Monaten danach stockt Claras Arbeit an den Vertonungen. Erst im Juni 1841 kann sie berichten: »Ich habe diese Woche viel am Komponieren gesessen und denn auch vier Gedichte von Rückert für meinen lieben Robert zustande gebracht. Möchten sie ihm nur einigermaßen genügen, dann ist mein Wunsch erfüllt.«[13]

Ja, sie sagt, sie komponiere für Robert. Das klingt etwas kleinmütig. Dennoch muss man anerkennen, dass er sie nach Monaten der Untätigkeit aus ihrem Schaffenstief geholt hat – ungeachtet dessen, ob er es nur tat, weil er sich in die Idee eines gemeinsamen Projekts verliebt hatte.

Im September desselben Jahres erscheinen die *Zwölf Gedichte aus Rückerts Liebesfrühling* als Roberts op. 37 und Claras op. 12, wobei nicht spezifiziert wird, wer welches Lied komponiert hat. Clara und Robert möchten als Paar gesehen werden, dessen künstlerische Verschmelzung einen eindrucksvollen Beleg im gemeinsam veröffentlichten Liederzyklus findet. Erst in späteren Ausgaben sind die Absender genannt, und nun ist auch klar, dass es nicht alle vier von Clara vertonten Gedichte in die Ausgabe von 1841 geschafft haben. Drei Lieder stammen von ihr, ein Viertel des Gesamtkonvoluts also, alle anderen von Robert.

Die Titel, die sich Clara ausgesucht hat, kann man als Liebeserklärung an ihren Mann verstehen: »Er ist gekommen in Sturm und Regen«, »Liebst du um Schönheit« und »Warum willst du andre fragen«. Textlich wirken die Gedichte wie eine Reminiszenz an die Vorgeschichte der Ehe. Im ersten Gedicht erscheinen die Zeilen: »Er hat genommen mein Herz verwegen / Nahm er das meine? Nahm ich das seine? / Die beiden kamen sich entgegen.« Das lyrische Ich scheint hier mit Claras Ich identisch zu sein, und wenn von Entgegenkommen gesprochen wird, ist das zugleich eine hübsche Metapher für die Art und Weise, wie sich Robert und Clara durch das Gestrüpp ihrer Auseinandersetzungen hindurch aufeinander zugekämpft haben.

Das zweite Gedicht endet mit Worten, die an ein Ehegelöbnis erinnern: »Liebst du um Liebe, o ja, mich liebe! / Liebe mich immer, dich lieb' ich immerdar.« Im dritten Gedicht schließlich lebt noch einmal das konspirative Fluidum des »Wir gegen den Rest der Welt« auf, wenn es heißt: »Glaube nicht den fremden Leuten, / Glaube nicht dem eig'nen Wahn; / Nicht mein Tun auch sollst du deuten, / Sondern sieh' die Augen an!« Ganz gleich also, was geschieht, ganz gleich auch, was Außenstehende behaupten – als sei's eine Anspielung auf Friedrich Wieck –, soll der Adressat an die Unverbrüchlichkeit der Liebe glauben.

Musikalische Intimität

Es gibt viele solcher zarten Liebesgesten in den ersten Ehejahren. Man schreibt einander nicht nur Zettelchen mit kleinen Botschaften, die diskret hinterlegt werden, um den anderen nicht zu stören;

darüber hinaus entsteht auch ein kompositorischer Dialog, der in einer verwandten Musiksprache geführt wird und sich zum einzigartigen Modus gegenseitiger Spiegelungen entwickelt.

Das ist das große Wunder dieser nicht gerade konfliktarmen Beziehung: Wie kein anderes Paar der Musikgeschichte finden Clara und Robert auf einer Metaebene zueinander, der Musik, in der sie einander komponierend umarmen.

Ein Vorglühen gab es natürlich schon. In Roberts *Impromptu über eine Romanze von Clara Wieck op. 5* – die erste Fassung entstand 1833 – ist sie ganz offiziell das Apropos für seine eigene Komposition, die als fast schon erotisches Spiel der Aneignung und Variation daherkommt. Im *Carnaval,* 1834/35 komponiert, taucht Clara dann als Chiarina auf: in einem ungemein leidenschaftlichen Walzer, der auf der Subdominante beginnt, nicht etwa auf der Tonika, ganz so, als steige man in ein Gespräch ein, das schon lange begonnen hat. Eine vorwärtsdrängende punktierte Motivik treibt das Stück an, und wenn die Basslinie im zweiten Teil chromatisch von D über Des und C zum H abfällt, stürzt man für Momente gleichsam ins Nichts. Auch so eine Metapher, die im Nachhinein mit Sinn erfüllt wird.

In seiner achten *Novelette* schließlich rekurriert Robert 1838 auf ein frühes Notturno von Clara, als »Gruß aus der Ferne«. Sie versteht die kunstreiche Chiffre, versteht die Botschaft. Deshalb schwärmt Robert im selben Jahr vom »Glück, ein solches Mädchen zu besitzen, in das ich durch Kunst, Geisterverwandtschaft, Gewohnheit jahrelangen Umgangs und tiefster, ordentlich heiliger Neigung ganz verwachsen bin«.[14]

Wie fremd man sich trotzdem sein kann, belegen die vielen Unstimmigkeiten, die im Ehetagebuch aufflackern. In der Musik aber gelingt Clara und Robert, was in ihrem Alltag manchmal so ungeheuer schwierig ist: Nähe. Das Besondere an dieser musikalischen Intimität ist neben den kunstvollen Echowirkungen vor allem der Respekt, den sie einander zollen. Es gibt eine Fülle von Kompositionen, in denen sie einander Themen entlehnen, als sollten diese nachträglich noch einmal gewürdigt werden und zugleich ein festes Band um das Paar schließen.

Wenn Robert etwa in seiner *Klavierfantasie a-Moll* von 1841 Anlehnungen an Claras frühe *Soirées musicales op. 6* und ihre *Romanze op. 11,2* einflicht, ist das eine Hommage an ihr langjähriges Schaffen. Ganz nebenbei erinnert die Entstehungszeit der beiden Werke Claras an die Anfänge der Beziehung, sodass Roberts Klavierfantasie auch eine romantische Reminiszenz in sich trägt. Selbst die Tonart a-Moll ist nicht zufällig dieselbe wie in Claras frühem Klavierkonzert, vielmehr eine erinnernde Liebesgeste und galante musikalische Verbeugung.

Nur ein Wermutstropfen mischt sich gerade in diese musikalische Korrespondenz: Clara wird ihr Klavierkonzert nach der Heirat nie wieder aufführen. Sie wird auch kein weiteres mehr komponieren, nur eine flüchtige Skizze hinwerfen, die Fragment bleibt. Offenbar fühlt sie sich nicht in der Lage, im direkten Vergleich mit Robert etwas annähernd Gleichwertiges hervorzubringen.

Selbst an ihren Vertonungen der Rückert-Gedichte kann sie sich nicht freuen. Als sie an ihrem zweiundzwanzigsten Geburtstag die Druckfassung des gemeinsamen Liederzyklus in Händen hält, erwähnt sie nur im Nebensatz »die gedruckten Lieder von Rückert, worin auch einige schwache Produkte von mir vorhanden«.[15] Hält sie wirklich so wenig von sich als Komponistin? Oder lässt sie Robert nur verbal den Vortritt, um ihm zu signalisieren, dass sie ihn als den eigentlichen, den bedeutenderen Komponisten betrachtet?

Wahrscheinlicher ist die zweite Erklärung. Immerhin nimmt Clara das Lied »Er ist gekommen in Sturm und Regen« in ihre Konzertprogramme auf, etwa 1844 in Königsberg, einer Station auf der Reise nach Russland. Da sie weiß, dass ihr Bühnenerfolg unmittelbar von der Wahl geeigneter Stücke abhängt, muss man das als Relativierung ihres abwertenden Urteils auffassen.

»Schwach« ist dieses Lied ohnehin nicht; es gilt als eine ihrer gelungensten Gedichtadaptionen. Allein die Atemlosigkeit, mit der sie die Singstimme immer wieder aufs Neue ansetzen lässt, statt den Text als große zusammenhängende Kantilene zu gestalten, macht die poetisch-nervöse Energie des Gedichts fast körperlich spürbar. Zu diesem Eindruck trägt die ruhelos vibrierende Klavierbegleitung bei, die das Thema des Sturms und damit zugleich das Thema der aufgewühlten Gefühle aufgreift. Auch in den dramatischen Zuspitzungen, von überraschenden harmonischen Wendungen begleitet, erweist sich Clara als Meisterin des romantischen Kunstlieds.

Dennoch tut sie ihre Arbeit als etwas Minderwertiges ab, jedenfalls im Ehetagebuch. Robert liest aus ihrer Resignation allerdings weniger eine Identitätskrise der Tonkünstlerin heraus – was man als liebender Mann durchaus tun könnte – als den Beleg, dass sie mit ihren vielen Pflichten und Funktionen eben nicht auch noch eine brillante Komponistin sein kann.

Er schwankt ja selber zwischen zwei Haltungen. Einerseits ermutigt er seine Frau zum Komponieren, andererseits erinnert er sie stets daran, dass sie noch einen weiteren Beruf hat, den der Mutter. Über ihr Schaffen im Herbst 1841, nach der Geburt Maries, befindet er: »Clara hat eine kleine Komposition fertig, die einen recht schönen Charakter atmet; sie darf jetzt wieder ordentlich spielen; aber freilich, die Künstlerin muss der Mutter schon manche Stunde aufopfern.«[16]

Man vermutet, dass sie in dieser Zeit das *Zweite Scherzo op. 14* komponiert, das als Filetstück einer ursprünglich mehrsätzig geplanten Sonate 1845 separat in Druck gehen wird. Es ist ein stürmisches Werk, voller Stil- und Stimmungswechsel. In vielen

Passagen kann Clara ihre technische Brillanz vorführen, mit rasanten Läufen, die trotz ihrer Behauptung, sie verabscheue jetzt das Virtuosentum, an ihr früheres Faible für Bravourstücke anknüpft.

Im Februar 1843 wiederholt sich Roberts Argumentation. »Clara hat eine Reihe von kleineren Stücken geschrieben, in der Erfindung so zart und musikreich, wie's ihr früher noch nicht gelungen«, erkennt er die künstlerische Entwicklung seiner Frau an, um jedoch einschränkend hinzuzufügen: »Aber Kinder haben und einen immer fantasierenden Mann und komponieren geht nicht zusammen. Es fehlt ihr die anhaltende Übung, und dies rührt mich oft, da so mancher innige Gedanke verloren geht, den sie nicht auszuführen vermag.«[17]

Mit der Geburt der zweiten Tochter Elise im April wird es noch schwieriger für sie, ihren vielen Rollen gerecht zu werden. »Jetzt ist Clara am Ordnen ihrer Lieder und mehrerer Klavierkompositionen«, schreibt Robert im Juni 1843. »Sie will immer vorwärts, aber rechts hängt ihr Marie am Kleid, Elise macht auch zu schaffen, und der Mann sitzt in Perigedanken vertieft« – gemeint ist sein weltliches Oratorium *Das Paradies und die Peri,* das Ende 1843 uraufgeführt wird.[18]

Angesichts solcher Einlassungen wird deutlich, wie sehr Claras Energie allein schon durch die Kinder absorbiert wird. Dennoch profitiert sie von Roberts Bemühen, die Voraussetzungen für ein tieferes strukturelles Verständnis von Musik zu schaffen. Nachdem sie die Architektur Bach'scher Fugen analysiert haben, entstehen Anfang der 1840er Jahre ihre *Quatres pièces fugitives op. 15* und 1845 *Drei Präludien und Fugen für Klavier op. 16,* in denen sich die gemeinsamen Kontrapunktstudien niederschlagen. Und wieder korrespondieren sie kompositorisch, denn Robert gibt ihr die Themen vor, die sie dann eigenständig in ein komplexes Geflecht der Stimmführungen verwandelt.

Getreu Roberts *Musikalischen Haus- und Lebensregeln*, in denen es heißt, man müsse es so weit bringen, ein Werk bereits auf dem Papier zu verstehen, sind Partiturstudien der nächste Schritt. Aber auch eine weit größere Herausforderung. Als sie gemeinsam die *Zweite Sinfonie* Beethovens anhand eines Klavierauszugs durchgehen, ist Robert nicht immer zufrieden, denn er schreibt: »Sie spielt, und ich schmolle dazu oder küsse auch.« Dieser möglicherweise charmanten Einlassung folgt sogleich ein subtiler Vorwurf: »Ob Clara komponiert, möchte ich wohl wissen; sie muss aber zu ihrem nächsten Konzert.«[19]

Seine indirekte Kritik, Auftritte seien ihr wichtiger als die kompositorische Arbeit, ist ein wenig unfair. Angesichts ihres akuten Zeitmangels steht sie immer häufiger vor der Entscheidung: Konzertieren oder Komponieren? Da Letzteres einstweilen eine eher brotlose Kunst ist, woran sie durch Roberts Beispiel täglich erinnert wird, wählt sie den Auftritt – und die dringend benötigten Einnahmen.

Intuitive Selbstbeschränkung

Für Clara ist Roberts dornenreicher Weg zum Ruhm eine Quelle unablässiger Besorgnis. Sie tut, was sie kann, um ihn als Komponisten zu etablieren, spielt seine Werke, legt sie Konzertveranstaltern ans Herz. Die negativen Reaktionen des Publikums und der Kritiker kann sie allerdings nicht verhindern. Das hat auch Auswirkungen auf ihre eigene Tätigkeit als Komponistin. Bevor Robert genügend Geld für seine große Familie verdient, was erst Ende der 1840er Jahre einigermaßen der Fall ist, sieht sie sich gezwungen, im Zweifelsfall ihre kompositorische Arbeit liegen zu lassen.

Ist es für sie überhaupt wünschenswert, sich als Komponistin weiterzuentwickeln und womöglich auch auf diesem Gebiet erfolgreicher zu sein als ihr Mann? Aus ihrer Zurückhaltung, wenn es um die Außenwahrnehmung dieser Künstlerehe geht, kann man schließen, dass sie die Frage verneint. So wie sie sich beim Doppelportrait von Rietschel klaglos mit ihrer Rolle als Frau im Hintergrund begnügt, wird sie auch im Hinblick auf ihr kompositorischen Schaffen darauf bedacht sein, im Hintergrund zu bleiben.

Eine bewusste Entscheidung ist das sicherlich nicht, eher intuitive Selbstzurücknahme. Komponieren ist ein komplexer Prozess. Lange bevor die erste Note auf dem linierten Papier erscheint, muss der Geist frei sein, Ideen hervorzubringen und nach und nach zu einer Vision zusammenzusetzen. Der Flow, von dem man heute spricht, entsteht aus intrinsischer Motivation, wird allerdings beeinträchtigt oder erlischt ganz, falls Zweifel an der Sinnhaftigkeit des eigenen Tuns aufkommen. Das gilt auch für Clara. Zweifel an ihrem Talent hat sie ohnehin immer wieder. Wenn man dann täglich erlebt, wie der Ehemann um seine Reputation als Komponist kämpft, erscheint es wenig hilfreich, ihm auch noch als Gattin ernsthaft Konkurrenz zu machen.

Sichtet man den Zeitraum zwischen 1840 und 1856, Roberts Todesjahr, entstehen verhältnismäßig wenige Kompositionen im Vergleich zu Roberts geradezu eruptivem Output. Fast muss man bei Clara schon von sporadischem Arbeiten sprechen. Unter ihren Werken mit Opuszahl finden sich gerade mal zehn in sechzehn Jahren, hinzu kommen achtzehn ohne Opuszahl, die Hälfte davon sind einzelne Lieder.

Doch Quantität ist nicht alles. Mit ihrem *Trio für Pianoforte, Violine und Violoncello g-Moll op. 17* leistet Clara Pionierarbeit für die häusliche Arbeitsgemeinschaft. Noch vor Robert erkundet sie diese kammermusikalische Form und wird prompt von Mendelssohn Bartholdy gelobt, der es im Schumann'schen Salon hört. Clara ist selig. »Es geht doch nichts über das Vergnügen, etwas selbst komponiert zu haben«, kann sie dem Tagebuch vermelden.

Und dann, fast schon erwartbar, folgt sofort die Rückwärtsbewegung, als habe sie sich vergaloppiert: »Freilich bleibt es immer Frauenzimmerarbeit, bei der es immer an der Kraft und hie und da an Erfindung fehlt.«[20]

Robert fühlt sich bemüßigt, nun seinerseits ein Trio zu schreiben, und für Clara scheint das Ergebnis derart einschüchternd zu sein, dass sie darauf verzichtet, ein zweites Trio nachzulegen. Was ist schon »Frauenzimmerarbeit« gegen das Genie eines Mannes? Hier kündigt sich etwas Toxisches an: Aus der gegenseitigen Inspiration wird eine einseitige. Robert macht sich jede Anregung zu eigen, Clara traut sich immer weniger zu; er blüht kompositorisch auf, sie kann nicht mehr von seinen Entwicklungsschritten profitieren. Das könnte ganz schlicht an einem Gefälle der Begabungen liegen. Wahrscheinlicher ist, dass Clara nicht nur Zeit, Konzentration und Selbstwertgefühl fehlen, um kontinuierlich zu komponieren, sondern bewusst in Kauf nimmt, dass Robert vom Unterstützer zum Nutznießer wird.

Diese Kehrtwende hat wesentlich mit ihrer Sorge um die Außenwahrnehmung zu tun. Dass ein Mann weniger verdient als seine Frau, ist ein gesellschaftlicher Makel. Selbst heute sprechen manche Leute noch von Downdating, wenn eine Frau die Besserverdienende in der Beziehung ist. Zur damaligen Zeit, die den Mann zum Ernährer bestimmt, ist es mit Scham besetzt. Zugeben würde Clara niemals, dass es mit Roberts Einnahmen nicht weit her ist. Ihre Freundin, die Sängerin Pauline Viardot-García, bemerkt allerdings sehr wohl, dass Clara vor allem deshalb so häufig auftritt, weil es ohne ihre Honorare nicht reicht, und sie sich deshalb permanent übernimmt. Selbst hochschwanger gibt sie Konzerte; einmal spielt sie in Leipzig Roberts *Klavierkonzert*, als sie bereits im neunten Monat ist.

Bei einem Treffen fällt der Sängerin auf, wie abgezehrt und erschöpft Clara wirkt, weshalb sie im Januar 1848 brieflich interveniert. »Aber was Dein Robert nicht weiß, ist, dass eine Frau in ta position muss sich viel mehr schonen«, redet sie Clara in einer unwiderstehlichen französisch-deutschen Sprachmischung ins Gewissen. »Erst musst Du ganz wohl sein, dann wirst Du ordentlich arbeiten können, um Deinen Kindern ein Vermögen zu verdienen, denn Du bist die Einzige im Haus, die dafür besorgen kann.« Damit sticht Pauline in ein Wespennest, wie sie sehr wohl weiß. »Und wenn Du auch bös mit mir drum sein wirst«, schreibt sie im vorauseilend entschuldigenden Ton, »ist es als Freundin meine Pflicht, Dich daran zu erinnern, dass Du kannst nicht ruhig genug bleiben, und dass Dein Mann sich nie genug bemühen kann, Dir alle Anstrengungen, alle Unannehmlichkeiten zu ersparen.«[21]

Clara ist empört. Sie bestreitet rundheraus, es herrsche Geldmangel im Hause Schumann, wirft Pauline vor, sie kenne Robert gar nicht und habe auch kein Sensorium für dessen Kompositionen, da sie ja den unsäglichen Komponisten Meyerbeer bevorzuge. Außerdem verwahrt sich Clara dagegen, ihren Mann als »armen Schlucker« hinzustellen, der noch Geld mitbringen müsse, damit seine Werke überhaupt gedruckt werden. Sie habe einfach ein lebhaftes Temperament, verteidigt sie ihre vielen Aktivitäten wenig glaubhaft: »Mit Roberts Willen geschieht es nie, dass ich mich anstrenge.«

Ihr Brief, ein Konglomerat aus Seitenhieben und kaum getarnten Beleidigungen, lässt ahnen, wie panisch sie darum bemüht ist, den Schein des erfolgreichen Komponisten und Familienernährers Robert Schumann zu wahren. Das erklärt auch, warum sie ihm derart aufopferungsvoll zu Diensten ist. Längst geht es nicht mehr um eine inspirierende Künstlerehe, es geht um Roberts soziales Überleben in einer Gesellschaft, die sein künstlerisches Scheitern mit dem totalen Versagen gleichsetzen würde.

Claras Antwortschreiben an Pauline schließt mit einer furiosen Apologie, die sich freilich selbst ad absurdum führt: »Robert arbeitet von früh bis Abend, um nie jemand auf den Gedanken kommen zu lassen, als ernähre ich die Meinigen.«[22] Nun, ganz gleich wie lange Robert täglich komponiert, erst ein Jahr später wird er Einnahmen verzeichnen können, die das Familieneinkommen merklich erhöhen.[23]

Wenn man den enormen Druck berücksichtigt, unter dem Clara wegen Roberts mittlerweile beschädigtem Ansehen steht, wird rasch ersichtlich, warum sie ihre eigene kompositorische Karriere für weniger wichtig hält. Sie ist eine Frau. Sie kann es sich leisten, »lediglich« Pianistin, Ehefrau und Mutter zu sein. Für Robert aber geht es um alles.

Man kann nur ahnen, wie viele Werke dieser Logik zum Opfer fallen. Im Verzeichnis der Werke ohne Opuszahl findet sich unter anderem der skizzenhafte Entwurf, Particell genannt, für den ersten Satz ihres *Concerto f-Moll für Klavier und Orchester*, das Clara nie beendet. Ein Jammer, wenn man bedenkt, was für großartige Werke ihr auch unter den erschwerten Bedingungen gelingen. Man sollte ihre Arbeit gewiss nicht allein unter dem Aspekt betrachten, was ihr *trotz* vieler Hemmnisse gelingt; würde man das Vorhandene so selbstverständlich aufführen wie einen Mozart, Beethoven oder Schubert und Clara einen festen Platz auf den Spielplänen der großen Konzerthäuser einräumen, hätte man einen Reichtum großer Werke.

Andererseits kann man nicht ohne Bedauern registrieren, dass ihre Funktion als Assistentin immer mehr Raum einnimmt. Da wird geordnet und kopiert, da werden Notenlinien gestrichelt und Stimmen ausgeschrieben. Weil sich Klaviermusik besser verkauft als Orchesterstücke, fertigt Clara außerdem Klavierauszüge und Transkriptionen für vier Hände an, etwa von Roberts *Zweiter Sinfonie*, seinem Oratorium *Das Paradies und die Peri*, den *Szenen aus Goethes Faust* und der Oper *Genoveva.*

Abstieg zur Assistentin

Was tut Robert für Clara? Man kann sich des Eindrucks nicht erwehren, dass er die anfängliche Idee einer gleichberechtigten Kompositionsgemeinschaft recht leidenschaftslos aufgibt. Irgendwie geraten Claras Interessen aus seinem Blick, bis sie gar nicht mehr relevant sind. Sie toleriert es. Auch dass sich Robert immer häufiger zurückzieht und das Ehetagebuch, in dem seine Einträge immer spärlicher werden, nach wenigen Jahren aufgegeben wird, nimmt Clara in aller Nachsicht hin: »Wenn ein Mann eine Sinfonie komponiert, da kann man wohl nicht verlangen, dass er sich mit anderen Dingen abgibt – muss ich doch sogar die Frau hintangesetzt sehen!«[24]

Für sich selbst würde sie niemals solche Auszeiten reklamieren. Sie glaubt an ihren Mann und hofft trotz mancher Misserfolge, dass er eines Tages sein Glück als Komponist machen wird. Womöglich ist ihre Selbstzurücknahme auch eine Form der Abbitte – eine Art Wiedergutmachung dafür, dass sie ihn öffentlich immer noch durch ihren Erfolg als Pianistin beschämt. Im Gegenzug betrachtet sie es nun als Notwendigkeit, ihm den Raum für seine Arbeit zuzugestehen.

Liszts Verdikt, sie sei lediglich eine ausführende Künstlerin, spielt dabei eine ungute Rolle. Clara stellt sich Robert auch deshalb so bereitwillig zur Verfügung, weil sie überzeugt ist, der Interpret werde nach seinem Tod vergessen, während der Komponist für die Ewigkeit schaffe. Vor der Erfindung von Tonträgern ist das eine realistische Einschätzung. Heute weiß man nur deshalb noch von den fulminanten Auftritten Liszts oder Paganinis, weil sie ausführlich in zeitgenössischen Texten beschrieben werden. Herz und Thalberg dagegen, die eine ähnliche Begeisterung beim Publikum auslösten, sind heute kaum noch im öffentlichen Bewusstsein präsent.

Aus Claras Perspektive gibt es also mehrere gute Gründe, sich in die zweite Reihe zu ducken. An ihren eigenen Ruhm als Komponistin glaubt sie offenbar nicht mehr, also stellt sie die Weichen dafür, dass er Robert dereinst – oder, besser noch: in baldiger Zukunft – zuteilwird.

So setzt der schleichende Abstieg von der musikalischen Partnerin zur mütterlichen Betreuerin ein. Sofern Clara nicht gerade Konzerte gibt, richtet sich ihr gesamter Lebensrhythmus nach dem Schaffensrhythmus ihres Mannes. Die Rolle der Muse wird immer mehr zum Fulltime-Job, nicht nur in praktisch assistierender Hinsicht. Auch emotional muss sie Robert durch die Untiefen des Komponierens begleiten. Wenn er ein neues Werk in Angriff nimmt, gibt es stets ein von Sinnkrisen begleitetes Vorher, ein Während des schlaflosen Ausnahmezustands, ein Danach der völligen Erschöpfung und schließlich wieder ein Vorher, siehe oben.

Dieses Muster zeigt sich erstmals nach dem Kraftakt der ersten Sinfonie. Zerrüttet von den vielen durchwachten Nächten, ist Robert kaum noch ansprechbar. Gleichwohl erkennt er Claras Unterstützung an, ihre Liebe, ihr »williges Herz«, wenn er nach Beendigung der Sinfonie schreibt: »Unter Millionen hätte ich suchen können, die mir, wie sie, so viel Nachsicht, so viel Aufmerksamkeit schenkt.«[25]

Seine Dankbarkeit hat etwas Manipulatives. Denn unversehens beginnt die Symbiose in ein Abhängigkeitsverhältnis und damit vollends in etwas Toxisches umzuschlagen. Clara gerät in eine Abhängigkeit, weil das Gelingen dieser Ehe von Roberts Verfassung abhängt, für die sie jedes Opfer bringen würde. Er wiederum begibt sich in die Abhängigkeit von Clara, indem er ihr die Verantwortung für sein Seelenheil aufbürdet, im Gegenzug aber zuweilen aggressive Seiten offenbart. Doch er kann darauf zählen, dass Clara nicht nur ein williges, sondern auch ein gutes Herz hat und seine zunehmende Gereiztheit klaglos hinnimmt.

In diesem Kontext sprechen beide gern von Liebesdiensten, ohne zu hinterfragen, was es mit dem Passepartoutbegriff der Liebe eigentlich auf sich hat. Bedeutet Liebe gegenseitige Unterstützung oder einseitige Aufopferung? Ist es Liebe, wenn Robert sie immer mehr in die dienende Rolle drängt? Ist es Liebe, dass sie einen Teil von sich selbst aufgibt? Will sie überhaupt noch Hausfrau und Mutter sein?

An ihrem siebenundzwanzigsten Geburtstag wird sie von Robert mit Geschenken überhäuft. Er überreicht ihr einen Spitzenschal, ein Schnupftuch, sechs Flaschen Eau de Cologne, drei Stück Seife, ein Portemonnaie, eine Flasche Sauce, eine Melone, eine Flasche Lößnitzer Champagner, ein Medaillon und eine Torte. Zu ihrem dreißigsten Geburtstag bekommt Clara eine Schürze.

Vielleicht hat sie manchmal darüber nachgedacht, wo sie stände, wenn sie unverheiratet geblieben wäre, wie vom Vater geplant. Es ist müßig, darüber zu spekulieren, zu welchen Höhenflügen sie als Komponistin hätte ansetzen können, ohne Mann, ohne Kinder, ausschließlich der Musik hingegeben. Ganz sicher aber hätte sie die Chance auf ein eigenständiges Leben gehabt.

Hier kann man nochmals das Beispiel Emilie Mayers heranziehen. Die Erfolgsgeschichte der fast gleichaltrigen Künstlerkollegin zeigt eindrucksvoll, dass sich eine unverheiratete Frau ihrer Zeit durchaus allein behaupten kann, ohne sozial isoliert oder gar geächtet zu werden. In Berlin führt Emilie Mayer ein gastliches Haus, in dem sie die Crème der Kulturszene und des Adels empfängt. Sie macht sich auch nichts daraus, dass man sie kleiner Marotten wegen als schrullig bezeichnet. Emilie ist halt anders als andere Frauen. Die Willenskraft, mit der sie sich eine neue Existenzform jenseits von Ehe und Familie erarbeitet, bezieht sie aus ihrem Erfolg als Komponistin. Wenn man als »weiblicher Beethoven« gefeiert wird und weiß, dass die eigenen Sinfonien in ganz Europa aufgeführt werden, hat man keinen Grund, sich zu verstecken.

Ungebunden und kinderlos, kann sich Emilie Mayer vollkommen auf ihre Arbeit konzentrieren. Claras Leben hingegen ist an Robert gebunden. Das Narrativ der großen romantischen Liebe, das die beiden zusammengeführt hat, übersteht verhältnismäßig lange alle Desillusionierungen, alle Enttäuschungen und schwierigen Phasen.

Bis Clara an einen Punkt gerät, an dem sie die Toxizität dieser vermeintlichen Symbiose zu erkennen beginnt. Doch da unterliegt ihre Motivation schon Wellenbewegungen, die ihr mal produktive Hochphasen, dann wieder Flauten bescheren, in denen ihre kompositorische Arbeit ganz zum Erliegen kommt.

Als sie im November 1850 tosenden Applaus nach einem Konzert erntet, in dem sie unter anderem als Begleiterin für Roberts Lieder auftritt, wird sie von ihm in Grund und Boden kritisiert. Dieses Ereignis fällt in einen Zeitraum, in dem sie auch kompositorisch resigniert hat. Zwischen 1848 und 1853, fünf Jahre lang, schreibt sie keine einzige Note. Manche Biografen folgern daraus, eigentlich habe Clara nie aus eigenem Antrieb komponiert, sondern immer nur, wenn man sie dazu aufforderte. »Clara Schumann komponiert nicht, weil sie ohne das Komponieren nicht leben kann (›innerer Drang‹), nein, sie wartet auf Anregungen, Aufträge«, wird sie von einem Biografen heutiger Tage abgekanzelt. Von einem Mann. Natürlich.[26] In solchen Urteilen verbergen sich misogyne Vorbehalte, die schwer zu ertragen sind, wenn man um Claras schwierige Lebensumstände weiß.

Wie wichtig ihr das Komponieren ist, wird 1853 offenbar, als die Schumanns in Düsseldorf eine Wohnung beziehen, in der die Arbeitszimmer endlich weit genug voneinander entfernt liegen, dass Clara und Robert einander akustisch nicht mehr stören können. Auch finanziell hat sich das Blatt gewendet. Seit 1850 bekleidet Robert das Amt des Städtischen Musikdirektors in Düsseldorf und sichert nun das Auskommen der Familie, sodass sich Clara nicht mehr zu ständigen Auftritten gezwungen sieht.

Zum ersten Mal in dieser Ehe erlebt sie die Freiheit, zu spielen und zu komponieren, wann immer sie möchte. »Wenn ich so recht regelmäßig studieren kann, fühle ich mich doch eigentlich erst wieder so ganz in meinem Elemente«, seufzt sie erleichtert. »Es ist, als ob eine ganz andere Stimmung über mich käme, viel leichter und freier.«[27] Aus dieser Hochstimmung heraus beginnt sie nach fünfjähriger Unterbrechung wieder zu komponieren. Nicht etwa, weil man sie dazu aufforderte, sondern weil sie sich in Musik als einer Lebensform zu Hause fühlt. »Es geht doch nichts über das *Selbst produzieren*, und wäre es nur, dass man es täte um diese Stunden des Selbstvergessens, wo man nur noch in Tönen atmet.«[28]

So entstehen die *Variationen über ein Thema von Robert Schumann, ihm gewidmet op. 20.* Und welch ein schöpferischer Furor liegt in diesen Variationen! Die Exposition des Themas, das in der gläsern wirkenden Tonart fis-Moll steht – Chopins Lieblingstonart –, hat eine choralhafte Anmutung. Die Vortragsbezeichnung ist »Ziemlich langsam«, und auch die Harmonisierung hat etwas Elegisches, Melancholisches. Bereits in der ersten Variation bringt Clara das Thema mit Triolenbegleitungen in Fluss. Wenn man diese Variation spielt, spürt man förmlich, wie sie sich etwas löst, wie aus der anfänglichen Elegie eine vorwärtstreibende Energie hervordrängt, die an Claras frühe Kompositionen erinnert.

In der zweiten Variation dann schlägt Clara wahre Funken aus dem Thema. Die aparte Harmonisierung, die am Anfang so zaudernd und verzagt daherkam, wird jetzt zur Bühne für vollgriffige Akkorde, in denen jede Dissonanz voll ausgekostet wird, um das dramatische Potenzial des Themas freizulegen. Entschlossen und stürmisch wirkt diese Variation, nahezu tollkühn.

Nach der gewichtigen dritten und der irrlichternd perlenden vierten Variation sind in der fünften plötzlich alle Kräfte entfesselt. »Poco animato« überschrieben, zieht das Tempo deutlich an. Während die rechte Hand mit wuchtigen Akkorden im Forte aufschlägt, steuert die linke donnernde Oktaven bei, die das Thema wie mit Handkantenhieben kommentieren. Im zweiten Teil der Variation steigert sich dieser Effekt zur Höllenfahrt, wenn beide Hände Oktaven in chromatischen Abwärtsbewegungen spielen, als würden sie einem imaginären Abgrund entgegenstürzen. Es ist ein Ausbruch. Eine Befreiung.

Variation sechs wirkt da wie ein ruhiges kleines Zwischenspiel, bevor in der siebten Variation Claras Brillanz triumphiert. Alles ist wieder da, was in einer entfernten Zone ihres Ichs geschlummert hat und selbst durch die zermürbenden Ehepflichten nicht zerstört werden konnte: Elan, Leidenschaft, kompositorische Verwegenheit bis an die Grenze des Spielbaren. Der Bogen, den Clara vom fast resignativen Beginn bis zu dieser machtvollen Demonstration virtuosen Formwillens schlägt, klingt so, als finde eine demütig und klein gewordene Ehefrau zu ihrer alten Kraft zurück. Fünf Jahre hat sie nichts komponiert. Und jetzt das.

Wie absurd ist es da, dass sie Robert die Variationen zum Geburtstag mit der Widmung schenkt: »Meinem geliebten Manne zum 8ten Juni 1853 dieser schwache Wieder-Versuch von seiner alten Clara.«[29] Schwach? Das hat sie auch von ihren Rückert-Vertonungen behauptet. Warum also diese Abwertung? Unterordnung bis zuletzt? Eher ein Beleg dafür, dass ihr Komponieren immer in Beziehung zu Robert steht, dass für sie Musik und Beziehung untrennbar miteinander verwoben sind.

Er ist ihr Zentralgestirn. Die Sonne, um die alles kreist, obwohl sich diese Sonne zusehends verdüstert. Seit Teenagerzeiten hat sie ihre Werke mit ihm diskutiert, seit damals die wechselseitigen musikalischen Anspielungen genossen, dieses elaborierte

Gespräch aus Tönen, das der sonst so wortkarge Mann meisterlich beherrscht. »Ich bin noch heute halb krank vor Entzücken«, schrieb sie ihm einmal über seine *Fantasie für Klavier C-Dur op. 17*, »als ich sie durchgespielt, trieb es mich unwillkürlich ans Fenster, und da war es mir doch, als müsste ich mich herausstürzen auf die schönen Frühlingsblumen und sie umarmen.«[30]

Alles konnten sie sich sagen in Musik. Dieses Gefühl hat die Jahre überdauert, die hässlichen Zwischentöne, die grellen Missklänge. Robert bleibt ihr Zentralgestirn. Und ohne ihn erlischt ihr musikalisches Schaffen.

Nach seinem Ableben gibt Clara das Komponieren auf. Abgesehen von einer Romanze in seinem Todesjahr 1856 – »in liebendem Gedenken!« – und ein paar wenigen weiteren Arbeiten[31] bedeutet das Ende ihrer Ehe auch ihr kompositorisches Verstummen.

KAPITEL 7

ABGRENZUNG

Schmerzhafte Befreiung.
Der lange Abschied
von Robert Schumann

Was für ein Teufelskerl! Wie ein Akrobat turnt der junge Mann auf dem Treppengeländer herum und vollführt die halsbrecherischsten Kunststückchen. Gerade noch hat er sich zwischen den Handläufen hin und her geschwungen, da klettert er auch schon ein Stück höher, dann wieder ein Stück hinunter, und jetzt stützt er sich doch wahrhaftig mit den Armen auf und streckt die Beine in die Luft.

Alle halten den Atem an. Ein Handstand auf dem Treppengeländer! Was kommt als Nächstes?

Federnd stößt er sich ab und springt mit einem gewaltigen Satz den Kindern entgegen, die ihm unten im Hausflur mit offenem Mund zuschauen. Dann bricht Jubel aus. Wer könnte ihn nicht mögen, diesen jungen Mann, der vor ein paar Tagen in die stille Wohnung der Schumanns gefegt ist, als hätte endlich mal jemand alle Fenster geöffnet? Denn still ist es oft in der großen Düsseldorfer Wohnung. Der Vater vergräbt sich immer häufiger in seinem Arbeitszimmer, die Mutter übt ein Stockwerk höher Doppeloktaven, da muss man auf Zehenspitzen laufen, um die beiden nicht zu stören.

Jung ist er, dieser Johannes, gerade mal zwanzig und voller Energie. Hübsch ist er auch. Schulterlanges blondes Haar fällt ihm ins schmale Gesicht, seine blitzeblauen Augen sprühen. Wenn er Klavier spielt, klingt das so ganz anders als bei den Gästen, die sich für gewöhnlich im Hause Schumann an den Flügel setzen. Irgendwie temperamentvoller, feuriger. Kein Wunder. In seiner Vaterstadt Hamburg hat er sich sein erstes Geld in Tanzlokalen verdient. Da kommt man nicht weit mit blässlichen Etüden und brav exekutierten Sonaten. Da muss man schon kräftig in die

Tasten hauen. Johannes hat schwungvolle Walzer gespielt, gepfefferte Polkas, und weil er in Hamburg mit ungarischen Musikern befreundet ist, beherrscht er natürlich den Csardas, diesen wilden magyarischen Tanz, der langsam beginnt und sich dann mit unwiderstehlichem Accelerando zu atemlosen Wirbeln steigert.

Auch in Kneipen soll er geklimpert haben, manche munkeln sogar von nächtlichen Einlagen im Bordell. Hamburg ist bekanntlich eine Hafenstadt. Im verwinkelten Gängeviertel, wo Johannes aufgewachsen ist, wimmelt es vor Etablissements, in denen ausgehungerte Matrosen voll auf ihre Kosten kommen. Wie dem auch sei, er musste halt Geld verdienen. Sein Vater hat auch so angefangen, mit Tanzmusik, bevor er es zum Kontrabassisten der Philharmonischen Gesellschaft brachte. Zwei Taler bekam Johannes, wenn er auf Tanzböden und in Ausflugslokalen aufspielte, ein sattes Honorar in der damaligen Zeit.

Am 30. September 1853 wird Johannes Brahms erstmals bei den Schumanns in Düsseldorf vorstellig. Ohne Empfehlungsschreiben wäre das unmöglich. Eine berühmte Pianistin und ein Städtischer Musikdirektor rangieren in der Oberliga, während Brahms noch nicht viel vorzuweisen hat. So wird eine Empfehlung des ungarischen Geigers und Komponisten Joseph Joachim zum Sesamöffne-dich. Clara ist schon oft mit dem Stargeiger aufgetreten, auch Robert ist eng mit ihm befreundet, deshalb empfängt man Brahms nun mit einigem Wohlwollen.

Schnell verwandelt sich das Wohlwollen in uneingeschränkte Begeisterung. Es ist, als ob Brahms diese ins Stocken geratene Künstlerehe neu beatmet. Mit seinem Überschwang und seinem jugendlichen Impetus, musikalisch zu neuen Ufern zu segeln, steckt er Clara und Robert nicht nur an, sie empfinden ihn nahezu als Messias, der direkt vom Himmel gefallen ist.

»Dieser Monat brachte uns eine wunderbare Erscheinung in dem 20jährigen Komponisten Brahms aus Hamburg. Das ist

Umjubeltes Wunderkind: Hübsch herausgeputzt und mit selbstkomponierten Noten posiert die kleine Clara für ihre Fans (1832)

Genialisch, widersprüchlich, unwiderstehlich: Der junge Komponist Robert Schumann während der turbulenten Verlobungszeit (1839)

Braves Hausmütterchen mit züchtigem Häubchen: So sieht Robert seine berühmte Clara am liebsten (1847)

Konfliktträchtiges Doppelportrait: Auf Roberts Drängen muss sich Clara mit der zweiten Reihe begnügen (1846)

Fragile Harmonie: Trotz massiver ehelicher Verwerfungen spielen Clara und Robert immer noch das »Traumpaar der Romantik« (1850)

Lieblingskind der jungen Mutter: Zur erstgeborenen Tochter Marie hat Clara ein Leben lang die engste Beziehung (um 1850)

Lichtgestalt und temporärer Lebensgefährte: Mit Johannes Brahms verbindet Clara eine mehr als innige Freundschaft (1862)

Sinnlich, fraulich, mondän: Auf eigenen Wunsch lässt sich Clara vierunddreißigjährig als süßlich überhöhte Ikone portraitieren (1853)

Problematischer Kindersegen: Ludwig, Marie, Felix, Elise, Ferdinand und Eugenie; Julie fehlt, Emil stirbt bereits im Kleinkindalter (1854)

Immer im Dienst: Als aufopferungsvolle Assistentin ihrer Mutter verzichtet Marie auf Liebesglück (1871)

Verzweifeltes Sorgenkind: Der geistig erkrankte Ludwig wird von Clara in eine Irrenanstalt gesperrt (1864)

Glückloser Künstler: Weder als Musiker noch Dichter kann Felix vor seiner Mutter bestehen (1872)

Mutige Entscheidung: Für ihre große Liebe Marie Fillunger verlässt Eugenie die Mutter (1869)

Ohne Pose: Als reife Frau präsentiert sich die arrivierte Starpianistin ungewöhnlich nahbar (1879)

Späte Idylle: Marie (links) und Eugenie (zweite von rechts) mit einer Freundin (zweite von links) und Clara in Witwenschwarz (1895)

wieder mal einer, der kommt wie eigens von Gott geschaffen«, beginnt die restlos hingerissene Eloge, die viele Seiten in Claras Tagebuch füllt. »Er spielte uns Sonaten, Scherzos etc. von sich, alles voll überschwänglicher Fantasie, Innigkeit der Empfindung und meisterhaft in der Form.« Nicht unwesentlich für ihre Emphase ist die Ausstrahlung des jungen Mannes. »Es ist wirklich rührend, wenn man diesen Menschen am Klavier sieht mit seinem interessant jugendlichen Gesichte, das sich im Spielen ganz verklärt, seine schöne Hand, die mit der größten Leichtigkeit die größten Schwierigkeiten besiegt.«[1]

Wie soll Clara denn auch nicht hingerissen sein? Brahms trifft das Paar in einer Situation an, in der es nicht zum Besten um die Ehe steht. Robert zieht sich immer mehr zurück, zusehends mischen sich unbegreifliche Ängste in seine wiederkehrenden Anfälle von Schwermut.

Ganz anders Johannes Brahms. Beide, Clara wie Robert, stürzen sich gleichsam auf den jungen Helden, entflammt von seiner Strahlkraft, die auch sie selbst etwas heller leuchten lässt. Vor allem Clara ist enthusiasmiert, und ihr entgeht nicht, dass sich auch Brahms zu ihr hingezogen fühlt. Sie ist kein junges Mädchen mehr. Doch jetzt, mit Mitte dreißig, hat sie etwas an sich, das Brahms heillos betört. Was sieht er in ihr? Wie kann man sich Clara zu dieser Zeit vorstellen, jenseits verklärender Darstellungen?

Wenige Jahre zuvor entwirft eine ihrer Klavierschülerinnen ein realistisches Portrait. »Schön war sie nicht, doch attraktiv«, beschreibt Marfa Sabinina ihre Lehrerin. »Sehr mager; ihr Schädel war schmal und eckig; sie hatte eine krumme Nase, schmale Lippen, tiefliegende Augen; schwarze Haare säumten das blasse Antlitz, dessen Ausdruck ruhig und wehmütig wirkte.«[2] Sabinina schildert auch Claras auffallenden Ernst und eine besorgte Grundstimmung, die manchmal in Nervosität umschlage, was sie auf Roberts hypochondrische Launen zurückführt.

Nicht schön, aber attraktiv, dieser scheinbare Gegensatz ergibt Sinn. Ohnehin sind schöne Menschen nicht automatisch attraktiv, und Attraktivität ist keineswegs sogenannten schönen Menschen vorbehalten. Es geht um etwas anderes: um die Aura einer Frau, die ihre Kraft aus der Musik bezieht, in der sie sich mit aller Leidenschaft verlieren kann. Da tut auch nichts zur Sache, dass jetzt manchmal Schatten unter ihren Augen liegen oder dass sie mit jeder Schwangerschaft einen Zahn verloren hat, wie sie ihrer Mutter kummervoll gesteht.

Vermutlich spürt Brahms auch den Schmerz hinter der Fassade freundlicher Contenance. Clara ist durch tiefe Täler gewandert. Robert macht es ihr nicht leicht, Sinnkrisen und Ehekrisen mussten bewältigt, finanzielle Durststrecken überwunden werden. Daran ist Clara gereift. Sie ist kein Püppchen, sie ist eine lebenserfahrene selbstbewusste Frau.

Wie selbstbewusst, ist einem Gemälde zu entnehmen, das sie im selben Jahr bei Carl Ferdinand Sohn in Auftrag gibt. Clara hat sich den Maler gut ausgesucht. Als Professor der Düsseldorfer Kunstakademie gehört er zu den Vertretern der frühen Düsseldorfer Schule, die für ihre Monumentalgemälde bekannt ist – gerühmt aber werden vor allem seine international gefragten Portraits. Man sagt ihm nach, er habe ein besonderes Gespür für Frauenbildnisse, was viele adelige Damen zum Anlass nehmen, sich von ihm in Szene setzen zu lassen.

Damit reiht sich Clara in einen erlauchten Zirkel ein, als sie 1853 sein prachtvolles Atelier betritt. Die Wände sind mit Skulpturen geschmückt, geschnitzte Möbel und antikisierende Säulen, von Amphoren gekrönt, bilden die standesgemäße Kulisse des Malerfürsten. Nun stellt sich die Frage: Wie posieren? Clara hat sattsam Erfahrung mit der Selbstpräsentation gesammelt. Seit ihrer frühesten Jugend wurden Zeichnungen, Stiche und Gemälde von ihr angefertigt, nicht zuletzt Rietschels Halbrelief. Doch sie will weder mit bravem Häubchen an der Wand hängen noch als leblose Ikone. Diesmal geht sie aufs Ganze.

Auf dem Gemälde sitzt sie nicht etwa am Flügel, sondern thront wie eine Königin auf einem reich verzierten Sessel. Etwas Elegisches liegt in ihren Zügen, und das winzige Lächeln wirkt fast so rätselhaft wie jenes, das Leonardo einst seiner Gioconda in die Mundwinkel pinselte. Die Sensation ist jedoch ihr Dekolleté. Seit ihrer Heirat hat man Clara nie anders gesehen als züchtig verhüllt, jetzt trägt sie eine relativ weit ausgeschnittene Samtrobe. Nur andeutungsweise wird ihre Alabasterhaut von einem durchbrochenen Spitzenschal bedeckt. Das wirkt subtil erotisch, so wie ihre entblößten Unterarme und die Hände, die voll und weich ineinander ruhen.

Eine nahbare, wenn auch süßlich geschönte Frau zeigt sich hier dem Betrachter. Und genauso will Clara gesehen werden: nicht als Pianistin, nicht als Gattin oder Mutter, sondern als Frau. Als attraktive dazu. Dieses Gemälde sagt Clara, ohne Wieck, ohne Schumann. Dieses Gemälde sagt Ich.

Muss man sich wundern, dass Robert sprachlos ist, als sie es ihm Weihnachten 1853 überreicht? Nach dem ersten Schock stammelt er etwas von »frappant«, eine dürre Umschreibung dafür, dass er das Bild einfach nur furchtbar findet. Hüstelnd fügt er noch hinzu, es sei eben ungewohnt, und er müsse sich wohl noch hineinfinden. Das wird er ganz bestimmt nicht. Die Frau auf dem Bild ist ihm absolut fremd, weil ihm entgangen ist, dass sein »Klärchen« mit dem Häubchen nicht mehr existiert. Sie ist eine eigenständige, glänzend vernetzte Frau geworden, die unablässig Konzerte gibt, eine umfangreiche Korrespondenz führt und Freundschaften mit Künstlern aller Art pflegt. Warum also als unscheinbare Randfigur posieren?

Da kommt es schon einer eigenwilligen Pointe gleich, dass Clara und Robert in diesem Oktober 1853 auch einem anderen

Maler Modell sitzen, dem französischen Künstler Jean-Joseph Bonaventure Laurens. Auf seiner kolorierten Zeichnung ist Clara eine schmalschultrige, etwas verhärmt und verzagt dreinblickende Frau mit weißem Spitzenhäubchen und braver weißer Schleife unterm Kinn, die Augen von tiefen Schatten umgeben. Das ist die Clara, die Robert zu kennen glaubt.

Brahms hingegen sieht Clara so, wie sie auf dem Gemälde Carl Ferdinand Sohns gesehen werden möchte: sehr weiblich, sehr verführerisch, mit einem wissenden Lächeln, bei dem man nie weiß, ob es melancholisch oder ironisch gemeint ist – als sei's ein Nachhall ihrer Heine-Lektüre. Das ist es, was Brahms so anziehend an ihr findet: ein Flirren zwischen Schalk und Ernsthaftigkeit, das dieser reifen Frau etwas Mädchenhaftes verleiht. Es ist – platonisch – Liebe auf den ersten Blick.

Schwärmerische Gefühle

Auch für Clara ist die Begegnung mit Brahms lebensverändernd. Sein jugendlicher Elan, seine stupende Musikalität und sein bestrickendes Äußeres nehmen sie sofort für ihn ein. Mehr noch: Er bringt eine Saite in ihr zum Klingen, die lange nicht mehr berührt wurde, denn der Kontrast zu Robert könnte größer nicht sein. Das gesellschaftliche Leben meidet ihr Mann, wenn möglich. Auch in der eigenen Wohnung finden nur noch selten Musiksoireen oder gesellige Treffen mit Freunden statt. Und sein Kapellmeisterjob? »Unverschämte Menschen«, notiert er nach einer Konferenz mit dem Orchestervorstand ins Haushaltsbuch.[3] Es kriselt gewaltig.

Für Clara ist seine mürrische Stimmung nicht leicht zu ertragen. Sie braucht den lebendigen Austausch, doch der gelingt mit Robert nur noch sporadisch. Sein Tagesablauf wird immer einförmiger. Nachdem er vormittags gearbeitet hat, geht sie mit ihm spazieren, viel sagt er nicht dabei. Anschließend komponiert er wieder, ohne Clara in seine Projekte einzuweihen, abends verzieht er sich in eine Art Kulturclub, um Zeitung zu lesen, begleitet von dem einen oder anderen Glas Bier; manchmal darf es auch Champagner sein oder ein Riesling, schließlich leben die Schumanns jetzt im Rheinland.

Wie eigenartig die Dynamik dieser Künstlerbeziehung ist, in der es kein Gleichauf gibt, immer nur Gefälle, zeigt sich jetzt in aller Deutlichkeit. Während Robert immer häufiger Phasen durchlebt, in denen er an Spannkraft und Lebensgeist verliert, verzeichnet Clara einen ungeheuren Aufschwung. Je mehr er verfällt, desto produktiver wird sie als Komponistin. Das Jahr 1853, in dem Brahms in ihr Leben schneit wie ein lang ersehnter Engel, hat ihr ein eigenes Arbeitszimmer in der Etage über den Wohnräumen beschert – jenes Zimmer, in dem ihre *Variationen über ein Thema von Robert Schumann fis-Moll* entstehen, von denen bereits die Rede war.

Es ist, als hätte man sie von der Leine gelassen. »In letzter Zeit habe ich so einiges komponiert«, berichtet sie charmant tiefstapelnd ihrer Halbschwester Marie Wieck am 16. August 1853. Neben den Variationen erwähnt Clara »sechs Lieder, drei Klavierstücke, drei Romanzen für Klavier und Violine etc. etc.«. Noch im Winter will sie die Werke veröffentlichen. »Sie sind mir zu meiner großen Freude alle so gut gelungen, dass Robert nichts daran zu ändern wusste, und so hat man denn mit dem Älterwerden doch auch manche Freuden, die eben nur ein reiferes Denken und Fühlen mit sich bringt.«[4]

Einiger Stolz spricht aus ihren Worten, auch eine große innere Unabhängigkeit. Robert muss ihr nicht mehr auf die Sprünge helfen, er muss auch nichts mehr korrigieren. Die symbiotische Künstlerehe ist nur noch eine Farce. Clara weiß, was sie will, und sie weiß, was sie kann. Ein neues Feuer treibt sie an, eine pulsierende Energie, die ihr durch das Komponieren zuwächst.

»Glaube nicht, dass mit dem Alter meine Begeisterung schwände«, versichert sie ihrer Halbschwester, »nein, sie ist inniger und glühender geworden denn je! Alle meine letzten Sachen sind wirklich nur Ergüsse der wärmsten Begeisterung.«[5] Den Brief verfasst sie kurz vor ihrem vierunddreißigsten Geburtstag. Aus der verunsicherten jungen Frau, die vor dreizehn Jahren geheiratet hat, ist eine geachtete Künstlerin geworden, hochproduktiv und mit einem untrüglichen Gespür für Synergien. Brahms, der Ende des folgenden Monats vor der Tür steht, kommt da gerade recht.

Sie spielt ihm sogleich ihre neuen Variationen vor, er reagiert darauf mit eigenen Variationen. Man versteht einander blind, weil man in derselben musikalischen Welt zu Hause ist. Das verspricht eine inspirierende Freundschaft zu werden.

Selbst Robert kann sich nur vor den Fähigkeiten dieses jungen Genies verneigen. An seinen Kompositionen hat er nicht das Geringste auszusetzen. »Robert meint, er wüsste ihm nichts zu sagen, das er hinweg- oder hinzutun sollte«, berichtet Clara und schwärmt: »Was er uns gespielt, ist so meisterhaft, dass man meinen müsste, den hätte der liebe Gott gleich so fertig in die Welt gesetzt.«[6] Sie weiß, dass das nicht ganz stimmt. Im Gegensatz zu Clara und Robert hat Brahms einen vergleichsweise professionellen Hintergrund.

Die Klimpereien auf Tanzböden waren nur vorübergehende Kapriolen. Parallel konnte sich der junge Mann zu einem ernst zu nehmenden Pianisten entwickeln. Mit zehn wird er von seinem Klavierlehrer einem kleinen Publikum präsentiert, um Spenden für die weitere Ausbildung zu sammeln. Mit fünfzehn gibt er sein erstes öffentliches Konzert. Zu alt, um noch als Wunderkind durchzugehen, aber jung genug, um die Musikwelt aufhorchen zu lassen. Eine Fantasie über Rossinis *Wilhelm Tell* steht auf dem Programm, dazu Rosenhain, Bach und der unvermeidliche Bravourkomponist Herz. Beim zweiten Konzert wagt er sich schon an Beethovens *Waldsteinsonate* und trägt sogar etwas Eigenes vor: Variationen über einen – wie sollte es anders sein – Walzer.

Da hat ihn bereits der renommierte Komponist und Klavierpädagoge Eduard Marxsen unter seine Fittiche genommen. Kostenlos. Einer wie Brahms muss gefördert werden, darüber ist man sich in Hamburgs Musikszene einig. Zehn Jahre Kompositionsunterricht bei seinem Lehrer Marxsen haben ihn geformt, er kennt sich in den verschiedenen Genres aus und ist ein nahezu fanatischer Anhänger makelloser Stimmführungen.

Clara ist sich dessen bewusst. Dennoch bedient sie sich der Metaphorik des Geniekultes, wenn sie Brahms immer wieder göttliche Gaben attestiert. Auch in dieser Hinsicht vergleicht sie ihn mit Robert, aus dem zuweilen jeder göttliche Funken gewichen zu sein scheint. Er komponiert wie besessen, doch es sind die Früchte harter Arbeit, und nicht alles gelingt auf Anhieb.

Zu ihrem Geburtstag am 13. September hat er ihr drei neue Werke überreicht: sein *Konzert-Allegro mit Introduktion für Klavier und Orchester d-Moll op. 134*, eigens für sie komponiert, die Ouvertüre zu *Szenen aus Goethes Faust* und die *Fantasie für Violine und Orchester op. 131*, Joseph Joachim gewidmet. Was sie im Tagebuch der vorhergehenden Sommermonate lediglich streift, sind zwei Vorfälle im Juli und August: Robert erleidet Zusammenbrüche, die mit nervösen Beschwerden, Rückenschmerzen und Sprachstörungen einhergehen.

Auch sein Geist ist leicht getrübt; neuerdings versucht er es mit allerlei seltsamen Beschwörungen. Robert hat das Tischerücken entdeckt, der letzte Schrei in Bürgerkreisen und eine beliebte okkulte Praktik, bei der man Botschaften von Geistern und Dämonen zu erhalten hofft. Einmal will Robert sogar das berühmte

Ta-ta-ta-taaa gespürt haben, als er dem unsichtbaren Geist die Aufgabe stellte, den Anfang von Beethovens Fünfter in die Tischplatte zu hämmern. Für sein eigenes Schaffen fühlt sich der Geist offenbar nicht durchgehend zuständig. »Fleißig. Versuch des Geisterklopfens nicht gelungen«, notiert Robert am 17. Oktober 1853 ins Haushaltsbuch.[7]

Solche spiritistischen Experimente erzählen viel über seine Suche nach Inspiration. Betrachtet Clara hingegen den jungen Brahms, fühlt sie sich an Roberts Jugendjahre erinnert: an die frühe Zeit, als er noch wie im Rausch und mit dem festen Glauben ans Gelingen die schönsten Werke schrieb, als Komponieren noch so selbstverständlich war wie Essen, Trinken, Atmen. Genau diese Mühelosigkeit strahlt Brahms aus. Die Musik, die dabei entsteht, schildert Clara als ergreifend und voller herrlicher Gedanken. Faszination ist nur ein schwacher Begriff für das, was er in ihr auslöst, und auch Robert ist völlig vernarrt in Brahms. Auf einen Mann mit fluiden erotischen Neigungen muss der junge Hamburger Pianist und Komponist umso reizvoller wirken. Clara nennt Brahms nur noch »dem Robert seinen Johannes«.[8]

Brahms wiederum bringt beiden schwärmerische Verehrung entgegen. Angeregt durch sein neues männliches Vorbild, kauft er sich eine Pfeife, später wird er wie der Hausherr Zigarren paffen. Im Grunde durchläuft der junge Mann aus ärmlichen Verhältnissen eine klassische Initiation: Robert bringt ihm bürgerliche Rituale wie das Rauchen und die Kunst des Schachspiels bei, Clara bringt ihm Roberts Kompositionen näher. So geschieht, was nur ganz selten gelingt: Gleich drei Menschen schließen Freundschaft miteinander, und das ohne jede Eifersucht. Feierlich schreibt Robert an Joseph Joachim: »Das ist der, der kommen musste.« Und Joachim schreibt zurück: »Ich liebe Brahms zu sehr, um ihn zu beneiden.«[9]

Beglückt und beflügelt hegt Robert einen hochfliegenden Plan: Brahms soll die strahlende Galionsfigur einer musikalischen Richtung werden, der sich Robert zugehörig fühlt, die aber bislang nur von Kennern goutiert wird. Seine Davidsbündler-Aktivitäten haben ebenso wenig gegen den Mainstream des Konzertbetriebs ausrichten können wie seine hymnischen Rezensionen romantischer Neutöner. Jahrelang hat sich Robert für Komponisten wie Joseph Joachim, Stephen Heller, Theodor Kirchner oder Robert Franz in der *Neuen Zeitschrift für Musik* starkgemacht, hat sie als Auserwählte präsentiert, als Künder einer neuen Zeit. Trotz dieses publizistischen Rückenwinds sind sie nie zu Heroen der breiten Publikumsgunst aufgestiegen wie ein Wagner oder Meyerbeer. Das soll sich jetzt ändern.

In Brahms meint Robert den idealen Botschafter für sein ästhetisches Gegenprogramm zu erkennen. Dieser Gedanke elektrisiert ihn. Zehn Jahre hat er nichts mehr in der *Neuen Zeitschrift für Musik* veröffentlicht, deren Leitung er 1844 abgegeben hatte. Jetzt wirft er einen Text aufs Papier, der selbst seine Lobeshymne auf Chopin in den Schatten stellt. »Neue Bahnen« heißt der Artikel. Robert schreibt ihn so geschwind, dass er schon im Oktober 1853 erscheint.

Mit einer Mischung aus retrospektiver Ahnung und hochgestimmter Prophezeiung spricht er zunächst von seinem Engagement für die musikalischen Seelenverwandten, um danach den roten Teppich für Brahms auszurollen: »Ich dachte, die Bahnen dieser Auserwählten mit der größten Teilnahme verfolgend, es würde und müsse nach solchem Vorgang einmal plötzlich Einer erscheinen, der den höchsten Ausdruck der Zeit in idealer Weise auszusprechen berufen wäre. Einer, der uns die Meisterschaft nicht in stufenweiser Entfaltung brächte, sondern, wie Minerva, gleich vollkommen gepanzert aus dem Haupte des Kreon spränge. Und er ist gekommen, ein junges Blut, an dessen Wiege Grazien und Helden Wache hielten. Er heißt *Johannes Brahms.*«[10]

Nach diesem Trommelwirbel steigert sich Robert in noch größere Euphorie. Angesichts der Tatsache, dass er von einem Zwanzigjährigen spricht, den er erst seit kurzem kennt, ist das umso erstaunlicher. Es lässt ahnen, wie sehr ihn Brahms im Innersten berührt: als Mensch, als Künstler, vor allem aber als zukünftiger Verbündeter.

»Er trug, auch im Äußeren, alle Anzeichen an sich, die uns ankündigen: Das ist ein Berufener. Am Klavier sitzend, fing er an, wunderbare Regionen zu enthüllen. Wir wurden in immer zauberischere Kreise hineingezogen.« Der Artikel endet mit den kämpferischen Worten: »Wir heißen ihn willkommen als starken Streiter. Es waltet in jeder Zeit ein geheimes Bündnis verwandter Geister. Schließt, die Ihr zusammengehört, den Kreis fester, dass die Wahrheit der Kunst immer klarer leuchte, überall Freude und Segen verbreitend.«[11]

Sogleich wird dieser Bund geschmiedet. Und Clara agiert gleichberechtigt in der Dreierkonstellation. Hier ist sie nicht Gattin, sondern Freundin und Gesprächspartnerin auf Augenhöhe. Nach und nach werden immer mehr Parallelen entdeckt: Wie die Schumanns liebt Brahms Eichendorff und die düsteren Doppelgänger-Phantasmagorien E. T. A. Hoffmanns, insbesondere Hoffmanns Kapellmeister Kreisler. Er veröffentlicht sogar seine ersten Werke unter dem Pseudonym »Joh. Kreisler jun.«, was Robert als Komponist der *Kreisleriana* natürlich entzückt.

Ein Bruder im Geiste ist Brahms. Fast jeden Tag kommt er jetzt vorbei. Clara spielt Roberts Fugen und seine *f-Moll-Sonate*, Brahms sein *Scherzo es-Moll op. 4*, befreundete Musiker werden eingeladen, um auch kammermusikalische Werke des jungen Komponisten aufzuführen. Der Kreis erweitert sich, es kommt wieder Leben in die stille Wohnung an der Bilker Straße. Ende Oktober dann volles Haus: Zu Brahms gesellen sich Joseph Joachim, der Komponist Albert Dietrich, ein Schüler Roberts, dazu einige Künstler der Düsseldorfer Akademie wie Wilhelm von Schadow, und, nebst Tochter, Bettina von Arnim, die einst über Clara gesagt haben soll, es sei eine Schande, dass ein junges Mädchen schon so viel könne.

An diesem Abend, dem 28. Oktober 1853, erlebt die erste Gemeinschaftsproduktion des neuen Bundes ihre Uraufführung: *F. A. E.* ist die Sonate überschrieben, das Akronym für Joachims Lebensmotto »Frei, aber einsam«. Brahms hat ein Scherzo beigesteuert. Robert zeichnet für den zweiten und vierten Satz verantwortlich, Albert Dietrich für den ersten. Clara ist als Komponistin ausgeschlossen, spielt aber mit aller Leidenschaft.

Welch ein wunderbares Gefühl muss es für sie sein, sich in Brahms neu gespiegelt zu sehen. Irgendwie ist er ja auch Robert reloaded: ambitioniert, belesen, charismatisch, voller Tatendrang. Ja, Brahms hat viel von dem ungestümen jungen Mann, der ihr einst in Leipzig den ersten Kuss raubte. Doch diesen Mann, es gibt ihn nicht mehr.

Als Brahms Anfang November 1853 abreist, erscheint es Clara, als hinterlasse er ein Vakuum, das sich prompt mit unglücklichen Ereignissen füllt. Schon am nächsten Tag stehen zwei Abgesandte des Düsseldorfer Orchesters vor der Tür, die harte Worte aussprechen: Robert sei nicht in der Lage, seine Funktion als Dirigent zu erfüllen. Deshalb solle er seinen Posten zur Verfügung stellen oder ihn zumindest mit seinem Assistenten Julius Tausch teilen.

Bereits im Jahr zuvor ist Julius Tausch, ein Absolvent der Leipziger Musikakademie, des Öfteren für den notorisch kränkelnden Dirigenten Schumann eingesprungen. Tausch hat sein Handwerk gelernt, er gilt als exzellenter Dirigent. Ihm traut man zu, das Düsseldorfer Musikleben wieder positiv zu prägen, während die Enttäuschung, auch die Erbitterung über Roberts mangelnde

Leistungen groß ist. Fachleute bescheinigen ihm völlige Unfähigkeit, das Publikum stimmt mit den Füßen ab: Nach der ersten Saison 1850/51 sind die Abonnentenzahlen empfindlich zurückgegangen.

Wie eine Löwin verteidigt Clara ihren Mann. Zornig spricht sie von einer infamen Intrige; dabei weiß sie es doch besser. Längst ist offenbar, dass Robert seiner Aufgabe nicht gewachsen ist. Und längst ist sie dazu übergegangen, zu retten, was nicht mehr zu retten ist.

Düstere Aussichten

Roberts Zeit in Düsseldorf steht von Beginn an unter keinem guten Stern. Nicht allein seine vielen Krankheiten, die mit Kopfschmerzen, Ohrensausen und allgemeinem Unwohlsein einhergehen, machen ihm zu schaffen, im Laufe der Jahre nehmen auch seine depressiven Verstimmungen zu. Dann zieht er sich zurück, ist nicht ansprechbar, grübelt über Todesfantasien nach. Keine glücklichen Voraussetzungen für einen Dirigenten, an den man auch Erwartungen gesellschaftlicher Art stellt. Bereits am Morgen nach seiner feierlichen Einführung als Städtischer Musikdirektor im Jahr 1850 will ihn ein Festkomitee zu einer eigens für ihn arrangierten Feier abholen. Robert lehnt ab. Alles viel zu viel.

Freunde hingegen gewinnen den Eindruck, dass es Clara ist, die Robert abschottet. Diese Beobachtung macht der Hausarzt Wolfgang Müller, zugleich Patenonkel der Schumann-Tochter Eugenie, im ersten Düsseldorfer Jahr: »Schumanns leben hier sehr still und abgeschlossen. In engerer Geselligkeit könnte man viel mehr von ihnen haben; und auch im größeren Zirkel könnte ihre musikalische Vermittlung bedeutsamer sein.« Müllers – wenn auch nicht ärztliche – Diagnose lautet: »Es liegt viel an der Frau, die ihren Mann zu ängstlich hütet.«[12]

Damit ist ein Vorwurf in der Welt, der Claras unlösbares Dilemma freilegt. Einerseits ist ihr daran gelegen, dass Robert in der Öffentlichkeit präsent ist, zum anderen aber weiß niemand so gut wie sie, wie wenig sich ihr Mann für das gesellschaftliche Leben eignet. Und je problematischer seine seelische Verfassung ist, desto ängstlicher versucht sie, dies vor der Öffentlichkeit zu verbergen. Lieber keine Kontakte als desaströs verlaufende Begegnungen, nach dieser Devise schirmt sie Robert zusehends ab.

Ihr wichtigster Beweggrund ist die Angst um seinen Job, denn die finanzielle Situation hat sich verschlechtert. Das mag erstaunen. Warum ist ein gut bestallter Musikdirektor, der zusätzliche Einnahmen als Komponist verzeichnen kann, knapp bei Kasse?

Am 12. November 1852 schreibt Robert seinem Leipziger Verleger Friedrich Wilhelm Whistling. Der hatte versprochen, weitere Chorballaden von Robert zu veröffentlichen, aber noch nichts von sich hören lassen. Robert steht sichtlich unter Druck. Nicht nur, weil er die Noten für Proben anlässlich des Rheinischen Musikfests braucht. »Sie sind ein unverbesserlicher Schweiger«, beginnt der Brief recht forsch, »und wären Sie nicht so ein langjähriger Geschäftsfreund, hätte ich allen Grund, Sie bedeutend anzufahren.« Einige Sätze später kommt er zum Wesentlichen. »Dann noch eines: Ich brauche gegen Schluss des Monats eine Summe Geldes. Können Sie mir bis zum 21sten dieses nicht abschlägig 15 Louisdor senden, und jedenfalls *umgehend* eine Antwort, ob Sie es können, da ich mich sonst anderswo umsehen muss.«[13]

Robert bittet also um ein Darlehen. Es muss peinlich für ihn sein, ausgerechnet einen seiner Verleger anzupumpen. Aber trotz seines recht guten Verdienstes reicht es eben immer noch nicht im Hause Schumann. Diverse Umzüge innerhalb Düsseldorfs, Urlaubsreisen, steigende Kosten für Ammen, Kindermädchen,

Gouvernanten und letztlich mangelnde Weitsicht, was die Ausgaben betrifft, haben in die Flaute geführt. Zwar notiert Robert alles pedantisch ins Haushaltsbuch, den Überblick verliert er dennoch.

Wofür geben die beiden das Geld aus? Im Vormonat gehen jeweils 12 Taler Wochengeld an Clara. Das Schulgeld für die Kinder beträgt monatlich 4 Taler. Wein wird schon mal für 20 Taler erworben, Schuhmacherkosten belaufen sich auf 27 Taler, Holz für den Kamin kostet 12 Taler, eine Blutegeltherapie 21 Taler und so weiter. Es sind kleine Beträge, die sich zu großen summieren. Am 1. Oktober 1852 hat Robert offenbar schon einmal ein Darlehen ausgelöst, denn an einen Herrn Weidenhaupt gehen 37 Taler Zinsen und 20 Taler »Entschädigung«.[14]

Dies erklärt, warum Clara und Robert beide unterrichten und Clara nach wie vor konzertiert. Ohne Roberts feste Anstellung wären sie jedoch verloren. Deshalb schirmt Clara ihren Mann so sorgsam ab: Sein sich stetig verschlechternder Gesundheitszustand darf keinesfalls publik werden. Dass er im klinischen Sinne krank sein könnte, verdrängt sie lange. Bis Anfang 1854 erwähnt sie zwar immer wieder seine körperlichen Leiden, auch seine psychischen Auffälligkeiten, eine Symptomatik mag sie darin jedoch nicht erkennen. Dafür sind ihr solche Zustände zu vertraut.

Als Frau an Roberts Seite kennt sie seine Abstürze, die Erschöpfungszustände, die Phasen zermürbender Schlaflosigkeit, die bis in die Anfänge der Ehe zurückreichen. In Roberts Sprachgebrauch heißt das dann Angegriffenheit, Nervenaffektion, Leidenszeit, trauriges Befinden. Es gibt noch keine schlüssigen Begriffe für das, was ihn umtreibt. Erst ein Jahr nachdem Robert seine Position als Städtischer Musikdirektor übernimmt, erblickt ein gewisser Sigmund Freud das Licht der Welt.

Als engste Vertraute Roberts wird Clara in seine wechselnden Seelenzustände mit hineingezogen, ob sie will oder nicht. »Ich hänge so ganz von seiner Stimmung ab«, hat sie schon kurz nach der Heirat ins Ehetagebuch geschrieben. Wie sollte es auch anders sein, wenn man so innig mit einem Menschen verwoben ist, mit ihm lebt und arbeitet, oft rund um die Uhr? Claras Halbbruder Woldemar Bargiel formuliert es noch drastischer. Er hat den Eindruck, »als ob Schumann und Clara einen und denselben körperlichen Organismus hätten und jede Empfindung Schumanns in sie einflösse«.[15]

Der August 1852 ist so eine Zeit, in der die Empfindungen fatal hin und her fließen. Fünf Wochen lang ist Robert leidend, und zwar »in Folge größter geistiger Anstrengung«, wie Clara ihrer Freundin Emilie List schreibt. »Du kannst es nicht glauben, welch schwere Tage und Nächte ich in dieser Zeit durchgemacht! Er ist immer so trübe, so geplagt von hypochondrischen Gedanken, kann nicht das Kleinste tun, und fast keine Minute darf man ihn verlassen, will ich ihn nicht gleich wieder den trübsten Gedanken verfallen sehen.«[16]

Im November 1852 notiert Robert aus seiner Perspektive, wie sich solche Phasen anfühlen. Clara ist leidend, ihn plagen Alpträume, ihr Leiden verschlimmert sich, Robert hat Gehörhalluzinationen, sie leidet noch mehr. Wie beim Ping-Pong-Effekt wandern die Beschwerden hin und her. Erst am 15. November kann Robert über Clara vermelden: »Besseres Befinden«, mit dem Zusatz: »auch meines«.[17] Wie das eine mit dem anderen zusammenhängen könnte, darüber scheint er nicht nachzudenken.

Sicher, Clara kann sich entziehen, wenn sie allein auf Konzertreise geht. Aber nach ihrer Auszeit in Norddeutschland und Kopenhagen ist das schwierig geworden. Robert braucht sie, deshalb begleitet er sie lieber, als sich daheim in Sehnsucht nach ihr zu verzehren. Wie vor der Ehe geplant, ist Clara sein Schutzschild, sein Anker und sein Rettungsring. Ohne sie geht es nicht. Aber wie geht es ihr damit?

Nicht gut. Am Beginn der Beziehung war die Ahnung seiner Abgründe noch ein Teil des Faszinosums, das Robert umgab. Der Bad Boy hatte etwas Unwiderstehliches. Wie tief seine Abgründe in Wahrheit schon damals reichten, verschwieg er ihr: »Ein schrecklicher Hang zum Halben, zur Verschwendung und zur Zerstörungssucht liegt doch in mir, die sich auch im Trunk zeigen.«[18] Ohnehin darf ein Künstler anders sein, sogar ein bisschen verrückt, dafür steht die Trivialformel von Genie und Wahnsinn.

Insofern war Clara im Hinblick auf Robert lediglich bewusst, was zwei Jahrzehnte später Arthur Rimbaud zu seinem poetischen Credo erheben wird: »Ich ist ein anderer.« Auch Roberts Doppelgängertum, seine Aufspaltung in Florestan und Eusebius, schien nichts weiter als ein originelles poetisches Konzept zu sein. Mit höchst produktiven Folgen. Die Vervielfältigung des Ichs zwecks künstlerischer Selbstentgrenzung erweiterte Roberts kompositorische Möglichkeiten. Als Eusebius konnte er der zartbesaitete Träumer sein, als Florestan das übersprudelnd kecke Pendant.

Was aber, wenn aus einem poetischen Konzept beklemmende Wirklichkeit wird? Diese Frage könnte sich Clara stellen, als Robert im Sommer 1853 seine merkwürdigen Zusammenbrüche hat, die mit wechselnden Diagnosen einhergehen. Auch das Wort Gehirnaffektionen fällt, von einem Arzt, der Robert jetzt schon eine unheilbare Krankheit voraussagt. Clara will nichts davon wissen. Ihr Tagebuch zu dieser Zeit quillt nur so über von heiteren Begebenheiten und glücklichen Stimmungen. Die Furcht, Robert könnte seinen Job verlieren, ist dennoch immer präsent. Clara muss gut auf ihn aufpassen, ihn von Aufregungen fernhalten, auch von den Orchesterproben; sie weiß ja, als freier Komponist wäre es ihm unmöglich, seine Familie zu ernähren.

Fehlende Fortune

Heute gehört Robert Schumann zu den unbestrittenen Hausgöttern des Konzertwesens. Warum aber gelingt ihm nicht bereits zu Lebzeiten der große Durchbruch? Um Claras schwierige Situation als Pianistin und Komponistin zu verstehen, sind die Antworten auf diese Frage essenziell. Die vielen Hemmnisse und Kalamitäten, die Roberts durchschlagenden Erfolg vereiteln, sind auch ihre Hemmnisse und Kalamitäten. Mit aller Kraft versucht sie, sie auszugleichen, bis an die Grenzen des Machbaren und darüber hinaus. So übernimmt sie sogar Roberts Musikdirektorproben, weil es ihm nicht gelingt, die Musiker zu disziplinieren und das Orchester nach seinen Klangvorstellungen zu formen.

Doch Clara ist auch Profi. Sie weiß, dass seine Defizite als Dirigent völlig zu Recht für Unmut sorgen, abgesehen davon, dass ihre Rettungsversuche eine Bürde mehr sind, die auf ihren Schultern lastet. Solche Erfahrungen leiten ihren langen Abschied von Robert ein: eine unmerkliche Verschiebung der Prioritäten, zuletzt eine merkliche Distanz. Schriftlich beteuert Clara bis an ihr Lebensende, sie hätte Robert fortwährend und über alles geliebt. Ihr Verhalten wird nicht immer mit dieser Beteuerung übereinstimmen.

Sicher ist, dass die Begegnung mit Brahms einen ernüchternden Erkenntnisprozess in Clara auslöst. Der junge Hamburger verkörpert den Aufbruch, die Zukunft, die Verheißung künftigen Erfolgs. Robert will ihm als Mentor zu diesem Erfolg verhelfen, doch sein Artikel in der *Neuen Zeitschrift für Musik* bedeutet auch das Eingeständnis, dass er sich selbst die Rolle der strahlenden Galionsfigur nicht mehr zutraut. Die Gelegenheiten dazu hatte er durchaus, nutzen konnte er sie nicht.

Durch Brahms werden Clara plötzlich die Augen geöffnet, dass sie an einen Mann gebunden ist, dessen Zukunft lange hinter ihm liegt. Die Zeichen stehen auf Sturm. Er wird seinen Kapellmeisterposten verlieren, das ahnt sie, womit die Existenz der gesamten Familie auf Messers Schneide steht. Was das für ihn als Künstler heißt, mag sie sich noch gar nicht ausmalen. Jahre später wird der Komponist und glühende Wagner-Fan Felix Draeseke ein gehässiges Bonmot über Robert verbreiten: Als Genie begonnen, als Talent geendet. Noch kursiert es nicht, aber viele Leute paraphrasieren es schon sinngemäß.

Daran kann auch eine sehr erfolgreiche Tournee durch Holland nichts mehr ändern. Auf der Reise, die das Paar im November 1853 antritt, hat Robert nachts »Gehöraffektionen«. Er vernimmt Stimmen, einzelne Töne, an Schlaf ist gar nicht zu denken. Auch nicht für Clara. Übernächtigt wacht sie neben ihrem Mann, den schreckliche Ängste verfolgen. Für die Ursache hat sie keinerlei Erklärung. Sind es die Geister, die er seit kurzem beim Tischerücken beschwört? Als schaurige Parodie auf Goethes Zauberlehrling, in dem man die Geister nicht wieder loswird? Clara hält nichts von solchen Spukereien. Nur Roberts Ängste, die sind real.

An mangelnder Aufmerksamkeit des Publikums kann es jedenfalls nicht liegen, dass er derartig verwirrt und verängstigt ist. Auf dieser Reise wird er gefeiert wie noch nie. Das Publikum ruft ihn sogar auf die Bühne, wo er sich überrascht und etwas linkisch verbeugt. Robert wird diese Ovationen als unverhoffte Ehre in seinen Notizen vermerken. In Rotterdam bereitet man ihm dann eine besondere Freude: Der dort ansässige Musikverein versammelt sich nachts vor seinem Hotel und bringt ihm ein einstündiges Ständchen. Bei Fackelschein und eisigen Temperaturen.

So etwas beglückt, Claras Sorgen bleiben. Wenn sich Roberts Leiden verschlimmern, wie soll er dann noch komponieren? Ohnehin wäre es illusorisch, aus solchen Huldigungen auf eine künftige existenzsichernde Basis zu schließen. Zu oft ist diese

Erwartung enttäuscht worden, zu oft hat Robert Rückschläge hinnehmen müssen. Dafür gibt es einige triftige Gründe.

Gleich zu Beginn seiner Laufbahn wirkt sich negativ aus, dass er nicht als Interpret seiner eigenen Klavierwerke auftreten kann. Im Konzertwesen jener Zeit ist das ein empfindliches Manko. Komponisten wie Liszt, Mendelssohn Bartholdy oder Thalberg feiern auch deshalb sensationelle Erfolge, weil sie als Interpreten ihrer Werke mit Bühnenpräsenz punkten können. Das Publikum liebt es, wenn Absender und Interpret in Personalunion auftreten; das wird als authentisch wahrgenommen, so als erschaffe der Komponist sein Werk noch einmal in Anwesenheit der Zuhörer.

Alle drei beeindrucken zudem durch ihre performativen Talente. Allen voran Liszt beherzigt das Motto »There's no business like show business«. Es wird kolportiert, dass er vor seinen Konzerten heimlich einzelne Klaviersaiten ansägt; wenn sie dann während eines Konzerts knallend reißen, ist das fürs Publikum ein effektvoller Beweis seiner titanischen Kraft, der nicht einmal die Instrumente standhalten. Womöglich hat er sich diese Finte bei Paganini abgeschaut. Der Virtuose sägt ebenfalls gern eine einzelne Geigensaite an und spielt nach dem kalkulierten Knall unter dem johlenden Jubel seiner Zuhörer auf drei Saiten weiter.

Robert wäre für solche Taschenspielertricks völlig ungeeignet. Allerdings kommt er auch gar nicht erst in die Verlegenheit, seinem Publikum eine Show bieten zu müssen. Nach dem vorzeitigen Ende seiner Pianistenlaufbahn bleibt ihm die karrierefördernde Präsenz auf dem Konzertpodium verwehrt respektive erspart. Deshalb erhofft er sich von Clara die Aufführung und damit auch den Erfolg seiner Werke. Wie bereits erwähnt, ist dieses Thema lange ein Streitpunkt zwischen den beiden. Als Clara seine Kompositionen dann nach einigem Zögern in ihre Programme aufnimmt, wird sie als würdiger Ersatz für Robert betrachtet, gewissermaßen als verlängerter Arm ihres Mannes.

Doch auch damit kann sie es ihm nicht rechtmachen. Zunehmend leidet Robert unter der Wahrnehmung, sein Ruhm sei nur über den Umweg der ungleich berühmteren Pianistin möglich gewesen. Dass dies allgemeiner Konsens ist, bestätigt sein Freund Hermann Hirschbach. »Sein Bekanntwerden verdankte er nicht allein dem inneren Gehalt seiner Schöpfungen«, erklärt der Komponist. »Die Erfahrung hat überall gelehrt, dass die Konzertinstitute sich, abgesehen von ganz besonderen Fällen der Protektion, so lange wie möglich gegen jedes neue Kompositionsstreben verschließen, wenn der Komponist nicht etwa ein hervorragender Virtuose ist und sich mit Hilfe dieser Eigenschaft gewaltsam Bahn bricht.«[19]

So sei Clara als »schützender Genius« zum Schlüssel des Erfolgs geworden. Hirschbach erzählt auch, Robert lehne diese Einschätzung vehement ab. Als man ihn eines Abends damit konfrontierte, sei er beleidigt aufgesprungen und habe sich dagegen verwahrt, es sei Claras Verdienst, dass seine Musik Eingang in die Konzerthäuser gefunden habe. Keine angenehme Entdeckung für Clara. Da fehlt es einfach an Wertschätzung.

Musikalische Missverständnisse

Der zweite Grund für Roberts eher schleppend verlaufende Karriere ist ein genuin musikalischer. In seinem frühen Klavierwerk dominiert die kleine Form, das fast Beiläufige, Fragmentarische. Ein ungewohntes Genre für das breite Publikum, das an auftrumpfende Klangkaskaden und zirzensische Effekte gewöhnt ist. Auch die oft verhaltene Gestimmtheit seiner frühen Kompositionen sorgt für Irritation. Da gibt es viel Nachdenkliches, Verrätseltes, Melancholisches, das in einer Zeit, in der sich die Menge am Belcanto italienischer Opern und am pompösen Wohlklang der französischen Grand Opéra delektiert, seltsam kleinmütig wirken muss.

Man hat die Titel seiner Kompositionen oft als Programmmusik missverstanden. Doch wenn etwa Stücke aus seinen *Kinderszenen* mit »Träumerei« oder »Der Dichter spricht« überschrieben sind, ist das im Sinne Beethovens zu verstehen, der seiner *Pastorale* das Motto »Mehr Ausdruck der Empfindung als Malerei« voranstellte. Es geht nicht um Mimesis, die Nachahmung von Außermusikalischem, sondern um Gefühle, Empfindungen, Seelenzustände, die mit Worten nicht auszudrücken wären.

Der Unsagbarkeitstopos der Romantik ist leitend für Robert, ganz so wie es Wilhelm Heinrich Wackenroder formuliert, ohne dass die entsprechende Musik schon komponiert worden wäre. In seinem Buch *Phantasien über die Kunst für Freunde der Kunst*, 1799 erschienen, verkündet Wackenroder, dass die Musik »eine Sprache redet, die wir im ordentlichen Leben nicht kennen, die wir gelernt haben, wir wissen nicht wo? Und wie?«, die aber intuitiv verstanden werde.[20] Auf verwandte Weise definiert auch Robert die Musik als »geheimnisvolle Ordenssprache«, deren Qualität gerade darin bestehe, dass sie »die Schwärmerei der Poesie hinter sich« lasse und stattdessen ohne Worte erzähle, »wie man glücklich im Schmerz sein könne und traurig im Glück«.[21]

Dem vorherrschenden Publikumsgeschmack in der ersten Hälfte des neunzehnten Jahrhunderts teilt sich dieses romantisch-poetische Programm allerdings so gar nicht mit. Weithin werden Roberts Kompositionen als unverständlich und irgendwie unlogisch empfunden. Das ist sogar nachvollziehbar, da die Werke keineswegs selbsterklärend sind. Man muss sich schon in Roberts Welt einfühlen wollen, in der man, um mit Wackenroder zu sprechen, »fremde Geisterwesen umarmt«, die auf verschlungenen Pfaden wandeln.[22]

Klanglich äußert sich diese Geisterwelt als Ästhetik der Sprünge und Brüche, der Modulation in entlegene Tonarten, der kühnen Formatsprengung. Ein bisschen zu viel Experiment für das düpierte Publikum. Durch empirische Studien zur Musikrezeption weiß man, dass die Akzeptanz von Musik auf dem richtigen Mix von Bekanntem und Unbekanntem beruht. Die Zuhörer möchten durch Neues, Originelles überrascht werden, goutieren dies jedoch nur, wenn es genügend Vertrautes gibt, an das sie mit ihren Hörgewohnheiten anknüpfen können.

Solche Kompromisse geht Robert nicht ein. Es gibt zwar Werke, in denen er sich dezidiert an tradierte Strukturen wie die Fugenform anlehnt, jenseits solcher Rekurse aber lässt er sein Publikum oft ratlos zurück. Selbst Chopin, für den er sich so energisch in seiner *Neuen Zeitschrift für Musik* eingesetzt hat, kann mit Roberts Musik nichts anfangen. Obwohl er sich als Protagonist der romantischen Neuerer eigentlich mühelos in Roberts Welt zurechtfinden müsste, bleiben ihm die Kompositionen fremd.

An Ehrbezeigungen lässt es Robert nicht fehlen. Er widmet Chopin seine *Kreisleriana*, huldigt ihm im Klavierzyklus *Carnaval* mit einem musikalischen Portrait und versucht sich in Variationen über Chopins *Nocturne g-Moll op. 15,3*, die er allerdings nie veröffentlicht. Chopin widmet Robert seinerseits die *Ballade Nr. 3 As-Dur op. 47*, Roberts Klavierkompositionen spielt er jedoch weder öffentlich noch verwendet er sie im Unterricht. Da scheint ihm nicht einmal wichtig zu sein, dass Clara von Anfang an zu seinem Ruhm beiträgt, weil sie Chopins Klaviermusik früh auf ihre Programmzettel setzt und auch weiterhin in ihrem Repertoire behält.

Für Robert ist die Reserviertheit, mit dem ihm selbst Kollegen begegnen, verstörend. Wenn er nicht einmal von Chopin verstanden wird, wer soll ihn dann verstehen? Claras Versuch, ihn kraft ihrer Aura dennoch als Komponisten zu etablieren, ist deshalb eine recht tapfere Solidaritätsbekundung. Seinen *Carnaval* spielt sie allerdings nur in Auszügen, die sie für publikumswirksam hält. Erst siebzigjährig wird sie das Werk erstmals vollständig in London aufführen. Bei aller Vorsicht bleibt es eben immer ein Wagnis, Roberts musikalische Intimitäten dem grellen Licht der Öffentlichkeit auszusetzen.

Ein Wagnis mit teils frustrierenden Ergebnissen. Als Clara im Februar 1840 seine *Zweite Klaviersonate g-Moll* in Berlin uraufführt, erntet sie betreten tröpfelnden Applaus und eine Rüge des einflussreichen Kritikers Ludwig Rellstab. Dünnlippig spricht Rellstab von der »verirrenden Richtung« der »neuen romantischen Schule«.[23] Clara selbst nennt die Reaktion des Publikums eisig und schmäht ihre Zuhörer als »Perücken«, ein Begriff, den sie gern für altmodische Haltungen verwendet. Da sie jedoch eine routinierte Performerin ist, die ihre Programme in diesen Jahren schon selbst zusammenstellt, weiß sie, wie man die Leute einfängt: Wenn Roberts Klavierkompositionen nicht spektakulär genug sind, um ein großes Publikum mitzureißen, muss er halt zu Orchesterwerken übergehen.

Ihrer beratenden Funktion ist es wesentlich zu verdanken, dass Robert bereits 1841, ein halbes Jahr nach der Heirat, mit seiner *Frühlingssinfonie* glänzen kann, wenn auch ohne Clara als Schumann-Interpretin. Das ändert sich mit seinem Klavierkonzert. Offenbar geschieht es auf Claras Wunsch, dass er seine *Fantasie für Klavier und Orchester a-Moll* um zwei Sätze ergänzt, »sodass es nun ein Konzert geworden ist, das ich nächsten Winter spielen werde«, wie Clara erleichtert feststellt. »Ich freue mich sehr darüber, denn es fehlte mir immer an einem größeren Bravourstück von ihm.«[24]

Während Robert für seine *Klavierfantasie* trotz diverser Bemühungen nicht einmal einen Verleger fand, wird die Dresdner Uraufführung des *Klavierkonzerts* im Dezember 1845 zum lang ersehnten Erfolg. Insbesondere loben die Rezensenten das gelungene Verhältnis von Klavierpart und Orchester, denen Robert jeweils eigenständige Funktionen zugeordnet habe.

Doch solche Erfolge stellen sich nicht zuverlässig ein. Roberts Laufbahn bleibt ein Auf und Ab, das ihm immer wieder Rückschläge zumutet. Sicher ist nichts. Nach der umjubelten *Ersten Sinfonie* komponiert er sogleich eine zweite und ist fassungslos, dass sie keine positive Resonanz findet. Warum? Er begreift es nicht. Seine Erwartung, nach dem Erfolg seines ersten sinfonischen Werks als durchgesetzter Künstler zu gelten, erfüllt sich keineswegs. Später wird er das Werk nochmals bearbeiten und als seine *Vierte Sinfonie* veröffentlichen.

Auch die Uraufführung seiner Oper *Genoveva* ruft nicht das erhoffte Echo hervor. Der Applaus im Leipziger Gewandhaus ist freundlich, die Kritik gnadenlos. Ein Rezensent spricht von »platter Weltschmerzelei« und insinuiert, der Komponist sollte vielleicht den Rat eines Arztes einholen.[25] Die nachfolgenden Aufführungen, denen Robert nicht mehr beiwohnt, fallen beim Publikum mehrheitlich durch. Man stört sich am vermeintlich kruden unzeitgemäßen Plot, auch an der progressiven Musiksprache, die so gar nicht dem Bedürfnis nach schönen Harmonien und eingängigen Arien mit Sing-along-Potenzial entspricht. Roberts Enttäuschung ist so nachhaltig, dass er das Genre der Oper danach ganz aufgibt.

Clara wird ihn immer verteidigen. Als ihre Klavierschülerin Marfa Sabinina einmal über ein Stück von Robert sagt, es sei hübsch, bekommt sie einen gehörigen Rüffel. »Mein Fräulein, Sie sagen ›hübsch‹. Wie kann man so ein Wort gebrauchen für so eine Komposition? Sagen Sie ›schön, wunderschön‹. Ich bitte mir in dieser Hinsicht eine andere Denkweise aus.«[26]

Scheitern als Dirigent

Ein weiterer Grund für Roberts Schwierigkeiten, als Komponist ungeteilte Anerkennung zu finden, sind seine begrenzten Fähigkeiten als Dirigent. In Düsseldorf werden sie ihm schließlich zum Verhängnis. Robert ist ein introvertierter Charakter, die große Geste liegt ihm nicht. Recht früh urteilt Clara, er »geniere« sich beim Dirigieren. Auch die Kommunikation mit dem Orchester gerät problematisch. Gehemmt, wie Robert ist, fehlt ihm sowohl die verbale Überzeugungskraft, seine musikalischen Vorstellungen zu vermitteln, als auch die nötige Durchsetzungsstärke, ein Orchester nach diesen Vorstellungen zu führen.

Hier klaffen Selbstwahrnehmung und Fremdwahrnehmung freilich weit auseinander. Nachdem er im November 1843 die ersten Proben zur Uraufführung seines Oratoriums *Das Paradies und die Peri* im Leipziger Gewandhaus hinter sich hat, meint Robert, er sei »ordentlich begeistert beim Dirigieren«; die Mitwirkenden sind anderer Meinung. So schreibt Livia Frege, die Sängerin der Titelpartie, an Clara: »Könnte sich nur Ihr lieber Mann einmal entschließen, ein wenig zu zanken und auf größere Aufmerksamkeit zu dringen.«[27]

Es hapert einfach an dem, was Dirigenten natürliche Autorität nennen. An jener disziplinierenden Führungsqualität also, die einschließt, sofort korrigierend einzugreifen, wenn falsche Einsätze oder inadäquate Tempi den kompositorischen Absichten zuwiderlaufen.

Ähnlich zaghaft wie in Leipzig agiert Robert bei der Vorbereitung einer Berliner Aufführung seines Oratoriums. Dort verlaufen die Proben derart chaotisch, dass sich sogar ein anwesender Justizrat einmischt. Der »wollte dem Robert gute Ratschläge geben, wie er beim Dirigieren stehen müsse«, empört sich Clara. Den nächsten Tag verbringt Robert in »verdrießlichster Stimmung« im Bett, sodass seine Frau die Proben ganz übernimmt. Zur Aufführung schreibt sie: »Robert dirigierte sehr gut – wurde aber später doch von einigen wegen des zu wenig energischen Dirigierens getadelt, und zwar ganz ungerecht – es hatte sich dies von der ersten Probe her verbreitet, wo er wegen großer Verstimmung eben nicht Lust haben konnte, sich energisch zu zeigen.«[28]

Nun ja, ein Dirigent, der nach dem Lustprinzip handelt, in Konfliktsituationen das Handtuch wirft und die Kritik an seinem Dirigierstil nicht zur Kenntnis nehmen will, befindet sich halt in einer schwierigen Lage. Im Übrigen wäre es Roberts Aufgabe, das Orchester zu motivieren, statt seinerseits zu erwarten, durch die Musiker motiviert zu werden. Am vorteilhaftesten ist es noch für ihn, wenn er auf Konzertreisen ein Orchester vorfindet, das seine Werke bereits mit einem Dirigenten vor Ort einstudiert hat. Viele seiner erfolgreicheren Aufführungen haben solch eine Vorgeschichte. Aber selbst wenn er sich gewissermaßen ins gemachte Bett legen kann, ist das Echo oft zwiespältig.

Als er, mittlerweile vierzigjährig, auf Empfehlung seines Freundes Ferdinand Hiller den Posten des Städtischen Musikdirektors in Düsseldorf übernimmt, wird das ganze Ausmaß seiner unzureichenden Fähigkeiten offenbar. Die Proben verlaufen unstrukturiert bis katastrophal. Ohne Clara, die ihm als Assistentin – und eigentliche Leiterin – permanent zur Seite steht, wäre keine Aufführung mehr zu bewältigen.

Eine Freundin der Familie schildert Roberts Darbietungen am Dirigentenpult folgendermaßen: »Zuweilen ließ er seine Schäflein ruhig laufen, versunken in seine Gedanken, dann erbarmte sich wohl seine Frau der verlassenen Herde.«[29]

Beileibe nicht so nachsichtig sind die Musiker und Sänger des Städtischen Musikvereins Düsseldorf. Sie brauchen exakt vorgegebene Tempi und zuverlässige Einsätze, sonst bricht alles auseinander. Bei der Sängerin Friederike Angelt, die mehrfach Zeugin des eigenwilligen Paarlaufs wird, spürt man schon den Unmut über einen Dirigenten, der sein Orchester nicht zu führen vermag. »Er ist ein Original, aber gutmütig, stumm, oft weiß man nicht, ob man über ihn lachen oder sich ärgern soll«, beschreibt sie Roberts Passivität, um mit Claras beherztem Eingreifen fortzufahren: »*Sie ist ein Engel,* reizend, liebenswürdig, kindlich vergnügt. Feine Ohren hat er, aber den Taktstock schwingt er etwas unregelmäßig. Sie dirigiert das Ganze, wo du hinsiehst, ist *sie*. Sie gibt die Töne an, hilft, wo einer steckenbleibt, spielt im Verein stets Klavier.«[30]

Wie muss sich Clara fühlen, wenn hinter vorgehaltener Hand über ihren Mann getuschelt und gelacht wird? Der große Robert, eine Witzfigur. Die Orchestermusiker hören irgendwann gar nicht mehr auf ihn, sie schwatzen ungeniert weiter in seiner Gegenwart. Den Zorn darüber schreibt Clara in ihr Tagebuch. Doch sie ist Profi. Roberts dilettantische Versuche als Dirigent sind peinlich, deshalb ist das Ganze auch Clara peinlich. Was nützt schon Genialität, wenn sie so unprofessionell nach außen getragen wird?

Ein weiteres Manko, das in Düsseldorf einen Kulminationspunkt erreicht, ist Roberts verschlossenes Wesen. Um im Musikleben seiner Zeit zu reüssieren, braucht es auch soziale Intelligenz und persönliche Strahlkraft. Roberts Parkettgeschmeidigkeit lässt jedoch nicht nur zu wünschen übrig, sie fehlt völlig. Bereits vor Ausbruch seiner Krankheit ist er weder ein eloquenter Verfechter seiner kompositorischen Arbeit noch ein faszinierender Salonlöwe wie Liszt, der nächtelang ganze Gesellschaften bei Laune hält und sich wichtige Multiplikatoren gewogen macht.

Immer wieder suchen Künstler und Konzertveranstalter das Gespräch mit Robert, immer wieder sind sie irritiert von seiner merkwürdigen Schweigsamkeit. Seine Eifersucht auf Mendelssohn, den er als Komponisten schätzt, als Menschen jedoch trotz der intensiv gepflegten Freundschaft äußerst reserviert beurteilt, hat hier ihre Wurzel. Felix Mendelssohn Bartholdy ist ein Glückskind.

Aus wohlhabendem Hause stammend, muss er sich im Gegensatz zu Robert nie mit Geldsorgen herumschlagen. Darüber hinaus verfügt er durch sein kultiviertes kosmopolitisches Elternhaus über einen weltläufigen Charme und ist ein liebenswürdiger Unterhalter, dem man gern zuhört.

Abgesehen von Mendelssohn Bartholdys musikalischen Qualifikationen als Pianist, Komponist und Dirigent sind diese Eigenschaften kein unerheblicher Faktor für die Tatsache, dass er eine makellose Karriere als Kapellmeister hinlegt, mit Stationen in Berlin, Leipzig und Düsseldorf. Nebenbei absolviert er scheinbar mühelos zahllose Tourneen, die ihn unter anderem viele Male nach London führen, und gründet in Leipzig 1843 das erste Musikkonservatorium.

Verglichen mit diesem erfolgsverwöhnten Tausendsassa muss sich Robert wie ein Unglücksrabe fühlen. Es mangelt ihm einfach an Fortune. Und das geht eben auch aufs Konto seines fehlenden Talents, »vor den Menschen angenehm zu sein«, wie Lessing es formulieren würde.

Neben seinen erheblichen Defiziten als Dirigent wird ihm sein scheues, wenig kommunikatives Wesen speziell in Düsseldorf vorgeworfen. Im protestantischen Sachsen verschmerzte man noch so gerade, dass er sogar bei seinen eigenen Soireen in der Ecke saß, »wenig sprechend, aber die glücklichste Stimmung kundgebend«, dann und wann Champagner nachgoss, echte Unterhaltungen aber verweigerte.[31] Im lebenslustig-katholischen Rheinland empfindet man seine eigenbrötlerische Art als sozial inkompatibel. Bereits nach seinem zweiten Konzert heißt es, dass sich die Leute »ihren früheren Musikdirektor Hiller zurückwünschen, ›der viel besser dirigiert und viel liebenswürdiger ist, ein rechter Salonmensch‹«.

So referiert es Louise Japha, die zu dieser Zeit in Düsseldorf lebt, um bei den Schumanns ihre musikalische Ausbildung abzuschließen. Die Pianistin und Komponistin durchschaut auch den fatalen Mechanismus, der sich daraufhin einstellt: Roberts Tragik liegt darin, dass mit dem Menschen zugleich der Komponist abgelehnt wird. So muss er ohnmächtig erleben, dass man »schon gleich mit bösem Vorurteil jedes seiner Werke anhört«.[32]

Andere Zeitgenossen und insbesondere Komponistenkollegen ziehen ähnliche Rückschlüsse vom Menschen aufs Werk. Roberts musikalischer Antipode Richard Wagner beispielsweise nennt ihn einen sonderbaren Menschen und spricht ihm jegliches Talent ab, Melodien erfinden zu können. Ein absurder Vorwurf, aber eben auch eine Folge seiner als kauzig und unzugänglich empfundenen Wesensart.

Lange, vielleicht allzu lange hat Clara das alles mitgetragen: geduldig, vermittelnd, loyal. Sie hat versucht, den Schein zu wahren, stets auf die Außenwirkung bedacht. Eine Überlegung, die untrennbar mit ihrer eigenen Karriere verbunden ist: Das Image ist der Schlüssel zum Erfolg. Durch Roberts Scheitern als Dirigent ist dieses Image nun nachhaltig beschädigt. Eine Berufung zum Kapellmeister in einer anderen Stadt wird es nach diesem Desaster nicht geben, sodass Clara nun als Gattin eines Künstlers dasteht, dessen Schmach auch auf sie zurückfällt.

Sie muss sich abgrenzen. Am besten durch Konzerte, in denen sie ohne ihn auftritt. Wenn sie es dennoch tut, fällt sein Schatten auf sie, ganz abgesehen davon, dass sie sich nicht mehr von ihm deckeln lassen will – so wie sie es noch im Februar 1853 tut, als sie sich an Wilhelm Joseph von Wasielewski wendet; der ehemalige Düsseldorfer Konzertmeister ist mittlerweile Chorleiter in Bonn und erklärt sich bereit, dort ein Konzert für Clara zu organisieren. Sie schlägt ihm die Programmfolge vor. Und darin verbirgt sich ein kleiner Sprengsatz. »Ist es Ihnen recht, so machen wir etwa folgendes Programm«, schreibt sie von Wasielewski. »1) Quintett 2) Gesangsstück 3) Herrlich wäre nun hier, wenn Sie ein Solo spielten, etwa Cramer oder von Ernst, oder sonst etwas, wollen Sie das? Sonst müsste ich 4 mal spielen, und das will Robert nicht gern, weil es etwas viel würde.«[33]

Nein, Robert hat es nicht gern, wenn sie zu oft in einem Konzert auftritt. Überhaupt geht ihm ihr Klavierspiel gehörig auf die Nerven, seit längerem häufen sich die aggressiven Ausfälle gegen sie. Nach einem Konzert im Jahr 1850 vernichtet er sie förmlich. »Ich weiß kaum mehr, wie ich noch spielen soll«, schreibt sie voller Verzweiflung ins Tagebuch. »Während ich mich bemühe, den Sänger möglichst zart zu begleiten, spricht Robert, meine Begleitung ist ihm schrecklich! Müsste ich nicht mein Spiel benutzen, um auch etwas zu verdienen, ich spielte wahrhaftig keinen Ton mehr öffentlich.«[34]

Bei einer anderen Gelegenheit – wieder tut sie ihm den Gefallen, etwas von ihm aufzuführen, diesmal im privaten Kreis – springt er wutentbrannt auf und schreit: »Höre auf, Clara, so spielt man nicht Schumann!«[35] Danach schlägt er ihr in Anwesenheit der entsetzten Zuhörer den Klavierdeckel auf die Finger.

Schon seine passive Aggression der abwertenden Bemerkungen konnte Clara nur schwer ertragen. Doch die offene Aggression, die ihr jetzt entgegenschlägt, ist nicht mehr tolerabel. Offensichtlich kann Robert seine Wut auf das eigene Versagen und seine provozierend erfolgreiche Frau nicht mehr unterdrücken. Für Clara ist das ein Alarmsignal. Es wird Zeit für sie, sich zumindest innerlich von diesem Mann zu verabschieden.

KAPITEL 8

AUSBRUCH

Sehnsucht oder Selbstsucht? Die Beziehung zu Johannes Brahms

Kerzengerade sitzt Clara neben dem Ehebett. Es ist mitten in der Nacht, Robert hat einen heftigen Anfall. Wieder diese nervösen Zustände, wieder diese Halluzinationen, schlimmer als je zuvor. Er hört einen bestimmten Ton, manchmal auch ein Intervall. Nichts hilft dagegen, keine Ablenkung, kein gutes Wort. Am nächsten Tag, es ist Samstag, der 11. Februar 1854, verschwinden die peinigenden Töne. Gott sei Dank.

Sonntagnacht kehren sie zurück. Diesmal halten sie nicht nur – mit einer kurzen Unterbrechung – während des gesamten folgenden Tages an, auf einmal verwandelt sich für Robert jedes Geräusch in Musik. Und was für Musik er hört! Herrlich sei sie, sagt er, wundervolle Klänge wehen durch seinen Kopf. Engelsmusik! Clara holt den Arzt.

Ein medizinisches Problem sei nicht erkennbar, wird ihr mitgeteilt, von ärztlicher Seite sei da nichts zu machen. Die Stimmen aber bleiben. Mittlerweile sind es ganze Orchesterstücke, die Robert vernimmt, große Werke, deren Schlussakkorde, wie mit teuflischen Fermaten versehen, weiterklingen und weiterklingen, falls er sich nicht darauf konzentriert, an eine andere Musik zu denken. Ein neuer Arzt wird hinzugezogen, Regimentsarzt Dr. Böger, außerdem stellt sich der befreundete Arzt Doktor Hasenclever bei Clara ein. Beide Herren sind ratlos.

Aber noch ist Robert nicht verloren. Weiterhin führt er das Haushaltsbuch, in dem er alles akribisch vermerkt wie eh und je, als Nebeneinander des Heterogenen. »Traurige Nacht« ist da zu lesen, »Noch schlimmer, aber auch wunderbar …? … Ein feste Burg ist unser Gott«, »Wunderbare Leiden«, »besser«.[1] Dazu die Kostenaufstellung für Wagen, Billette, Porto, Wochengeld sowie der

Vermerk des Beischlafs, der am 14. Februar – als Valentinstag ist er noch nicht bekannt – vollzogen wird. Schläft eine Ehefrau mit einem Wahnsinnigen? Offensichtlich ist es so. Was auch immer passiert, auf Roberts Buchführung ist Verlass.

Bald darauf hat Clara den Eindruck, die Halluzinationen müssten wohl doch an Roberts herbeigerufenen Geistern liegen, denn am 17. Februar steht er mitten in der Nacht auf, um niederzuschreiben, was höhere Mächte ihm eingeben. Es sind nicht nur Noten, es ist suizidaler Sirenengesang. »Er war des festen Glaubens, Engel umschweben ihn und machen ihm die herrlichsten Offenbarungen, alles das in wundervoller Musik; sie riefen uns Willkomm zu, und wir würden beide vereint, noch ehe das Jahr verflossen, bei ihnen sein.«[2]

Noch nie seit seiner Selbstmorddrohung während der Verlobungszeit hat Robert derart deutlich vom Tod gesprochen. Und dann auch noch diese Vision, sie würden gemeinsam zum Himmel hinauffahren wie der Herr Jesus höchstpersönlich. Denkt er denn gar nicht an die Kinder? Nein, Robert denkt nicht, er empfängt. Er ist zum Medium geworden, das Botschaft auf Botschaft erhält. Tag und Nacht harrt Clara bei ihm aus, weicht ihm kaum noch von der Seite. Sie hat ihm oft beigestanden in seinen Krisen, diese hier übersteigt alles, was sie jemals mit ihm erlebt hat.

Was könnte der Auslöser sein? Der Streit, den sie auf der Rückreise von einem Konzert in Hannover hatten, wo Roberts *Paradies und die Peri* aufgeführt wurde und Clara das *Es-Dur-Konzert* von Beethoven spielte? Auch Brahms und Joseph Joachim waren zugegen. Vor allem aber erschien plötzlich Wilhelmine Clauß auf der Bildfläche, eine junge Pianistin, deren Klavierspiel Robert über die Maßen rühmt und die ihm doch tatsächlich selbst komponierte Lieder aufdrängen wollte. Das wusste Clara zu verhindern. Wie ehedem leidet sie darunter, wenn Robert junge hübsche Pianistinnen überschwänglich lobt. Musste er diese unausstehliche Wilhelmine wirklich einen »Anmutsteufel« nennen?

Vielleicht hat Robert aber auch die gegenseitige Anziehungskraft von Clara und Brahms gespürt. In ihrem Tagebuch schreibt Clara, Brahms sei bei den Begegnungen in Hannover finster und abweisend gewesen, er habe ihren Blick gemieden. Doch in solchen Verhaltensweisen verbirgt sich oft der Versuch, aufwallende Gefühle zu unterdrücken. Robert ist feinfühlig. Er kennt seine Clara, er hat ein ausgezeichnetes Sensorium für ihre Gedanken und Gefühle. Und auch ihm wird bewusst geworden sein, dass Brahms der Mann der Zukunft ist, während seine besten Jahre wahrscheinlich hinter ihm liegen.

Seit der Rückkehr aus Hannover, also seit gut vier Wochen, hat Robert jedenfalls nicht mehr komponiert. Brahms schon. Am 11. Februar erhält Clara seine *Klaviersonate fis-Moll* mit den Worten, er wage kaum, sie ihr zu schicken. Gerührt liest sie seine Widmung: »Frau Clara Schumann verehrend zugeeignet.« Eine schöne Geste. Und ein musikalischer Gruß, der sie sicherlich an ähnliche Grüße von Robert erinnert, damals, als die Welt zwar nicht völlig in Ordnung, aber noch von der Musik ihres Liebsten erfüllt war. Jetzt sammelt Robert Texte für sein neues Buchprojekt. »Dichtergarten« soll es heißen, in dem er Zitate über Musik zusammentragen will. Die Literatur hat ihn gepackt. Dafür komponieren nun die Engel für ihn.

Dann kommen die Schmerzen. Robert schreit wie von Sinnen, das ganze Haus weckt er auf. Die Engelschöre haben sich in dämonisches Geheul verwandelt, und er fühlt sich von Tigern und Hyänen verfolgt. Zwei Ärzte müssen ihn festhalten, weil er sich so unbändig aufführt. Dass keine wilden Tiere im Schlafzimmer ihr Unwesen treiben, davon können sie ihn überzeugen, aber die Geister kann Clara ihm nicht ausreden. Sie sind da. Und sie zeigen sich danach wieder von ihrer freundlichen Seite, indem sie ihm

Korrekturen an seinem *Cellokonzert* vorschlagen. Also setzt sich Robert an den Arbeitstisch, greift zur Feder und notiert, was die himmlischen Heerscharen ihm diktieren. »Er hatte dabei einen Blick voller Seligkeit, den ich nie vergessen kann«, seufzt Clara ins Tagebuch, »und doch zerschnitt mir diese unnatürliche Seligkeit das Herz ebenso, als er unter bösen Geistern litt.«[3]

So geht das Tag für Tag. Lichte Phasen, tiefe Umnachtungen, Gehörhalluzinationen, Wahn. Und dann fällt der Satz, der schon viele Biografen beschäftigt hat: »In den Nächten hatte er oft Momente, wo er mich bat, von ihm zu gehen, weil er mir ein Leid antun könnte!«[4] Ist das so? Will er sie wirklich wegschicken, die Frau, die längst seine mütterliche Betreuerin geworden ist?

Ende Februar erhält Robert Besuch von Ruppert Becker, dem Konzertmeister des Düsseldorfer Orchesters. Clara hat ihn hergebeten, um Roberts Zustand zu beurteilen, und erhofft sich Aufschluss durch ein Gespräch der beiden Männer. Zu ihrer großen Verwunderung kann der Geiger nichts Auffälliges feststellen. Ihm würde nicht eingefallen sein, an die Krankheit zu glauben, schildert Becker seinen Eindruck von Robert am 21. Februar in seinem Tagebuch. »So fand ich ihn; ganz wie gewöhnlich; eine halbe Stunde unterhielt ich mich mit ihm, dann nahm ich Abschied.« Und er ergänzt voller Mitgefühl: »Frau Schumann sieht so leidend aus wie noch nie! Die arme unglückliche Frau!«[5]

Ja, Clara leidet. Sie ist wie gerädert nach den durchwachten Nächten. Auch ungute Erinnerungen steigen in ihr auf, denn Roberts dunkler Doppelgänger hat sich zu Wort gemeldet. Er sei ein Sünder, spricht diese Nachtseite aus Robert, die Dämonen wollen ihn in die Hölle werfen. Von welcher Schuld ist die Rede? Welche Sünden hat Robert auf sich geladen? Hat er ihr nicht damals in den Brautbriefen gestanden, er habe nicht immer so gelebt, dass er ihrer würdig sei? Ein andermal nennt er sich einen Verbrecher, der nun immerzu in der Bibel lesen müsse, um seine Taten zu sühnen.

»Ich merkte überhaupt, dass sein Zustand immer aufgeregter wurde, wenn er in der Bibel las«, kommentiert Clara diese eigenartige Anwandlung, »und kam dadurch auf die Idee, dass er sich beim Lesen derselben, als er für seinen Dichtergarten sammelte, vielleicht zu sehr in Dinge hineinvertieft, die seinen Geist verwirrten. Wie denn sein Leiden fast durchgängig religiöser Art, förmliche Überspannung, war.«[6] Mit diesem Begriff operiert sie schon seit zehn Jahren. Manchmal nennt sie es auch Überreizung oder Abspannung, wenn sie Roberts nervöse Zustände Außenstehenden erklären muss: So sind sie eben, die Künstler, sie erschaffen Großes um den Preis der völligen Erschöpfung.

Ihm selbst entgeht durchaus nicht, dass er sich in einem Ausnahmezustand befindet. Eines Abends kleidet er sich an und packt das Nötigste, weil er nach eigenem Bekunden in eine Irrenanstalt gebracht werden möchte. Uhr, Geld, Notenpapier, Federn, Zigarren, alles hat er sich zurechtgelegt, was er zu seiner Reise braucht. »Robert, willst du deine Frau und Kinder verlassen?«, wird er von Clara gefragt. »Es ist ja nicht auf lange«, erwidert er sanft, »ich komme bald genesen zurück.«[7]

Und auch hier wieder die Frage: Ist das so? Oder erscheint es vorteilhafter, die Ereignisse in dieser Weise darzustellen? Glaubt man Søren Kierkegaard, wird das Leben vorwärts gelebt und rückwärts verstanden. Ein Aphorismus, den man auch so interpretieren kann, dass rückwirkende Korrekturen den vom Absender erwünschten Sinn ergeben: Robert möchte sich freiwillig in eine Anstalt begeben. Das ist die Absolution für alles, was folgt.

Wenige Tage später, es ist Rosenmontag, und die Jecken sind auf den Straßen unterwegs, führt Clara ein Gespräch mit Doktor Hasenclever. Dafür zieht sie sich mit ihm ins Schlafzimmer zurück, wo sie nicht von Robert belauscht werden können. Er soll sich nicht aufregen, falls Unangenehmes erörtert wird, man weiß ja inzwischen, wie leicht erregbar er ist in seinem überreizten Zustand.

Ganz so überreizt wirkt er jedoch gar nicht. Eher melancholisch. »Ach Clara, ich bin deiner Liebe nicht wert«, sagt er nur, wenn sie ihn berührt. »Das sagte Er, zu dem ich immer in größter tiefster Verehrung aufblickte«, schreibt sie in weihevoller Retrospektion.[8]

Damit er nicht ohne Aufsicht bleibt, trägt Clara ihrer ältesten Tochter auf, im Raum neben dem Arbeitszimmer des Vaters Wache zu halten. Brav bleibt die zwölfjährige Marie dort sitzen. »Da öffnete sich die Tür des Nebenzimmers«, wird sie sich später erinnern, »und mein Vater stand darin in seinem langen grüngeblümten Schlafrock. Sein Gesicht war ganz weiß. Als er mich erblickte, schlug er beide Hände vor das Gesicht und sagte: ›Ach Gott‹. Darauf verschwand er wieder.«[9] Erst als er auch nach längerer Zeit nicht wieder auftaucht, geht die Suche los.

Unterdessen spaziert Robert draußen durch den strömenden Regen, nur in Schlafrock und Pantoffeln. Die Stiefel stehen daheim, der Regen macht ihm nichts aus, vielleicht spürt er ihn nicht einmal. Zielstrebig lenkt er seine Schritte zu einer nahe gelegenen Schiffsbrücke, wo er innehält. Um darauf zu gelangen, muss man Zoll entrichten. Da Robert nichts weiter als ein seidenes Taschentuch dabeihat, überreicht er ebendieses Seidentuch dem verdutzten Zollbeamten. Niemand hält ihn auf, als er in seinen Pantoffeln bis zur Mitte der Brücke weiterspaziert, sich kurz sammelt und in die reißenden Fluten des Rheins springt.

Das könnte das Ende sein. Doch es ist erst der Anfang vom Ende.

Schicksal spielt der aufmerksame Kapitän eines vorbeifahrenden Dampfschiffs, der den leblos dahintreibenden Körper entdeckt und sofort beidreht. Zwei Männer müssen den heftig strampelnden Robert an Bord eines eilends ausgesandten Ruderboots ziehen. Er will partout nicht gerettet werden, springt sogar erneut in die Fluten. Aber es hilft alles nichts: Wenig später wird er nässetriefend zu Hause abgeliefert und ins Bett gepackt. Nicht von

Clara. Ein Wiedersehen wäre zu aufregend für ihn gewesen, beteuert sie, weshalb sie bereits kurz nach seinem Verschwinden zu einer Freundin geflohen ist. Merkwürdige Reaktion.

Nun geht alles recht rasch. Doktor Böger und Doktor Hasenclever stellen die vorläufige Diagnose einer Geisteskrankheit, Robert wird entmündigt, Clara zu seinem Vormund bestimmt. Nachdem ihn zwei Wärter zu Hause beaufsichtigt haben – »welche er gleich sehr gern um sich hatte, wie er denn überhaupt gegen andere mild und freundlich war« –, folgt am 4. März die Einweisung in eine Heilanstalt in Bonn-Endenich. »Wie war es nur möglich, dass ich es trug!«, ringt Clara um Fassung.[10]

Widersprüchliche Darstellungen

Viele Mythen und Mutmaßungen ranken sich um Roberts letzte Lebensjahre. Mit seinem spektakulären Sprung in den Rhein setzt er seiner bisherigen Existenz ein Ende. Das heißt, es wird ihm gesetzt. Im Verein mit den Ärzten kommt Clara einigermaßen schnell zu dem Schluss, Robert müsse in einer Anstalt untergebracht werden. Nach seinem Suizidversuch und den strapaziösen Tagen und Nächten, die sie soeben durchlebt hat, ist das nachvollziehbar: Zuvorderst soll er vor sich selbst geschützt werden.

Doch Clara meint, auch sich selbst schützen zu müssen. Ihr Hinweis, Robert habe befürchtet, er könne ihr ein Leid antun, ist zumindest im Nachhinein Beleg genug dafür, dass allen gedient ist, wenn er aus dem häuslichen Kreis entfernt wird.

Clara hofft auf Heilung, das betont sie immer wieder im Tagebuch. Es passt auch wunderbar zu Roberts angeblichem Entschluss, er selbst wolle für eine Weile ins Irrenhaus, um zu genesen. Schriftlich erkundigt sie sich mehrfach bei dem ärztlichen

Leiter der Anstalt nach Roberts Befinden. Ob es denn Aussicht auf Besserung gebe? Doktor Franz Richarz hält sich bedeckt. Große Hoffnungen macht er Clara nicht, wie auch, man muss erst einmal abwarten, wie sich alles entwickelt. Seine Diagnose lautet, Robert leide unter »Melancholie mit Wahn«.

Die Diagnose ist so diffus wie Claras Schilderungen seiner Anfälle. Engelsstimmen hingegeben, dann wieder wie ein wildes Tier brüllend, klarsichtig beim Zusammensuchen seiner Reiseutensilien, mild und freundlich zu den Wärtern, religiös gestimmt Buße tuend, das klingt widersprüchlich. Auch dass Robert mit gepackten Sachen in die Irrenanstalt gehen will, am anderen Tag aber in den Rhein springt, ergibt wenig Sinn. Sind das die Launen eines Melancholikers mit Wahnvorstellungen? Oder war alles ganz anders?

Misstrauische Beobachter entwickeln eine alternative Theorie: In der Nacht könnte es einen Streit gegeben haben, weil Clara nach all den durchwachten Nächten völlig erschöpft ist und die Pflege ihres Mannes einschlägigen Fachkräften überlassen möchte. Robert rebelliert. Zumindest das ist belegt, denn ein Hausmeister muss herbeigerufen werden, der ihn in dieser Nacht zur Räson bringt. Anderntags dann sieht er nur noch zwei Optionen: Entweder in einer Anstalt dahinsiechen oder sein Leben beenden. Clara will ihn nicht mehr, wo sollte er sonst hin? Sie ist schwanger, wieder einmal, und am Ende ihrer Kräfte. Suizid aus Liebe, Suizid aus Verzweiflung, das klingt zumindest plausibler als der freiwillige Gang in die Verbannung.

Auch Roberts heftiger Widerstand, als er abgeholt und nach Endenich gebracht wird, spricht für diese Theorie. Clara darf darüber schweigen, weil sie die Kinder bei der Haushälterin Bertha zurückgelassen hat und längst bei ihrer Freundin Rosalie Leser wohnt. Andere erledigen diesen unerfreulichen Job für sie, allen voran Doktor Hasenclever, der auch die Endenicher Anstalt ausgesucht hat. In Claras Unterredung mit ihm am Tag von Roberts Suizidversuch wird dies das Thema gewesen sein: Hasenclever empfiehlt die »Anstalt für die Behandlung und Pflege von Gemütskranken und Irren«, die vom befreundeten Arztkollegen Doktor Franz Richarz geführt wird.

Es wäre unfair, Clara zu unterstellen, sie habe Robert loswerden wollen, um anschließend eine Beziehung mit Johannes Brahms zu beginnen. Solche Interpretationen gehören in den Bereich misogyner Verschwörungsnarrative. Doch ihre Ermattung ist so offensichtlich wie Roberts Symptome einer schweren psychischen Erkrankung. Auch einige seiner Freunde haben die Anfälle miterlebt. Und »Melancholie mit Wahn«, das klingt doch fast wie ein lyrisches Kochrezept.

Was Richarz Clara nicht mitteilt, ist der Inhalt der Notizen, die Robert in seiner Endenicher Klause verfasst. Darunter findet sich ein Zettel mit der Selbstbeobachtung: »Schrieb in letzter Zeit wieder allerlei abrupte Äußerungen melancholischen Inhalts … z. B. 1831 war ich syphilitisch und ward mit Arsenik kuriert.«[11] Ganz eindeutig denkt er über mögliche Ursachen seiner Erkrankung nach. Sein delirierendes Geständnis Clara gegenüber, es gebe Sünden zu bereuen, für die er nun von Dämonen bestraft werde, erhält dadurch eine düstere Logik. Schuldgefühle sind ein schweres Joch. Seine geistige Verwirrtheit als gerechte Strafe zu empfinden, zeugt allerdings von einiger Geistesgegenwart.

Robert reflektiert seine Situation. Nicht immer aber ist er in einem Zustand, der solche Reflexionen zulässt, wie Doktor Richarz in der Krankenakte dokumentiert. Er gilt als fortschrittlicher Mediziner. Seine Heilanstalt, ein klassizistischer, fast schlossähnlicher Bau, einst Landsitz eines kurfürstlichen Kammerrats, ist wunderschön gelegen, in einem idyllischen Park, der sanft abfallend und mit hohen Bäumen bestanden bis hinunter zum Rheinufer reicht. Zum Haupthaus gruppieren sich einige Nebengebäude, es wird Landwirtschaft betrieben, Obst und Gemüse kommen aus hauseigenen Gärten.

Äußerlich ist es also eine recht ansprechende Bleibe. Davon überzeugt sich in den kommenden Tagen nicht etwa Clara, sondern ihre Mutter Mariane Bargiel, die aus Berlin herbeigeeilt ist. Robert bekommt sie nicht zu Gesicht, dafür den Arzt, den sie als lieben herzlichen Herrn beschreibt. In den folgenden Tagen informiert er Clara dann schriftlich darüber, sie dürfe Robert erst besuchen, wenn er dies ausdrücklich wünsche. Das sei der Usus im Rahmen seines Behandlungskonzepts, um unnötige Aufregungen zu vermeiden.

Clara akzeptiert das Besuchsverbot, obwohl es seltsam erscheint, dass ausgerechnet sie als engste Vertraute und emotionale Stütze ihres Mannes keinen Zutritt haben soll. Warum geht der Arzt davon aus, eine Begegnung mit ihr könnte Roberts Leiden verschlimmern? Weil sie seine Krise ausgelöst hat? Auch dass sie nicht wenigstens die Anstalt in Augenschein nimmt, bleibt rätselhaft. Immerhin ist es ihr geliebter Mann, der hier weilt. Möchte man da nicht wissen, wo er untergebracht ist? Und vielleicht persönlich mit dem behandelnden Arzt sprechen, ihm die Symptome schildern, die Vorgeschichte? Nichts von alledem. Zu diesem Schritt wird sie sich erst zweieinhalb Jahre später entschließen, am 14. Juli 1856.

Einstweilen schickt Clara ihre Mutter vor. Mariane Bargiel kann berichten, dass Robert zwei hübsche Stuben mit Rheinblick bewohnt. Alles in Ordnung also. Clara ist froh über die Anwesenheit ihrer Mutter, die daheim alles stehen und liegen gelassen hat, um ihrer Tochter beizustehen. Und noch jemand ist sofort zur Stelle: Johannes Brahms. Neben anderen Musikerfreunden und Rosalie Leser wird er jetzt zu Claras wichtigster Stütze.

Männlicher Familienzuwachs

Der Einfachheit halber übersiedelt Johannes bald nach Düsseldorf, kurz darauf bezieht er sogar eines der drei Zimmer im Stockwerk über der Schumann'schen Wohnung – Tür an Tür mit Claras Studierstube, in der ihr Flügel steht, Roberts großzügiges Geburtstagsgeschenk vom Vorjahr. Im Handumdrehen wird Johannes zum neuen Familienmitglied. Die Kinder freut es, sie kennen ja schon seine Treppengeländerkunststücke und seine schmissigen Walzer, die er zuweilen spielt, wenn man ihn darum bittet. »Wir Kinder hatten Brahms alle sehr gern«, erinnert sich Eugenie Schumann, »aber wir behandelten ihn wie einen, der eben da ist, und das war vielleicht manchmal etwas obenhin.«[12] Eine Art großer Bruder ist er halt für sie, kein Gast. Und ihm liegt etwas an den Kindern.

Als er einmal mit Marie von einem längeren Spaziergang zurückkehrt, bei dem sie ihm – so erzählt es Marie – unaufhörlich vorgeplappert hat, kauft er ihr ein Osterei. Kurz darauf schenkt er ihr ein ledergebundenes Buch; wie ein Tagebuch hat es ein kleines Schloss, und Brahms überreicht es mit der freundlichen Aufforderung, sie solle es mit Gedichten füllen. Der pädagogische Hintergedanke besteht darin, dass sie ihre Schreibkünste vervollkommnen soll. Vielleicht war es aber auch eine Idee von Clara.

Ein halbes Jahr nachdem Marie erlebt hat, wie ihr Vater totenbleich im geblümten Schlafrock aus seinem Zimmer trat, rät sie der mittlerweile Dreizehnjährigen, sie solle doch ein Gedicht über ihren Vater schreiben. Ein reichlich poetisches Aufarbeitungsangebot, da Marie auch beobachtet hat, wie ihr Vater völlig durchnässt und mit dem Gesicht in den Händen von zwei Männern nach Hause geschleppt wurde. Claras Kinder müssen halt robust sein, das werden sie in den kommenden Jahren noch oft erleben. Einstweilen haben sie Johannes, eine zugewandte Natur. Der kleine Ludwig, der seinen Vater vermisst, darf sogar in seinem Bett schlafen. Bei Johannes findet der Junge Geborgenheit.

Nur wenn er den Kindern Klavierunterricht erteilt – auch diese Pflicht nimmt er Clara ab –, kann er streng werden. Das wird dann aber durch rührende Gesten aufgewogen. Als Clara auf eine Konzertreise geht, wollen ihre Töchter Marie und Elise sie bei ihrer Rückkehr mit einem vierhändigen Stück überraschen, Roberts *Bildern aus Osten*. Brahms hilft ihnen dabei, es einzustudieren, die Überraschung gelingt.

Für Clara ist es überaus beglückend, Johannes in ihrem Leben zu wissen. Neben einem willigen Tröster und Teilzeit-Babysitter hat sie nun einen neuen Seelenverwandten an sich gebunden. Aber einen, der zu ihr aufschaut und sie glühend verehrt, nicht einen wie Robert, der ihr gern zu verstehen gab, wer die Vormachtstellung in der Beziehung beanspruchen darf. Johannes würde sich niemals paternalistisch aufführen. Der relativ große Altersunterschied von vierzehn Jahren und Claras Vorsprung an Reife und Wissen erzeugen ein klares hierarchisches Verhältnis: Sie gibt die Tonart vor.

In Düsseldorf sorgt diese ungewöhnliche Wohngemeinschaft für einiges Kopfschütteln. Clara ist verheiratet. Ein junger Mann geht bei ihr ein und aus, und Bertha, die Haushälterin, ist nun wirklich keine adäquate Anstandsdame. Sogar ins Konzert sieht man das ungleiche Paar gemeinsam gehen. Die statuarische Starpianistin und der schöne junge blonde Mann, das ist klassisches Downdating. Eine Mesalliance, wie man zu dieser Zeit sagt. Clara ist egal, was die Leute reden. Sollen sie doch. Wie könnten gewöhnliche Menschen denn verstehen, welch hehrer Bund sie mit Johannes verknüpft? Eigentlich denken sie beide doch immer nur an Robert. Irgendwie.

»Nachmittag dritten Teil des ›Faust‹ von Robert durchgegangen«, heißt es am 20. März im Tagebuch. »Der geliebte teure

Mann, in seinen Werken schafft er mir selbst die schönste Linderung meiner Schmerzen. Abends spielte Brahms mir mit Becker eine Sonate von Grimm vor, der ein sehr talentvoller Komponist ist, was man besonders in seinen Liedern, die mir Brahms neulich zeigte, heraus-fühlt.«[13]

Fast jeden Tag wird jetzt musiziert, oft mit weiteren Instrumentalisten des Düsseldorfer Freundeskreises. Es geht zu wie im Taubenschlag. 23. März: »Nachmittag Neujahrslied, 4händiges spanisches Klavierspiel und Ouvertüre zu ›Hermann und Dorothea‹ vom Robert mit den jungen Herren durchgespielt.« 26. März: »Abends spielte mir Brahms bei der (Rosalie, Anm. d. V.) Leser ein neues geniales Trio.« Auch erste Besitzansprüche blitzen auf. »Brahms war eben nicht sehr liebenswürdig gegen mich, wie er denn überhaupt, wie mir scheint, durch die furchtbare Anbetung der anderen jungen Leute verdorben wird.« Kennt er nicht das Erste Gebot? Du sollst keine anderen Göttinnen haben neben mir? 27. März: »Keine so guten Nachrichten vom Arzt – ich in Schmerz aufgelöst! – Abends spielten wir der Mutter Roberts 3 Trios vor.«[14]

Es ist ein völlig neues Leben, das Clara führt. Durch Roberts Einweisung kann sie dem bürgerlichen Familienmodell entfliehen und einen passgenauen *way of life* für sich erfinden. So etwas gibt es noch gar nicht: eine Frau mit sieben Kindern und Personal, die ohne männlichen Hausvorstand Musiker empfängt, ein geselliges Leben genießt, obendrein mit einem jugendlichen Galan, der ihr geschmeidig zur Seite steht.

Clara bricht aus, und zwar sehr sichtbar. Das ist ungeheuer mutig zu einer Zeit, in der der Ruf schneller ruiniert ist als ihre weißseidenen Konzertschuhe an einem Regentag. Von Männern lässt sie sich gar nichts mehr sagen. Johannes würde es sich ohnehin nicht trauen, das ist das Schöne am Downdating, er fügt sich nach ihrem Willen in das gewagte Konstrukt. Ferdinand Hiller hingegen übt sich in Bevormundung. Roberts Vorgänger auf dem

Posten des Musikdirektors ist inzwischen zum Leiter der Rheinischen Musikfestspiele avanciert, eine Respektsperson, auf die man hört. Er legt Clara nahe, nach Köln zu ziehen. Da werde sie nicht täglich an Robert erinnert und könne auch mehr Geld verdienen.

Clara hört die Signale. Sie soll sich verkleinern, bescheidener, unauffälliger leben. Am besten nur noch unterrichten und keine Konzerte mehr geben. Nicht mit ihr. »Ich lehnte natürlich entschieden ab«, fasst sie das Gespräch zusammen. »Ich sagte Hiller, dass ich die mir teuer gewordenen Räume nicht verließe ohne gewichtigen Grund … dass ich es ferner meines guten Mannes unwürdig fände, einen Schritt zu tun, der ihn als Familienvater in ein falsches Licht der Welt gegenüber stellen würde, denn man müsste ja glauben, er habe mich aller meiner Habe *entblößt* zurückgelassen, was ja durchaus nicht der Fall ist.«[15] Außerdem betont sie, Robert solle nach seiner Genesung alles so vorfinden wie gewohnt.

Respekt. Eine Frau, die fest und getreulich auf ihren Mann wartet, dagegen kann selbst ein Hiller nichts einwenden. Dass sich Clara die Wartezeit bei allem Schmerz recht angenehm vertreibt, muss man ja nicht an die große Glocke hängen. Die Leute reden sowieso schon genug, weil sie schwanger ist. Das hat nicht nur Zeitgenossen zu allerlei Spekulationen veranlasst. Ist Brahms der Vater? Die Gesetze der Arithmetik sprechen dagegen. Felix, der Jüngste, kommt am 11. Juni 1854 zur Welt, Brahms' erster Besuch datiert vom 30. September 1853. Da müsste es schon gleich am ersten Abend zu handfesten Annäherungen gekommen und Felix eine Frühgeburt sein – weder das eine noch das andere trifft zu.

Bei den Finanzen hat Clara allerdings leicht übertrieben. Die Tantiemen aus Roberts veröffentlichten Werken bringen mittlerweile um die 2000 Taler jährlich ein. Ob das so bleibt, ist ungewiss, und für ihr Leben mit Kindern und Personal reicht das nicht aus. Deshalb war Roberts Posten als Musikdirektor so wichtig. Jetzt schlägt allein sein Aufenthalt in Endenich mit jährlich sechshundert Talern zu Buche. Ein paar Monate noch, so sieht es Roberts auslaufender Vertrag als Musikdirektor vor, kann sie sein Gehalt beziehen. Doch schon im September 1854 muss sie sich eingestehen: »Das Geld ist alle.«[16] Nun steht sie wieder einmal vor der alten Frage: Woher das Geld nehmen, um die Wohnung zu halten, das Personal zu entlohnen, für Essen, Trinken, Kleidung zu sorgen? Unabhängigkeit ist schön, aber, aber …

Aus Berlin ist eine größere Summe Geldes von Paul Mendelssohn eingetroffen, einem Bruder von Fanny und Felix. Er schickt Clara das »Kreditiv« mit den zartfühlenden Worten, nicht sie habe ihm zu danken, sondern er ihr, wenn sie es annehme, um die alte Verbundenheit mit der Familie zu erneuern. Vorerst möchte Clara das Geld jedoch nicht anrühren. Sie hat schon Pläne für Konzerte, außerdem unterrichtet sie Klavierschüler. So hofft sie, auch ohne Unterstützung anderer über die Runden zu kommen.

Unkonventioneller Lebensentwurf

Ohne Mann und ohne festes Einkommen, in einer Situation also, die andere Frauen ihres Standes womöglich aus der Bahn geworfen hätte, erweist sich Claras Erziehung jetzt als das wahre Kapital. Sie hat gelernt, Geld zu verdienen und eigenständige Entscheidungen zu treffen. Das macht sie so einzigartig. Obwohl Mitte des neunzehnten Jahrhunderts immer noch der Geist rückwärtsgewandter Restauration spürbar ist, agiert sie als selbstbestimmte Frau, unbekümmert um die Irritationen, die sie damit auslöst. Auch ihr romantisch gefärbtes Zweckbündnis mit Johannes wirkt verblüffend modern. Sie liebt, wen sie will, sie nimmt sich, was sie braucht. Oder nutzt sie die Verehrung des jungen Mannes aus?

Dieser Meinung sind jedenfalls seine Eltern. Von Hamburg aus verfolgen sie die Düsseldorfer Entwicklung mit wachsender

Skepsis. Nicht ganz zu Unrecht machen sie sich Sorgen, dass ihr Sohn keine Zeit mehr hat, zu komponieren, weil ihn das Zusammenleben mit Clara und den Kindern allzu sehr in Anspruch nimmt. Auch das skandalumwitterte Verhältnis von Clara und Johannes, die wie ein Paar auftreten, missfällt den Eltern. Es seien viele Gerüchte im Umlauf, schreibt Mutter Brahms ihrem Sohn im März 1854.

Ungewöhnlich ist diese Konstellation ohne Frage. So wie es überraschend ist, wie schnell Johannes vom Messias zum Hausmann wird. Schon im Herbst des Jahres 1854 geht Clara wieder auf Tournee, während er die Kinder hütet. Ohne große Gefühle seinerseits wäre diese Verwandlung kaum zu erklären. Mit dem Weichzeichner der Tochter Eugenie gesehen, ist über ihn zu lesen: »Nach der Erkrankung unseres Vaters erfüllte ihn die schwärmerische Hingabe an unsere Mutter, die sein ganzes Sein beherrschte und der er mehrere Jahre seines Lebens nicht – opferte, denn er folgte seinem inneren Herzensbedürfnis – sondern weihte.«[17] Aus vielen Gründen hätten die Kinder ihn geliebt: »Vor allem aber liebten wir an ihm seine Liebe zu unserer Mutter.«[18]

Liebe ist hier ein Synonym für verehrende Hingabe. Clara steht auf einem Sockel, unerreichbar für Johannes, der ihr nur huldigen darf – dieser Eindruck soll jedenfalls erweckt werden. Er selbst wird da schon deutlicher, wenn er seinem Freund Julius Otto Grimm gesteht: »Ich achte und verehre sie doch nicht höher, als ich sie liebe.« Eine umständliche Formulierung für sein Bekenntnis, dass er Clara mehr liebt als achtet oder verehrt. »Ich muss mich oft mit Gewalt halten, dass ich sie nicht ganz ruhig umfasse und gar –« hier hält er qua Gedankenstrich bedeutungsvoll inne, »ich weiß nicht, es kommt mir so natürlich vor, als ob sie es gar nicht übelnehmen könnte.« Junge Mädchen seien für ihn deshalb uninteressant geworden: »Die versprechen uns nur den Himmel, den Clara uns geöffnet hat.«[19]

Die Gegenüberstellung von gleichaltrigen Mädchen mit einer vierunddreißigjährigen Frau bezieht sich eindeutig auf eine potenzielle Partnerinnenwahl. Es ist die reife wissende Clara, die Johannes in ihren Bann zieht. So sehr, dass die Anziehungskraft ihn zu überwältigen droht. Er will sie umfassen, umarmen, ihr auch körperlich nahe sein.

Viel wurde darüber gerätselt, ob die Beziehung eine sexuelle Komponente hat. Eine erotische ganz bestimmt. Das verrät der Briefwechsel, dem oft eine tändelnde Leichtigkeit zu eigen ist, wie sie nur Liebenden in die Feder fließt. Dazu gehört Brahms' scherzhafte Verwendung offiziöser Floskeln wie »Viel hohe schöne Fraue [sic]«[20], ein Stilmittel, das an die frühe Korrespondenz von Clara und Robert erinnert, aber auch das spielerische: »Meine vielgeliebte Freundin«[21] oder: »Guten Morgen, Vielliebchen«[22].

Als Clara nach der Geburt von Felix, der im Juni 1854 zur Welt kommt, im August zur Erholung nach Ostende reist, offenbart Johannes eine nahezu obsessive Sehnsucht: »Den ganzen Tag sitze ich in der Bilkerstraße 1032 im 2. Stock; bin auch über Ihren Schrank hergefallen, ich muss alles durchsuchen!«[23] Die erotische Faszination ist überdeutlich; er vermisst Clara, er möchte ihr irgendwie nah sein, und sei es, indem er ihren Schrank durchwühlt.

Im November bietet sie ihm das Du an, wenn auch einseitig. Er wird sie weiterhin siezen, ist jedoch entzückt: »Wie liebevoll blickt mich das trauliche ›Du‹ an! Tausend Dank dafür, ich kann's nicht genug ansehen und lesen.«[24] Erst in einem Brief vom Januar 1855 wird eine, wenn auch sehr, sehr vorsichtige, körperliche Annäherung angedeutet. Clara konzertiert gerade in Amsterdam und hat Johannes brieflich die Bitte gewährt, sie zu umarmen. Mit leiser Ironie antwortet er: »Wie war Ihr voriger Brief so lieb! Mit dem ›Umarmen‹ hat's freilich seine guten Wege von Amsterdam bis Düsseldorf. Es ist recht ungefährlich und sittsam.«[25] Im März dann schließt er einen Brief mit den Worten: »Ich unterstehe mich gar, einen ganz leisen Kuss auf Ihre schöne Hand zu hauchen.«[26]

Nach der Entfremdung von Robert erlebt Clara jetzt – vielleicht zum ersten Mal in ihrem Leben – das Glück, bedingungslos geliebt zu werden. Ob die beiden miteinander ins Bett gehen, ist demgegenüber unerheblich. Möglich wär's, weil Clara eine leidenschaftliche Frau ist und Johannes bis über beide Ohren verliebt. Doch die Angst vor einer weiteren Schwangerschaft ist sicherlich zu groß. Clara will keine Kinder mehr und würde auch in Erklärungsnot geraten, da ihr rechtmäßig angetrauter Mann in Endenich lebt.

Außerdem sollte man nicht den Reiz einer Beziehung unterschätzen, in der die Erotik spannungsvoll in der Schwebe bleibt. Johannes' Einlassung »Sehen Sie doch meine Briefe als die allerkleinsten Liebkosungen meiner Seele an« elektrisiert Clara womöglich mehr als regelmäßig vollzogener Beischlaf, der dann auch noch im Haushaltsbuch protokolliert wird.[27] Wesentlich wichtiger, auch das spürt man in den Briefen, ist die emotionale Nähe, die Johannes ihr geben kann. Er braucht keine übertriebenen Liebesschwüre. Auf eine oft rührende Weise öffnet er ihr sein Herz, halb Ersatzvater für die Kinder, halb verhinderter Geliebter: »Heute und gestern haben die Jungen sich an Braunschweiger Kuchen gelabt«, berichtet er Clara, die sich gerade auf Konzertreise befindet. »Ich küsse sie immer von Ihnen, aber ich möchte Ihnen die Küsse auch wiedergeben!«[28]

Die innige Vertrautheit der beiden geht über reine Verliebtheit weit hinaus. Trotz des Altersunterschieds verbindet sie vieles: Clara und Johannes sind Pianisten und Komponisten, in derselben musikalischen Sprache zu Hause, haben gemeinsame Freunde, lieben es, sich über neue Stücke und kompositorische Details auszutauschen. Insider-Jokes inbegriffen. Über eine Sängerin witzelt Johannes, er liebe das Jodeln nicht so sehr: »Doch jodelt Helene wirklich merkwürdig anständig und nobel, sie leistet das Mögliche im Jodeln, man kann ihr Jodeln eigentlich besser vertragen als das Gekrächze und Gejubele, was dahinterkommt (den Chor des lieben Publikums).«[29] Das sind schon Blödeleien auf hohem Niveau. Man sieht förmlich Claras Lächeln bei der Lektüre dieses Briefs.

Zugleich ist Johannes ein Lebensgefährte im eigentlichen Sinn des Wortes. Clara genießt die Verliebtheit des jungen hübschen Mannes, der ihr zu Füßen liegt, aber auch bereit ist, familiäre Pflichten zu übernehmen und das Haushaltsbuch zu führen. Wie Robert trägt er Einnahmen und Ausgaben fein säuberlich in die Tabellen ein. So einen Wundermann muss man erst einmal finden. Was kümmert sie da das Geschwätz der Leute?

Clara hat andere Sorgen. Ihr Verleger Hermann Härtel möchte in Leipzig ein Benefizkonzert für sie veranstalten. Wie schon Hiller gegenüber erweist sie sich jetzt als Künstlerin, die sehr selbstbewusst ihren neuen Status definiert. Das gut gemeinte Ansinnen Härtels weist sie mit dem Argument zurück, ein Benefizkonzert schade ihr und dem Ansehen Roberts. Lieber gebe sie ein eigenes Konzert in Leipzig. Übersetzt heißt das: Sie will nicht in die Opferrolle der bedauernswerten mittellosen Ehefrau gedrängt werden, sondern sich als Künstlerin positionieren, die sehr wohl selbst für sich sorgen kann.

Es ist erstaunlich, wie differenziert sie ihre neue Rolle im Hinblick auf die Außenwahrnehmung betrachtet. Darin zeigt sich ein professioneller Umgang mit Public Relations, dem ein jahrzehntelanges Training vorausgegangen ist. Von den ersten Stichen über Rietschels Halbrelief bis zum Gemälde Carl Ferdinand Sohns gehörten Fragen der Imagebildung immer zu ihrem Künstlertum. Jetzt bereitet sie ihr neues Image der unabhängigen Künstlerin vor. Bewusst – und sehr klug.

Doch wie geht es eigentlich dem Gatten? Im April 1854 klingen die Bulletins von Richarz noch beruhigend. Anfangs habe Robert seine Wärter geschlagen, jetzt sei er freundlich und ausgeglichen, habe besten Appetit und auch keine Wahnvorstellungen mehr. Merkwürdig. Clara weiß nicht, woran sie ist. Doch noch immer bringt sie es nicht über sich, nach Endenich zu fahren, um wenigstens einen Blick auf Roberts Domizil zu erhaschen oder mit seinem Arzt zu sprechen. Stattdessen schickt sie Brahms und den gemeinsamen Musikerfreund Julius Otto Grimm vor. Die beiden erkundigen sich bei Richarz nach Roberts Befinden und übermitteln Clara anschließend seinen Wunsch, er hätte so gern ein paar Blumen, wie sie immer in der Düsseldorfer Wohnung gestanden hätten.

»Und warum fragte er denn niemals nach mir?«, reagiert Clara spürbar verstimmt. »Warum verlangte er niemals nach Nachrichten von mir?« Gute Frage. Clara hat ja recht, wenn sie meint: »Sollte er, wenn er der Blumen, die er hier hatte, nicht auch meiner gedenken?«[30] Bei aller Umnachtung – dass er Clara völlig ausblendet, ist seltsam. Sie scheint gar nicht mehr für ihn zu existieren.

Im ersten halben Jahr seines Aufenthalts, das belegen die Krankenakten, ist er geistig relativ klar; erst danach wird er fortschreitend den Verstand verlieren. Roberts Weigerung, seine Frau zu sehen, untermauert die These, dass die Nacht vor seinem Suizidversuch – in der er angeblich wünschte, in eine Anstalt gebracht zu werden – vermutlich doch anders verlief als von Clara geschildert. Dokumentiert ist ein gewaltiger Ausbruch, sodass der Hausmeister zu Hilfe gerufen werden musste. Der Anlass wäre nahe liegend: Womöglich gestand Clara ihrem Mann, dass sie von seiner Betreuung überfordert war und seine weitere Pflege Fachkräften überlassen wollte.

Das spräche keineswegs gegen ihre Gefühle für ihn. Dieser Deutung folgt auch – unwidersprochen – Claras Freundin Pauline Viardot: »Aber es ist ganz vernünftig, dass Du ihn nicht bei Dir behalten hast, Du hättest ihn nicht so gut pflegen können, und der traurige Anblick hätte Dein Herz fortwährend zerrissen.«[31] Man kann einen Menschen sehr lieben und dennoch vor der Bürde kapitulieren, in ständiger Sorge um sein Wohlergehen zu sein, keine Nacht mehr zu schlafen und auch beruflich nicht mehr aktiv sein zu können. Ohne Claras Auftritte ist die Existenz der gesamten Familie gefährdet, und in dieser Situation, die sich immer weiter zuspitzt, muss die Unterbringung in einer Anstalt als letzter Ausweg erscheinen.

Würde Robert diesen äußerst pragmatischen Vorschlag hinnehmen können? Einst haben sie einander versprochen, in guten wie in schlechten Tagen füreinander da zu sein; doch die schlechten Tage überwiegen mittlerweile, und Clara, auf die sich Robert immer verlassen konnte, selbst bei seinen schlimmsten Abstürzen, hätte dieses Gelöbnis dann aufgekündigt.

Aus ihrer Perspektive wäre das nur verständlich. Nach außen hin ist es dennoch schwer vermittelbar. Deshalb muss ein Weg gefunden werden, die Ereignisse so zu erklären, dass niemand an ihrer Liebe zweifelt. Claras schriftliche Hinterlassenschaften nach den Ereignissen des Februars 1854 sind Dokumente des Schmerzes, klingen aber manchmal auch nach Legendenbildung. Ein Beispiel ist ihr Umgang mit Roberts Suizidversuch. Angeblich weiß sie lange nichts davon, obwohl das Thema Stadtgespräch ist und die Düsseldorfer Zeitschrift *Die Grenzboten* darüber berichtet hat. Sie habe es nur geahnt, schreibt sie etwa zwei Jahre nach dem Vorfall. Warum betont sie diese zeitliche Verzögerung?

Nun, Roberts Sprung in den Rhein passt nicht zu der Geschichte, die sie erzählt. Der Suizidversuch stellt sie als Ehefrau bloß, die ihn nicht von seiner Verzweiflungstat abhalten konnte, womöglich sogar der Grund dafür war. Erst nach Roberts Tod muss sie sich dem Thema stellen. Bei ihrem abschließenden Gespräch mit Dr. Richarz kommt der Suizidversuch ebenso zur Sprache wie die Frage, warum Robert bei der Einlieferung in Endenich keinen Ehering trug. Offensichtlich hat er ihn vor seinem Sprung in den Rhein weggeworfen, als Zeichen dafür, dass er diese Ehe aufkündigt.

Es ist bewundernswert, wie Clara dieses kompromittierende Detail und auch gleich Roberts Versuch, sich zu ertränken, in einen Liebesbeweis umdeutet. An ihre Kinder gerichtet, erläutert sie zwei Jahre später im Tagebuch, einst habe sie auf Roberts Schreibtisch eine Notiz gefunden: »Liebe Clara, ich werfe meinen Trauring in den Rhein, tue Du dasselbe, beide Ringe werden sich alsdann vereinigen.« Auf die Symbolkraft dieser angeblichen Bitte bauend, schreibt Clara: »Damals gab ich dem weiter keine Bedeutung, doch als man mir in Endenich sagte, man habe nie den Trauring an seiner Hand gesehen, da fiel mir das gleich ein und ist mir jetzt zur schmerzlichen Gewissheit geworden.«[32]

So wird der Suizidversuch zur letzten romantischen Geste umgedeutet. Man kann diese Version für unaufrichtig halten. Sie zeugt jedoch von Claras Entschlossenheit, sich auch ohne Robert in der Welt zu behaupten. Clara kämpft. In einer Zeit, in der man einer Witwe nur ein zurückgezogenes Leben zugesteht, will sie weiterhin als Pianistin in die Öffentlichkeit treten. Da ist ein vorteilhaftes Storytelling der entscheidende Faktor. Clara weiß sehr gut, dass eine Künstlerin auch nach menschlichen Qualitäten beurteilt wird, so funktionieren die Gesetze des Starkults. Sie darf nicht unsympathisch wirken oder gar als ruchlose Gattin dastehen, die ihren Mann in den Freitod getrieben hat – worüber durchaus spekuliert werden könnte.

All diese Überlegungen fließen in die Geschichte vom Ring ein, kunstvoll umgesetzt und im beschwörenden Ton vorgetragen. Das zeugt von hoher Intelligenz. Clara befindet sich in einer entscheidenden Phase ihres Lebens. Auf den Ausbruch – in Gestalt ihrer unkonventionellen Beziehung zu Johannes – folgt der Aufbruch in die dritte Phase ihrer Karriere.

Phase eins umfasste ihre Kinder- und Jugendzeit, Phase zwei die Rückkehr aufs Konzertpodium während ihrer Ehe, nun erfindet sie sich neu als Pianistin, die unabhängig von Vater und Ehemann einen eigenen Platz im Musikleben beansprucht. Der beste Trumpf, den Clara dafür in der Hand hält, ist die Rolle der künstlerischen Nachlassverwalterin. Von jeher hat man sie als Roberts Medium gesehen, das seine Kompositionen so authentisch interpretiert wie niemand anderes. Diesen Benefit gedenkt sie zu nutzen – und muss dafür die Kontrolle über ihr öffentliches Bild behalten. Nicht anders als Stars, Politiker und Unternehmen heutiger Tage braucht sie maximale Deutungshoheit. Durch die Geschichte einer großen Liebe, die niemals Risse bekam und auch niemals enden wird, hat sie eine überzeugende Metaerzählung gefunden.

Umso vorsichtiger ist sie mit ihren schriftlichen Äußerungen. Jedes Wort muss auf die Goldwaage gelegt, jede Aussage sorgfältig abgewogen werden. Nur eine Ausnahme gibt es, den Briefwechsel mit Johannes. Clara hütet ihn deshalb wie einen Schatz. Später, im Jahr 1864, wird sie ihm schreiben: »Ich habe die Briefe mit hierher genommen, und willst Du es nun, so bringe ich Dir alles mit? Oder glaubst Du die Sachen sicherer bei mir in Baden, so nehme ich sie im Frühjahr mit dorthin?«[33] Weitere Jahre später wird sie Johannes bitten, ihre Briefe zu vernichten, und wird ihrerseits seine Briefe zerreißen.

Man muss Marie Schumann dankbar sein, dass sie ihrer Mutter gleichsam in den Arm fällt und sie beschwört, zumindest einige Briefe vor der Vernichtung zu retten. Das wenige, das erhalten ist, vermittelt viel von dem Zauber, aber auch die Sollbruchstellen dieser Verbindung: Johannes ist verliebt, Clara liebt ihn eher freundschaftlich und hat keineswegs vor, die Frau an seiner Seite zu werden.

Schon in Düsseldorf wird sie vorsichtiger. Als sie innerhalb der Stadt von der Bilker Straße in die Poststraße umzieht, wohnt sie fortan mit ihren Kindern in der ersten Etage, während Johannes ein Zimmer bei einer Familie im Erdgeschoss bezieht. So bleibt der Schein gewahrt. Johannes leidet freilich darunter, dass er Clara kaum noch zu Gesicht bekommt. Sie ist häufiger abwesend als anwesend, sodass er schließlich aufbegehrt: Warum die vielen »unnützen Reisen?« Warum nimmt sie nicht vermehrt Klavierschüler auf und gibt nur noch einzelne ausgewählte Konzerte?

Seine Kritik ist genau das, was Clara lebenslang von einer neuerlichen Beziehung abhalten wird, sei es mit Johannes oder einem anderen Mann: Sie will sich nicht mehr bevormunden lassen. Weiterhin geht sie auf wochenlange, manchmal monatelange Tourneen. Sie braucht das Reisen. In den vielen Auftritten findet sie sich in ihrer neuen Rolle als alleinige Ernährerin bestätigt, auch als Künstlerin, die unabhängig vom Ehemann um ihrer selbst willen geschätzt wird. Zudem plagen sie Ängste, die weit in ihre Kindheit zurückreichen: Auch ihr Vater hatte Abstiegsängste. Immer wieder musste Clara deshalb den Koffer packen, immer wieder sind sie zu Tourneen aufgebrochen. Zu viel war nie genug.

So muss sich Johannes damit abfinden, dass sie unablässig unterwegs ist. Doch auch ihr scheinen die Abschiede manchmal schwerzufallen. Mehrfach erwähnt Johannes die Tränen in ihren Augen, wenn er sie zum Zug bringt. »Wie mit ganzer Seele hänge ich an dem Freunde«, notiert sie im Tagebuch. »Wie mächtig fühle ich das immer, wenn ich mich von ihm trennen muss!«[34]

Es gehört zu den Eigentümlichkeiten dieser ungewöhnlichen Verbindung, dass sie lange eine Dreiecksbeziehung ist. Auch nach Roberts Einlieferung bleibt Johannes sein glühendster Verehrer. Er besucht Robert mehrfach, geht mit ihm spazieren, korrespondiert mit ihm. Danach übermittelt er Clara manchmal Grüße und auch Wünsche des Patienten: Briefpapier zum Beispiel, oder die Noten der Paganini-*Capricen*, zu denen er eine Klavierbegleitung komponieren will. Im März 1855 berichtet Johannes, Robert äußere den Wunsch, Endenich zu verlassen. Clara kommt gerade von einer Tournee aus Pommern zurück. Was soll sie von dieser Nachricht halten? Seit September 1854 darf sie Briefe mit Robert tauschen, doch manchmal meldet er sich wochenlang nicht. Den Arzt aufzusuchen, um Näheres zu erfahren, kommt ihr noch immer nicht in den Sinn.

Unterdessen wird es Zeit für einen Antrittsbesuch bei Johannes' Eltern. Am 19. April fährt Clara mit ihm über Hannover nach Hamburg, wo Roberts Vertonung von Lord Byrons Dramatischem Gedicht *Manfred* aufgeführt wird. Die Zweifel der Eltern an ihren womöglich unlauteren Absichten im Hinblick auf Johannes versucht sie nach Kräften zu zerstreuen. Clara gelingt es sogar, ein herzliches Verhältnis zu seiner Mutter aufzubauen: »Die Frau ist so prächtig! Sie gibt's, wie sie's hat, so einfach gemütlich, macht gar kein Hin- und Herredens.«[35] Insgeheim ist sie allerdings beklommen wegen der beengten Verhältnisse, in denen die Eltern leben, und schlägt das Angebot aus, bei ihnen zu wohnen. Stattdessen nimmt sie Logis im Viktoria-Hotel am Jungfernstieg.

Die Eltern sind also beruhigt. Aber langsam ist es nun Johannes, dem Zweifel an dem Arrangement kommen. Er ist unzufrieden, weil es beruflich für ihn nicht weitergeht, während er nach wie vor den Hausmann spielt. Eine Weile haben die beiden gehofft, er könne als Roberts Nachfolger den vakanten Posten des Städtischen Musikdirektors in Düsseldorf übernehmen; den überträgt man jedoch – wenig überraschend – jenem Julius Tausch, der sich schon als Roberts Vertretung verdient gemacht hat. Selbst Klavierschüler kann Johannes in Düsseldorf nicht finden. Aus seinem Dilemma macht er kein Hehl. Am liebsten möchte er zurück nach Hamburg – »aber wie hielt ich's denn aus ohne Euch alle«.[36]

Am 7. Mai 1855 feiern sie gemeinsam seinen zweiundzwanzigsten Geburtstag. »Er genoss ihn recht im heitersten Sinne«, freut sich Clara, »dass ich mir ordentlich jünger geworden schien, denn er zog mich mit in den Strudel seines Humors, und seit Roberts Krankheit verlebte ich doch keinen so heiteren Tag.«[37] Schon am 1. Mai hatte Robert ihr geschrieben und Glückwünsche an Johannes ausgerichtet, vorsichtshalber, um ihm rechtzeitig zu gratulieren: »Den Geburtstag unseres Geliebten wusste ich nicht mehr …«[38] Es ist Roberts letzter Brief. Sein Arzt berichtet, sein Zustand verschlechtere sich jetzt rapide.

Ganz anderer Meinung ist Bettina von Arnim, die ihn Mitte Mai besucht. Abgesehen davon, dass Robert nur mühsam sprechen könne, habe er viel aus der Vergangenheit erzählt und sich an alles glasklar erinnern können. Ihrer Einschätzung nach sei alles nur ein nervöser Anfall gewesen, sodass man erwägen solle, ihn schrittweise wieder ans Familienleben zu gewöhnen. Clara bleibt skeptisch, denn sie korrespondiert ihrerseits mit Doktor Richarz, der eine Verschlimmerung der Symptome registriert: Gehörhalluzinationen, Sprachstörungen, Verwirrtheit.

Sie gibt weiterhin Konzerte, auch Erholungsphasen werden eingeplant. Unter anderem unternimmt sie mit Johannes eine gemeinsame Rheinreise, die sie bis Heidelberg führt. »Welche Wonne es mir ist, das alles mit Johannes genießen zu können, der in vollen Zügen die herrliche Natur einatmet«, schwärmt sie überwältigt, »da wird man ordentlich wieder jung mit.«[39] Natürlich erwähnt sie auch ihren Kummer Roberts wegen, doch es scheint eine wohltuende Auszeit zu sein.

Nach Düsseldorf zurückgekehrt, nimmt ihr Richarz im September 1855 jede Hoffnung auf Roberts Gesundung. Derweil hat er seinen Patienten schon mit allerlei Methoden gequält, die damals zum üblichen Therapieprogramm gehören. Die Zwangsjacke kommt nur unmittelbar nach der Einweisung zum Einsatz. Im Laufe der folgenden Zeit wird dann im Krankenbericht zweimal die »Fontanelle« erwähnt, eine Schädelöffnung, bei der Entzündungsherde gelegt werden, um das Gehirn zu »entgiften«. Gegen Ende des Aufenthalts wird Robert auch mehrmals künstlich ernährt werden, weil er das Essen verweigert.

Die Nachricht, Robert werde nicht mehr gesund, stürzt Clara in einen tiefen Zwiespalt. Offiziell ist er zur Genesung nach Endenich gebracht worden. Diese Begründung ist nun hinfällig geworden, was die Frage aufwirft, ob sie ihn wieder bei sich aufnehmen sollte. »Welch ein Gedanke, ihn, den strebsamsten alle Künstler, geistesgeschwächt zu sehen, vielleicht oder vielmehr ganz wahrscheinlich, der schrecklichsten Melancholie hingegeben – soll ich so ihn wieder besitzen?«, fragt sie sich bang. »Und doch, sollt' ich nicht wünschen, nur den Menschen erst wieder zu haben?«[40]

Es ist eine Grundsatzfrage, die sich wohl jeder stellt, der sich mit der schweren psychischen Erkrankung eines nahen Angehörigen konfrontiert sieht: Wie damit umgehen? Sich selbst kümmern oder die Betreuung geschultem Pflegepersonal überlassen? Sie habe es tausendmal durchdacht, und immer bleibe es ihr schrecklich, muss sich Clara eingestehen. Der Mensch und der Künstler, das sind zwei verschiedene Personen. Sie hat den Künstler geliebt. Der Mann, der seine Tage in Endenich verbringt, ist nur noch auf dem Papier ihr Mann. Dennoch schreibt sie ihm zärtliche Liebesbriefe, vielleicht deshalb, weil sie – wie in ihrem Tagebuch – an einer Legende für die Nachwelt webt.

Unterdessen sorgt sie durch weitere Konzertreisen für das Familieneinkommen. Schon im Dezember 1855, nach drei sehr erfolgreichen Berliner Auftritten mit Joseph Joachim, kann sie bei Paul Mendelssohn das Darlehen ablösen. Es ist gleichermaßen eine Erleichterung wie eine Genugtuung für Clara und bestärkt sie in ihrem Plan, künftig ein Leben als reisende Virtuosin zu führen.

Im darauffolgenden Sommer wird ihr von Doktor Richarz mitgeteilt, Robert habe nicht mehr lange zu leben, jetzt dürfe sie ihn besuchen. Zum ersten Mal seit seiner Erkrankung fährt Clara am 23. Juli 1856 nach Endenich, begleitet von Johannes. Doch sie kehrt wieder um, ohne Robert gesehen zu haben, weil sich Johannes um ihr Seelenheil ängstigt; die Erschütterung gehe möglicherweise über ihre Kräfte. Erst vier Tage später fährt sie erneut nach Endenich. Seit mehr als zwei Jahren hat sie ihren Mann nicht gesehen. »Und nun still zu seinen Füßen lag ich, wagte kaum zu atmen, und nur dann und wann ein Blick, zwar umnebelt, aber doch so unbeschreiblich mild«, schildert sie die Begegnung.[41] Er versucht, einen Arm um sie zu legen, was ihm schwerfällt, und kann sich kaum noch artikulieren, nur einzelne Worte herausbringen.

Vielleicht hat sie sich vor dem gefürchtet, was er ihr sagen wollte, etwa warum er ihr fast zweieinhalb Jahre lang jeden Besuch verwehrte. Brahms hat er empfangen, Joseph Joachim, Claras Bruder Woldemar Bargiel, Bettina von Arnim – nur seine Frau wollte er nicht sehen. Nun trifft Clara einen Patienten an, der zu solchen Gesprächen gar nicht mehr in der Lage ist. Am nächsten Tag besucht sie ihn ein weiteres Mal, füttert ihn mit Wein und Gelee, der einzigen Nahrung, die er noch zu sich nimmt. Zwei Tage später, am 29. Juli, stirbt Robert, ohne dass ihm jemand beisteht.

Das Rätsel um seine psychische Erkrankung schien für die Nachwelt gelöst, als man übereinkam, es handele sich um das Spätstadium seiner Syphilis, zu dem die sogenannte Neurosyphilis gehört. In Richarz' Obduktionsbericht ist von Syphilis keine Rede, vermutlich aus Pietät, denn die Symptome sind eindeutig. Seine Diagnose lautet: »Schumanns letzte verderbliche Krankheit war nicht eine primär-spezifische Geisteskrankheit. Sie bestand vielmehr in einem langsamen, aber unaufhaltsam sich vollziehenden Verfall der Organisation und der Kräfte des Gesamtnervensystems in Form der unvollständigen Paralyse.«

Dass Richarz betont, es liege keine »primär-spezifische Geisteskrankheit« vor, hat seinen Grund: Zu dieser Zeit sind derartige Diagnosen mit großer Scham besetzt. Es gilt als Makel für die ganze Familie, wenn jemand als geisteskrank klassifiziert wird. Lieber sucht man nach körperlichen Ursachen. So wird auch nicht weiter erwähnt, dass Robert eine genetische Disposition hat – seine depressive Schwester Emilie nahm sich mit neunundzwanzig Jahren das Leben. Weder die Syphilis noch eine mögliche erbliche Veranlagung kommen zur Sprache.

Selbst nach seinem Tod zollt man dem großen Komponisten und seiner Witwe Respekt. Clara, Johannes und Joseph Joachim ebenfalls, aber auf ihre Weise. Man kommt überein, Roberts *Violinkonzert* nicht zu veröffentlichen, weil er es im Oktober vor seiner Einlieferung nach Endenich geschrieben hat. Neben Einwänden gegen den Finalsatz, dem Clara gewisse Makel bescheinigt, und Joseph Joachims Hinweis, es gebe technische Schwierigkeiten, die in keinem Verhältnis zur kompositorischen Qualität stünden, ist wohl die Angst zu groß, man könne es als das Werk eines Umnachteten verstehen.

»Sein Kopf war schön als Leiche, die Stirn so schön klar, sanft gewölbt«, erinnert sich Clara. »Ich stand an seiner Leiche, des heißgeliebten Mannes, und war ruhig; all mein Empfinden ging auf in Danke zu Gott, dass er endlich befreit.« Nach der Beisetzung im engsten Kreis resümiert sie: »So war denn mit seinem Hingang all mein Glück dahin! Ein neues Leben begann für mich …«[42]

Im Grunde hat ihr neues Leben längst begonnen. Und Clara ist sich bewusst, was sie nach Roberts Tod der Öffentlichkeit und ihren Kindern schuldet: eine Erklärung, warum sie zweieinhalb Jahre lang eine derart enge Beziehung zu Johannes hatte, zeitweise sogar mit ihm zusammenlebte, während Robert in Endenich seine Tage verdämmerte. Es war nicht ihre Entscheidung, auf Besuche zu verzichten, sondern das Verdikt des Arztes. Doch das Verhältnis zu Johannes wirft Fragen auf, die ihr sicherlich oft nach seinem Tod gestellt werden. Deshalb verfasst sie eine Art Rechenschaftsbericht, in dem sie auch den üblen Nachreden entgegentritt.

»Gott sendet jedem Menschen, und sei er noch so unglücklich, immer einen Trost, und gewiss sollen wir uns desselben erfreuen und stärken daran«, beginnt ihre leicht pathetische Botschaft an die Kinder. Einige Sätze später präzisiert sie, welche Rolle Johannes in diesem Zusammenhang spielt: »Er kräftigte das Herz, das zu brechen drohte, er erhob meinen Geist, erheiterte, wo er nur konnte, mein Gemüt, kurz, er war mein Freund im vollsten Sinne des Wortes.«

Es sei keineswegs seine Jugend oder geschmeichelte Eitelkeit, die sie an ihn gebunden habe, sondern seine Geistesfrische und sein edles Herz. »Glaubt Eurer Mutter, was sie Euch gesagt«, schließt ihre Apologie. »Und hört nicht auf kleinliche und neidische Seelen, die ihm meine Liebe und Freundschaft nicht gönnen, daher ihn anzutasten suchen oder gar unser schönes Verhältnis, das sie entweder nicht begreifen oder nicht begreifen wollten. Ich hielt es für meine Pflicht, Euch dies zu sagen, vergesst es nie und nie den Dank, den ihr ihm schuldet für Eure Mutter.«[43] So weit die schriftliche Schadensbegrenzung. Doch Johannes als Witwentröster weiterhin an ihrer Seite zu dulden, wäre dann doch etwas kühn. Von nun an gehen sie getrennte Wege.

KAPITEL 9
DEFIZITE

Härte und Verzicht.
Die Verweigerung der Mutterrolle

Mit aller Kraft klammert sich Ludwig Schumann an seine geliebte Mutter. Seit einigen Minuten stehen sie auf dem Bahnsteig der sächsischen Kleinstadt Colditz, gleich wird Claras Zug einfahren. Doch Ludwig hat nur einen verzweifelten Wunsch: Er möchte, dass seine Mutter ihn aus dem Jammertal erlöst, in dem der Fünfundzwanzigjährige seit zwei Jahren dahinvegetiert – weggesperrt, aufgegeben, weitgehend totgeschwiegen.

Sein panischer Blick schweift über das Bahnhofsgebäude zum Schloss Colditz, einem imposanten Renaissancebau, der hoch oben auf einem gewaltigen Felsmassiv thront. Schon von außen wirkt das Schloss wie eine Festung. Wo einst Herrscher mit so klingenden Namen wie Kurfürstin Margarethe von Österreich oder Friedrich der Weise residierten, ist Ende des achtzehnten Jahrhunderts ein Arbeitshaus für Bettler und Landstreicher entstanden. Seit 1829 beherbergt das Schloss die »Landesanstalt für unheilbar Geisteskranke«, in der auch unzurechnungsfähige Straftäter wie Diebe und Mörder untergebracht sind.

Im Dezember 1871 wird Ludwig dort eingeliefert, auf Claras ausdrückliche Veranlassung. Aber wie krank ist er wirklich? Für seine Mutter liegt der Fall klar: Der zweitgeborene Sohn ist nicht lebenstüchtig, also gehört er weggeschlossen.

Von jeher ist Ludwig das schwarze Schaf der Familie. Als er in die Schule kommt, bereitet er ihr fortgesetzt Scherereien, weil er – unter anderem aufgrund einer nicht diagnostizierten Sehschwäche – unzureichende Leistungen erbringt. Seine wechselnden Stimmungen, die von schwermütiger Versunkenheit bis zu theatralischen Auftritten reichen, machen es ihm zusätzlich schwer, dem Unterricht zu folgen. Mit den Jahren steigert sich der Eindruck, irgendetwas stimme nicht mit ihm. »Ganz auffallend war eine gewisse Ungeschicklichkeit, die ihm viel Tadel zuzog«, erinnert sich Eugenie Schumann an den Bruder. »Kaum trat er ins Haus, so geschah ihm ein Unglück, er stieß an irgendetwas oder jemanden; bei Tische ließ er die Schüsseln, die er weiterreichen sollte, fallen und sah bei solchem Ereignis immer so traurig aus, dass er einen im tiefsten Herzen jammerte.«[1]

Das klingt nach einer Aufmerksamkeitsdefizitstörung, die mit fehlender motorischer Kontrolle einhergeht. Heute würde man versuchen, solche ADHS-Symptome mit Medikamenten und Konzentrationsübungen in den Griff zu bekommen. Für Clara sind Ludwigs Verhaltensauffälligkeiten nur ein Problem mehr in ihrem anstrengenden Alltag zwischen Mann, Haushalt, Kindern und beruflichen Verpflichtungen. Was soll sie mit ihrem missratenen Sohn anfangen? Schließlich hatte er seine Chancen.

Die Lehrstellen als Buchdrucker und Musikalienhändler, die Clara eigens für ihn organisiert hat, waren völlige Fehlschläge, weil er zu zerstreut ist, zu undiszipliniert. Danach hat er sich unter ihrer Aufsicht als Klavierlehrer versucht. Auch so ein Reinfall. Belesen und musikalisch talentiert, bleibt Ludwig gleichwohl immer ein Träumer, der nichts auf die Reihe bekommt. Musik wollte er studieren, seinen berühmten Eltern nacheifern. Clara hielt allerdings gar nichts von seinen ersten kompositorischen Versuchen und sprach ihm jegliche Begabung ab. Hätte Ludwig mehr Unterstützung verdient?

Bei diesem Thema ist Clara ganz anderer Meinung als ihr langjähriger Freund Johannes Brahms. Der beschwor sie, mehr Geduld für den hochsensiblen Jungen aufzubringen. Schließlich kennt er Ludwig noch aus jener Zeit, als er für Clara den Babysitter spielte, und offensichtlich hegt Johannes Sympathien für den als schwierig abgestempelten Sohn. Das unterscheidet ihn von Clara.

Für sie ist ein Kind, das nicht funktioniert, einfach nur Sand im Getriebe, wenn man ohnehin schon seine liebe Not hat, sich um den zahlreichen Nachwuchs zu kümmern.

Kühl mustert sie den jungen Mann, der an ihrem Mantel hängt und seine Finger in den Stoff verkrallt. Er möchte mit ihr wegfahren, nur weg von Schloss Colditz, wo man ihn wie einen Gefangenen hält. Ludwigs verzweifeltes Flehen, ihn mitzunehmen, ist ihr unangenehm. Selbst seine Schilderung, er werde von den Wärtern misshandelt, lässt Clara relativ kalt. Der Direktor der Colditzer Anstalt, Obermedizinalrat Hermann Voppel, brüstet sich damit, seine Patienten würden nicht mehr gefesselt. Das ist doch schon mal was.

Clara unterhält eine lebhafte Korrespondenz mit Voppel. Regelmäßig erkundigt sie sich nach dem Stand der Dinge und erhält Antworten, deren Wahrheitsgehalt sie nicht weiter nachprüft. Manchmal schickt sie Präsente nach Colditz. Das muss genügen. So wie stets kommuniziert Clara am liebsten schriftlich. Das ist das Muster, das sie kennt, ein Distanzmuster, das auch ihre Beziehung zu Robert während der Verlobungszeit und darüber hinaus charakterisierte. Selbst Ludwigs Flehen am heutigen Tag erreicht sie nicht. Alles, was sie fühlt, ist Erleichterung, ihn irgendwie versorgt zu wissen.

Dabei könnte sie zumindest ahnen, dass ihn gerade ein Déjà-vu triggert: Der näher rückende Abschied berührt ein Trauma seiner Kindheit. 1848 geboren, wächst Ludwig in einer Phase auf, in der Clara unablässig Konzerttourneen unternimmt. Jede ihrer Abreisen erlebt er dann als existenzielle Katastrophe. Kleinkinder haben noch kein Zeitgefühl. Sie können deshalb auch nicht einschätzen, ob und wann sie ihre Mutter jemals wiedersehen werden.

Eugenie Schumann erzählt, ihr Bruder sei in eine Art Schockstarre verfallen, sobald Clara ihre Koffer packte. Völlig unbeweglich habe er auf dem Sofa gesessen, das Gesicht zur Lehne gewandt, als sei er innerlich erloschen. Auch als Ludwig größer wird und seine Mutter zum Bahnhof begleiten darf, versteinert er förmlich. »Mit schwerem Herzen ließ ich ihn zurück«, schreibt Clara im Nachhinein, »wehmütig blickte er unserem Zuge nach. Mir schnürte sich förmlich das Herz zusammen, wenn ich ihn so stehen sah, so bleich!«[2]

Auch jetzt stehen die beiden wieder auf einem Bahnsteig, auch jetzt steigen wieder die alten Verlustängste in Ludwig hoch. Dass sich Clara immer noch das Herz zusammenschnürt, muss jedoch stark bezweifelt werden.

Acht Jahre war Ludwig alt, als sein Vater starb. Seither ist er immer nur herumgeschubst worden. Zunächst kommt er zusammen mit seinem ein Jahr jüngeren Bruder Ferdinand in einem Düsseldorfer Institut unter, es folgen Erziehungsanstalten in Bonn und Jena, dann die Unterbringung bei einem Pfarrer in Wissen an der Sieg, ein Gastspiel in einem Gymnasium in Karlsruhe, danach an der dortigen Bürgerschule, wieder bei einer fremden Familie geparkt. Und so fort, und so fort. Clara sorgt sich um ihn, vor allem aber ist ihr wichtig, ihn auf Abstand zu halten. Weihnachten 1860 darf der knapp Dreizehnjährige nicht einmal zu Hause verbringen. Seine Mutter feiert lieber mit ihrer Freundin Rosalie Leser, die angeblich »so leidend« ist, »dass sie gar keine Unruhe bei sich vertragen« kann.[3]

Was bedeuten da schon ihre Beteuerungen, sie wisse um Ludwigs Anhänglichkeit. »Ach, mein Herz tut mir immer so weh, wenn ich den armen Jungen ansehe«, behauptet sie gern. »Er hat mich so lieb, etwas unaussprechlich Gutes und Treuherziges in seinem Blicke.«[4] Leider beruht die Liebe nicht auf Gegenseitigkeit. Wie anders sollte man Claras Entschluss interpretieren, ihren Sohn ausgerechnet ins entlegene Colditz zu verbannen? Im Grunde hat sie ihn längst aufgegeben, nennt ihn selbst »lebendig begraben«. Nach ihrem Dafürhalten kann Ludwig froh sein, dass er rund um die Uhr versorgt wird, auch wenn Schloss Colditz wahrlich kein Luxushotel ist.

Ungeduldig schaut sie zur Uhr, dann beugt sie sich ein wenig vor und späht in die Richtung, aus der ihr Zug kommen wird. Als er endlich im Bahnhof hält, steigt sie rasch ein und lässt Ludwig in der Obhut eines Wärters zurück. Ihr Besuch im Jahr 1876 ist der zweite und letzte in Colditz. Dreiundzwanzig weitere Jahre bringt Ludwig Schumann in der Anstalt zu; bis zu seinem elenden Tod im Jahr 1899 wird er seine Mutter nie wiedersehen.

Auf Distanz

Ist Claras Verhalten grausam, oder entspricht es dem zeittypischen Umgang mit einem psychisch erkrankten Sohn? Diese Frage drängt sich auf, wenn man Ludwigs trauriges Schicksal betrachtet. Man könnte Clara zugutehalten, dass die Therapiemethoden in der zweiten Hälfte des neunzehnten Jahrhunderts noch wenig subtil sind – wenn es nicht einige Umstände gäbe, die gegen Ludwigs Verbannung nach Colditz sprächen.

Clara hätte ihn problemlos an ihrem derzeitigen Wohnort Frankfurt unter ärztliche Aufsicht stellen können. Ganz in der Nähe ihres Hauses in der Myliusstraße befindet sich die städtische »Anstalt für Irre und Epileptische«. Geleitet wird sie vom Nervenarzt Heinrich Hoffmann, in dessen großbürgerlichem Salon Clara ein und aus geht. 1869 konsultiert sie Hoffmann, um eine fachliche Expertise über ihren Sohn einzuholen. Das Ergebnis stimmt wenig optimistisch. Ludwigs geistige Verfassung sei derart besorgniserregend, dass man ihn nur durch »strenge Lebensordnung und zwingendste Beschränkung« retten könne, urteilt der Arzt und empfiehlt, den jungen Mann in eine Anstalt einzuweisen.[5]

Ohne Frage denkt er dabei an seine eigene Klinik. Die dortige Unterbringung wäre nicht nur naheliegend im wahrsten Sinne des Wortes, weil Clara in fußläufiger Entfernung zu Hoffmanns Anstalt wohnt, Ludwig könnte auch eine Betreuung auf neuestem medizinischem Stand erhalten.

Wenngleich Heinrich Hoffmanns *Struwwelpeter* heute als Bibel der Schwarzen Pädagogik berüchtigt ist, vertritt der Hobbyautor vergleichsweise fortschrittliche Heilmethoden. Hoffmann ist seiner Zeit weit voraus. Er möchte psychisch Kranke vom Stigma befreien, sie seien kriminell oder vom Teufel besessen, wie noch häufig unterstellt. Überdies ist er Spezialist für Jugendpsychiatrie und gilt als freundlicher, zugewandter Arzt, der sich eine Dienstwohnung in der Anstalt eingerichtet hat, um immer erreichbar zu sein. Das Klinikgebäude im neogotischen Stil wurde von ihm mitkonzipiert. Großen Wert legte er auf ausgedehnte Grünflächen, um seinen Patienten viel Bewegung an der frischen Luft zu ermöglichen.

Verglichen mit Hoffmanns Institut ist Colditz ein düsterer Kerker. Clara scheint das nicht zu stören. Offensichtlich ist es ihr wichtiger, Ludwig weit weg zu wissen, als ihm eine angemessene Behandlung in Frankfurt zukommen zu lassen. Deshalb sucht sie Hoffmann auch kein weiteres Mal auf, als sich der Zustand ihres Sohnes im Jahr 1871 verschlimmert. Stattdessen schickt sie Ludwig ins knapp hundert Kilometer entfernte Pirna. Der Leiter der dortigen Heilanstalt konstatiert, ihr Sohn sei unheilbar geistes- und rückenmarkskrank, habe Wahnvorstellungen, Zwangsstörungen und leide unter einer Persönlichkeitsspaltung.

Es ist eine Diagnose, die Clara zu dem Entschluss bewegt, Ludwig wegzusperren: nicht als Zwischenlösung zur etwaigen Heilung, sondern für immer. So wird Schloss Colditz zur Endstation.

Erst zwei Jahre nach seiner Einlieferung stattet sie ihm den ersten Besuch ab. Da quält Ludwig längst die Gewissheit, dass er nicht nach Colditz gehört. Bei Claras nächster Stippvisite wird er noch deutlicher. Er will raus aus der Anstalt, frei sein, sich eine Existenz aufbauen. Deshalb setzt er größte Hoffnungen in den Besuch seiner Mutter, seine vielleicht letzte Gelegenheit, Colditz zu entfliehen. Schon des Öfteren hat er darum gebeten, gefleht, gebettelt. In Briefen, die Clara anfangs erreichen, ab Mitte der 1870er Jahre jedoch vom Direktor der Anstalt, Obermedizinalrat Voppel, abgefangen und stillschweigend in Ludwigs Patientenakte abgeheftet werden. Es ist ihm dann doch wohl zu peinlich, solche Hilferufe an Clara weiterzuleiten.

Ludwigs einziger Lichtblick ist der Anstaltsseelsorger Friedrich Grössel. Ihm kann er sich anvertrauen, und so beginnt Grössel seinerseits eine Korrespondenz mit Clara, in der er des Öfteren für Ludwigs Entlassung plädiert – oder doch zumindest für die Verlegung in eine geeignetere Einrichtung. »Was wäre nun gewonnen, wenn ich ihn aus einer in die andere Anstalt bringe?«, hält Clara dagegen. »Da er frei und selbstständig sein will, so könnte ihn solch eine Übersiedlung möglicherweise irritieren und wieder viel kränker machen.«[6] Auch Grössels Vorschlag, Clara solle ihren Sohn häufiger besuchen, findet wenig Gegenliebe. »Herzlichen Dank für die freundliche Einladung«, antwortet sie ihm in aller Verbindlichkeit. »Der Entschluss wird mir aber unendlich schwer, umso mehr jetzt, wo mein Sohn sich besser befindet und somit sich das Verlangen, aus der Anstalt zu kommen, in ihm mehr und mehr regt als früher.«[7]

Nach diesem Brief lässt sie drei Jahre verstreichen, bevor sie Ludwig ein weiteres Mal besucht. Vorsichtshalber, damit er sie nicht mit seinen Freiheitsgelüsten bedrängt. Claras Urteil steht fest: Er ist ein hoffnungsloser Fall und soll für immer in Colditz bleiben.

Die Briefe, die Ludwig anfangs an Eugenie sendet, sprechen eine andere Sprache. Sie sind gut formuliert und lassen keinerlei

Verwirrung erkennen. Dann und wann komponiert er sogar. In den siebziger Jahren des zwanzigsten Jahrhunderts findet der Colditzer Kantor Albert Peter Bräuer sieben Kompositionen, die er auch aufführt. Mittlerweile sind die Noten verschollen. Für Bräuer war der Fund ein Beleg dafür, dass die Fähigkeiten des Schumann-Sohns durchaus hinreichten, um sich der geistigen Herausforderung des Komponierens zu stellen.[8]

Ansonsten verlaufen Ludwigs Tage in stumpfsinniger Eintönigkeit. Das weiß Clara durchaus. Einmal fragt sie Pastor Grössel per Brief, ob man Ludwig mehr beschäftigen könne, etwa mit leichten Gartenarbeiten. Das ist dann aber auch alles.

Zu ihrer Entschuldigung muss man anführen, dass auch sie traumatisiert ist. Ludwigs seelische Verschattungen erinnern sie unheilvoll an Roberts psychische Erkrankung. »Es ist doch grausam vom Schicksal, mir zweimal solch'ne Prüfung aufzuerlegen«, schreibt sie Johannes.[9] Jahrelang hat sie unter den Stimmungsschwankungen ihres Mannes gelitten, seine Depressionen ausgehalten, schließlich seine paranoiden Anwandlungen, und das immer in der Angst, sein desolater Zustand könnte an die Öffentlichkeit dringen. Ein zweites Mal will sie sich das nicht antun. Dann Ludwig lieber in Colditz verwahrt wissen, den Augen der Öffentlichkeit entzogen.

Am besten, so findet sie, solle er einfach sterben: »Sein Zustand ist aber so furchtbar, dass man nur den Himmel bitten muss, den armen Menschen zu erlösen.«[10] Man könnte das herzlos nennen, sogar erbarmungslos. Clara ist sich jedoch keiner Schuld bewusst. Sie hat ja alles versucht. Oder eben das, was ihr neben Konzertreisen, Klavierschülern, Briefeschreiben, Networking und wochenlangen Kuren in der Schweiz möglich war. Viel Zeit kann und will sie nicht für den Nachwuchs erübrigen. Idealiter ist sie es, die von ihren Kindern bei der Bewältigung des Alltags unterstützt wird. Ihre Töchter Marie und Eugenie, die ihr als Assistentinnen,

Sekretärinnen und Hausmädchen für alles zur Seite stehen, eignen sich hervorragend dafür.

Ludwig ist für solche Dienste denkbar ungeeignet. Und wer nicht in dieses kleine Familienunternehmen passt oder mit einem anderen Beruf für sich sorgen kann, muss halt sehen, wie er zurechtkommt. Clara ist keine Vollzeitmutter. Sie ist eine verwitwete berufstätige Frau, ganz auf sich gestellt und nur deshalb noch im hohen Alter erfolgreich, weil sie sich im Hinblick auf ihre Kinder keine übertriebenen Gefühle gestattet. Nur an ihren Geburtstagen denkt sie noch manchmal an Ludwig, weil er ihr immer »so unbeschreiblich treuherzig die Hand drückte an solchen Tagen und mich mit seinen lieben guten Augen ansah«.[11] Tempi passati. Treuherzigkeit und liebe Augen sind schöne Feiertagserinnerungen, doch Clara gehört zu jenen Menschen, die gleichermaßen sentimental wie gefühllos sein können.

Insofern erzählt diese Episode sehr viel über ihre Haltung als Mutter: Sie übernimmt Verantwortung für ihre Kinder, betrachtet sie aber vorrangig als organisatorische Herausforderung und geht auf Distanz, sobald es Probleme gibt.

Ungewollter Kindersegen

Muttergefühle sind kein Naturgesetz, das belegen die erschreckend vielen Fälle von Vernachlässigung, die immer wieder an die Öffentlichkeit gelangen. Doch was heute als Kindeswohlgefährdung gilt – körperlich, geistig, emotional –, wird bekanntlich nach anderen Kriterien beurteilt als im neunzehnten Jahrhundert. Mittlerweile liegen die Anforderungen an elterliche Kompetenzen wesentlich höher als zu Claras Zeit.

Dies sollte berücksichtigt werden, wenn man sie als Mutter beurteilt. So wie man berücksichtigen muss, dass sie weder auf die

Realität einer Ehe vorbereitet war noch darauf, was es bedeuten könnte, Kinder zu haben. Beides ist Neuland für sie, beides verlangt ihr oft mehr ab, als sie leisten kann.

Eine große Familie zu gründen, war auch nie der Plan gewesen, als sie sich für Robert entschied. Der Gedanke an Kinder kommt im Briefwechsel der Verlobungszeit so gut wie gar nicht vor. Vielmehr ging es um das romantische Projekt einer Liebesheirat, um die Verbindung zweier Menschen, die sich füreinander bestimmt fühlten. Alles Trachten, alles Sehnen kreiste um ein Leben zu zweit, das sich die beiden in immer neuen Varianten als Zustand ewigen Liebesglücks ausmalten. Ohne Kinder.

Zum Mutterglück fühlte sich Clara keineswegs berufen. Ihr Herz hing an Robert und an der Musik, sodass sich ihr eigentlich nur die Frage stellte, wie eine Ehe zu dritt gelingen könnte, in der sowohl der Mann ihres Herzens als auch ihre Liebe zur Musik zu ihrem Recht kommen würden.

Für die Vision einer beglückenden Familienidylle mangelt es ihr auch deshalb an Vorstellungskraft, weil ihre eigene Kindheit alles andere als glücklich war. Der gefühlskalte leistungsfixierte Vater, die abwesende Mutter, die missgünstige Stiefmutter – in diesem Dreieck verbringt sie ihre frühen Jahre. Positive Beziehungserfahrungen fehlen völlig. Was wir heute als Bindungsqualitäten definieren, hat Clara in ihrer Herkunftsfamilie nie erlebt: Wärme, Zärtlichkeit, Empathie, das Vertrauen darauf, um seiner selbst willen geliebt zu werden.

Vor diesem Hintergrund wird verständlich, wenn auch nicht unbedingt nachvollziehbar, warum sie Ludwig derart mitleidlos fallen lässt. Rechnet man die vielen Belastungen hinzu, die schon während der Ehe und verstärkt nach Roberts Tod ihr Leben bestimmen, ist ein Kind, dessen Betreuung viel Aufwand erfordern würde, wohl eine Umdrehung zu viel. Dennoch hätte sie ihn angemessen unterbringen können, statt ihn einzukerkern. Sie sah, unter welch schrecklichen Bedingungen er lebte, sie hatte die Möglichkeit, ihn in der Nähe ihres Hauses in einem freundlicheren Ambiente unterzubringen. Wie auch immer man Mutterliebe definiert: So viel Kälte macht frösteln.

Insofern wiederholt sich, was ihr als kleines Mädchen widerfahren ist. So wie Friedrich Wieck möchte sie ihren Kindern keineswegs schaden, hat aber Schwierigkeiten, deren seelische Bedürfnisse zu erkennen und entsprechend darauf zu reagieren. Deutlich wird das nicht nur bei Ludwig. Auch ihre Töchter leiden darunter, dass sie nie nach ihren Neigungen und Wünschen gefragt wurden, etwa bei der Berufswahl. »Keine von uns vorzugsweise für die Musik begabt, wurden wir Töchter doch, wie von selbst verständlich, in die musikalische Laufbahn gedrängt«, erinnert sich Eugenie Schumann. Daraus sei ihr »ein lebenslanges Martyrium« erwachsen.[12]

Felix erleidet ein umgekehrtes Schicksal. Seinen sehnlichen Wunsch, Geiger zu werden, schmettert Clara mit der Begründung ab: »Wirst Du nicht einmal ein eminenter Geiger, so kannst Du noch so tüchtig sein, Du wirst als Sohn Robert Schumanns eine kümmerliche Rolle spielen.« Die Voraussetzung einer Karriere sei, »wenn Du ein ganz bedeutendes Genie entwickelst und mit diesem enorm fleißig studierst«.[13] An solch eine Begabung, fügt Clara kühl hinzu, glaube sie keineswegs.

Für Felix ist das eine bittere Enttäuschung. Er fügt sich ihrem Willen, zunächst das Gymnasium abzuschließen, dann wird er lungenkrank, die Geige muss beiseitegelegt werden. Er beginnt noch ein philologisches Studium und schreibt Gedichte, von denen Brahms zwei vertont, gerät aber auf die schiefe Bahn. Im Herbst 1872 gesteht er seiner Mutter, er habe sein gesamtes Geld in Baden-Baden verspielt. Dass er Gedichte schreibt, missfällt ihr vielleicht noch mehr, denn sie verbietet ihm strikt, sie zu veröffentlichen.

Bei den existenziellen Entscheidungen, die Clara für die Familie trifft, hat sie durchaus das Wohl ihrer Kinder im Blick. Sie möchte alles richtig machen. Was das Richtige ist, bemisst sie jedoch nicht am Lebensglück ihrer Kinder, sondern an Kriterien, die auf Absicherung und Versorgung zielen. So hat sie ihr Muttersein von Anfang an definiert: Sie will die Kinder versorgt wissen, um sich keine Sorgen um sie machen zu müssen. Aber welchen Erwartungen muss sich Clara überhaupt stellen?

Biedermeierliches Mutterbild

In der ersten Hälfte des neunzehnten Jahrhunderts steigen die Ansprüche an Mütter beträchtlich. Zunehmend wird die Kindererziehung, die in bürgerlichen Milieus traditionell zu den Vaterpflichten gehörte, auf die Frauen übertragen. Anders als noch im Jahrhundert zuvor, erwartet man von ihnen die Vermittlung familiärer Bildung ebenso wie eine emotional betonte Fürsorge: Die einstmals hierarchische familiäre Zweckgemeinschaft soll sich in einen Gefühlshaushalt verwandeln. Das Konzept sieht ein weiblich geprägtes Refugium vor, einen geschützten Raum, in dem Kinder behutsam auf das spätere Leben vorbereitet werden – auf das »feindliche Leben«, wie es Schiller bereits 1799 im »Lied von der Glocke« formuliert.

Die Randbedingungen dieses Paradigmenwechsels sind politischer Natur. Nach Metternichs Karlsbader Beschlüssen von 1819 macht sich in Österreich, aber auch in den Ländern des Deutschen Bundes ein Klima der Angst breit. Spitzelsysteme, Einschränkungen der Versammlungsfreiheit und Zensur vergiften das gesellschaftliche Leben. Da die freie Meinungsäußerung in Gegenwart Unbekannter gefährlich sein könnte, bleibt man jetzt lieber unter sich, im kleinsten Kreis.

Unter diesen Vorzeichen setzt die Epoche des Biedermeier ein, deren eskapistische Grundtendenz die Familie aufwertet. Das Leben und Erleben findet jetzt vorrangig in den eigenen vier Wänden statt. Als Gegenpol zur feindlichen Welt da draußen kultiviert man das Idyll, die Gemütlichkeit, das sprichwörtlich gewordene Glück im Winkel. Dieser Rückzugsbewegung ins Private entspricht, was Soziologen die Erfindung der bürgerlichen Kleinfamilie nennen, begleitet von neuen Ritualen, die den Zusammenhalt stärken sollen. Aus jener Zeit datieren die heute noch üblichen Weihnachtsbräuche mit Tannenbaum, Gedichtrezitationen und Liedersingen, die Geburtstagsfeiern an der gedeckten Tafel, das gemeinsame Musizieren.

Die Musiksoireen im Hause Schumann, auch die gemeinsam gepflegte Hausmusik mit Gästen, sind Ausdruck dieser neuen privaten Geselligkeit. Doch die Liebe zur Hausmusik ist nicht allein auf Milieus beschränkt, in denen Musik als Beruf ausgeübt wird, sie ist generell ein Kennzeichen des bildungsbürgerlichen Familienlebens, als akustisches Schmücke-dein-Heim. Töchter werden zum Klavierspiel angehalten, Söhne zum Geigen- oder Cellospiel.

Diesem Trend entsprechend wächst die Nachfrage nach Klavier- und Kammermusik, die sich für den Hausgebrauch eignet. Schon der späte Beethoven entdeckte das Bedürfnis nach dieser Form bürgerlicher Musikpraxis, angeregt durch seinen Leipziger Verleger Carl Friedrich Peters. Der wünschte sich ausdrücklich »Solosachen für Pianoforte (worunter auch kleinere Werke sein könnten)«. Also stellte Beethoven einige »Kleinigkeiten« zusammen, die 1823 bei Clementi unter dem Rubrum *Bagatellen* erschienen.

Nach Beethoven stehen Komponisten wie Franz Schubert und insbesondere Robert Schumann für die neue Tendenz. Mit Klavierzyklen wie den *Kinderszenen* und dem *Album für die Jugend* komponiert Robert gleichsam die Soundtracks zur neuen Innerlichkeit. Auch wenn er seine Werke gern auf großen Bühnen gesehen hätte, versteht man sie doch bald als Inbegriff einer intimen bürgerlichen Familienkultur. Das ist auch finanziell lukrativ. Ende der 1840er Jahre nimmt Robert mit dem Verkauf seines Klavierbuchs *Album für die Jugend* und vierhändigen Klavierstücken wie *Bilder aus Osten* viermal so viel ein wie mit seiner *Frühlingssinfonie.*

Zugleich deuten die genannten Titel an, dass sich das Verhältnis zu Kindern in der Epoche des Biedermeier stark verändert. Beeinflusst durch die Schriften Rousseaus, der im Jahrhundert zuvor als »Entdecker der Kindheit« gilt, verbreitet sich die Idee, dass Kinder ein Recht auf Selbstentfaltung haben. In seinem Roman *Émile* plädiert Rousseau dafür, Kinder nicht mehr wie kleine Erwachsene zu behandeln und auch nicht mehr durch Strafen zu disziplinieren; stattdessen soll man ihnen Verständnis entgegenbringen und Freiräume bieten, in denen sie spielen oder sogar untätig sein dürfen.

Das ist neu. Kindheit wird nicht mehr als defizitäre Phase des Noch-nicht-erwachsen-Seins gesehen, vielmehr als ein Lebensabschnitt, der von den Eltern respektiert und bewusst begleitet werden sollte. Wenn Robert in seinen *Kinderszenen* – sie erscheinen 1838, drei Jahre bevor er erstmals Vater wird – Titel wie »Bittendes Kind«, »Ritter vom Steckenpferd« oder »Kind im Einschlummern« wählt, so ist das ein Widerhall der neuen Wahrnehmung von Kindheit als eigener poetischer Sphäre. Auch das Vorlesen und Erzählen für Kinder bildet Robert musikalisch ab. Bei Titeln wie »Von fremden Ländern und Menschen«, »Curiose Geschichte« und »Haschemann« hat er sicherlich noch im Sinn, wie er einst die kleine Clara mit seinen Geschichten faszinierte.

Im Alltag macht sich der neue Fokus auf die Kindheit ebenfalls bemerkbar. Erstmals wird spezielle Kinderkleidung entworfen und vermehrt Kinderspielzeug hergestellt. Der Einrichtung kindgerecht gestalteter Zimmer, explizit Kinderzimmer genannt, widmet man nun besondere Sorgfalt. Bei solchen Inszenierungen kindlicher Welten spielt hinein, dass die Kleinsten als Sinnbild paragöttlicher Unschuld gesehen werden, idealtypisch vom Jesuskind in der Krippe verkörpert. Kinder gelten als rein und unverfälscht, weil sie noch nicht von der Erwachsenenwelt kompromittiert sind. Diese Projektion verleiht musikalischen Wunderkindern eine umso größere Anziehungskraft: Ihre Gaben, so glaubt man, seien Gottesgaben.

Biografische Altlasten

Clara ist selbst ein ehemaliges Wunderkind. Allerdings weiß sie, wie wenig solche Überhöhungen mit der Wirklichkeit übereinstimmen. Auch die neuen empathischen Kindheitskonzepte gehen völlig an ihr vorbei. Friedrich Wieck geriert sich zwar gern als fortschrittlicher Pädagoge, verfährt aber wenig zimperlich, wenn es um die Durchsetzung seiner Erziehungsmaximen geht. So neuartig sein Konzept der musikalischen Bildung sein mag, sein unkontrollierter Jähzorn machte die guten Absichten immer wieder zunichte.

Nach einem seiner ersten Besuche im Hause Wieck ist Robert fassungslos angesichts der Brutalität, mit der Friedrich Wieck seine Söhne traktiert. »Ich sah gestern einen Auftritt, dessen Eindruck unauslöschlich sein wird. Meister Raro ist doch ein böser Mensch«, beginnt Roberts Bericht. »Alwin hatte nicht ordentlich gespielt. ›Du Bösewicht, Bösewicht, ist das die Freude, die du deinem Vater machen solltest?‹«, sei Wieck daraufhin explodiert.

Des Weiteren schildert Robert, »wie er ihn auf den Boden warf, bei den Haaren zauste, selbst zitterte und schwankte, stille saß, um auszuruhen zu neuen Taten, auf seinen Beinen kaum mehr stehen konnte und deshalb seine Beute niederwarf, wie der Kleine bat und flehte, er solle ihm die Violine geben, er wolle spielen, er wolle spielen«. Nicht minder bestürzt ist Robert über Claras Reaktion. »Und zu allen diesen – lächelte Zilia und setzte sich mit einer Weber'schen Sonate ruhig ans Klavier. Bin ich unter Menschen?«[14]

Offensichtlich hat Robert Mitgefühl von ihr erwartet, oder dass sie zumindest ein gutes Wort für den geprügelten Jungen einlegt. Doch ihr indifferentes Lächeln deutet darauf hin, dass sie sich den Brüdern überlegen fühlt, weil sie einfach schlauer ist. Clara ist die Musterschülerin, die zwar andauernd beschimpft, aber nicht geschlagen wird. Die Grundregeln ihrer Kindheit sind simpel: Wohlverhalten schützt vor Strafe, Kinder haben nach dem Willen der Eltern zu funktionieren, unbedingter Gehorsam wird vorausgesetzt.

Für ihre eigenen Kinder ist das eine schwere Hypothek. Sie erleben eine Mutter, für die Gehorsam im Namen geordneter Abläufe wichtiger ist als emotionale Zuwendung und empathisches Verhalten. Clara, so erzählen es die Kinder später, habe nie mit ihnen gespielt. Aber wie soll auch eine Frau, die keine Kindheit hatte, kein Spielzeug und keine Freunde, einen Bezug zur kindlichen Welt entwickeln? Selbst ein vernachlässigtes Kind, scheint Clara gar nicht darüber nachzudenken, worin ihr Muttersein über die reine Versorgung hinaus bestehen könnte.

Robert ist da ganz anders. Jeden Abend widmet er seinen Kindern die »Dämmerstunde«, in bürgerlichen Kreisen gleichbedeutend mit einem Hort familiärer Behaglichkeit. »Das war dann aber ganz herrlich, weil er sich ausschließlich mit uns beschäftigte«, erinnert sich die älteste Tochter Marie. »Als wir klein waren, ließ er uns auf seinen Knien reiten und sagte ein Verslein dazu.«

Zum biedermeierlichen Idyll gehört das obligate Klavierspiel, für das Robert Eingängiges wie den »Jägerchor« aus Webers

Freischütz wählt. Er liest ihnen auch aus *Onkel Toms Hütte* vor, legt ein »Erinnerungsbüchlein« an, um Ereignisse aus dem Kinderleben für sie festzuhalten, und komponiert eigens für Marie das *Album für die Jugend.*

Am meisten aber lieben die Kleinen »Brot in den Backofen schieben«, ein Spiel, »wobei er eine von uns an den Händen nahm und sie durch seine gespreizten Beine gleiten ließ. Der lange gefütterte Schlafrock, den er gewöhnlich in seiner Stube trug, erhöhte den Reiz des Spiels, denn wir verschwanden darin wie in einer Kulisse, aus der wir nur herauskrochen, um das Spiel von vorne zu beginnen.«[15] Es ist rührend zu lesen, wie hingebungsvoll sich Robert mit seinen Kindern beschäftigt – auch wenn er natürlich nur der typische Feierabend-Papa ist, der sich die Rosinen aus dem Alltag mit Kindern herauspickt.

Währenddessen sitzt Clara auf dem Sofa und schaut zu. Manchmal erlaubt sie den Kindern, ihr Haar zu lösen und damit zu spielen, das ist alles. Vermutlich staunt sie über Roberts zugewandte väterliche Art. Der Kontrast zwischen seiner Emphase und ihrer inneren Distanz ist erklärlich, wenn man die unterschiedlichen biografischen Prägungen anschaut. Robert kann schwärmen: »Die glückliche Kinderzeit – man lebt sie von Neuem wieder in seinen Kindern.«[16] Bei Clara gibt es keine glückliche Kinderzeit. Nur die Erinnerung an Klavierstunden, Auftritte, Fußmärsche, anstrengende Reisen.

Auch die Kunst des selbstvergessenen Müßiggangs hat sie nie kennengelernt, weil ihr Leben vom Vater bis auf die Minute durchgetaktet war. Robert hingegen kann sich mit kindlicher Freude an den Moment verlieren. Er unternimmt gern etwas mit seinen Kindern, lässt sich auf sie ein. Aus seinem Tagebuch ist etwa zu erfahren: »Mit Marie'n Nachmittag nach dem Bad gefahren – glücklich mit dem Kinde.« Oder er schildert einen wonnevollen Osterspaziergang: »Erstes junges Grün – die Kirschbäume schon in Blüte –

an der Hand ein sich schmiegendes Kind – recht glücklich wandelten wir. Im Wäldchen waren schöne Schmetterlinge, ich fing Marie ein paar ›Trauermantel‹, die wir dann wieder losließen.«[17]

Wie fremd, wie kindisch muss es Clara erscheinen, dass er seine Zeit mit solchen Vergnügungen verschwendet. Auch Rückzug und Behaglichkeit sind keine Werte, die sie wirklich schätzt. Bezeichnend dafür ist die unterschiedliche Wahrnehmung, als das Paar von einer Konzertreise nach Hause zurückkehrt.

Robert schreibt: »Um 9 Uhr vergnügt über das Wiedersehen der Kinder angekommen.«[18] Und Clara: »So glücklich ich auch war, wieder bei den Kindern zu sein, so war mir die plötzliche Ruhe nach so bewegtem Leben die ersten Tage peinlich, aber bald gewöhnte ich mich und fing an, Roberts letzte (C-Dur) Sinfonie für 4 Hände zu arrangieren.«[19] Das Wort »peinlich« bedeutet hier so viel wie peinvoll, schmerzlich. Es ist Clara zu ruhig daheim, zu langweilig. Während Robert die Familie als Ort der kontemplativen Behaglichkeit schätzt und in Klavierstücken wie »Am Kamin« oder in der ikonisch gewordenen »Träumerei« feiert, verspürt Clara eine Rastlosigkeit, die sich erst wieder legt, wenn sie etwas »Vernünftiges« tut. Die Herausforderung des Arrangements kommt da gerade recht.

Vor allem ist sie das Bühnenleben gewohnt, die Einladungen, die anregenden Gespräche bei Empfängen und Soireen. Robert ist sich selbst genug, Clara möchte gespiegelt werden. So hat sie es von klein auf erlebt, und ihre Kinder sind nicht gerade das Publikum, an das sie dabei denkt. Clara ist alles andere als emotionslos, sie kann eine sehr gefühlvolle Frau sein. In ihrer Beziehung zu den Kindern schwingt jedoch immer mit, dass sie ihre Identität nicht an das Muttersein knüpft, sondern an ihre Existenz als Musikerin.

Sie liebt ihre Kinder – wobei hier erneut erläutert werden müsste, was Liebe ist –, als Lebensinhalt kann sie sie jedoch beim besten Willen nicht betrachten. Im Rückblick muss es ihr erscheinen, als sei sie zu ihrer großen Familie gekommen wie die sprichwörtliche Jungfrau zum Kind. Geplant war das alles nicht.

Bereits vor der ersten Schwangerschaft beschäftigt sie hauptsächlich die Frage, wie sie ihre Auftritte als Pianistin und insbesondere ihre Konzertreisen mit dem Muttersein in Einklang bringen soll. Der Gedanke an Kinder machte sie ziemlich nervös. Verständlicherweise befürchtet sie weitere Beschneidungen ihrer Freiheit, die durch den Ehemann ohnehin schon empfindlich eingeschränkt ist. So schwebt denn auch über dem ersten Halbjahr ihrer Ehe die ständige Sorge, schwanger zu sein. »Noch immer bessert sich mein Unwohlsein nicht«, notiert sie am 4. November 1840, »meine Angst steigt von Tag zu Tag.«[20] Zwei Tage später dann Entwarnung: »Ich befinde mich wieder etwas besser, und dies hat mich wieder erweckt aus meinem Trübsinn, der bedeutend überhandgenommen hatte.«[21]

Am 1. September des folgenden Jahres kommt Marie zur Welt. Es ist eine schwere Geburt. »Die Stunden, die vorangingen, waren schmerzensvoll«, erzählt Robert im Ehetagebuch. »So viel stand in Gefahr, in *einer* Minute einmal übermannte es mich, dass ich mich nicht zu fassen wusste.«[22] Während er vor lauter Angst und Sorge fast den Verstand verliert und ins Gasthaus Poppe flieht, leistet Clara Schwerstarbeit. Eine Hebamme, ein Arzt und ein spezieller *accoucheur* stehen ihr zu Seite, aber Schmerzmittel sind noch nicht üblich. Möglicherweise bekommt sie von ihrer Hebamme Bier zu trinken, im neunzehnten Jahrhundert ein probates Mittel, die Strapazen des Gebärens ein wenig zu lindern.

Im Ehetagebuch verliert Clara kein Wort über die Umstände der Niederkunft – so etwas macht sie mit sich selbst aus. Stattdessen verleiht sie ihrer Freude über Roberts »liebes kleines Ebenbild« Ausdruck, das er wiederum als »erstes ordentliches Ehrenmitglied unseres Bundes« begrüßt.[23] Sein feierlicher Ton kommt nicht von ungefähr. Ein Kind muss ja die Krönung dieser hart erstrittenen Ehe sein und damit ein Beweis für die geglückte Verbindung.

Claras Glück ist keineswegs ungetrübt. »Sorge macht so ein Kind auch«, bekennt sie freimütig, »besonders ein Erstes, mit dem man noch gar nicht recht umzugehen weiß – mit Recht nennt man so ein Kind Angstkind.«[24] Solche Überlegungen kennt wohl jede Frau, die zum ersten Mal Mutter wird. Bei Clara ist die Angst noch weit ausgeprägter. Viele Jahre lang hat sie ein Leben jenseits eines dezidiert weiblichen Kontextes geführt, deshalb fehlt ihr die Anschauung, wie man mit Kindern umgeht, so wie auch befreundete Mütter fehlen, die ihr mit Rat und Tat zur Seite stehen könnten.

Clara weiß schlicht nicht, was ein Baby braucht. So ist die kleine Marie schon »halb verhungert«, als endlich eine neue Amme eingestellt wird, weil die erste nicht genug Milch geben konnte.[25] Eine abenteuerliche Geschichte. Wenn die kleine Marie über Tage, wenn nicht Wochen permanent Hunger hatte, muss sie unablässig geschrien haben. Für Clara war das offenbar nicht weiter bemerkenswert.

Auch Stillen kommt für sie nicht in Betracht. Zu ihrer Zeit wird schon von manchen Ärzten empfohlen, Mütter sollten ihren Babys selbst die Brust geben; Clara verlässt sich lieber auf eine Amme, die dann auch gleich das Wickeln, Baden und Zubettbringen übernimmt. So wird sie es auch bei den anderen Kindern halten. Freilich mit einer Nebenwirkung: Während die Amme rund um die Uhr für das Kind da ist, hat die Mutter kaum körperlichen Kontakt und damit auch ein distanzierteres Verhältnis zum Baby. Claras Kinder, vor allem die jüngeren, werden später oft eine engere Bindung an die Ammen haben als an ihre Mutter.

Allerdings ist Clara bewusst, dass ihr im Einklang mit dem neuen Zeitgeist die Aufgabe der mütterlichen Erziehung zufällt. »Über meine Erziehung Mariechens, lieber Robert, lässt sich noch nicht viel Resultat liefern«, entschuldigt sie sich in den ersten

Wochen nach der Geburt. »Das beste Resultat jetzt ist, wenn sie *trinkt comme il faut* und wenn sie schläft.«[26] Wenig später notiert sie: »Marie nimmt zu unserer Freude täglich zu an Körper und Verstand – sie scheint in allem dem Papa gleich werden zu wollen, bis auf das kleine Händchen mit den langen Klavierfingern, das man wohl nicht als Erbe von der Mutter bestreiten kann.«[27]

In die Freude über das Kind mischen sich bald Anzeichen von Babyblues, und zwar bei beiden, Clara wie Robert. Der Hausherr sei manchmal »finster«, heißt es kurz nach Maries Geburt. »Warum? Er weiß es selbst nicht«, spricht Robert in der dritten Person von sich. »Er sollte zufrieden sein, ein solches Weib und Kind zu haben, und doch zeigt er es oft gar nicht und betrübt seine Frau.« Als Grund nennt er den weiter andauernden Konflikt mit Friedrich Wieck, aber auch die »Unzufriedenheit mit mir selbst, mit meinen literarischen und künstlerischen Verhältnissen«.[28]

Clara hingegen setzt ihre eigene Niedergeschlagenheit nicht mit der Geburt von Marie in Beziehung, sondern sucht den Grund in Roberts abweisendem Verhalten. »Ich hatte einige unliebenswürdige Tage, wo ich meinen armen Mann recht sehr quälte – ich dachte, er hätte mich nicht mehr so lieb als das erste Jahr!«, bekennt sie offen. Sie sei sehr reizbar, fügt sie hinzu, »daher ich mir denn manche trübe Stunde selbst bereitete«.[29]

Die Reizbarkeit spricht für postnatale Verstimmungen, auch für die emotionalen Verwerfungen, die durch die Geburt eines Kindes in der Partnerschaft entstehen. Wenngleich sich eine Amme weitgehend um Marie kümmert, kann Robert nicht mehr den alleinigen Anspruch auf Claras Aufmerksamkeit erheben. Vermutlich sieht er in dem Kind eine Konkurrenz, nachdem sich Clara vorher so bereitwillig in die Rolle der dienenden Hausfrau und Mitarbeiterin gefügt hat. Dafür spricht seine Notiz im Juni 1842: »Unsere Kleine macht uns unbeschreibliche Freude; sie wächst täglich und zeigt einen guten Charakter bei großer Lebhaftigkeit.

Der erste Zahn steht nun auch da. Claras Glück darüber und über das ganze Kind ist mir auch eines.«[30]

In seinen Worten lauert ein Gran Eifersucht, dass Claras Glück sich nun auf das Kind bezieht, nicht mehr auf ihn allein. Diese Zurücksetzung kompensiert Robert auf probate Art. Im selben Eintrag verzeichnet er einige »Schwärm-Tage und Nächte«, gleichbedeutend mit ausschweifenden Sonnenjünglingsgelagen, die weniger für ausgelassene Feierlaune sprechen als für sein Bedürfnis nach alkoholbetriebener Betäubung. An seinem Geburtstag fühlt er sich dann »melancholisch und unwohl«.[31]

Nach einem rundum glücklichen Vater hört sich das keineswegs an. Erst als Marie älter wird, baut er eine innige Beziehung zu ihr auf, inniger als zu allen anderen Kindern danach. Ist Clara eine glückliche Mutter? Die schriftlichen Hinterlassenschaften dazu sind auffallend spärlich. Von nun an erwähnt sie Marie nur noch dann und wann im Ehetagebuch, in knappen Sätzen, nicht etwa als erfüllenden Lebensmittelpunkt. Lieber berichtet sie von Gästen, Einladungen und Konzerten, denen sie viele Seiten widmet. Sie schwärmt von der belgischen Sängerin Elisa Meerti, ärgert sich über Roberts Schülerin Amalie Rieffel, von der er meint, sie spiele seine Kompositionen besser als Clara, und mokiert sich über die Verehrung, die Felix Mendelssohn Bartholdy entgegengebracht wird.

Von zärtlichen Gefühlen oder körperlicher Nähe ist nie die Rede. Lobend erwähnt Robert Claras Methode, das Baby zum Einschlafen zu bringen: Es wird nicht etwa in den Armen gewiegt, nein, seine Frau setzt sich an den Flügel und spielt. Angeblich schläft Marie dann sofort ein. Sehr viel wahrscheinlicher ist, dass sich das Kind in den Schlaf weint, während Clara so unbeeindruckt weiterspielt wie damals, als ihr Bruder Alwin Prügel vom Vater bezog.

Wachsende Überforderung

In den folgenden Jahren entwickelt das Familienleben eine eigentümliche Dynamik. Zunächst findet Clara wie Robert einen innigeren Zugang zu Marie, die beider Lieblingskind bleiben wird. Ihre älteste Tochter ist hübsch, verständig, recht brav und musikalisch. Doch dann setzt ein Stakkato der Schwangerschaften ein, dass einem schwindelig werden kann, und mit jedem weiteren Kind, das Clara zur Welt bringt, schwindet die Freude darüber merklich.

1843 wird Elise geboren, 1845 Julie. 1846 folgt Emil, der erste Sohn, 1848 Ludwig, 1849 Ferdinand, 1851 Eugenie, 1854 Felix. Acht Kinder sind es insgesamt, oft liegt nur ein Jahr zwischen den Geburten. Als Kindersegen kann man dieses rasche Anwachsen der Familie keineswegs bezeichnen, denn Robert und Clara fehlen sowohl die finanziellen Mittel als auch Zeit und Energie, um mit so viel Nachwuchs zurechtzukommen. Als Clara mit Eugenie schwanger ist, schreibt sie ihrer Schwägerin Pauline: »Meine Niederkunft rückt näher, hätte ich sie nun erst einmal wieder hinter mir! Es hängt gar so viel daran und darum, das einem das Leben erschwert, und dann kosten einem die Kinder doch schrecklich viel Geld!«[32]

Die Erschwernisse haben auch mit der besonderen beruflichen Situation der Eltern zu tun. Beide müssen Geld verdienen, beide arbeiten zu Hause. Künstlerische Höchstleistungen erfordern nun einmal äußerste Ruhe und Konzentration, keine Hintergrundgeräusche. Um es ganz deutlich zu sagen: Kinder stören da nur.

Wird es zu laut, kommt die Rute zum Einsatz. Wie so viele Ehefrauen delegiert Clara die körperlichen Strafen an ihren Mann. Das wirkt zunächst widersprüchlich. Roberts Entsetzen über Friedrich Wiecks Prügelstrafen und seine rhetorische Frage »Bin ich unter Menschen?« würde doch eher darauf schließen lassen, dass sich Gewalt für ihn keinesfalls mit einem kultivierten Zuhause vereinbaren lässt. Gleichwohl, als Vater greift auch Robert zu derartigen Disziplinierungsmaßnahmen.

Vor allem Elise, die Zweitgeborene, ein auffallend kräftiges und wohl auch hyperaktives Mädchen, wird mit der Rute bearbeitet. Ihre Schwester Eugenie nennt Elise »die eigenartigste der ganzen Schar«,[33] im »Erinnerungsbüchlein für unsere Kinder« zeichnet Robert ein überwiegend negatives Bild von seiner zweitgeborenen Tochter: »Durch eine zu nachgiebige Amme frühzeitig verwöhnt. Stampft mit Händen und Füßen, wenn etwas nicht nach ihrem Willen geht.« Des Weiteren erwähnt er ihren großen Appetit, ihren Humor, ihre Nachdenklichkeit, doch die Ablehnung überwiegt: »In vielem das Gegenteil von Marie; starrköpfig, sehr unartig, musste oft die Rute fühlen.«[34]

Nicht nur die Rute. »Ich erinnere mich, dass Elise, die seinen Zorn erregt hatte, einmal von seiner weichen fleischigen Hand eine schallende Ohrfeige erhielt«, erzählt Claras Halbschwester Marie Wieck.[35] Trotz aller Beschwörungen einer »neuen Kindheit« wird im Hause Schumann unbedingter Gehorsam verlangt. Aufsässigkeit wie bei Elise oder abweichendes Verhalten wie später bei Ludwig passen nicht in das familiäre System, vielmehr wird »Dienstfertigkeit« verlangt.[36] Es muss halt alles reibungslos funktionieren, wenn die Eltern unentwegt mit beruflichen Dingen beschäftigt sind. Deshalb erfährt auch der 1846 geborene Emil Ablehnung.

Schon unmittelbar nach seiner Geburt ist er eine Enttäuschung, weil er blass und schmächtig statt rosig und proper zur Welt gekommen ist. In den nächsten Monaten nehmen seine Eltern Anstoß daran, dass er apathisch wirkt, dauernd krank ist und nie lächelt. Emil droht zum Sorgenfall zu werden. Das könnte ein Anlass sein, ihm vermehrte Aufmerksamkeit zu widmen, stattdessen kühlt Claras Verhältnis zu dem Kind zusehends ab. Liebe ist an

Bedingungen geknüpft, so kennt sie es aus ihrer Kindheit. Und wenn ein Kind nicht die Bedingung erfüllt, seine Eltern anzulächeln, ihnen Freude zu bereiten und pflegeleicht zu sein, verspielt es seine Chance auf Zuwendung.

Als das Paar zu einer mehrmonatigen Konzertreise nach Wien aufbricht, sind Marie und Elise mit von der Partie, Emil und die entwicklungsverzögerte Julie, die mit knapp eineinhalb Jahren kaum sprechen kann, werden bei Claras Stiefmutter Clementine abgegeben. Im Jahr darauf verschlechtert sich Emils gesundheitlicher Zustand. Spätestens jetzt wäre es sinnvoll, sich verstärkt um ihn zu kümmern. Clara schickt ihn lieber samt Amme aufs Land, weit weg also. Den emotionalen Bezug zu ihrem andauernd kränkelnden Kind hat sie längst verloren, im Grunde hat sie ihn bereits aufgegeben. Einen Tag nach der Rückkehr von Amme und Kind, im Juni 1847, stirbt Emil mit nur eineinhalb Jahren.

Die Trauer darüber verfliegt rasch, auch deshalb, weil die vielen Kinder für Clara immer mehr zur Belastung werden. Als sie feststellt, dass sie zum sechsten Mal schwanger ist, vertraut sie sich brieflich ihrer Freundin Emilie List an: »Ich will nicht darüber klagen, freuen kann ich mich aber auch nicht, da die beiden Jüngsten noch so gar klein sind und mir viele Sorgen machen.« Genauso wenig fühlt sie sich einer weiteren Schwangerschaft körperlich gewachsen: »Auch bin ich selbst doch eigentlich gar nicht recht kräftig, habe oft Brustschmerzen und mache mir dann doppelte Sorge. *Dies aber unter uns*!«[37]

Der Hinweis auf strengste Vertraulichkeit versteht sich von selbst. Natürlich darf nicht publik werden, was Clara wirklich über den allzu reichlichen Kindersegen denkt. Das würde so gar nicht zum sorgsam gepflegten Bild einer glücklichen Ehefrau passen, die Familie und Beruf spielend unter einen Hut bekommt. Zu diesem Zeitpunkt hat sich Claras Verhältnis zur Mutterschaft jedoch schon in einer Weise verändert, die seit der 2015 veröffentlichten

Studie von Orna Donath als *regretting motherhood* bekannt ist: wenn Frauen ihre Mutterschaft bereuen, wenn sie das Gefühl haben, in der Mutterrolle gefangen zu sein, und am liebsten ihr altes Leben zurückhaben wollen.

Selbst Wunschkinder können als Störfaktor empfunden werden, wenn sie berufliche Ambitionen durchkreuzen oder eine Partnerschaft aus der Balance bringen. Auch die Anstrengungen, ein Kind aufzuziehen, werden zuweilen unterschätzt, die vielen Anforderungen, die leicht in Überforderung umschlagen können. Nicht zuletzt sehen sich manche Frauen außerstande, eine emotionale Bindung zu ihrem Kind aufzubauen. Alle Welt erwartet, dass sie in Liebe zerfließen, innerlich aber rührt sich nichts in ihnen.

Für Clara wäre es undenkbar, derlei Überlegungen mit jemandem zu teilen. Insgeheim aber sinnt sie längst darüber nach, was sie gegen die rasch aufeinander folgenden Schwangerschaften tun könnte. Marie war noch ein freudiges Ereignis, das im Tagebuch entsprechend gewürdigt wurde, ab Kind Nummer vier werden die Geburten kaum noch erwähnt.

Verhütung durch Verzicht kommt nicht in Frage. Wie immer wieder aus Andeutungen hervorgeht, ist Clara eine äußerst leidenschaftliche Frau. Gegen das Anraten ihrer Hebamme schlüpft sie im Februar 1846 bereits zehn Tage nach der Geburt des kleinen Emil wieder zu Robert ins Bett. Im Übrigen werden die ehelichen Freuden regelmäßig genossen, laut Roberts Haushaltsbuch zwei- bis dreimal pro Woche. Den Vollzug markiert er durch kleine Häkchen, die Sechzehntelnoten ähneln. Als Clara diese etwas schräge Buchführung in Sachen Sex entdeckt, ist sie tief verletzt und verweigert sich Robert einige Wochen lang. Am Ende siegt wieder, sehr menschlich, das Verlangen.

Da sie keine Alternative zum hochaktiven ehelichen Liebesleben sieht, bleibt nur die Option der Empfängnisverhütung. Aber wie? Kondome aus Fischhaut oder anderen Tierhäuten gibt es schon, doch für Robert ist das offenbar keine Methode, die er für sich in Betracht ziehen würde. Auch Coitus interruptus und Coitus ante portas vertragen sich schlecht mit ebenso hochfrequenten wie leidenschaftlichen Ehefreuden. Man könnte es noch mit postkoitalen Scheidenspülungen versuchen, die im neunzehnten Jahrhundert aus allerlei Tinkturen gemixt werden. Eine sichere Sache ist das nicht.

Da wäre schon eine andere, weit modernere Verhütungsmethode effizienter: eine Zervixkappe, auch Okklusivpessar genannt. Die ist in den 1830er Jahren von einem Geburtshelfer namens F. A. Wilde erfunden worden; dem bekannten Berliner Arzt und Sozialhygieniker Christoph Wilhelm Hufeland wird eine ähnliche Erfindung zugeschrieben.[38] Als Vorläufer des Diaphragmas besteht die Kappe aus Harz und könnte ganz unauffällig angewandt werden – ohne dass Robert Verdacht schöpft. Dabei weiß er natürlich, dass Clara weitere Schwangerschaften fürchtet.

Obwohl sie ihrer Schwägerin Pauline Schumann manche Nöte im Zusammenhang mit den allzu rasch aufeinander folgenden Geburten anvertraut, geht sie nicht näher auf das Thema Empfängnisverhütung ein – mit gutem Grund: Clara ist zwar nicht strenggläubig, weiß aber, dass sie mit jeder Form von Verhütung gegen die ungeschriebene Regel verstößt, Kinder klaglos als Gottesgeschenk zu begrüßen.

Die Ultima Ratio wäre ein noch größeres Tabu: der Schwangerschaftsabbruch. Zu Claras Zeit nennt man Hebammen noch Engelmacherinnen, weil sie sich nicht nur auf die Kunst der Geburtshilfe, sondern auch auf die Kunst der Abtreibung verstehen. Es gibt jedoch weniger brachiale Mittel, einen Abbruch der Schwangerschaft herbeizuführen. Noch bis weit ins zwanzigste Jahrhundert hinein springen Frauen von Treppen, nehmen kochend heiße Bäder oder besteigen, falls vorhanden, ein Pferd, bis die Erschütterungen des Reitens ein Übriges tun.

Im Juli 1846 reisen die Schumanns nach Norderney, ohne Kinder, weil Roberts Nerven angegriffen sind und ihn obendrein ein Katarrh plagt. Auch Clara braucht dringend Erholung. Sie fühlt sich kraftlos und ausgelaugt in diesem Sommer. Vier Kinder hat sie inzwischen zur Welt gebracht und hofft inständig, dass es nicht noch mehr werden. Robert ficht das nicht an. »Caffèe, drei Groschen, Beischlaf, ein warmes Bad, ein Seebad, Kaffee«, zählt er die gemeinsamen Aktivitäten auf.[39] Er ist wirklich herzig.

Während des Urlaubs stellt Clara dann zu ihrem großen Schrecken fest, dass sie erneut in unfroher Erwartung ist. Und ergreift die Gelegenheit, etwas dagegen zu tun: Abwechselnd badet sie in der kalten Nordsee, in Wannen mit heißem Wasser und nimmt vorsichtshalber auch noch medizinische Bäder. Das Experiment gelingt, Ende Juli hat sie eine Fehlgeburt. Noch am selben Abend steigt sie aufs Podium, um ein Kurkonzert zu geben.

Robert entgeht durchaus nicht, was seine Frau da treibt, denn er schreibt lapidar ins Tagebuch: »Veränderung in Claras Zustand und ihre Freude darüber.«[40] Danach muss sie sich in ärztliche Behandlung begeben, weil sich eine Unterleibsentzündung mit starken Schmerzen einstellt. Auf eine Fehlgeburt kann das eigentlich nicht zurückzuführen sein. Das in jener Zeit gefürchtete Kindbettfieber entsteht für gewöhnlich, wenn unsterile geburtshilfliche Instrumente in die Vagina eingeführt werden und eingedrungene Krankheitserreger die Schleimhäute infizieren. Hat Clara mit irgendeinem Gegenstand nachgeholfen, um die Fehlgeburt einzuleiten?

Es wird ihr Geheimnis bleiben. So wie es ihr Geheimnis bleiben wird, ob sie Erfahrung mit dieser Methode hat. Denkbar wäre es. Spätestens mit Emils Geburt hat sich ihr Leben in einen Zustand permanenter Überforderung verwandelt, und nach wie vor muss sie auftreten, um das Familieneinkommen aufzubessern. Was, wenn die Schwangerschaften kein Ende nehmen? Wie viele

Kinder kann sie noch in ihrem Alltag unterbringen, ohne dass ihre Konzerttätigkeit darunter leidet? Wie viele Ammen und Kindermädchen kann sie sich bei all den Geldnöten noch leisten?

In jedem Falle unterstreicht die Norderney-Episode, dass ihr jegliche Lust auf weitere Kinder vergangen ist. Selbst wenn es tatsächlich nur eine Fehlgeburt gewesen sein sollte, ist die von Robert vermerkte Erleichterung Claras, dass sie das Kind nicht austragen muss, schon Indiz genug dafür.

1852 wiederholt sich die Geschichte. Clara ist mittlerweile sechsfache Mutter, als sie mit Robert ins niederländische Scheveningen an die Nordsee reist. Alle sechs Kinder sind dabei. Sechseinhalb, genauer gesagt, denn wieder einmal ist sie schwanger. »Clara mit fürchtenden Hoffnungen«, lautet Roberts paradoxer Kommentar, in dem das ganze Ungemach dieser allzu fruchtbaren Ehe zum Ausdruck kommt.[41] Wie schon sechs Jahre zuvor probiert sie es mit Bädern. Die Sache zieht sich. Knapp vier Wochen dauert es, bis ihre Badekur die entsprechenden Nebenwirkungen zeitigt. Danach hat sie wieder hohes Fieber, das von gleich zwei Ärzten behandelt werden muss.

Oder ist es doch nur eine zufällige Fehlgeburt? Dann hätte Clara allerdings auf Bäder in der kalten See verzichtet. Durch den zurückliegenden Urlaub auf Norderney war ihr bestens bekannt, welche Risiken sie eingeht, wenn sie trotz einer beginnenden Schwangerschaft im Meer badet. Diesen Widerspruch versucht sie in einem Brief an Emilie List zu glätten: »Denke Dir, dass ich an dem Tage, als wir von Scheveningen abreisen wollten, Fausse couche machte und wir somit dort 8 Tage länger bleiben mussten; wahrscheinlich kam dies in Folge der wirklich großen Sorge und Kummer um Robert und des Gebrauchs der Seebäder, die mir der Arzt unbegreiflicherweise erlaubt hatte.«[42]

Wer froher – statt »fürchtender« – Hoffnung ist, hätte wohl freiwillig von Seebädern Abstand genommen, und Kummer und

Sorge plagten sie auch bei ihren anderen Schwangerschaften. Für einen bewusst herbeigeführten Abort spricht überdies, dass Clara den ehelichen Beischlaf nach ihrer Genesung eine Weile verweigert. Sie ist erschöpft, ihre Muttergefühle sind es sicherlich auch, und manchmal sind es die spontanen Reaktionen, die etwas über solche Gefühle verraten.

Im Mai 1849, Clara und Robert wohnen zu dieser Zeit in Dresden, schwappen die Unruhen im Gefolge der Märzrevolution von 1848 auch in die sächsische Residenzstadt. Richard Wagner, ein Freund des Anarchisten Michael Bakunin, der zu dieser Zeit in Dresden lebt, schlägt sich sogleich auf die Seite der Aufständischen, Barrikaden werden errichtet, blutige Straßenkämpfe entbrennen. Der Dresdner Maiaufstand stürzt die Stadt ins Chaos. Da ein Großteil der sächsischen Armee ausgeflogen ist, um im Schleswig-Holstein-Krieg zu kämpfen, rekrutieren die Behörden Bürgerwehren. Alle erwachsenen Männer sollen sich freiwillig melden. Wer nicht freiwillig dabei ist, wird zu Hause abgeholt.

»Es bildete sich in unserer Straße eine Sicherheitswache, und man wollte Robert dazuhaben«, dokumentiert Clara die Ereignisse. »Nachdem ich ihn zweimal verleugnet, die Leute aber drohten, ihn suchen zu wollen, flüchteten wir mit Marien zur Gartentür hinaus auf den böhmischen Bahnhof.«[43] Zu dritt erreichen sie über einige Umwege das Gut Maxen vor den Toren Dresdens, wo Clara schon als junges Mädchen in der Sommerfrische war. Diesmal sind sie zu dritt. Elise, Julie und Ludwig hat Clara zurückgelassen, obwohl Kanonendonner über der Stadt liegt und sich die Straßenschlachten immer weiter ausbreiten.

Wie gesagt, es ist eine spontane Reaktion. Und eine aufschlussreiche. Die Kinder, die sich noch im Haus befinden, sind unter sechs Jahre alt, und ob die Kindermädchen und Dienstboten sie schützen werden, falls Schlimmeres passiert, ist völlig ungewiss.

Wie begründet Clara ihre Flucht ohne die drei Jüngsten? »Ich war sehr betrübt, dass wir nicht Elisen wenigstens noch mitgenommen hatten«, berichtet sie weiter, »doch waren wir fort, wie wir gingen und standen, hatten also nicht Zeit, noch die Kinder mitzunehmen.«[44] Erst danach beschleicht sie nun die Angst um Elise, Julie und Ludwig, wobei auffällt, dass ihr Elise am meisten am Herzen liegt. In den frühen Morgenstunden des nächsten Tages fährt Clara nach Dresden zurück, um alle drei nachzuholen.

Es ist eine Geschichte, die nachdenklich macht. Sicher, sie hat die Kinder noch mit einiger Verzögerung vor etwaigen Unbilden gerettet, aber unter dem Druck der Situation wäre ihr nicht eingefallen, sie sofort mitzunehmen. Robert war wichtiger, Robert und Marie. Damit hat Clara Prioritäten erkennen lassen, die viel über ihr Verhältnis zu den jüngeren Kindern erzählen. Vorwerfen kann man ihr das keineswegs. Emotionale Bindungen sind wünschenswert, erzwingen kann man sie nicht. Auch das ist *regretting motherhood.*

Auflösung der Familie

Als Robert im Juli 1856 stirbt, ist Clara Mutter von sieben Kindern. Auf sich allein gestellt und ohne Roberts Einkünfte als Musikdirektor, hat sie längst ihre Entscheidung getroffen: Statt als Klavierlehrerin zu arbeiten und für ihre Kinder präsent zu sein, ist sie bereits ein halbes Jahr nach Roberts Einlieferung auf Konzertreisen gegangen. Eine Weile hat Johannes ihr vieles abgenommen, doch lange wird das Arrangement nicht mehr halten. Sie fürchtet um ihren Ruf, er muss sich um seine eigene Karriere kümmern. Wohin also mit den Kindern?

Marie und Elise kommen in ein Leipziger Mädchenpensionat, Ferdinand und Ludwig, sieben und acht Jahre alt, treten ihre

Odyssee durch verschiedene Erziehungsanstalten an. Julie lebt schon in Berlin bei Mariane Bargiel, weil sie oft kränkelt und Clara meint, sie sei bei der Großmutter besser aufgehoben. Die Betreuung des zweijährigen Felix und der vierjährigen Eugenie übernimmt die bewährte Haushälterin Bertha Boelling in Düsseldorf. Ein Jahr später mietet Clara eine Wohnung in Berlin, erst in der Dessauer Straße, dann am Schöneberger Ufer. Dort nimmt sich eine Gouvernante, Tante Elisabeth genannt, der beiden Kinder an, wenn Clara auf Reisen ist – durchschnittlich sieben Monate pro Jahr.

Ihr Entschluss, das familiäre Zusammenleben nach Roberts Tod abrupt zu beenden und ihre Kinder weit entfernt voneinander auf Verwandte, Pensionate, Erziehungsanstalten und Pflegefamilien zu verteilen, ist für heutige Betrachter schwer verständlich. Wenn der Vater in den Wahnsinn fällt und vorzeitig stirbt, ist das für Kinder extrem belastend. In dieser schwierigen Situation könnten die Anwesenheit der Mutter und der geschwisterliche Zusammenhalt ein großer Trost sein, doch Clara behandelt die Frage, wie sie mit den vaterlos gewordenen Kindern umgehen soll, als rein logistisches Problem.

Familie ist für sie weniger eine Kraft- und Glücksquelle als ein Synonym für Pflichten, die immer in Konkurrenz zu ihren eigenen Ambitionen als Künstlerin stehen. Bei Robert ist sie Kompromisse eingegangen. Nach seinem Tod hat sich ihre Kompromissbereitschaft erschöpft. Jetzt ist sie dran.

Selbst unter den neuen Bedingungen empfindet sie ihre Mutterpflichten allerdings noch als Bürde. »Ich bin jetzt so furchtbar beschäftigt, dass mir der Kopf schwirrt«, beklagt sie sich bei Emilie List. »Denke nur, allein fünf Kinder in Pension an drei verschiedenen Orten, nur deren Toilette bei Jahreswechsel, wie z. B. jetzt besorgen, welche Arbeit, dabei die ungeheure Korrespondenz, Stunden geben und selbst studieren.«[45] Sie könnte es einfacher haben. Die Berliner Wohnung wäre groß genug für alle Kinder, genügend Schulen und Pensionate hätten sich dort auch gefunden, desgleichen Kindermädchen und Gouvernanten. Doch die heutige Vorstellung von der Familie als warmem Nest ist bei ihr nicht ausgeprägt genug und aus naheliegenden Gründen auch nicht attraktiv genug, um die Kinder um sich zu scharen und ihnen Halt zu geben.

So leiden besonders Ludwig und Ferdinand unter der Zersplitterung der Familie. »Sie hingen mit allen Fasern ihres Daseins an Mutter und Geschwistern«, schreibt Eugenie über ihre Brüder, »ein behagliches, trauliches Zusammensein in der Familie ging ihnen über alle Verlockungen der Außenwelt. Und gerade dies konnte die Mutter ihnen nicht geben.«[46]

Immerhin wechseln Marie und Elise anlässlich des Umzugs nach Berlin in ein Berliner Pensionat, um den jüngeren Geschwistern die Mutter zu ersetzen.

Organisatorisch hat Clara damit alles gelöst. Sie geht weiterhin auf Konzertreisen, den Kontakt zu ihren Kindern hält sie durch Briefe aufrecht, in denen sie sich weniger nach dem Befinden als nach den schulischen und musikalischen Fortschritten erkundigt. »Wie geht es mit dem Klavier?«, fragt sie die achtjährige Eugenie im September 1860. »Und weinst Du auch gar nicht mehr?«[47] Eine rhetorische Frage. Trauer, Verzweiflung, Sehnsucht, all das müssen die Kinder allein tragen und sich mit Briefen begnügen. Selbst die Weihnachtstage desselben Jahres müssen Eugenie und Felix ohne ihre Mutter verbringen.

»Wenn Ihr am Weihnachtsabend recht vergnügt seid, dann denkt auch an Eure Mama, die so gern bei Euch wäre!«, versichert Clara, die durchaus Zeit gehabt hätte, nach Berlin zu fahren. »Damit Ihr aber sehr wohl seht, dass ich an Euch denke, schicke ich Euch die schönen Bücher, in denen Ihr immer sonntags lesen sollt.«[48] Bücher statt Besuche, Briefe statt Umarmungen, für die

Kinder ist das hart. Selbst die Pausen zwischen ihren Konzertreisen verbringt Clara oft bei Freunden oder erholt sich bei Kuren in der Schweiz.

Nach einer mehrmonatigen Englandtournee im Jahr 1859 beispielsweise fährt sie nicht auf direktem Weg zu den Kindern, sondern verbringt zunächst einmal vier Wochen bei den befreundeten Bendemanns in Düsseldorf. Danach legt sie einen zehntägigen Boxenstopp in Berlin ein, um sogleich weiter zu ihrer Freundin Rosalie Leser zu reisen. Ihre Aufenthalte in Berlin sind meist kurze Gastspiele. Manchmal besucht sie ihre Kinder gar nicht erst, wenn sie in Berlin weilt. So erzählt Julie ihrer Schwester Eugenie, »nie wieder habe sie in ihrem Leben ein solches Glücksgefühl gehabt, als da sie einmal als elfjähriges Mädchen ganz unvermutet die Mama, von deren Anwesenheit in Berlin sie nichts wusste, in der Straße habe auf sich zukommen sehen«.[49]

Diese Geschichte macht beklommen. Vielleicht wäre sie weniger verstörend, wenn Clara nicht schriftlich unablässig beteuern würde, wie sehr sie sich nach ihren Kindern sehnt. Aus ihrer Perspektive könnte man diese Kontaktverweigerung möglicherweise plausibel finden. Wie soll sie sich in der Berliner Wohnung ausruhen, wenn sie von den Kindern mit Beschlag belegt wird? Dennoch befremdet Claras Variante der Work-Life-Balance. Dass sie nach Berlin fährt und Freunde trifft, ohne ihren Kindern einen Besuch abzustatten, verrät dann doch einen großen inneren Abstand.

Vielleicht hilft da ja ihre Erklärung weiter, warum sie später nicht zur Konfirmation ihrer Tochter Julie fährt, die, inzwischen sechzehnjährig, bei Emilie Lists Schwester Elise in München untergebracht ist. »Ich habe viel darüber nachgedacht, ob ich nicht vielleicht Euch alle besuchen könnte«, schreibt Clara nach München. »Es ist aber spät in der Jahreszeit, und ein Bedenken ist es doch, ob die Trennung nachher Julie nicht doppelt hart wäre.«[50]

Eine eigenwillige Theorie, deren Logik darauf hinausläuft, dass man die Kinder besser gleich gar nicht besucht, um jeglichen Abschiedsschmerz zu vermeiden.

Im Herbst des Jahres 1862 hat Clara dann eine wirklich gute Idee: Sie kauft ein altes Bauernhaus in Lichtenthal, einem kleinen Ort nahe Baden-Baden. Nichts Herrschaftliches, sondern klein und ein bisschen unscheinbar. Schnell ist ein humorvoller Name gefunden: die Hundehütte. In den folgenden Jahren wird das Haus zum Zentrum eines temporären Familienlebens.

»Den ganzen Winter war meine Mutter auf Reisen, meist in Begleitung von Marie«, erläutert Eugenie das neue Konzept. »Wir anderen waren in alle Welt zerstreut, und da war denn dieser zauberhaft und idyllisch gelegene Besitz ein Paradies, in welchem wir uns teils für den ganzen Sommer, teils zu den Ferien zusammengefunden.«[51] Auch Gäste werden empfangen, Freunde und Bekannte, Künstler und Fürstlichkeiten, wie Eugenie aufzählt.[52] Brahms schaut vorbei, der Dirigent Hermann Levi, es ist ein lebhaftes Kommen und Gehen.

Clara hält Hof. Die hauswirtschaftlichen Dinge erledigen ihre ältesten Töchter, allen voran Marie, die inzwischen völlig in jener dienenden Rolle aufgeht, die Clara nie wieder akzeptieren wird. Ihre älteste Tochter hält das Haus in Ordnung, bewirtet die Familie und die zahlreichen Gäste, kümmert sich um ihre jüngeren Geschwister, stopft Strümpfe und näht Kleider. Alle Kinder haben große Ehrfurcht vor der Mutter. Wie eine Heilige schwebt sie über dem Familienleben, huldvoll, unnahbar, mit Gästen, Briefeschreiben und Klavierspielen beschäftigt. Ehrfurchtsvoll dankt Eugenie denn auch ihrer Schwester Marie, weil sie so umfassend für Clara sorgt, »dass sie ungestört ihrem Berufe leben konnte; nie nahten sich ihr die so lästigen Anforderungen des täglichen Lebens, sie bei der Ausübung ihrer Kunst aus allen Himmeln reißend«.[53]

Ja, Clara hat es geschafft. Endlich führt sie ein Leben, in dem sie weder von Haushaltspflichten, Kindernöten noch einem fordernden Ehemann behelligt wird. Eigentlich hat sie das immer gewollt: der Kunst leben, nur der Kunst. Erst mit Roberts Tod findet sie den passenden Modus Vivendi.

Zu dramatischen Szenen kommt es, als Felix und Eugenie, die eine besonders enge Bindung haben, auf Claras Veranlassung hin getrennt werden. Felix muss nun das Joachimsthaler Gymnasium in Berlin besuchen, Clara bringt ihn bei den Eltern eines Klavierschülers unter. Eugenie schickt sie ein Jahr später in das Mädchenpensionat Schloss Rödelheim, eine Art Kadettenanstalt für Mädchen, deren sadistische Direktorin Fräulein Hillebrand an das furchteinflößende Fräulein Rottenmeier in Johanna Spyris Roman *Heidi* erinnert. Eugenie fürchtet sich vor der Frau mit den kalten harten Augen. Oft wird sie grundlos bestraft, weil ein eigens ersonnenes Spitzelsystem zu Denunziationen einlädt.

Clara weiß von nichts, weil sie Eugenie nie besucht. Die verzweifelten Briefe ihrer Tochter erreichen sie nicht, denn so wie später in Schloss Colditz wird die Post auch auf Schloss Rödelheim zensiert oder gleich ganz abgefangen. Dafür korrespondiert Clara – auch dies eine Parallele zu Ludwigs späterem Elend – eifrig mit der Direktorin. Die sendet ihr »die schreckhaftesten und, wie sich später herausstellte, lügenhaftesten Berichte« über Eugenie, sodass Clara den Eindruck gewinnen muss, ihre vermeintlich ungezogene Tochter sei in einem strengen Institut genau an der richtigen Adresse.[54]

Traurig stimmt, dass sich Eugenie ihrer Mutter während der vom Pensionat gewährten kurzen Besuche in Baden-Baden nicht anzuvertrauen wagt. Aus Angst, Clara könnte ihr nicht glauben, leidet sie stumm. Erst drei Jahre später, als das Pensionat wegen der Einquartierung von Soldaten eine Weile geschlossen hat, kann Eugenie mehr Zeit mit ihrer Mutter verbringen und berichtet nun ausführlich von den Zuständen auf Schloss Rödelheim. Drei Jahre Martyrium finden auf diese Weise ein Ende. Anschließend bringt Clara ihre Tochter in einem Pensionat in Neu-Watzum nahe Wolfenbüttel unter.

Noch oft werden die Kinder weiterverschickt, auseinandergerissen, hier und dort untergebracht. In den nächsten Jahren schreibt Clara ihnen fast so viele Briefe wie damals an Robert, als sie noch gemeinsam von einem romantisch umflorten Leben zu zweit träumten. Es sind schöne Briefe, voller Liebesbeteuerungen, voller Bedauern, dass man sich so selten sieht. »Ach, alle fehlt Ihr mir ja, wenn Ihr nicht da seid«, beteuert Clara, »Ihr seid ja mein höchstes Glück auf Erden und nur für Euch lebe ich ja gern.«[55]

Unterdessen reist sie kreuz und quer durch Europa, gastiert in wichtigen und weniger wichtigen Konzerthäusern, fährt für mehrwöchige Kuren in die Schweiz, unternimmt Tourneen nach London. Den Weg zu ihren Kindern findet sie selten. Eugenie schreibt: »Gar manchmal sagten wir zueinander: Was könnte Mama wohl am ehesten aus ihrem Leben missen: uns oder die Kunst? Und fanden die Antwort nicht.«[56]

Letztlich tut Clara, was man einem verwitweten Vater ohne Weiteres zugestehen würde: Geld verdienen, die Kinder versorgen, ein eigenes Leben führen. Nach all den langen Jahren ist sie nun doch noch die Künstlerin geworden, zu der sie ihr Vater erzogen hat: eine unabhängige Frau, für die weibliche Rollenbilder irrelevant sind – auch die gängige Mutterrolle, die sie so weit von sich schiebt wie ihre Kinder.

Ein Unbehagen bleibt, wenn man ihr dabei zuschaut. Das mag im Sinne der Gendergerechtigkeit falsch sein. Ohnehin ist Mutterschaft immer ein kulturelles Konstrukt, und die Erwartungen an Mütter verändern sich mit den jeweiligen gesellschaftlichen Wertvorstellungen. Dennoch lassen sich die Fragen und Zweifel nicht ganz zum Schweigen bringen, wenn man die Nöte der Kinder sieht. »Dass die Sünden der Väter an den Kindern heimgesucht werden, darin erblicke ich keine Ungerechtigkeit«, resümiert Eugenie rückblickend, »aber dass die Kinder für die guten Taten der Eltern leiden müssen, wie es bei uns der Fall war, dafür gibt es keine Erklärung, keinen Trost.«[57]

KAPITEL 10

NEUSTART

Auf sich gestellt.
Einen Platz in der Welt finden

Die Queen trifft die Queen. Könnte es ein glanzvolleres Gipfeltreffen geben? Abwarten. Clara hat schon einmal am englischen Hof konzertiert, und ihre Erinnerungen daran sind nicht die allerbesten. Aber wer schlägt schon eine Einladung von Queen Victoria aus? Zu Claras Erfolgsgeheimnissen gehört Selbstdisziplin, und in dieser wird sie sich auch heute üben.

Schimmernde Lichtreflexe fallen in das Innere ihrer Kutsche, als die schmiedeeisernen Tore mit den großen goldverzierten Königswappen auseinandergleiten. Dahinter erhebt sich wie ein Felsmassiv das Sinnbild imperialer Macht in den grauen Londoner Aprilhimmel: Buckingham Palace. Claras Blick fällt auf das Portal mit den wuchtigen Säulen, gekrönt von einem Giebel, auf dem sich das königliche Wappen in Stein gehauen wiederholt. Wie jedes Mal vor ihren Konzerten befällt sie eine schreckliche Nervosität. Nicht wegen Queen Victoria. Clara hat häufig in Anwesenheit gekrönter Häupter gespielt, damals in Wien zum Beispiel, oder in St. Petersburg, doch das Lampenfieber, von ihr »Kanonenfieber« genannt, begleitet sie schon ein Leben lang.

Wenn man zweiundfünfzig ist und seit so vielen Jahrzehnten auftritt, sollte sich die Aufregung doch irgendwann legen, oder? Seltsamerweise geschieht das nie. Der Gang zum Flügel ist immer noch eine Überwindung für Clara. Erst wenn ihre Finger die Tastatur berühren, fällt alles von ihr ab, das Lampenfieber, der Erwartungsdruck, die Bürde, wieder und wieder ihre außergewöhnlichen pianistischen Qualitäten unter Beweis zu stellen.

»Da sie die nervöseste Frau war, die man sich nur vorstellen konnte, pflegte sie vor einem Konzert regelmäßig in der Künstlergarderobe in Tränen auszubrechen und bis vor dem letzten Augenblick zu erklären, dass es ihr völlig unmöglich sei, auf die Bühne zu gehen«, erinnert sich die Komponistin, Dirigentin und Schriftstellerin Ethel Smyth, die Clara schon während ihrer musikalischen Ausbildung in Leipzig kennenlernte.[1]

Wenigstens hat Clara heute ihre älteste Tochter dabei, das hilft ein wenig. Wie seit vielen Jahren, wenn sie auf Tournee geht, ist Marie an ihrer Seite – und nicht nur als mentale Unterstützung, denn besonders an Konzerttagen sind tausend kleine Pflichten zu erledigen. Marie reinigt Claras empfindliche Seidenschuhe, legt für sie den Schmuck heraus, assistiert ihr beim Ankleiden und frisiert ihr Haar, das sie mal mit einem schwarzen Spitzenschal verhüllt, mal mit Blumen aus Samt verziert.

Clara ist eine beeindruckende Erscheinung. Bei ihren Auftritten trägt sie jetzt raschelnde dunkle Seidenkleider, elegant, bodenlang. Liszt nennt sie spöttisch eine Hohepriesterin. Und wenn schon. Clara ist keine Tanzbodenpianistin, sie hat tatsächlich eine höhere Mission: Im Namen humanistischer Ideale möchte sie den Menschen wahrhaft große Musik nahebringen. Dafür stehen auch ihre Programme, die auf modischen Firlefanz und virtuose Kabinettstückchen verzichten. Kein Henri Herz mehr, kein Thalberg, auch kein Liszt, dessen Musik sie mittlerweile verabscheut.

Das Getrappel der Kutschpferde wird schon langsamer, während Clara den jungen Mann betrachtet, der ihr gegenübersitzt. Ausnahmsweise ist heute Felix dabei, ihr Jüngster. Soeben hat er sein Abitur in Berlin bestanden, mit Bravour, deshalb durfte er nach London reisen. Groß ist er geworden, auf attraktive Weise männlich mit seinem selbstbewusst vorgereckten Kinn und der dunklen Haartolle, die ihm verwegen in die Stirn fällt. Marie hingegen wirkt eher blässlich; ein resignierter Zug liegt auf ihrem Gesicht. Vielleicht opfert sie sich etwas zu sehr für ihre Mutter auf, doch das tut sie mit Freuden, wie sie versichert. Dafür entsagt sie sogar einer eigenen Familie.

Ruckelnd hält die Kusche vor dem Portal. Man erwartet die kleine Reisegesellschaft bereits. Eskortiert von livrierten Lakaien, geht es nun auf rotsamtenen Teppichen in das Entree des Palasts und dort die steile Treppe hinauf. Was für ein Prunk, was für eine Pracht. Vergoldete Stuckaturen, geschnitzte Kandelaber, goldgerahmte Gemälde, wohin das Auge blickt. Irgendwo in diesem riesigen Palast hängen auch die berühmten Rembrandts und Canalettos, von denen Kunstbegeisterte schwärmen.

Clara hat wenig Sinn für so viel Pomp und Herrlichkeit. Verstohlen massiert sie ihre Hände. Neuerdings hat sie wieder Schmerzen in Fingern und Armen. Das Alter. Aber aufhören? Niemals. Sie steht auf dem Höhepunkt ihrer Berühmtheit in diesem April 1872, und besonders die Engländer lieben sie. Nirgendwo in Europa schlägt ihr eine derartige Begeisterung entgegen wie im britischen Königreich.

Bevor Clara den Saal betritt, in dem die Musikmatinee stattfinden soll, huscht Marie beiseite und drückt sich auf einen samtgepolsterten Stuhl. Claras Aufregung überträgt sich immer so stark auf sie, dass sie es nicht aushält, den Konzerten beizuwohnen. Lieber wartet sie in einem Nebenraum oder wie hier auf dem Gang. Also schreitet ihre Mutter in Begleitung von Felix in den hohen Saal. Verdutzt schaut sie sich um. Siebenhundert Zuhörer waren ihr angekündigt worden. In der Tat steht eine beträchtliche Anzahl von Stühlen dicht gedrängt auf dem Parkett, nur die Zuhörer fehlen. Das heißt, etwa hundert Gäste flanieren zwischen den leeren Stuhlreihen herum, lachen und plaudern und beachten kaum die würdige, in kostbare Seide gekleidete Dame, die etwas verstimmt dem Flügel zustrebt.

Als sich Clara an das Instrument setzt, entdeckt sie Queen Victoria. Fast könnte man sie übersehen, so unscheinbar wirkt die Königin von England. Seit sie Witwe ist, trägt sie nur noch schlichte schwarze Kleider und weiße Mullhauben, als sei sie ihre eigene

Hausangestellte. Verglichen mit dieser tristen Matrone wirkt Clara wie die wahre Queen, imposant, nahezu majestätisch. Das wird ihr immer wieder attestiert, auch dass sie größer wirke, als sie in Wirklichkeit ist. Alles eine Frage der Haltung. Wenn man eine Mission hat, strahlt man das auch aus.

Leider unterlässt es Queen Victoria, Clara zu begrüßen. Schade, es gäbe reichlich Gesprächsstoff für die beiden Damen, denn sie haben viel gemeinsam: neun Schwangerschaften, einen verstorbenen Ehemann und, tja, das Gerücht, es gebe eine unstandesgemäße Liaison. Queen Victoria sagt man eine Affäre mit dem vom Stallknecht zum Kammerdiener beförderten John Brown nach. Erst hat sie ihm den Titel »Queen's Highland Servant« verliehen, nun überhäuft sie ihn mit kostbaren Geschenken und nimmt ihn sogar mit, wenn sie auf Balmoral oder in der Schweiz urlaubt.

Clara gibt nichts auf Klatsch. Dass sie von der Queen aber nicht einmal begrüßt wird, findet sie dann doch etwas unfein. Stoisch beginnt sie zu spielen. Und die Queen? Unterhält sich weiter mit Prinzessin Louise und der Herzogin von Cambridge. Man hört ohnehin kaum etwas von Claras Darbietung, weil das Gemurmel der abtrünnigen sechshundert Zuhörer aus dem Nebensaal hereindringt.

In der Pause geschieht dann das Unfassbare: Während Queen Victoria an einer Tasse Tee nippt, spielt die Königliche Blaskapelle ein ohrenbetäubendes Potpourri, gefolgt von zwei Dudelsackspielern im schottischen Kilt. Das, lässt man Clara wissen, *das* sei die Lieblingsmusik der Queen. Na, besten Dank auch. Sie ist nur noch sprachlos, am liebsten würde sie das Weite suchen. Aber Job ist Job. Bevor sie mit dem zweiten Konzertteil beginnt, nickt die Königin ihr dann doch noch huldvoll zu: »Sehr schön gespielt.« Auf das anschließende Diner verzichtet Clara.

Sie wird diese Episode schnell verschmerzen. Gekrönte Häupter sind selten kunstsinnig, und für Claras pianistische Delikatesse braucht es eben Kennerschaft. Was ist schon der Buckingham Palace? Eine glanzvolle Station mehr, die sich vorteilhaft in der Auflistung ihrer Konzerte ausnimmt, für eine Künstlerin von Claras Format jedoch völlig irrelevant ist.

Sie bespielt andere, weit glanzvollere Bühnen in London. Ob St. James's Hall, Camberwell Hall oder Her Majesty's Theatre, überall strömen die Menschen in ihre Konzerte. Insgesamt neunzehnmal wird sie am Ende ihres Lebens in das Vereinigte Königreich gereist sein, mit mehr als zwanzig Auftritten pro Saison. Hier feiert sie die größten Triumphe ihrer Karriere. Zu den absoluten Höhepunkten gehören Konzerte im Crystal Palace, einer kühnen Konstruktion aus Glas und Stahl, die 1851 anlässlich der Weltausstellung erbaut wurde. Dort füllt Clara den »kleinen Saal«: Viertausend Zuhörer jubeln ihr hier zu. Es ist die Ernte langjähriger Aufbauarbeit.

Mutiger Aufbruch

Als Clara im Frühjahr 1856 zum ersten Mal nach England reist, könnte ihre Lebenssituation belastender nicht sein. Roberts Zustand hat sich dramatisch verschlechtert, Zukunftssorgen treiben sie um. Dennoch erfüllt sie sich den lang gehegten Wunsch einer Englandtournee, der durch ihre Schwangerschaften immer wieder vereitelt wurde. Bis zum letzten Moment wollen Joseph Joachim und Johannes ihr die Reise ausreden und beschwören sie, daheimzubleiben. Doch sosehr Clara ihre Freunde liebt und schätzt, wenn es um Berufliches geht, lässt sie sich nur ungern dreinreden. Unbeirrt folgt sie einer Einladung des Komponisten und Dirigenten William Sterndale Bennett, einem Freund Roberts aus Leipziger Zeiten, der ihr zwei Konzerte in der Royal Philharmonic Society angeboten hat.

So begibt sie sich auf die Reise. Allein. Damit durchbricht sie eine feuervergoldete Regel des bürgerlichen Milieus: Mitte des neunzehnten Jahrhunderts hält man es für unschicklich, wenn Frauen ihres Standes ohne Begleitung unterwegs sind. Das »schwache Geschlecht« muss beschützt respektive beaufsichtigt werden, eine Aufgabe, die der Gatte oder eine Anstandsdame übernimmt. Clara kennt die Regel natürlich. Im Laufe ihres Lebens ist sie anfangs vom Vater, dann von weiblichen Bekannten und nach dem Kopenhagen-Gastspiel stets von Robert begleitet worden.

1856 setzt sie sich über diese Usance hinweg. Der ursprüngliche Plan, ihre Freundin Emilie List mitzunehmen, ist an den Finanzen gescheitert: Clara hat eine private Unterkunft in London organisiert, doch in dem angemieteten Zimmer steht nur ein einziges Bett zur Verfügung. Ein zweites Zimmer anzumieten, übersteigt ihr genau kalkuliertes Budget, also fährt sie einfach ohne Emilie los.

Dazu gehört Mut. Clara war nie in England, und schon allein die Reise dorthin ist ein abenteuerliches Unterfangen. Zunächst muss sie den Zug nach Ostende nehmen, anschließend eine vierstündige Überfahrt mit der Fähre durchstehen und danach den Expresszug von Dover nach London erwischen. Zweiundzwanzig Stunden dauert die Fahrt insgesamt. Später reist Clara manchmal über Calais, was die Überfahrt auf zwei Stunden verkürzt und das Risiko einer Erkältung vermindert: Da sie auf dem Oberdeck der Fähre ausharrt, um Geld zu sparen, kommt sie bei schlechtem Wetter zuweilen mit nässetriefender Kleidung in Dover an.

Als sie 1856 erstmals London sieht, ist sie wie erschlagen von der schieren Größe der Stadt. Die Entfernungen sind immens, und da sie volles Programm mit privaten und öffentlichen Auftritten hat, hetzt sie unentwegt zwischen den weit auseinanderliegenden Stadtteilen umher. Eine weitere ehrenvolle Einladung hat sie auch schon in der Tasche: Zweimal wird sie in der New Philharmonic Society auftreten.

Doch London und der dortige Musikbetrieb versetzen Clara erst einmal einen Schock. Von Liebe auf den ersten Blick kann man beim besten Willen nicht sprechen. Die Proben beschränken sich auf einmaliges Durchspielen, fast alle Musiker, die sie kennenlernt, jagen nur dem Geld hinterher, und die Engländer empfindet sie generell als kalt und abweisend. Selbst ihr Zimmer bei den beiden ältlichen Miss Busbys ist scheußlich. Heimweh überwältigt sie, Sorge um Robert, Sehnsucht nach Johannes. Nachts weint sie oft. Aber sie hält durch. Eine Clara Schumann lässt sich nicht unterkriegen, auch wenn der Wind hart von vorn kommt.

Drei Monate bleibt sie in der britischen Hauptstadt. In diesem Vierteljahr gibt sie sechsundzwanzig Konzerte, ein enormes Pensum, zumal die Bedingungen nicht immer ideal sind.

Am 12. Mai 1856 spielt sie Roberts *Klavierkonzert a-Moll op. 54* in der New Philharmonic Society. Am Dirigentenpult steht der Komponist Henry Wylde, der in ihren Augen gar kein richtiger Musiker ist, weil er weder etwas von Roberts Werk versteht noch eine glückliche Hand beim Dirigieren hat. Im letzten Satz bringt er sogar das gesamte Orchester aus dem Takt. Da braucht man schon Nerven aus Stahl, wenn man nicht ins Chaos hineingezogen werden will.

Vollends missfällt Clara die Londoner Programmpolitik. In The Queen's Concert Rooms Hanover Square erlebt sie ein fünfstündiges Konzert mit nicht weniger als vierundzwanzig Nummern. Too much. Much too much. »Das war aber das non plus ultra von einem schlechten Konzert!«, echauffiert sie sich. »Ich schämte mich unter all diesem fürchterlichen Zeug.« Als dann sogar in der Pause Musik gespielt wird, noch dazu eine Bearbeitung von Roberts *Geburtstagsmarsch* mit dröhnenden Orgelklängen, ist sie komplett bedient. »Der Geburtstagsmarsch gehört zu den unbegreiflichen Dingen, wie sie nur in England vorkommen können«, stöhnt sie auf.[2]

Und das Publikum? Kein Vergleich mit den kontinentalen Gepflogenheiten. Hier ist man laut, es wird geschwatzt, von Konzentration keine Spur. Doch zumindest in Privatzirkeln verschafft sich Clara den gebührenden Respekt. Sie legt einfach so lange die Hände in den Schoß, bis alle schweigen, erst dann spielt sie weiter. Umgekehrt ist den Londonern ihr pianistischer Stil völlig fremd. Man erwartet virtuoses Geklingel oder doch zumindest ein sentimental zerfließendes Weibchen am Flügel. Schwierig. Zwei Welten treffen aufeinander.

Man könnte meinen, nach diesen negativen Erfahrungen würde Clara aufgeben. Ganz im Gegenteil. Gleich im folgenden Jahr reist sie erneut nach England. Und mit jedem weiteren Jahr, in dem sie hier auftritt, wächst ihre Fangemeinde, bis ihr schließlich 1865 der Durchbruch gelingt. Mittlerweile liegt sie so hoch in der Publikumsgunst, dass sie sogar ganze Abende bestreiten darf. Wie Zeitgenossen ihre Auftritte wahrnehmen, kann man einem Bericht des Malers Charles Ricketts entnehmen, der Clara Mitte der 1880er Jahre erlebt.

»Es gab eine spürbare Stille, dann eine Woge von Beifall, als eine kleine ältere Frau auf der Bühne erschien«, schildert er seine Eindrücke. »Sie war adrett gekleidet, in prunkloser nussbrauner Seide, ihr graues Haar mit Spitzenbesatz und einer Samtschleife gekrönt, ihre Haltung war gleichzeitig würdig und maßvoll, ihre Verbeugung die einer Prinzessin.«

Nachdem Ricketts Claras liebenswürdige, wenngleich resolute Miene und ihre Interpretation von Beethovens *Waldsteinsonate* erwähnt, die er als makellos, wenn auch vielleicht etwas zu distanziert bewertet, kommt er auf den letzten Programmpunkt zu sprechen. »Dann spielte sie Schumanns Arabeske, rasch, fließend, mit einem leidenschaftlichen Sinn für Schönheit. In der Pause vor den letzten wenigen Akkorden, die wie ein Gebet wirken und in einer Frage enden, hob sie den Kopf, als ob sie zu etwas aufschauen würde. Nach dem Beifall verbeugte sie sich wie eine Königin.«[3]

Hohe Ambitionen

Es ist weniger die Notwendigkeit, Geld zu verdienen, die Clara 1856 erstmals in die britische Hauptstadt zieht; von den Einkünften aus ihren gewohnten Konzertreisen und den Klavierstunden in Düsseldorf könnte sie einigermaßen komfortabel leben. Ihre Überlegung ist eine andere: London ist mittlerweile zur wichtigsten Musikmetropole Europas aufgestiegen. Hier möchte sie den Grundstein für eine internationale Karriere legen, die alles bisher Erreichte übertrifft.

Selbstverständlich ist es keineswegs, sich in einem ihr gänzlich unbekannten Land als Pianistin ersten Ranges etablieren zu wollen. Daraus spricht Ambition, auch Ehrgeiz. Zwei Motive, die nicht miteinander verwechselt werden sollten. Der Ehrgeiz wurde ihr in die Wiege gelegt; er bezieht sich auf messbare Leistungen wie fehlerfreies Spiel, Anzahl der Auftritte, Höhe der Honorare. Solche quantitativen Erwägungen spielen jedoch nur eine untergeordnete Rolle. Der eigentliche Motor ist ihre hohe Ambition: Sie will sich einen exponierten Platz in der internationalen Musikwelt sichern. Als Star, aber auch, um sichtbar und hörbar ihre ganz eigene Auffassung von Musik im öffentlichen Bewusstsein zu verankern.

Dem geht ein künstlerischer Reifeprozess voraus, den Robert initiiert hat. Mit den Jahren ist Clara dazu übergegangen, den Schwerpunkt ihres Repertoires einerseits auf sogenannte Klassiker wie Bach, Händel oder Beethoven zu legen, andererseits auf romantische Komponisten wie Chopin, Mendelssohn Bartholdy,

Brahms und natürlich Robert. Das ist ein musikästhetisches Statement. Zunächst einmal distanziert sie sich damit von der virtuosen leichten Kost, die anderen Pianisten zur cleveren Selbstdarstellung dient. Wenn man die Bravourstücke Thalbergs oder Henri Herz' im Ohr hat und dann Bachs kristalline Cis-Dur-Fuge aus dem *Wohltemperierten Klavier* anhört, die Clara ein Leben lang in ihrem Repertoire behält, wird der Unterschied deutlich. Ihr Motto lautet: Less is more.

Zugleich grenzt sich Clara von der Neudeutschen Schule ab, deren anfängliche Hauptprotagonisten Liszt und Wagner mit auftrumpfenden Genres wie Programmmusik und Musikdrama den Gegenpol zur lyrischen Musiksprache eines Mendelssohn Bartholdy oder Schumann bilden. Wie damals, als sie im zarten Alter den noch umstrittenen Chopin in ihren Konzerten spielte, ergreift Clara auch jetzt wieder Partei. So vollendet sie als Interpretin, was Robert mit den Davidsbündlern begonnen und sich später von Brahms erhofft hatte: eine Musikrichtung durchzusetzen, in der »die Wahrheit der Kunst immer klarer leuchte, überall Freude und Segen verbreitend«.

Ein hehres Ziel. Clara verfolgt es durch ihre Programmgestaltung und durch ihre außergewöhnlich differenzierte Spielweise. Im Gegensatz zu den Tastenlöwen, die das Publikum mit spektakulären Temperamentsausbrüchen anfallen, wirkt ihr Spiel dezent, ja zurückhaltend. Darin offenbart sich auch die Schule ihres Vaters. »Das Stück muss so leicht klingen, als ob es jeder Brezeljunge spielen könnte«, hat er ihr eingeschärft.[4] Wie klingt Clara Schumann?

Schon eine frühe Rezension der Zeitschrift *Didaskalia* lässt ihren charakteristischen Stil erahnen. Im Februar 1832 erscheint ein Artikel, in dem Clara mit drei angesagten Konkurrenten verglichen wird. Dafür begutachtet der Rezensent zunächst die Pianistinnen Leopoldine Blahetka und Anna Caroline de Belleville sowie den Klaviervirtuosen Henri Herz. Über die Blahetka urteilt er: »Die holde Wienerin verstand sich auf den Effekt. Lieblich waren ihre Züge, lieblich klang ihr Spiel.« Weiter geht's mit Claras Erzfeindin: »Die Belleville dagegen, wie trat sie stolz auf! Wie brauste sie in dem Tonmeere daher! – Wie zerschlug sie die Saiten!« Für Herz hat er nicht viel übrig: »Wie ließ er uns kalt bei aller Schnellfingrigkeit, wie bewunderten wir den beliebten Compositeur, seine Hexereien abzaubernd.«

Für die damals zwölfjährige Clara fällt der Vergleich umso schmeichelhafter aus. Den Kritiker erfreut »in jener Frische, die das wahre Talent stets begleitet, das musterhaft reine, von dem kunstgerechtesten Vortrag belebte, in der gemütlichsten (gemütvollsten, Anm. d. V.) Anspruchslosigkeit an die Vollendung reichende Spiel«.[5]

Rein, wahr, kunstgerecht, vollendet. Damit sind die Schlüsselbegriffe für Claras pianistischen Stil benannt, der ihre spätere Karriere begründet. Da sie auch Komponistin ist, beschäftigt sie sich intensiv mit strukturellen Fragen. Sie analysiert die Werke sorgfältig, bevor sie sie aufführt. Und wenn sie sie dann auf die Bühne bringt, kann sie jeden Akzent, jede Stimmführung, die gesamte Architektur transparent machen. Ihr Ziel ist Werktreue. Während andere Pianisten versuchen, Funken aus den Stücken zu schlagen, tritt sie fast demütig hinter der Komposition zurück. Clara dient der Musik.

Entsprechend hohe Ansprüche hat sie an ihr Publikum. Andächtig soll es zuhören, kontemplativ versunken, konzentriert wie die Pianistin selbst. In London hingegen findet sie anfangs einen Rezeptionsmodus vor, den man nur zerstreut nennen kann. Musik ist ein besseres Hintergrundgeräusch für amüsante Abende, und Musiker gehören zum Divertissement wie Häppchen und Champagner.

1872 begegnet ihr diese achtlose Haltung noch einmal im Buckingham Palace; doch da hat sie die Besucher der Londoner

Konzerthäuser längst auf ihrer Seite. Nach den holprigen Anfängen gelingt es ihr tatsächlich, sich ihr Publikum zu erziehen. Sie sensibilisiert es für feine Nuancen und erfreut sich fortan ungeteilter Aufmerksamkeit. Niemand würde sich laut unterhalten oder auch nur flüstern, wenn sie spielt. Insofern ist ihr Durchbruch im Jahr 1865 ein kleines Wunder. Clara wird Kult, weil sie vermitteln konnte: Hier tritt eine Pianistin auf, der es um ein erhellendes Musikerlebnis geht, nicht um die Performance.

Gelungenes Selbstmanagement

Diesen Erfolg muss sie sich allerdings beharrlich erarbeiten, das zeigt die erste Englandreise sehr deutlich. Clara hadert mit der hektischen Stadt, dem undisziplinierten Publikum, fühlt sich oft einsam, muss unentwegt um Anerkennung ringen. Hinzu kommen die Beschwerlichkeiten des Reisens. Was das Publikum nicht sieht, ist die Logistik hinter ihren Auftritten. Clara bewältigt den Tourneealltag ohne Manager, erst Jahre später unterstützt von Marie, zeitweise auch von Eugenie.

Bevor es überhaupt losgeht, müssen Fahrkarten reserviert, Koffer geschleppt, Unterkünfte gefunden werden. Clara steigt nicht einfach im Hotel ab. Bei bis zu dreimonatigen Aufenthalten wäre das zu teuer. Daher steht am Anfang jeder Reise erst einmal die Frage: Wo werde ich wohnen? Vor der Erfindung von Telefonie und Internet erfordert das eine Flut brieflicher Erkundigungen. Freunde werden angeschrieben, die wiederum Freunde von Freunden empfehlen. Durch dieses aufwendige Schneeballsystem knüpft Clara Kontakte, die sich dann vor Ort zu Netzwerken schließen und weiter verzweigen.

Anfangs ist William Sterndale Bennett ihr wichtigster Gewährsmann. Daraufhin beginnt ein Reigen der Bekanntschaften aus dem musikaffinen Milieu. Während ihrer ersten Londonaufenthalte wohnt sie bei den ältlichen Busby-Schwestern, die Klavierunterricht erteilen, bei einem Abstecher nach Dublin steigt sie beim Ehepaar Robinson ab, er Gesangslehrer, sie Klavierlehrerin. Anlässlich einer Londonreise im Jahr 1865 nimmt sie das Angebot des musikbegeisterten Unternehmers Ernst Benzon an, in seinem Haus in Kensington zu wohnen. Als Clara 1868 die Geschwister Burnand kennenlernt, wird sie von dem wohlhabenden Versicherungsvertreter und seiner Schwester eingeladen, ein Domizil auf Zeit in deren Haus unweit des Hyde Park zu beziehen.

All das erfordert Zeit, Briefe, Gespräche und eine gute Portion sozialer Intelligenz. Es ist erstaunlich, wie schnell sich Clara ein Netzwerk aufbaut, das ihr Unterkünfte, Empfehlungen und weitere Auftrittsmöglichkeiten beschert. Wie wenig selbstverständlich das ist, muss ihre Halbschwester Marie Wieck erfahren: Auch sie versucht, in London ihr Glück als Pianistin zu machen, scheitert aber an der Herausforderung, Zugang zu wichtigen Multiplikatoren und großen Konzerthäusern zu finden. Doch Clara ist eben nicht nur Pianistin, sie managt sich auf beeindruckende Weise selbst. In London macht sie auch erstmals Bekanntschaft mit Musikagenten, eine Profession, die daheim noch unbekannt ist und die sie sogleich für weitere Vernetzungen nutzt.

Synergien mit anderen Musikern gehören ebenfalls zu ihrer Erfolgsformel. Oft tritt sie mit ihrem alten Freund und Kollegen, dem mittlerweile zu Ruhm gelangten Joseph Joachim, auf, außerdem mit dem beliebten Cellisten Carlos Alfredo Piatti. Ihre berühmte Freundin Pauline Viardot bietet Clara sogar an, ohne Gage in ihren Londoner Konzerten und Musiksoireen dabei zu sein, um der deutschen Pianistin ein Entree zu verschaffen: »Ich werde singen, wenn Du willst, was Du willst, wo Du willst, für wen Du willst – mir ist es genug, dass es Dir Vergnügen macht.«[6]

Um zusätzlich Geld zu verdienen, gibt Clara Klavierunterricht. Als berühmte Pianistin kann sie stattliche Honorare verlangen, ein Spaß ist das aber nicht unbedingt. »Am 10. März hatte Fräulein X ihre letzte Stunde, ich muss sagen, Gott sei Dank!«, stöhnt sie einmal. »Nie ist mir eine Dilettantin vorgekommen, die so gut und doch so grenzenlos langweilig spielt!«[7] Doch auch das gehört zum Networking: Kontakte sind soziales Kapital; man weiß nie, ob sie nicht vielleicht doch noch einmal von Vorteil sein könnten.

Andererseits ist Clara ein Beispiel dafür, dass man unter vielen Menschen einsamer sein kann als allein. Von vielen neuen Bekanntschaften angeregt und mit einem vollen Terminkalender bewehrt, macht ihr dennoch die Einsamkeit einer reisenden Virtuosin zu schaffen. »Nun bin ich wieder hier – traurigen Herzens, wie Sie sich denken können«, klagt sie Joseph Joachim im Jahr 1857, wiederum aus London, ihr Leid. »Welch traurige drei Monate vor mir mit gar wenig Lebensmut mehr in mir! Immer trüber erscheint mir das Leben.« Ihre Trauer, ein entwurzeltes Leben zu führen, bezieht sich zu dieser Zeit vor allem auf Johannes. Sie hat Sehnsucht nach dem Mann, an den sie sich nicht binden will und der ihr trotzdem fehlt: »Die Trennung von Johannes aber lässt mich immer erst recht mein herbes Geschick fühlen.«[8] Freilich ist es ein selbst gewähltes Geschick. Doch sie betrachtet es als Opfer, das sie ihrer Mission bringt.

1886 hat sich das Blatt völlig gewendet. Inzwischen ist Clara der absolute Publikumsliebling, und ihre Sehnsucht zieht sie nun nicht nach Hause, sondern nach London. »Ich muss nach England gehen! Es ist zu merkwürdig, wie die Deutschen sind, immer wollen sie das Neue, während die Engländer ihre Lieblinge immer wieder und wieder haben wollen.« Ab 1881 tritt sie ausschließlich in der St. James's Hall auf, dem kathedralenartigen Prachtbau in der Nähe des Piccadilly Circus. Ihre Konzerte sind stets ausverkauft. Zweitausend Menschen fasst das Konzerthaus, dennoch müssen Abend für Abend Hunderte Interessenten weggeschickt werden.

Diese Konzerte sind legendär – und eine Hommage an die Ausnahmepianistin, die mit dem Label »Schumann Night« einen neuen Höhepunkt ihrer Karriere erreicht. Die Zeiten, in denen sie lediglich eine von vielen Künstlerinnen und Künstlern ist, nur eine Nummer mehr in einem überladenen Programm, sind bereits im Durchbruchsjahr 1865 vorbei. Jetzt ist sie der titelgebende Star. So verkündet es auch ein Programmzettel, mit dem ihr Konzert am 15. Mai 1865 beworben wird.

Eine »Schumann Night« ist es gleich im doppelten Sinne. Clara konnte durchsetzen, dass ausschließlich Musik von Robert gespielt wird. Schließlich hat sie ja noch eine weitere Mission: Roberts Andenken in den Konzertsälen lebendig zu halten. Niemand kann mehr Glaubwürdigkeit als Vermittlerin seines Werks beanspruchen als seine Witwe. Immerhin ist sie imstande, »so jeder innersten Regung meines geliebten Mannes zu folgen, so ganz mich in seine Schöpfungen hineinzuleben«.[9] In dieser Hinsicht ist sie sich ihrer Sache ganz sicher. »Das klingt arrogant, nicht wahr, aber gehört habe ich sie von anderen noch nie so schön.«[10]

Bei den »Schumann Nights« ist die Rolle der Gralshüterin ihr Scoop. Jeder meint, den Geist Robert Schumanns über dem Podium schweben zu sehen, und Clara setzt diese Vorstellung in Szene, indem sie zuweilen nach oben schaut, als ob sie in stummer Zwiesprache mit ihrem verstorbenen Mann spielt. Diese Verschmelzung von Schöpfer und Interpretin trägt wesentlich zu ihrer Popularität bei, auch in England. Roberts Werke sind dort anfangs noch wenig bekannt; doch Mendelssohn Bartholdys Tourneen haben Spuren in der britischen Metropole hinterlassen. Viele Male ist er sehr erfolgreich in London aufgetreten, sodass man sich mit dem romantischen Musikidiom bereits vertraut machen konnte.

Jetzt leistet Clara Pionierarbeit für Roberts Werk. Das könnte durchaus riskant sein, weil reisende Instrumentalisten zumeist auf Bewährtes setzen – Pianisten vor allem auf Beethovens *Fünftes Klavierkonzert*, das zum Tafelsilber sicherer Erfolgsstücke gehört. Clara geht dennoch das Risiko ein, die weithin unbekannten Stücke von Robert zu spielen, und ihre Dramaturgie am 15. Mai 1865 verrät großes Geschick.

Der Abend beginnt mit Roberts *Streichquartett a-Moll op. 41/1.* Das erhöht die Spannung: Wann wird Clara auftreten? Auch beim zweiten Programmpunkt, dem Lied »Widmung«, erscheint sie nicht, der Sänger wird vom Orchester begleitet. So wie die großen Popstars heutiger Tage ihre Fans mit Vorgruppen anwärmen, zögert auch Clara ihren Auftritt hinaus. Als sie sich endlich zeigt, kann sie schon vor der ersten Note mit erlöstem Applaus rechnen.

Nach Roberts *Études en forme de variations* gibt es kein Halten mehr: Mit nicht enden wollendem Beifall geht es für Clara in die Pause. Danach folgen die *Fantasiestücke* für Geige und Klavier, das Lied »Ich wand're nicht« und, als krönender Abschluss, Roberts *Klavierquartett Es-Dur op. 47.* Die getragenen, fast zögernden Anfangstakte – *Sostenuto assai* – werden schnell von einem energischen *Allegro ma non troppo* abgelöst, in dem sich Clara mit quecksilbrigen Läufen von den Streichern abheben kann. Das Finale, ein mitreißendes *Vivace*, das sich nach fugenartigen Ausflügen zu leidenschaftlichem Sturm und Drang steigert, reißt dann auch ihre Zuhörer zu Begeisterungsstürmen hin.

Diese Programmgestaltung verrät größte Meisterschaft im Umgang mit dem Publikum – das übrigens schriftlich darauf hingewiesen wird, es sei nicht erlaubt, während der Stücke aufzustehen und den Saal zu verlassen. Clara verlangt Respekt, und sie bekommt ihn. Kein schwatzendes Publikum mehr, keine

Störungen. Eine Aura heiligen Ernstes umgibt sie, man begegnet ihr mit großer Ehrfurcht.

Ab 1865 ist sie in London die unbestrittene Queen der Pianistinnen und die amtierende Königin der St. James's Hall. Fast zweihundert Mal spielt sie hier vor einem Publikum, das außer sich gerät: »Der Anblick von St. James's Hall, wenn es gestopft voll ist, ist wunderbar und die Lebendigkeit des Publikums, das Wedeln mit Taschentüchern, Hurra-Rufe etc. ganz überwältigend.«[11]

Erbitterte Richtungskämpfe

Gegenwind kommt von den lieben Kollegen, allen voran Liszt. In einer berühmt gewordenen Philippika macht er sich über den heiligen Ernst lustig, mit dem Clara auf die Bühne tritt. »Aus der lieblichen Spielgenossin der Musen ist eine weihevolle, pflichtgetreue und strenge Priesterin geworden«, beginnt seine misogyne Abrechnung. »Dem feuchten Jugendglanz der Augen ist der starrende angstdurchschauerte Blick gefolgt. Die sonst so leicht in das Haar geflochtene Blumenkrone verbirgt jetzt kaum die sengenden Narben, die der heilige Reif tief in die Stirne drückt.«

Es muss Clara empfindlich verletzen, derart verunglimpft zu werden. Doch es geht noch weiter. Ihre erklärte Absicht, durchdachte Interpretationen der Effekthascherei vorzuziehen, verspottet Liszt als parareligiösen Kniefall. »Wenn sie den Dreifuß des Tempels besteigt, spricht nicht mehr das Weib zu uns«, reduziert er sie auch noch nebenbei auf ihr Frausein, um dann Bemerkungen anzufügen, die an Nietzsches 1872 erschienene Schrift *Die Geburt der Tragödie aus dem Geiste der Musik* erinnern: »Sie unterhält uns als Dichterin weder von irdischer Leidenschaft und stürmischem Kampf menschlicher Geschicke, noch überzeugt sie uns durch Kühnheit ihrer Anreden, und noch weniger bewirbt sie sich um Sympathien. Eine unterwürfige, glaubens- und ehrfurchtsvolle Geweihte des delphischen Geistes, dient sie mit schauernder Gewissenstreue seinem Kultus.«[12]

Mit der Anspielung auf das Orakel von Delphi zerlegt er Clara vollends. Dem Mythos zufolge weissagt die Pythia nicht nur benebelt von psychedelischen Dämpfen, sie dient auch Apollon, dem der delphische Tempel geweiht ist. Als Gott des Lichtes und der Kunst steht Apollon für das Geordnete, Ausgewogene, während sein Antipode Dionysos Rausch und Verzückung verkörpert. Auf wessen Seite Liszt steht, ist klar. Was er von Claras Interpretationsethos hält, auch.

Sie weiß sich zu revanchieren. Mehr als einmal wettert sie gegen Liszt und spart nicht mit vernichtenden Urteilen. Noch kurz vor ihrem ersten Aufenthalt in London hat sie ihn während einer Konzertreise in Wien getroffen und sich zu einer Musiksoiree bei einer ungarischen Freundin Liszts überreden lassen. »Kleine Zimmer, mit Menschen vollgepfropft, eine Hitze zum Ersticken«, erinnert sich Clara mit Schaudern an die Geisterbahn der Wiener Salonszenerie. »Fächelnde, vor Hitze fast dahinschmelzende Damen mit ungeheuren Reifröcken und Haartoupiren, dass die Köpfe noch einmal so groß, als sie der liebe Gott erschaffen hat, erschienen.« Niemand achtet auf ihre Darbietung am Flügel. »Ich hätte weinen mögen um meine schönen Stücke, wo ein jedes zu gut war für diese Gesellschaft.«

So kommt es zu einem bitterbösen Schlagabtausch. Als sie sich bei Liszt beschwert, ihr ambitioniertes Repertoire passe gar nicht in diesen Rahmen, bemerkt er sarkastisch: »Ja, warum spielen Sie nicht so ein paar schlechte Stücke von Liszt, die wären hier am Platze!« Clara, auch nicht gerade auf den Mund gefallen, erwidert: »Sie haben Recht, doch das kann ich nicht.«[13]

Selbst nach seinem Tod findet sie keine milden Worte für den Künstler, mit dem sie einst zusammen aufgetreten ist. »Ein eminenter Klaviervirtuose war er, aber ein gefährliches Vorbild als solcher für die Jugend«, erregt sie sich über sein »Pedalgerassel« und seine hektisch hingehudelten Läufe. »Wo bleibt das schöne Klavierspiel? Wer bemüht sich, dem Klavier einen edlen Klang abzugewinnen, wer macht es sich zur Aufgabe, den Intentionen der Komponisten gerecht zu werden?« Auch seinen Werken kann sie nichts abgewinnen: »Sie sind trivial, langweilig, und sicher werden sie mit seinem Hinscheiden ganz aus der Welt verschwinden.«[14]

Eins steht fest: Wenn es ums Polemisieren geht, stehen die beiden einander in nichts nach. Claras Worte verraten echte Erbitterung. Da tut es sicherlich gut, dass sich Enole von Mendelssohn, eine Verwandte von Felix und Fanny, bei diesem Thema auf Claras Seite stellt: »Ich fliehe vor den anderen Klavierspielern, besser genannt Pauker, und habe einen Heißhunger nach dem klassisch schönen Spiel, das man jetzt so selten hört.«[15]

Wahre Kenner wissen ihre Kunst eben zu schätzen. So wie George Bernard Shaw, der ihr fünf Jahre nach dem zweifelhaften Gastspiel im Buckingham Palace höchstes Lob spendet. »Sollte es überhaupt Worte geben, um die Kunst von Clara Schumann, ihren poetischen Ausdruck und die Schönheit ihrer Klangfarben zu beschreiben, sie würden den Rahmen dieser Kolumnen sprengen«, schreibt er 1877 im Magazin *The Hornet.* »Zumindest aber können wir den vielen Pianisten raten, die so großen Wert auf billige banale Fingertechniken legen, niemals eine Gelegenheit zu versäumen, diese viel wesentlicheren Attribute eines Klavierspiels an dieser Künstlerin zu erleben.«[16]

Bestätigung für ihre höhere Mission erhält Clara auch vom Maler Eduard Bendemann und seiner Frau Lida, einer Tochter des Malers Wilhelm von Schadow. »Ihr kostbar Gut und Gottesgabe, so himmlische Töne in die Seelen und Herzen zur Erziehung und Freude zu senden, muss Sie selbst doch immer erheben und stärken«, schreibt das Paar 1859 an Clara.[17] Mentalitätsgeschichtlich schimmert darin die Überzeugung durch, hohe Kunst sei ein Medium der ästhetischen Erziehung des Menschen. So formuliert es Schiller 1795 in seiner berühmten Abhandlung: Die ernsthafte Auseinandersetzung mit Kunst veredele den Charakter. Von diesem Geist beseelt, betrachtet es Clara als Verpflichtung, ihre Gabe zu nutzen und einen gleichermaßen pädagogischen wie humanistischen Auftrag zu erfüllen.

Das erfordert maximale Professionalisierung. Clara ist keine Gelegenheitskünstlerin, die nach Art der Sonntagsmalerei vors Publikum tritt. Vielmehr betrachtet sie es als ihre Pflicht, Saison für Saison auf den Bühnen Europas präsent zu sein. Der Begriff Pflicht fällt oft, wenn sie ihr nomadisches Dasein verteidigt. Darin mischt sich das Bewusstsein, einer Berufung zu folgen, mit dem protestantischen Ethos des Dienens: Sie ist bereit, Opfer zu bringen, um ihrer Berufung gerecht zu werden.

Dafür nimmt sie ein Wanderleben in Kauf und nicht zuletzt den Vorwurf, sie vernachlässige Familie und Freunde. Immer wieder kollidiert ihr Selbstverständnis als Künstlerin mit der sozialen Norm, Frauen müssten zuvorderst Heim und Herd hüten. Selbst enge Musikerfreunde nehmen Anstoß daran, dass sie rastlos umherzieht, statt sesshaft zu werden. Die Forderung ist klar: Räumlich wie emotional soll sie sich ihren Lebensmittelpunkt endlich dort erschaffen, wo ihre Kinder wohnen.

Auch ihre erste Londonreise im Jahr 1856 wird von derartigen Interventionen überschattet. Und es sind ausgerechnet ihre engsten Freunde Joseph Joachim und Johannes Brahms, die ihr diese Tournee ausreden wollen. Was die Freunde übersehen: Zu diesem Zeitpunkt ist Clara zwar noch eine verheiratete Frau, die Entwicklung zur unabhängigen Künstlerin hat sie jedoch längst vollzogen. Schließlich ist sie schon 1854, im Herbst des Jahres, in dem Robert in die Endenicher Anstalt eingeliefert wird, wieder auf Tournee gegangen.

Ihr Platz ist nicht in der Familie. Die ganze Welt ist ihr Zuhause, so unbehaust sich das auch manchmal anfühlen mag. Sie lebt in der Musik und für die Musik. Auf der Suche nach einem Platz in der Welt hat sie ihn auf den großen Konzertbühnen Europas gefunden.

Verteidigung der Künstlerexistenz

Mit Johannes gerät sie immer wieder in Streit darüber. Als sie 1868 in London konzertiert, wirft er ihr vor, die Tourneen seien inzwischen Selbstzweck geworden, und sie lasse ihre Kinder mutwillig allein. »Trotzdem was Du geantwortet, möchte ich Dich immer bitten, daran zu denken, dass Dein unruhiges Leben aufhören muss«, hält er ihr im Februar vor. »Es darf Dir nur ein Grund gelten, und er gilt auch für alle und für mich! Ob Du nötig hast, für Dich in dieser Weise Geld zu verdienen.« Oberflächlich betrachtet, klingt sein Gedankengang plausibel. Clara ist inzwischen finanziell konsolidiert, auch durch ihre Aufritte in London, wo die Konzerthonorare das Dreifache dessen betragen, was in Berlin oder Leipzig üblich ist. Warum also weiterhin auf Reisen gehen?

Was Johannes nicht nachvollziehen kann, ist ihr innerer Antrieb, eine Mission zu erfüllen – vermutlich weil sie eine Frau ist und er ihr so viel Ambition gar nicht zutraut. Doch dieser Begriffsstutzigkeit weiß Clara mit glasklarer Diktion abzuhelfen. »Du betrachtest es *nur* als Verdienst, ich nicht«, erklärt sie selbstbewusst. »Ich fühle mich berufen zur Reproduktion schöner Werke, vor allem auch der Roberts, so lange ich die Kraft habe, und würde auch, ohne dass ich es unbedingt nötig hätte, reisen.« Daraufhin formuliert sie ein Credo, das einige Berühmtheit erlangt: »Die Ausübung meiner Kunst ist ja ein großer Teil meines Ichs, es ist mir die Luft, in der ich atme!«[18]

À la bonne heure. So deutlich, so entschlossen hat kaum eine Frau jener Zeit ausgesprochen, dass sie ihre Berufung über alles andere stellt. Kinder, Freunde, Familie, potenzielle Partner – alles nicht so wichtig wie die Befriedigung, mit ihrer Kunst etwas zu bewirken.

Zurück auf dem Kontinent, beschäftigt Clara der Streit noch wochenlang. Als sie ein Konzert in Oldenburg gibt, vermerkt sie grimmig im Tagebuch, nach Johannes' Brief habe sie einen »besonderen Sporn« gespürt.[19] Jetzt erst recht! Das ist schon deshalb pikant, weil Johannes sie auf dieser Konzertreise als Pianist begleitet. Gemeinsam spielen sie seine vierhändigen Walzer, und er verhält sich auffallend freundlich. Zweifellos hat er selbst gemerkt, dass er zu weit gegangen ist.

Die Emphase, mit der Clara ihr Wanderleben verteidigt, zielt auch noch in eine andere Richtung. Sie kennt ihren Johannes. So ist ihr durchaus nicht entgangen, dass sich in seiner als Rat getarnten Ermahnung eine Botschaft verbirgt: Er hofft, sie könnten vielleicht doch noch eines Tages zusammenleben. Als Freunde, als Paar, wie auch immer. Seine Liebe zu Clara ist nie erkaltet. Seit sie nach einer gemeinsamen Reise Ende 1856 getrennte Wege gehen, hat er sich auch nie an eine andere Frau gebunden. Er brennt für Clara. Sie ist die Frau schlechthin für ihn.

So ist es nur ein Zwischenspiel, als er sich 1858 mit Agathe von Siebold, einer Schülerin seines Freundes Julius Otto Grimm, verlobt. Agathe, Tochter des kunstsinnigen Königlich Hannoverschen Hofrats Eduard von Siebold, verspricht, eine passende Gefährtin zu sein. Musisch begabt, aus gutem Hause, was will man mehr? Und sie singt so schön. Der Chemiker Justus von Liebig – er wird in Claras Leben noch eine gewisse Rolle spielen – nennt Agathe eine Nachtigall, in Anlehnung an die gefeierte Sängerin Jenny Lind, die man als »schwedische Nachtigall« verehrt. Die Lind verkehrt ebenso im Hause der Familie von Siebold wie Joseph Joachim, der Dirigent Hans von Bülow – und Clara.

Das junge Glück ist nicht von langer Dauer. Im ersten Überschwang widmet Johannes seiner Verlobten einige Lieder mit so beziehungsreichen Titeln wie »Gute Nacht, mein lieber Schatz«. Doch schon bald darauf nimmt er Reißaus. Es sei ihm unmöglich, sich an eine Frau zu fesseln, begründet er seine überhastete Flucht. Danach kommt es nie wieder zu einer dauerhaften Beziehung. Sein Geständnis, »Mädchen« könne er nach der Begegnung mit Clara nicht mehr lieben, hat offenbar weiter Gültigkeit.

Trotz gelegentlicher Eintrübungen ihrer Freundschaft halten Clara und Johannes stets Kontakt und pflegen einen intensiven brieflichen Gedankenaustausch. Im Sommer, wenn sich Clara in Baden-Baden aufhält, sucht er ihre Nähe. Dann quartiert er sich unweit ihres Hauses ein und ist täglich zur Stelle. Johannes scheint sich in Claras Sommerdomizil ausgesprochen wohlzufühlen. Im Erdgeschoss liegen drei ineinander übergehende helle Räume mit Blick auf eine weinumrankte Veranda, an die sich ein Garten und das Flüsschen Oos anschließen. An der Längswand des zentralen Raums steht Claras Flügel, die grau-goldene Tapete hat sie selbst mit viel Liebe ausgesucht. Kupferstiche und Gipsabgüsse des Apollo von Belvedere und der Venus von Milo runden das bildungsbürgerliche Ambiente ab.

Hier empfängt Clara ihre Gäste: die Sängerin Pauline Viardot, den Maler Anselm Feuerbach, den Dirigenten Hermann Levi und viele mehr. Johannes fungiert als Hausfreund, fast schon als Faktotum. Die Kinder amüsieren sich, weil er immer denselben abgewetzten schwarzen Janker trägt, dazu bunte Hemden und viel zu kurze Hosen. Weit befremdlicher aber ist sein zunehmend schroffes Wesen. 1866 beträgt er sich derart unleidlich, dass Clara ihn im Sommer darauf nicht einmal mehr als Tischgast in ihr Haus in Baden-Baden einlädt.

Es ist nur ein Denkzettel. Bald ist er wieder mit von der Partie, und dann wiederholt sich das Spiel: Sie streiten ausgiebig, versöhnen sich wieder, musizieren miteinander. Dass Johannes zwischenzeitlich in Claras Tochter Julie verliebt ist, fällt ihr nicht auf. Manchmal spielt er schwermütige ungarische Weisen auf dem Flügel. »Am gemütlichsten war es immer am Frühstückstisch«, schildert Eugenie Schumann das konfliktreiche Idyll. »Wenn ich ins Esszimmer trat, kam ich gewöhnlich in eine dicke Tabakwolke, aus der nur Mamas liebevoller Gutenmorgenblick hervorleuchtete. Mit Mühe entdeckte ich dann Brahms und sah in seinen schönen Mienen etwas leise Missbilligendes über mein spätes Erscheinen.«[20]

Ginge es nach Johannes, könnte es immer so sein: gemeinsam frühstücken, gemeinsam musizieren, Gäste empfangen, spazieren gehen, abends in eines der Lokale ringsum ausschwärmen, um Claras Lieblingsspeisen zu bestellen – Pfannkuchen mit viel Zucker, Gurkensalat mit viel Essig, Maroneneis zum Dessert. Gut, und vielleicht ab und an ein Konzert geben. Für ihn wäre solch ein Leben vorstellbar. Es muss ja nicht Baden-Baden sein, deshalb schlägt er Clara 1877 vor, gemeinsam nach Leipzig zu ziehen, wo viele ihrer Freunde wohnen. Später versucht er, sie von Wien zu überzeugen. Er selber werde dort eine Wohnung nehmen – ob sie nicht auch dorthin übersiedeln wolle, damit sie in einer Stadt vereint seien?

Für Clara liegt das jenseits ihrer Vorstellungskraft. Sie braucht die Tourneen und die Befriedigung, die ihr das Konzertieren schenkt. Gerade in England wird ihr das immer wieder bewusst. »Wie glücklich preise ich mich dann, dass ich immer in ganzer Geistes- und Herzensfrische an meine Aufgaben gehen kann, bleibe ich dabei auch eine arme Musikantin.«[21] Elegant tiefgestapelt. Arm ist sie schon lange nicht mehr, ihr Wanderleben mag Clara dennoch nicht aufgeben.

Dabei hatte sie durchaus Optionen. Bereits 1857, ein Jahr nach Roberts Tod, wurde ihr eine ehrenvolle Position am Hof Georgs V.

in Hannover angeboten: Der gut bezahlte Job sah vor, dass sie die Töchter des Königs unterrichtete und im Rahmen erlauchter Privatsoireen auftreten sollte. Damit wäre sie in den Rang einer Hofpianistin aufgestiegen. Clara lehnte ab. Auch eine Offerte der Stuttgarter Musikakademie im selben Jahr schlug sie aus. Eine weitere Chance, ihre fortgesetzte Reisetätigkeit zumindest einige Monate lang zu unterbrechen, ergab sich vier Jahre später: Großfürstin Helene Pawlowa lud sie 1861 ein, für ein halbes Jahr an den St. Petersburger Hof zu kommen, um den Prinzessinnen Klavierstunden zu geben. Wieder konnte sich Clara nicht dazu entschließen.

Was Sesshaftigkeit bedeutet, ist ihr mehr als bewusst. Jeden Tag am selben Ort, glanzlos in der Häuslichkeit gefangen, das hatte sie schon mal während ihrer Ehe. Für solch ein Leben ist sie nicht gemacht. Auf Johannes' fortgesetztes Drängen, sie solle sich doch ganz in Baden-Baden oder anderswo niederlassen, reagiert sie deshalb mit wachsender Gereiztheit. Aus London meldet sie sich im März 1868 wieder bei ihm. »Du scheinst eigentlich auch der Einbildung zu leben, ich hätte wohl eigentlich genug und reiste nur noch zu meinem Vergnügen«, grollt sie. »Solche Anstrengungen mutet man sich aber denn doch nicht zum Vergnügen zu.«

Warum sollte sie sich die Früchte ihrer unermüdlichen Arbeit versagen? »So wäre doch wohl jetzt, inmitten meiner größten und erfolgreichsten Tätigkeit, kaum der Zeitpunkt, mich, wie Du mir rätst, von der Öffentlichkeit zurückzuziehen. Ich war gerade diese letzten Jahre überall mit solch Wärme aufgenommen.«[22] Die Argumente sind getauscht, der Konflikt bleibt, Claras Erfolg wächst in den Himmel.

»Es folgte beim Hervorruf ein förmlicher Blumenregen«, schildert sie im März 1884 die Ovationen nach einem Londoner Auftritt. »Das Publikum stand und schrie fort und fort; ich ging auf Blumen nochmal ans Klavier und gab die F-Dur-Novelette zu. Es soll hier noch nie dagewesen sein, dass einem Künstler im Konzertsaal Blumen geworfen wurden.«[23] Solche Erlebnisse bedeuten ihr einfach sehr viel mehr als die Aussicht auf ein familiäres Idyll mit Johannes und den Kindern. Die Genugtuung, derart gefeiert zu werden, will sie sich nicht nehmen lassen.

Schützenhilfe erhält sie von Lida Bendemann, die sich explizit gegen den Vorwurf wendet, Clara sei eine schlechte Mutter. »Vorwürfe brauchen Sie sich nie zu machen, was und wie es auch kommt!«, stärkt sie ihrer Pianistenfreundin den Rücken. »Sie und wir alle tun nach Kräften in treuer Sorge und bester Überlegung, was wir können; aber wie dann das Geschick waltet, das liegt in höherer Hand!«[24]

Nun ja, es liegt vor allem in Claras Hand. Sie setzt ihr Leben wie gewohnt fort, Johannes mutiert immer mehr zum Griesgram. Was soll er von ihrer Empfehlung halten: »Nun könntest Du Dir eigentlich eine junge nette Frau nehmen mit etwas Geld nebenbei – dann würde es doch erst recht gemütlich werden«?[25] Hat sie denn immer noch nicht verstanden, was er wirklich will? Ende der 1870er Jahre überrascht er Clara mit einem buschigen Vollbart. Der junge hübsche Mann von einst ist nicht mehr wiederzuerkennen. Für Johannes' Freunde gilt als ausgemacht, dass diese dramatische Typveränderung ein Zeichen des inneren Rückzugs ist, eine Reaktion auf Claras Verweigerung. »Als ›wallender Wall‹ wurde der brahmsische Vollbart bezeichnet, als ›eiserner Vorhang‹ und ›schützende Kulisse‹.«[26]

Entscheidung fürs Singledasein

Das Zusammenleben mit Johannes auch nur in Erwägung zu ziehen, ist für Clara in der Tat ausgeschlossen. Aus ihrer Ehe mit Robert hat sie eine entscheidende Lehre gezogen: Männer neigen zu Besitzansprüchen und könnten ihr deshalb ausgedehnte Konzertreisen verbieten. Das will sie sich jetzt nicht mehr gefallen lassen, schon gar nicht von Johannes. Wohin eine feste Partnerbeziehung führt, hat sie schließlich jahrelang erleben müssen, von Bevormundungsversuchen bis zu mühsam erstrittenen Kompromissen. Dieser Lernprozess ist fundamental. Jeder Mann, der ihr begegnet und der ihr gefällt, könnte ihre Ambitionen bremsen, sei er auf den ersten Blick noch so zartfühlend und verständnisvoll.

Nur einmal wird sie fast schwach: als der Komponist Theodor Fürchtegott Kirchner ihr Herz erobert. Äußerlich ähnelt er ein wenig Robert – sanguinisch, halblanges dunkles Haar, fülliges Gesicht, verschlossene Miene. Er gehört zum Umfeld jener Komponisten, die Robert in seinem Artikel »Neue Bahnen« erwähnt: Seit Kirchner Ende der 1830er Jahre seine musikalische Ausbildung in Leipzig antrat, waren die beiden Männer befreundet.

Clara lernt ihn während ihrer Ehe näher kennen. Der Komponist ist auch als Pianist, Organist und Dirigent aktiv, allerdings zählt er keineswegs zur Oberliga seiner Zeit. Der Musikschriftsteller Otto Klauwehl nennt ihn – unfreiwillig komisch – einen »Großmeister musikalischer Kleinkunst«. Dieses Etikett bezieht sich hauptsächlich auf Kirchners Klavierwerk, das über tausend Kompositionen umfasst, feiert ihn aber nicht gerade als Genie. Und dann dieser Hang zum Epigonentum. Da hat Kirchner doch tatsächlich Roberts bekannteste Klavierstücke nachempfunden und einfach ein »neu« davorgesetzt: *Neue Kinderszenen, Neue Davidsbündlertänze* … Ob das noch eine Hommage ist oder schon die Strategie eines Trittbrettfahrers, sei dahingestellt.

Es könnte Clara eine Warnung sein. Theodor Kirchner ist ein Spieler. Leider nicht nur, was sein kompositorisches Schaffen betrifft. Dass er immer knapp bei Kasse ist, liegt an seinen Spielschulden, die ihm mehr als einmal fast das Genick brechen.

Nachdem sich die beiden einige Male eher zufällig wiedergetroffen haben, lädt Clara ihn zunächst nach Wildbad ein, wo sie gerade eine Kur macht. Er könne gern mit Noten unter dem Arm zum vierhändigen Klavierspiel vorbeikommen, schreibt sie ihm. Natürlich weiß sie um seine große Schwäche, die Spielsucht. Also versucht sie ihn zu retten, darauf versteht sie sich ja mittlerweile gut. Auch ermuntert sie ihn zum Komponieren, ein neuerlicher Versuch, als Muse in Erscheinung zu treten. Er solle doch mal ein schönes Quartett schreiben. »Tun Sie es, bekämpfen Sie Ihre Stimmungen, ein Mensch muss sich nie aufgeben, dann ist er ja verloren«, beschwört sie ihn im Juli 1862. »Raffen Sie sich auf, lieber Kirchner, Sie sind ein Mann noch in voller Kraft, geistig wie körperlich.«[27]

Wenig später, im Herbst 1862, lädt sie ihn dann schon für den folgenden Sommer in ihr Haus nahe Baden-Baden ein, das sie soeben erworben hat. Es wird Claras *summer of love*: 1863 beginnt eine Liebesbeziehung. Man staunt. Eine Liebesbeziehung! Ja, Clara hat sich ihm hingegeben. »Lass mich's fühlen, dass Du mich liebhast«, schwelgt sie schreibend, »dass ich Dir bin zu *allen* Zeiten, von *ganzer* Seele Deine Clara.«[28]

Allein, ihre Rettungsversuche schlagen fehl. Weder komponiert Kirchner nun Bedeutendes, noch kann er vom Spieltisch lassen. Clara hilft ihm mit Geld aus, er verspielt es sofort wieder. Als sie dann kaum noch Briefe von ihm erhält, setzt sie dieser Episode ein resolutes Ende, zum kühlen Sie zurückkehrend. »Es kann zwischen uns so nicht bleiben, wie es ist, denn Ihre Handlungsweise gegen mich entspricht dem vertraulichen Verhältnis, wie es seit *einem Jahre bestand*, durchaus nicht«, beginnt ihr sehr gefasster, sehr geradliniger Abschiedsbrief.[29] Es ist bewundernswert, wie viel Haltung sie dabei bewahrt. Kein böses Wort fällt. Eine Clara Schumann gibt sich keine Blöße. Dass sie Kirchner für einen »Lumpen« hält, erfahren nur enge Freunde. Stattdessen versichert sie ihm, auch weiterhin werde sie ihn in künstlerischen Belangen unterstützen.

In Wahrheit ist sie tief enttäuscht und verletzt. So sehr, dass sie noch zwei Jahrzehnte später mit diesem Missgriff hadert. Nachdem sie Kirchners Briefe erneut durchgesehen hat, schreibt sie im April 1884 ins Tagebuch: »Könnte ich doch diese Freundschaft ganz aus meinem Leben streichen, denn ich gab das Beste meines Herzens einem Menschen, den ich wähnte, durch diese Freundschaft vom [sic] Untergang zu retten.«[30]

Bis an ihr Lebensende wird Clara Single bleiben. Für ihre Rolle als Witwe, die Roberts Werk pflegt, ist das ohnehin geboten. Eine Wiederverheiratung nähme ihr einen beträchtlichen Teil des Zaubers, den die romantische Legende ewiger Liebe bis über den Tod hinaus auf das Publikum ausübt. Von eventuellen taktischen Überlegungen abgesehen, entscheidet sie sich jedoch bewusst gegen eine Ehe und für eine unabhängige Existenz. Sie braucht keinen Mann, der sie ernährt. Noch weniger kann sie einen Mann gebrauchen, der ihre künstlerische Arbeit behindert. So gelingt ihr eine beispiellose Karriere, geachtet und gefeiert bis ins hohe Alter. Man kennt sie in ganz Europa, jede Tournee ist ein Siegeszug, weit über die Grenzen der musikalischen Welt hinaus steigt sie zu strahlender Berühmtheit auf.

Aber woran bemisst sich Berühmtheit, jenseits des Publikumsechos und der Würdigung durch Kritiker? Manchmal sind es die scheinbar trivialen Details, die Aufschluss darüber geben.

In den 1840er Jahren hat Justus von Liebig, außerordentlicher Professor für Chemie an der Ludwigs-Universität zu Gießen, eine bahnbrechende Idee: Nach vielen Versuchen entwickelt der experimentierfreudige Chemiker einen Extrakt aus Rindfleisch, der so kräftigend wirkt, dass sich die an Cholera erkrankte Tochter eines Freundes binnen Tagen erholt. 1853 veröffentlicht Liebig einen Artikel über diesen heilkräftigen Extrakt in seinem Magazin *Annalen der Chemie*. Bald darauf meldet sich ein pfiffiger Unternehmer bei ihm: In Uruguay sei mehr Rindfleisch auf dem Markt, als man absetzen könne, da die Tiere vor allem wegen der Ledergewinnung gezüchtet würden.

Wenig später beginnt die Erfolgsgeschichte von »Liebigs Fleischextrakt«, produziert in Uruguay, weltweit vertrieben. Um den Absatz seines Erfolgsprodukts weiter zu steigern, lässt Liebig Sammelbildchen drucken, die den Packungen beiliegen, eine beliebte Methode, neue Kunden zu gewinnen. 1890 erscheint die Serie »Virtuosen der Tonkunst«. Europaweit verbreitet, zeigt sie Doppelportraits der berühmtesten Musiker des neunzehnten Jahrhunderts. Neben Chopin, Liszt, Paganini, Joseph Joachim und anderen Zelebritäten erweist Liebig auch Clara Schumann seine Reverenz: Im steingrauen Seidenkleid und mit einer schwarzen Mantilla geschmückt, prangt sie auf einem von Rosengirlanden umrahmten Sammelbild neben der Geigerin Wilma Norman, geborene Neruda, mit der sie oft gemeinsam aufgetreten ist.

Was Clara von der zweifelhaften Ehre hält, für einen Fleischextrakt zu werben, ist nicht überliefert. Wenig wahrscheinlich, dass sie es überhaupt zur Kenntnis nimmt, da die Küche bekanntlich nicht ihr Terrain ist. Vielleicht aber hätte Clara ihr Konterfei auf einem Sammelbild sogar als Ritterschlag empfunden. Sie ist Profi, auch wenn es ums Marketing geht, und Liebigs Sammelbildchen spiegeln letztlich eine Kanonbildung wider: Ganz selbstverständlich gehört Clara Schumann zur Hall of Fame der Musik, so wie Chopin, Liszt oder Paganini.

In einer Zeit, in der es Frauen weitgehend verwehrt ist, sich beruflich eine exponierte Position zu erobern und dann auch noch viele Jahrzehnte lang zu halten, bedeutet die Abbildung auf einem Reklamebildchen daher die Anerkennung ihrer außergewöhnlichen Leistung. Wenn eine Protagonistin der Hochkultur sogar bis in die trivialen Zonen des öffentlichen Bewusstseins dringt, lässt das nur einen Schluss zu: Clara Schumann hat es geschafft, sich zum Superstar des neunzehnten Jahrhunderts hochzuarbeiten.

KAPITEL 11

LORBEEREN

Angekommen.
Die späten Frankfurter Jahre

Festlich gekleidete junge Frauen streuen Blumen auf den Weg, gerührt und beglückt wandelt Clara durch das Blütenmeer. Hat sie sich doch noch zu einer Heirat entschlossen? Nein, es sind ihre Klavierschülerinnen, die sich heute als Blumenmädchen betätigen, weil sie auf diese Weise ihrer Lehrerin huldigen. Man schreibt den 20. Oktober 1878. Fünfzig Jahre ist es her, dass Clara zum ersten Mal öffentlich aufgetreten ist. Mit welchen Gefühlen mag sie an diesen damaligen Auftritt im Leipziger Gewandhaus denken, der ihr so viel Beifall, aber auch die Kritik ihres überstrengen Vaters eintrug?

Mit einem zeitlichen Abstand von fünf Jahrzehnten sind die unerfreulichen Begleiterscheinungen sicherlich vergessen, zumal Clara wahrlich Anlass zur Freude hat: Der heutige Tag steht ganz im Zeichen festlicher Ehrungen, um ihr fünfzigstes Bühnenjubiläum zu begehen. Der König von Bayern hat ihr soeben die Goldene Medaille für Kunst verliehen, Joachim Raff, der Direktor des Hoch'schen Konservatoriums in Frankfurt, reicht ihr die Hand und führt sie ins Innere des Gebäudes, wo schon ein blumenbekränzter Sessel auf sie wartet. In Anwesenheit der geladenen Gäste hält er eine Rede auf die Jubilarin und überreicht ihr anschließend einen vergoldeten Lorbeerkranz.

Damit nicht genug – nun beginnt eine musikalische Matinee, in der die Lehrer des Konservatoriums ausschließlich Kompositionen ihrer berühmten Kollegin aufführen. Ja, Clara ist eine Kollegin und die einzige Frau im erlauchten Lehrkörper. Nach all den Jahren der Wanderschaft und nach reiflicher Überlegung ist sie auf das Angebot eingegangen, am Hoch'schen Konservatorium zu lehren.

Erst vor einem Monat ist das Konservatorium eingeweiht worden, im Frankfurter Saalhof, dessen wuchtiger Eckturm zu den Wahrzeichen der Stadt gehört. Das heißt, Claras Unterrichtsstunden finden in ihrem Haus an der Myliusstraße im Westend statt, bei ihren Schülern als »Tränen- und Seufzerallee« bekannt. Clara ist eine zugewandte, aber auch strenge Lehrerin. Entsprechend anspruchsvoll sind die Aufnahmeprüfungen, und wer diese Hürde glücklich genommen hat, muss zunächst eine »Vorschule« bei Claras Töchtern Marie und Eugenie absolvieren. Erst dann wird den Eleven Zutritt zum heiligen Bezirk der weltberühmten Pianistin gewährt.

Während Clara ihren Werken lauscht, die sie selbst nur selten aufführt, wandern ihre Gedanken vielleicht zu den Tagen der Entscheidung, als sie sich vor die Alternative gestellt sah, weiterhin durch die Welt zu reisen oder einen prestigeträchtigen Posten in Frankfurt zu bekleiden. Ihre Freunde haben ihr zu der Lehrstelle geraten. Und da ihre rheumatischen Armschmerzen manchmal unerträglich sind, steht ohnehin in Frage, wie lange sie noch wie gewohnt konzertieren kann.

Von ihrem blumenbekränzten Sessel aus schaut Clara zur Bühne, wo sich der Sänger Julius Stockhausen für seinen Auftritt in Positur wirft. Wahrlich ein geschickter Schachzug des Direktors, Stockhausen ebenfalls nach Frankfurt zu holen. Für Clara war es ein Pluspunkt mehr bei ihrer Entscheidung für die Lehrstelle, weil sie mit dem Sänger seit langem befreundet ist. 1854, in Ostende, sind sie das erste Mal zusammen aufgetreten, mit einigen Liedern aus Roberts *Eichendorff-Zyklus*. »Eine wahrhaft neue erfreuliche Erscheinung am Kunsthimmel«, schrieb sie damals ins Tagebuch.[1] Unzählige Konzerte haben sie seither gemeinsam gegeben. Und wenn man älter wird, genießt man die Vertrautheit alter Freundschaften umso mehr.

Sie schaut genauer hin. Die männliche Primadonna, wie man den Sänger und Dirigenten heimlich nennt, ist in die Jahre gekommen.

Erstes Grau mischt sich in sein gewelltes Haar und den üppigen Vollbart, seine schmalen Augen verengen sich zuweilen zu Schlitzen. Bis ans Ende der Welt würde er für sie gehen, hat er einmal gesagt. Jetzt sind sie zwar nicht am Ende der Welt gelandet, aber immerhin in respektable Positionen gelangt.

Unruhig spielen Claras Hände mit den Blättern des Lorbeerkranzes, den Raff ihr überreicht hat. Auch in ihrem Haar zeigen sich längst graue Strähnen. Sie ist jetzt neunundfünfzig Jahre alt, für Pianistinnen fast schon ein biblisches Alter – in ihrer eigenen Wahrnehmung. Bereits mit dreiunddreißig schrieb sie ihrer Freundin Pauline Viardot, sie sei traurig darüber, alt zu werden. Damals hätte sie sich vermutlich nicht träumen lassen, dass sie mit fast sechzig Jahren einen neuen Höhepunkt ihrer Karriere erreichen würde.

Unlängst hat sich Clara wieder einmal portraitieren lassen, und zwar von einem der ganz Großen seiner Zunft: dem Münchner Malerfürsten Franz von Lenbach. War er der Richtige?

Sein Portrait des Kaisers Franz Joseph I., wenige Jahre zuvor entstanden, mag man noch als Hofmalerei abtun. Doch Lenbach steht gerade im Begriff, einen neuen Stil zu entwickeln, subjektiver, näher an den dargestellten Personen. In den 1880er Jahren wird er Furore mit Portraits von Bismarck und Papst Leo XIII. machen, in denen er ohne offiziöse Schönfärberei ihre individuellen Charakterzüge herausarbeitet, sei es Bismarcks versteinerte Skepsis oder das unsichere Lächeln eines Gottesmanns, der sich in seinem prächtigen Ornat nicht recht wohlzufühlen scheint.

Nun also Clara. Zu ihrer größten Verwunderung findet die erste Ateliersitzung ohne Stift und Papier statt. Er wolle zunächst nur ihr Gesicht studieren, hat Lenbach ihr erklärt, das sei das Wichtigste, für das Bild selber brauche er dann nur einen Tag. Etwas unbehaglich lässt Clara die künstlerische Erforschung ihres

Gesichts über sich ergehen. Eigentlich folgt sie ja nur dem Wunsch ihrer Kinder: »Dass ich mich in meinen alten Tagen noch malen lasse, will mir gar nicht in den Sinn«, notiert sie im Tagebuch. »Ich täte es auch sicherlich nicht für mein Vergnügen, denn was kann mir an meinem alten Gesicht liegen.«[2]

Dieses »alte Gesicht«, das werden noch viele Bewunderer feststellen, ist wunderschön. Neben einem eher konventionellen Ölgemälde entsteht eine psychologisch differenzierte farbige Pastellzeichnung: Sie zeigt Clara als ungewöhnlich nahbare reife Frau, die sich trotz einiger Altersspuren ihre Mädchenhaftigkeit bewahrt hat.

Sie verzichtet auf jede Pose. Nachdenklich schaut sie den Betrachter an, mit leicht schwimmenden blauen Augen, den Kopf unmerklich zur Seite geneigt, als liege ihr eine Frage auf den Lippen. Lenbach sei ein Genie, sagt Clara. Man kann ihr nur beipflichten. Denn er portraitiert sie als Frau, als Menschen, ohne jeden Starkult. Kein Accessoire, das auf ihre Profession hinweist, keine Klaviatur, kein Notenblatt, nicht mal ein repräsentatives Kleid. Die Frau auf dem Bild könnte auch eine freundliche Handarbeitslehrerin sein oder eine gütige Gouvernante. Das Haar ist eher nachlässig frisiert, eine Strähne fällt über das rechte Schlüsselbein, so als sei Clara eben erst aufgestanden und schaue in den Spiegel, bevor sie ihre Frisur richtet.

Dieses Portrait vermittelt Intimität – und das empfindsame Innenleben einer Künstlerin, die sich nach außen hin nur zu oft panzern muss. Wer sich in einer Männerdomäne behaupten will, nicht nur auf der Bühne, sondern vor allem im Konzertbetrieb, wo mit harten Bandagen gekämpft wird, braucht schon Entschlusskraft und Durchsetzungsstärke. Die hat Clara zweifellos. Mittlerweile ist sie eine Respektsperson, geschätzt, verehrt, manchmal auch gefürchtet.

Als Clara ihre Dozentur in Frankfurt antritt, liegt eine unruhige Zeit hinter ihr. Fünf Jahre zuvor hat sie ihr Haus in Baden-Baden zum Verkauf angeboten, um nach Berlin zu ziehen: »weil ich erstlich nicht so viel mehr hintereinander reisen will (es strengt mich zu sehr an), dann, weil ich Felix noch einige Jahre in der Umgebung des Familienlebens (was in jeder Hinsicht zuträglicher für ihn als das Alleinleben in seiner noch so großen Jugend) bei uns haben möchte«.[3]

Ihre Einstellung zur Familie befand sich offenbar im Wandel. Sie bezog eine Wohnung in Berlin-Tiergarten mit der schönen Adresse »In den Zelten«, in einer ruhigen grünen Gegend mit Einzelhäusern und teils repräsentativen Villen. Sonderlich wohl fühlte sie sich dennoch nicht in Berlin. Clara mag mittelgroße Städte mit einem überschaubaren Kulturleben und einem kleinen Kreis Gleichgesinnter. Berlin war ihr zu groß und zu hektisch. Und just hier steigerten sich ihre Armschmerzen derart dramatisch, dass sie die Tasten eineinhalb Jahre lang nicht anrühren durfte.

Eine Zeitlang kam täglich eine Masseurin, »von drallem Wuchs«, die ihre Arme durchknetete und dafür neben der Entlohnung auch Bier und belegte Brötchen verlangte.[4] Dennoch besserten sich Claras Schmerzen nicht, selbst eine Kur in Kiel brachte keine Linderung. Zur Untätigkeit verdammt, schrieb sie an Johannes: »Wie sehr das aufs Gemüt drückt, kann ich nicht beschreiben, mehr als die schwersten Schicksale, die ich erlebt, denn diese half mir ja die Kunst tragen, jetzt aber hilft mir nichts.«[5]

Leicht ist ihr die Entscheidung trotzdem nicht gefallen, nach Frankfurt zu gehen. Und sie hat Bedingungen gestellt. Forderungen, um genau zu sein. »Das Übereinkommen ist der Art, dass mir keine große Fessel auferlegt wird«, bilanziert sie zufrieden: Wöchentlich neun Stunden Unterricht, also eineinhalb Stunden täglich, wie sie selbst ausrechnet, und vier Monate Ferien im Sommer lauten die recht komfortablen Konditionen, die sie ausgehandelt hat.[6] Als international gefeierte Künstlerin kann sie sich das leisten. Die Neugründung eines Konservatoriums ist ein ökonomisches Wagnis, da braucht man klingende Namen, um genügend zahlende Eleven anzulocken.

Das wird Clara spielend gelingen. Etwa ein Drittel ihrer Schüler werden aus Ländern wie England, Frankreich, Italien, Russland, sogar aus den USA nach Frankfurt pilgern, um sich von der Hohepriesterin der Musik in die letzten Geheimnisse des Klavierspiels einweihen zu lassen. Auf Tournee gehen darf sie weiterhin. Das hat sie sich ausbedungen, bevor sie ihre Stelle antrat. Was wäre sie ohne die Konzertreisen, den Applaus?

Dennoch, mit neunundfünfzig Jahren und nach Jahrzehnten des Umherreisens ist sie angekommen. Wie geht es ihr mit der ungewohnten Sesshaftigkeit? Diese Frage lenkt den Blick auf eine Facette ihrer Profession, die bislang eher als Begleiterscheinung präsent war: das Unterrichten.

Nicht immer hat sie es gern getan, weil es meist der Notwendigkeit geschuldet war, etwas dazuzuverdienen. Clara musste sich oft mit Bürgertöchtern abquälen, deren Eltern gut zahlten, ihrem Nachwuchs aber keinerlei Begabung vererbt hatten. Es gab Ausnahmen, etwa die kleine Emma, über die es in einem Tagebucheintrag vom Juli 1870 heißt: »An ihr hatte ich eine große Freude, und mit jedem Tage war sie mir lieber. Es war aber eine sehr aufregende Zeit für mich, ich lebte meine früheste Jugend in ihr durch.«

In diese Beurteilung mischte sich schon der melancholische Gedanke an die mögliche Beendigung ihrer eigenen Karriere: »Bei der Freude, die ich hatte, endlich einmal wirklich ein Talent nach meinem Sinne aufsteigen zu sehen, und vor allem auch eine Interpretin für Roberts Kompositionen, befiel mich doch stets der wehmütige Gedanke, nun brauche ich bald nicht mehr da zu sein – diese wird mich ablösen!«[7]

Die Wehmut war unbegründet; nach diesem Eintrag konzertiert Clara noch weitere einundzwanzig Jahre lang. Doch man spürt ihre Empathie, weil sie in der Schülerin sich selbst als junges Mädchen wiedererkennt: »Wenn sie sich ans Klavier setzt, so kommt gleich der heilige Ernst über sie, sie ist ganz dem hingegeben.«[8] Mit dem Begriff des heiligen Ernstes, den Clara für sich selbst reklamiert, wird ganz deutlich, dass auch das Unterrichten eine Berufung für sie sein kann – sofern sie es denn mit Berufenen zu tun hat.

Die extrem schwierigen Aufnahmeprüfungen, die sie installiert, und die »Vorschule«, die ihre Schüler bei den Töchtern Marie und Eugenie durchlaufen müssen, verraten auch auf diesem Gebiet eine hohe Ambition: »Die meisten musste ich abweisen, und das kostet dann immer Tränen.«[9] Andererseits empfindet sie es als Privileg, nur noch begabte Schülerinnen anzunehmen und selbst unter ihnen nochmals die Spreu vom Weizen zu trennen.

Clara führt genau Buch über die Unterrichtsstunden. Da steht dann schon mal: »Sehr gut, elegant, mit Routine vorgetragen, leider nur mangelnde Technik«, oder: »allerliebst mit Rhythmus und Anmut«. Es gibt weniger freundliche Kommentare: »Ist ein sehr unbedeutendes Talent, alles ist klein an ihr«, oder: »Sie hat Eifer, aber wenig Talent, ist roh durch und durch.«[10] Es wird kolportiert, dass es zuweilen zu Tränenausbrüchen kommt, weil Clara unerbittlich ist. Nicht von ungefähr sprechen ihre Schüler von der »Tränen- und Seufzerallee«. Doch der heilige Tempel der Musik darf nun mal nicht durch Unberufene entweiht werden.

In der Villa, in der der Unterricht stattfindet, wohnt Clara zusammen mit ihren Töchtern Marie und Eugenie. Beide hat sie zu Klavierlehrerinnen und damit zu Assistentinnen ausgebildet: Es ist eine Wohn- und Arbeitsgemeinschaft, die Clara, Marie und

Eugenie formen. Marie ist Claras engste Vertraute. Wenngleich sie auch alle Haushaltspflichten übernimmt, überhöht Clara sie oft als Seelenverwandte und beste Freundin. »Wüsstest Du doch, wie lieb Du mir bist, wie mein ganzes Sein mit Deinem verknüpft ist«, schreibt sie ihrer Erstgeborenen einmal.[11] Dennoch ist ihr durchaus bewusst, dass die Töchter ihr Leben auf dem Altar der Mutter opfern und unfähig sind, pianistisch aus ihrem Schatten zu treten. »Recht betrübt es mich immer«, schreibt sie im Januar 1882, »dass ich ihnen nach außen hin ein Hemmschuh bin; was sie leisten, weiß niemand, weil sie eben nicht vorspielen, wenn ich dabei bin.«[12]

Familiäre Herausforderungen

Auch im höheren Alter bleibt das Muttersein eine Herausforderung für Clara, denn es gibt weiterhin Situationen, in denen sie Entscheidungen zwischen Beruf und Familie treffen muss: etwa, als ihr Sohn Felix an Tuberkulose erkrankt – in einer Zeit, in der Antibiotika noch nicht erfunden sind, ein Todesurteil. Schwer gezeichnet von seiner Krankheit, versucht der Fünfundzwanzigjährige im Jahr 1878, sich seiner Mutter anzunähern. Nachdem sie sich wegen seiner Gedichte zerstritten haben, möchte er sich mit ihr aussöhnen und äußert eine herzzerreißende Bitte: in Claras Haus sterben zu dürfen.

Sie hat ihm bereits mehrere Kuraufenthalte in der Schweiz und in Italien ermöglicht, jetzt nimmt sie Felix in ihrer Villa im Frankfurter Westend auf. Seine tödliche Erkrankung bezeichnet sie als die »grausamste Prüfung für ein Mutterherz«.[13] Die Pflege übernehmen Marie und vor allem Eugenie, die von jeher ein enges Verhältnis zu ihrem jüngeren Bruder hatte. »Felix liegt nun schon seit 10 Tagen im Bett, er lässt Eugenie keinen Augenblick von sich, die ganz aufopfernd für ihn sorgt«, berichtet Clara im Oktober 1878.[14] Ihr selbst fällt es schwer, sich mit dem Todeskampf ihres Sohnes auseinanderzusetzen; auf die Idee, zu pausieren und Felix wenigstens in seiner kurzen verbleibenden Lebenszeit eine zugewandte Mutter zu sein, kommt sie offensichtlich nicht. Als Künstlerin reklamiert Clara für sich das Recht, ihre eigenen Bedürfnisse in den Vordergrund zu stellen. Die Generalabsolution, die sie sich im selben Tagebucheintrag gibt, führt zum Nukleus ihres Selbstverständnisses als Mutter: »Dass ich mich gar nicht zu denken vermag in dem Alltagsgleise gewöhnlicher Menschen.«[15]

Ein starker Satz. Nach dieser Logik wäre es ein Abstieg in niedere Sphären, sich persönlich um ihren Sohn zu kümmern oder ihm zumindest durch ihre Anwesenheit beizustehen. Hier geht es nicht mehr um die Verweigerung mütterlicher Rollenbilder, die von außen an sie herangetragen werden. Es geht um die Unfähigkeit, adäquat auf Felix' Bedürfnis nach Nähe und Zuwendung zu reagieren. Gewöhnliche Menschen kochen, backen, putzen und sitzen eben auch am Krankenbett. Gewöhnliche Menschen wie Marie und Eugenie. Clara beansprucht einen Ausnahmestatus und reist lieber zu Auftritten nach Hamburg und München: »Ich unternahm so manches mit schwerem Herzen, aber ich tat es, weil Tätigkeit in Prüfungszeiten mir das Einzige erscheint, was die Seele aufrechterhält.«[16]

Das ist keineswegs eine Schutzbehauptung. Schon in ihrer Kindheit musste sie sich emotional panzern, um nicht am Verlust der Mutter und der Kälte des Vaters zu zerbrechen. In der Sphäre der Musik fand sie den Trost, den es in der Realität nicht gab: Allein gelassen und ohne innige Bindungen, blieb ihr nur die Flucht ans Klavier.

Auch als erwachsene Frau verfährt Clara nach diesem Muster. Einen anderen Trost hat sie nicht, auch keinen spirituellen. Geradezu allergisch reagierte sie nach Roberts Einlieferung in

Endenich auf Briefe von Freundinnen, die »fromm redeten« und ihr Jesus Christus vor Augen führten, der das Kreuz für die Menschen getragen habe. »Ich suche meine Pflichten zu erfüllen, suche mein Unglück zu tragen, aber nicht durch Beten und Lesen heiliger Bücher, sondern durch Tätigkeit und Wirken für andre!«, stellte sie damals klar. »Darin finde ich die Kraft und den Mut, noch zu leben, überhaupt.«[17] Das Konzertieren ist ihr Religionsersatz geworden, nur auf der Bühne findet sie Halt und Trost. Als es auf Felix' Ende zugeht, tritt sie deshalb weiter auf: »Ich sah das ganze Konzert hindurch nur ihn, seine abgemagerte Gestalt, seinen erloschenen Blick, ach und seine Atemnot – es war entsetzlich!« Gleich darauf lobt sie ihre Contenance: »Und dennoch spielte ich ganz glücklich, ohne auch nur eine verunglückte Note!«

Dieser befremdende Stolz auf ihre untadelige Leistung zeigt einmal mehr, dass sie sich in der Musik ein Paralleluniversum geschaffen hat: Hier lebt sie unbeschadet aller Schicksalsschläge, hier hat sie alles unter Kontrolle. Das ist der springende Punkt. Clara erträgt es nicht, wenn sie die Kontrolle verliert. Nichts ängstigt sie mehr als der Ansturm von Gefühlen, mit denen sie nicht umgehen kann – weil sie es nie gelernt hat.

Felix' Tod zwei Nächte später verschläft sie. Es ist Marie, die dem Bruder die Augen schließt. »Und ich muss bekennen«, schreibt Clara danach, »ich fühlte eine Erlösung, für die ich dem Himmel danken musste.«[18] Sie weiß mit Worten umzugehen. Es ist kein Versehen, dass sie von ihrer eigenen Erlösung spricht, nicht davon, dass Felix von seinem Leiden erlöst wurde. Sein Sterben hat sie überfordert. Jetzt spürt sie eine ähnliche Erleichterung, dass diese unerträgliche Situation vorüber ist, wie bei der Entscheidung, ihren Sohn Ludwig nie wieder in Colditz zu besuchen. Abstand, Rückzug, Panzerung, nur so hat sie ihre eigene Kindheit überlebt, und auch als Mutter hütet sie sich davor, sich vom Schmerz überwältigen zu lassen. Sie wird vier ihrer acht Kinder überleben. Außer Emil und Felix sterben auch Julie und Ferdinand vor ihrer Mutter: Julie 1872 während ihrer dritten Schwangerschaft mit nur siebenundzwanzig Jahren in Paris, Ferdinand, der nach einer Morphiumtherapie drogensüchtig geworden ist, 1884 in Gera.

In ihrer heimischen Wohngemeinschaft steht Clara weiterhin vor Herausforderungen. Während Marie jedem eigenen Liebesglück entsagt und ein Leben lang unverheiratet bleibt, entstehen heftige Komplikationen, als Eugenie ihrer Mutter Marie Fillunger vorstellt, eine österreichische Opernsängerin – und die Liebe ihres Lebens.

Kennengelernt haben sich die beiden Frauen in Berlin an der Königlichen Hochschule für Musik. Dass Marie Fillunger dort studierte, verdankte sie ausgerechnet Johannes Brahms. Achtzehnjährig hatte die Sopranistin in einer Inszenierung der Offenbach-Operette *Die Großherzogin von Gerolstein* am Theater an der Wien debütiert. Durch ihre Lehrerin Mathilde Marchesi de Castrone, bei der sie Unterricht am Wiener Konservatorium nahm, wurde schließlich auch Johannes auf sie aufmerksam. Er war von Marie Fillungers Talent derart überzeugt, dass er sie der neu gegründeten Königlichen Hochschule für Musik in Berlin empfahl, wo sie von 1874 bis 1879 studierte und auf Eugenie traf.

Für Claras jüngste Tochter ist Marie Fillunger eine Offenbarung. »Wir kamen uns schnell näher, und sie wurde mir eine lebenslang geliebte Freundin«, erinnert sie sich. »Sie war ein Wesen ganz anderer Art, als sie bisher in meinen Bereich gekommen waren. Gesunder Humor, ein Mutterwitz, der stets die größte Heiterkeit um sich verbreitete, echte österreichische Gutmütigkeit, dito etwas Leichtsinn, immer mit beiden Beinen im Leben stehend.«[19] Die etwas steife norddeutsche Mentalität lehnt die Wienerin ab, was Eugenie ausnehmend gut gefällt, so wie Maries unbekümmerte Art, nichts auf die Meinung anderer zu geben.

Nach dem Studium zieht Marie nach Frankfurt, erst in eine eigene Wohnung, 1884 dann in die Myliusstraße, wo man ihr ein Zimmer neben Eugenie einrichtet. Für Clara ist Marie Fillunger zunächst nichts weiter als eine erfreuliche Ergänzung des häuslichen Teams. Bald fungiert die Sängerin als Sekretärin, schreibt Briefe, die Clara diktiert, führt kleine Reparaturen im Haushalt durch, macht sich als dienstbarer Geist beliebt.

Fillu, wie Eugenie ihre Freundin nennt, weil sonst gleich zwei Maries in einem Haus Verwirrung stiften könnten, sorgt allerdings bald für Zündstoff. Denn Marie Schumann entdeckt rasch, dass ihre Schwester ein Liebesglück genießt, das sie sich selbst versagt. Wie schmerzlich muss es für sie sein, dass Eugenie ohne Weiteres Ansprüche auf ein eigenes Leben anmeldet. Eugenie und Fillu sind leidenschaftlich ineinander verliebt. Davon zeugen die Briefe, die sie miteinander tauschen. »Ich habe mich an Deinen Küssen satt und durstig getrunken, und dieser Durst brennt mir nun in tiefster Seele«, schreibt Fillu ihrem »Genchen« beispielsweise. »Der Brand wird nicht erlöschen, bis Deine Lippen mich berühren.«[20]

Fünf Jahre hält diese heikle Konstellation, während die Reibereien zwischen den Schwestern zunehmen. Marie intrigiert offen gegen die Mitbewohnerin, verleumdet sie bei Clara und stiftet so lange Unfrieden, bis Fillu sich geschlagen gibt: 1889 geht sie nach London, um dort eine neue Karriere als Sängerin zu starten. Es ist letztlich eine Kapitulation vor der Autorität der Patriarchin. Clara bleibt diese Liebe völlig unverständlich, mehr aber noch missfällt ihr, dass die gewohnten Abläufe im Team Schumann gestört sind. »Eugenie verlangte, dass wir sie wie ein zu uns gehöriges Mitglied betrachten sollten«, erklärt sie ihrer Freundin Emilie List. »Und das ging nicht, geht wohl überhaupt nie mit einer Fremden, am allerwenigsten, wenn sie einem so unsympathisch ist.«[21]

Sie habe in den vergangenen Monaten mehr gelitten als mancher in seinem Leben, beklagt sich Clara. In Wahrheit leidet Eugenie. Die Briefe werden zusehends sehnsüchtiger. »Mein Genchen, ich habe physische Schmerzen so viele Meilen zwischen uns zu denken«, schrieb Fillu bereits in ihrer Berliner Zeit nach Frankfurt.[22] Jetzt beschwört sie ihre Freundin, es mit einer neuerlichen Aussprache zu versuchen: »Warum sind die Deinen so entsetzlich blind und sehen nicht, wie sie sich und Dir das Leben elend machen.«[23]

Doch Eugenie fühlt sich zu absoluter Loyalität verpflichtet, obwohl sie sich nach Fillu verzehrt und unter Depressionen leidet: »Bei aller Befriedigung, die mir Mamas Liebe, Mariens schwesterliche Zuneigung und die Erfüllung meiner Pflichten gewährt, vermisse ich seit der Trennung von Fillu für mein Inneres unsäglich vieles.«[24] Erst drei Jahre später, als sie schwer an Herzschwäche und Blutarmut erkrankt, entschließt sie sich, der Liebe ihres Lebens nach London zu folgen. 1892 verlässt sie Mutter und Schwester; zwei weitere Jahre dauert es, bis sich Clara zu einer Aussöhnung mit Fillu durchringen kann. Sie macht ihren Frieden mit der Situation. Offenbar ist es ihr wichtiger, Kontakt mit Eugenie zu halten, als ihre Tochter wegen der unliebsamen Quasi-Schwiegertochter zu verurteilen.

Überhaupt wandelt sich Claras Haltung zur Familie in den späten Jahren. Nach den Jahrzehnten des Umherziehens beginnt sie das häusliche Leben zu schätzen, als Mutter, Großmutter und Gastgeberin. So nimmt sie nach Ferdinands Tod zeitweise vier seiner sieben Kinder bei sich auf und sorgt dafür, dass alle eine angemessene Ausbildung erhalten.

Ihre neue Fürsorglichkeit betrifft auch ihre Klavierschülerinnen und Klavierschüler, die nur zu oft über Claras Strenge stöhnen: An Weihnachten werden sie eingeladen. Es ist eine warmherzige Geste. Da viele Eleven aus dem Ausland kommen und die

Weihnachtstage fern der Familie verbringen müssen, dürfen sie zur Bescherung in die Myliusstraße kommen. Eugenie verkleidet sich als Knecht Ruprecht, die Geschenke muss man sich durch den Vortrag eines Klavierstücks verdienen. Dazu gibt es Punsch und allerlei Spiele.

Vor allem aber genießt Clara zum ersten Mal die Nähe ihrer Kinder und Enkelkinder und jene Idylle, die sie als junge Mutter so wenig zu schätzen wusste. Ihr Enkel Ferdinand berichtet, dass man nach dem Abendessen immer beisammensitzt und Clara etwas vorliest – so wie es einst Robert getan hat. Von Marie und Eugenie lässt sie sich sonntags etwas vorspielen, weil sie es unrecht fände, sich nicht mit ihnen zu beschäftigen, wie sie schreibt. Das ist ein ganz neuer Ton. Altersmilde? Späte Einsicht? Es scheint, als werde ihr im hohen Alter doch noch bewusst, dass Familie nicht nur mit Pflichten und Sorgen verbunden ist.

Wie stark sich Claras Verhältnis zu ihren Kindern verändert hat, belegt der Tagebucheintrag an ihrem siebzigsten Geburtstag. Sie wird mit Geschenken und Blumen überschüttet, unzählige Glückwunschtelegramme treffen ein, Kaiser Wilhelm II. verleiht ihr die Große Medaille für Kunst. Doch ihre wahre Dankbarkeit gilt der Familie: »Nur eine Bitte, einen Gedanken hatte ich heute beim Schlafengehen, dass der Himmel mich der Kinder Liebe noch einige Jahre genießen lassen möchte, nicht in Siechtum, sondern mit der Genussfähigkeit, wie sie mein Herz noch hat.«[25]

Gesellschaftliche Akzeptanz

Die Berufung ans Hoch'sche Konservatorium ist ein Meilenstein in Claras Vita. Zu diesem Zeitpunkt ist sie bereits eine wohlhabende Frau, doch wenn man jahrzehntelang Existenzängste hatte und einen Großteil des Lebens von massiven Geldnöten geplagt wurde, muss eine Festanstellung äußerst beruhigend sein. Clara erntet. Nicht nur den Lohn ihrer künstlerischen Anstrengungen, auch den Lohn ihrer gesellschaftlichen Kompatibilität.

Bevor die soziale Rolle einer Berufsmusikerin überhaupt klar definiert war, hat Clara eine neue Existenzform erfunden. Wenn wir heute eine Martha Argerich oder Anne-Sophie Mutter im Konzertsaal erleben, denken wir nicht mehr über solche Kategorien nach. Zu Claras Zeit ist es komplizierter. Allein schon ohne Ehemann auf die Reise zu gehen, ist ein Tabubruch. Vor Ort muss sie sich dann ebenfalls als alleinstehende Frau behaupten, doch durch ihr Charisma gelingt es ihr offensichtlich, nicht nur musikalisch, sondern auch gesellschaftlich akzeptiert zu werden. Man lädt sie ein, reicht sie weiter, begegnet ihr ohne Vorbehalte – eine basale Voraussetzung dafür, dass sie beruflich wichtige Netzwerke knüpfen kann.

Ihre eigenen Vorbilder – sofern Clara sie als solche bezeichnet hätte – sind zweifellos Pauline Viardot und Wilhelmine Schröder-Devrient. Zwei sehr erfolgreiche Künstlerinnen, zwei sehr unterschiedliche Lebenskonstruktionen.

Pauline Viardot wird vom Schicksal verwöhnt. Sie hat einen Mann, der sie liebt, ohne Bedenken unterstützt und sogar seinen Beruf aufgibt, um sie bei Tourneen als Manager zu begleiten. Und: Pauline ist zwar Mutter, doch ein einziges Kind lässt sich unproblematischer durch Großeltern versorgen als eine ganze Kinderschar. Erst ab 1862 kommen im Abstand von wenigen Jahren drei weitere Kinder zur Welt, 1863 beendet Pauline Viardot ihre internationale Karriere mit zweiundvierzig Jahren. Dieser weitgehende Rückzug von der Bühne markiert einen Wendepunkt in ihrem Leben: Nach einer Phase fast ohne Veröffentlichungen in den 1850er Jahren tritt sie ab 1864 wieder als Komponistin in Erscheinung, und obwohl sie auch als Gesangslehrerin, Bearbeiterin, Pianistin, Regisseurin, Veranstalterin und Herausgeberin tätig ist, hinterlässt sie – anders als Clara – ein umfangreiches kompositorisches Œuvre.

Beim Vergleich der beiden Künstlerinnen werden grundlegende Unterschiede deutlich. Von außen betrachtet, geht es dabei vorrangig um die Entscheidung Pauline Viardots, das Bühnenleben mit dem Leben als Komponistin zu vertauschen. Das ist ihr möglich, weil sie durch ihre Heirat keinerlei Geldsorgen hat. Doch auch mental besteht ein großer Unterschied. Im Gegensatz zu Clara wird Pauline kaum durch Vorurteile eingeengt. In eine reisende Künstlerfamilie hineingeboren, war es für sie immer selbstverständlich, auch in vermeintlich männlichen Domänen wie Regie oder Komposition zu arbeiten.

Eine weitere Prägung bedeutet ihre Freundschaft mit der revolutionsbewegten Schriftstellerin George Sand. Sie bestärkt Pauline Viardot darin, Frauen besäßen sehr wohl die Gabe des Komponierens. »Sagen Sie mir alles, was Sie vorhaben«, beschwört sie Pauline, »denn ich zähle auf Sie, dass Sie in der Kunst die Revolution machen, die das Volk gerade in der Politik macht.«[26]

Diese Sozialisierung in Milieus, die Frauen weite Handlungsspielräume zugestehen, ist eine wesentliche Bedingung für Paulines Entwicklung als Komponistin. Sie muss nicht gegen innere Blockaden ankämpfen wie Clara, der vor allem während ihrer Ehe gespiegelt wird, Frauen seien auf diesem Terrain lediglich geduldet und Männern niemals ebenbürtig. Erst in späten Jahren bringt sie den Mut auf, ihren eigenen Kompositionen einen gleichwertigen Rang zuzumessen, als sie 1873 in London ihr *Klaviertrio op. 17* und 1886 ihre *Variationen op. 20* ins Repertoire aufnimmt. Mit Erfolg: Das Scherzo des Trios muss sie sogar als Zugabe wiederholen.

Im Kontrast zu Pauline Viardot-García ist Claras Freundin Wilhelmine Schröder-Devrient zwar ebenfalls eine gefeierte Sängerin, als Vorbild für eine weibliche Künstlerexistenz allerdings wenig geeignet. Im Grunde ist sie die »modernste« der drei Frauen, weil sie unbekümmert um bürgerliche Regeln insgesamt dreimal heiratet und zahlreiche Affären hat. Zugleich entspricht sie damit dem altmodischen Bild der moralisch verworfenen Bohemienne, die sich am Rande, wenn nicht außerhalb der Gesellschaft bewegt.

Für Clara ist das kein gangbarer Weg. Lange versucht sie, die Trias aus Ehefrau, Mutter und Künstlerin im gesellschaftlich geduldeten Maß auszubalancieren, auch wenn sich dies durch die mehr oder weniger offen ausgetragene Konkurrenzsituation mit Robert als ausgesprochen schwierig erweist. Was nach außen hin noch akzeptabel erscheint, führt im Innenraum der Beziehung zu Dauerkonflikten. Nach Roberts Tod entscheidet sich Clara zwar für ein Dasein als reisende Virtuosin, achtet aber darauf, moralisch nicht in Misskredit zu geraten. Im Gegensatz zur Schröder-Devrient ist ihr an der gesellschaftlichen Anerkennung gelegen, nicht nur an der musikalischen.

Damit etabliert Clara eine neue Form professionellen weiblichen Künstlertums: Sie ist kein skandalumwitterter Outcast, sondern ein geachtetes Mitglied der Gesellschaft. Als ihr an ihrem siebzigsten Geburtstag vom Kaiser die Große Medaille für Kunst verliehen wird, steht dieser Akt auch für die gelungene Verbindung von künstlerischer und bürgerlicher Lebensform. Mit untrüglichem Gespür für das sozial Probate hat Clara ein neues, positiv besetztes Image der Künstlerin erfunden, das bis heute nachwirkt.

Nur einmal kommt sie fast vom gewählten Wege ab: durch ihre Beziehung zu Johannes. Was sich genau vor der Trennung im Jahr 1856 abgespielt hat, verraten weder Briefe noch Tagebücher. Gut möglich, dass Johannes in seinem Liebesfuror gefordert hat, sie solle sich nach Roberts Ableben endlich offiziell zu ihm bekennen. Das aber wäre für Clara aus vielen Gründen undenkbar. Eine neuerliche Verheiratung käme zu rasch nach Roberts Tod, ihre Rolle als Gralshüterin seines Werks wäre unglaubwürdig, und *ex post* würde man ihr unterstellen, bereits zu Lebzeiten eine Affäre mit Johannes gehabt zu haben.

Intuitiv spürt sie wohl, dass sie nur dann eine Chance als – geachtete – freie Künstlerin hat, wenn sie diese Verbindung löst. Auch Claras Berufung ans Hoch'sche Konservatorium wäre kaum erfolgt, wenn ihr der Ruch eines bohemehaften Lotterlebens angehangen hätte. Man holt sie wegen ihrer Berühmtheit, um Schüler aus aller Welt anzuziehen und unternehmerisch von ihrer Strahlkraft zu profitieren; dafür braucht sie allerdings einen untadeligen Leumund. Ihre »Lehrstelle«, so der Wortgebrauch, erhebt sie in den Rang einer Professorin. Damit sind sehr genau definierte Kriterien sozialer Bonität verbunden. Professoren gelten als Aushängeschild der jeweiligen Institute, und man erwartet, dass sie über die fachliche Kompetenz hinaus eine Vorbildfunktion für ihre Schüler einnehmen.

Insofern erringt Clara einen doppelten Sieg: Sie geht als Ausnahmepianistin in die Musikgeschichte ein und erlangt zugleich ein hohes Sozialprestige. Damit wird sie selbst zum Vorbild in einer Zeit, in der die Professionalisierung von Musikerinnen noch mit manchen Unwägbarkeiten verbunden ist. Ihr Beispiel zeigt, dass ein künstlerischer Beruf auch für bürgerliche Frauen attraktiv sein kann, die bislang soziale Deklassierungen fürchten mussten.

»Männliche« Qualitäten

Clara hat viel erreicht. Doch die Selbstverständlichkeit, mit der sie als Autorität auftritt, gefällt nicht jedem. Einer ihrer Bekannten, der Berliner Physiologieprofessor Theodor Wilhelm Engelmann, lobt zwar die Unbestechlichkeit ihres Urteils, erwähnt aber auch, dass Clara damit oft aneckt. »Wenn zum Beispiel wir in der Musikalischen Gesellschaft Maßgebendes über die Leistungen andrer uns bekannter Künstler oder über neue Kompositionen wissen wollen, so wenden wir uns an sie; nie würde sie Schlechtes empfehlen, Gutes unterschätzen; während andre sich von äußeren Umständen, persönlichen Beziehungen beeinflussen lassen.« Dies führe manchmal zu ernsthaften Verstimmungen und dazu, dass Clara einen »unangemessenen« Eindruck erwecke.[27]

Aber was ist schon unangemessen? In professionellen Belangen denkt Clara gar nicht daran, die allseits erwartete weibliche Diplomatie walten zu lassen. Auch dass eine Künstlerin, die in einem männlich besetzten Terrain agiert, zuweilen missbilligende Kritiker auf den Plan ruft, ficht sie nicht an. Einer von vielen ist der Musiktheoretiker Eduard Hanslick. Er gesteht Clara zwar »eine Männlichkeit des Vortrags« zu, da sie alles »bestimmt, klar, scharf, wie eine Bleistiftzeichnung« und ohne typisch weiblichen Gefühlsüberschwang spiele, dennoch fehle ihr die Kraft eines Rubinstein.[28] Wie kann sie solche Urteile zur Kenntnis nehmen, ohne sich beirren zu lassen?

Vielleicht denkt Clara manchmal an die Maximen ihres Vaters zurück: »Zur öffentlichen Darstellung gehört 1. Die höchste Frechheit und 2. Die höchste Eitelkeit.« Ja, der sonst so staubtrockene Wieck versteht sein Geschäft, und das hat er auch Clara vermittelt: Wer sich in der Öffentlichkeit behaupten will, braucht eine Mischung aus Chuzpe und Selbstsicherheit in musikalischen Fachfragen.

Er selber erläutert diese beiden Maximen folgendermaßen: »Unter ersterem verstehe ich das unbedingte, durch nichts zu erschütternde Vertrauen, dass alles gelingen müsste, und wenn etwas misslingen sollte, es für die Zuhörenden immer noch gut genug sei. – Unter dem zweiten verstehe ich das Bestreben, immer objektiv zu wirken und das eigene Verständnis zu äußerer Geltung zu bringen«.[29] Wer mit dieser Haltung aufwächst, entwickelt eine große Souveränität im Umgang mit Kritikern. Claras

Stärke hat daher wesentlich mit ihrer Erziehung zu tun, die gleichermaßen restriktiv wie aufbauend war, weil sie keine Genderstereotype gelten ließ. Sie ist eine Frau. Aber wenn es um ihren Beruf geht, ihre Kompetenz, steht sie über allen geschlechtlichen Zuordnungen.

Dies muss auch eine Musikerin feststellen, die sich am Hoch'schen Konservatorium um eine Dozentenstelle bewirbt. Normalerweise wäre das aussichtslos für eine Frau, doch sie rechnet sich Chancen aus, weil auch Clara eingestellt wurde. Dieses Argument pariert der Direktor mit dem Satz: »Mit Ausnahme von Madame Schumann ist und wird im Konservatorium keine Lehrerin angestellt. Madame Schumann kann ich eben wohl als Mann rechnen.«[30]

Eine Aussage, die Claras Selbstwahrnehmung entspricht. Die Zeiten, in denen sie von ihren Tätigkeiten als »Frauenzimmerarbeit« sprach, sind lange vorbei. Völlig selbstverständlich beansprucht sie einen Platz im Musikleben und erobert sich sogar eine neue Domäne: als Herausgeberin für den Verlag Breitkopf & Härtel. Die Voraussetzung dafür hat sie mit einer Edition von Scarlatti-Sonaten geschaffen. Auch bei einer Chopin- und einer Mendelssohn-Bartholdy-Edition wirkt sie mit. Vor allem aber sind ihre Bearbeitungen von Roberts Liedern für Klavier ein Beweis ihrer Fähigkeiten. Bereits 1873/74 erscheinen zunächst in Frankreich *30 Mélodies de Robert Schumann transcrites pour piano par Clara Schumann,* in denen sie die Singstimme in den Klaviersatz integriert. Dabei geht Clara sehr pragmatisch vor und achtet darauf, dass sowohl Roberts Intentionen als auch die spieltechnischen Fähigkeiten von Amateuren zu ihrem Recht kommen. 1886 erscheinen diese Transkriptionen beim Verlag Ries und Erler in Berlin.

Aufgrund dieser Veröffentlichungen traut Hermann Härtel ihr zu, Roberts Nachlassverwalterin zu werden. Die Aufgabe, die sich ihr stellt, ist gewaltig. Zum einen gibt sie zwischen 1879 und

1887 Roberts Gesamtwerk heraus, ergänzt um ein Supplement im Jahr 1893, zum anderen veröffentlicht sie seine Kompositionen für Klavier in Bearbeitungen, für die sie Fingersätze, Pedalhinweise, Phrasierungen, Metronomangaben und Vortragsbezeichnungen einfügt. Hier kann sie ihre volle Kompetenz ausspielen, authentische Fassungen zu erarbeiten, weil niemand besser als sie weiß, wie Robert seine Kompositionen hören wollte.

Zuweilen stößt sie aber auch an Grenzen, wenn es um die Verkäuflichkeit geht. Probleme gibt es etwa mit dem Orchesterwerk *Ouvertüre, Scherzo und Finale.* »Bedeutend und beschwerend für uns ist es, dass das Publikum – wir meinen unser Publikum, d. h. das kaufende – uns gar so sehr dabei im Stich lässt«, entschuldigt sich Härtel. »Wir Verleger hängen doch nun mal von denen ab, welche Musik – sie mögen sie verstehen und zu schätzen wissen – bezahlen.«[31]

Ein ganz anderes Problem stellt sich Clara, als sie für die große Werkausgabe neben versierten Freunden wie Joseph Joachim, Hermann Levi und Julius Otto Grimm auch Johannes Brahms als Berater hinzuzieht. Die editorische Arbeit erfordert nicht nur Entscheidungen darüber, welche bereits erschienenen Druckfassungen – oder eventuell das Autograf – Grundlage der Ausgabe sein sollen, sie umfasst auch die Auswahl. Hier ist Clara ängstlich darauf bedacht, Roberts späte Kompositionen zurückzuhalten. Sie fürchtet, die künstlerische Qualität reiche nicht aus, um in das Gesamtkonvolut aufgenommen zu werden; noch mehr aber fürchtet sie, es könnten Diskussionen über den geistigen Zustand aufkommen, in dem Robert die Werke geschrieben hat.

Johannes hingegen plädiert für musikhistorische Redlichkeit; er will keine Zensur und ist der Auffassung, man solle sämtliche Kompositionen Roberts der Öffentlichkeit zugänglich machen. In den Jahren 1891 und 1892 eskaliert der Streit darüber, und die Freundschaft der beiden droht zu zerbrechen. Schließlich einigt man sich auf einen Kompromiss: Für die Publikation eines Ergänzungsbands überlässt Clara Johannes vier späte Werke – das *Violinkonzert*, die *Violinsonate a-Moll*, Roberts Beiträge zur *F.-A.-E.-Sonate* sowie seine Klavierbegleitung zu den Paganini-*Capricen*, die er in Endenich geschrieben hat.

Nur Roberts im kritischen Jahr 1853 komponierte *Romanzen* für Violoncello hält sie zurück. Und da sie auch über ihren Tod hinaus die Kontrolle behalten möchte, vernichtet sie die Notenblätter kurzerhand. Ein Jahr nach dem Disput gehen sie in Flammen auf und sind für immer verloren. In dieser Hinsicht ist Clara kompromisslos – eine Künstlerin, die auf ihrer Interpretationshoheit besteht, und eine Frau, die sich keineswegs bemüßigt fühlt, aufgrund ihres Geschlechts klein beizugeben.

Im Mai 1885 beginnt Clara, eine Briefedition vorzubereiten, mit der sie Robert und sich selbst ein Denkmal setzen will. Bei der Auswahl achtet sie darauf, das Bild zu wahren, das sie in der Öffentlichkeit verbreitet wissen will. Nach eigenem Gutdünken kürzt sie deshalb manches und lässt einige Briefe ganz beiseite, die nicht in dieses Bild passen. Weiterhin betreibt sie Legendenbildung, mit den besten Absichten, aber eben auch mit eisernem Zugriff auf das Material. Im selben Jahr erscheinen *Jugendbriefe von Robert Schumann. Nach den Originalen mitgeteilt* bei Breitkopf & Härtel und sind so erfolgreich, dass mehrere Auflagen nachgedruckt werden müssen. Auch Auszüge aus den Brautbriefen hat Clara darin aufgenommen, natürlich nur solche, die nichts über die erbitterten Kämpfe der beiden Verlobten verraten.

Nach wie vor ängstigt sie die Vorstellung, die mit Scham behaftete geistige Umnachtung Roberts könnte zu Diskussionen über seine künstlerische Produktion führen. Zu ihrer Zeit betrachtete man psychische Erkrankungen noch unter dem Aspekt der Schuldfrage: Waren es alkoholische Exzesse, die zum geistigen Verfall führten? Oder doch die Syphilis?

Eine harsche Abfuhr erteilt sie daher dem Kritiker und Musiktheoretiker Eduard Hanslick, der eine Publikation über Roberts Zeit in Endenich plant. Dafür möchte er Briefe aus dieser Phase sichten, ein Ansinnen, das Clara geradezu empört zurückweist. Das große Publikum wisse ja nicht einmal, was für ein Mensch ihr verstorbener Mann im gesunden Zustand gewesen sei, erregt sie sich, warum ihn also als geistig Verwirrten in die Öffentlichkeit zerren? Allenfalls ein medizinisches Interesse rechtfertige die Publikation der Briefe, während die Masse doch nur an Pikanterien interessiert sei.

Clara weiß, was sie tut. Die Mechanismen der öffentlichen Wahrnehmung waren ihr von jeher vertraut, jetzt geht es um den Nachruhm. Umsichtig und selbstbewusst verfolgt sie das Ziel, gemeinsam mit Robert späteren Generationen so in Erinnerung zu bleiben, wie sie es für richtig und vorteilhaft hält.

Umso größer ist ihre Erbitterung, als Johannes eine Eigenmächtigkeit begeht: In einer Musikzeitschrift kündigt er an, Roberts 1841 in Leipzig durchgefallene *Zweite Sinfonie* zu veröffentlichen. Inzwischen wird sie als *Vierte* gezählt und in Roberts Neuinstrumentierung von 1853 aufgeführt. Clara hatte Johannes zwar das Autograf von 1841 geschenkt, dennoch verteidigt sie ihr Revier in aller Schärfe. »Mein erstes Gefühl, als ich die Annonce las, war das der Ungerechtigkeit gegen mich«, schäumt sie. »Äußerte ich einmal gesprächsweise zu Dir, dass ich gegen eine Veröffentlichung der Bearbeitung nichts haben würde, so berechtigt das noch lange niemanden zu der Herausgabe.«[32]

Da kann Johannes noch so sehr Abbitte leisten, er betrachte die frühe Fassung als Schumann-Reliquie, und auch die Tantiemen, die ihm zufielen, seien nicht der Rede wert, dieser Vorfall führt zu einer deutlichen Abkühlung der Freundschaft. Für Clara zählen keine Sentimentalitäten, wenn es um ihre Deutungsmacht geht. Anders Johannes, der ihr sichtlich verletzt schreibt: »Man kann und soll auch nicht den Künstler vom Menschen trennen. In mir ist nun einmal der Künstler nicht so empfindlich und nicht so anspruchsvoll als der Mensch.«[33]

Auf solche Befindlichkeiten kann Clara keine Rücksicht nehmen. Aus ihrer Perspektive ist das auch absolut gerechtfertigt. Ohne ihre Entschlossenheit, die Hoheit sowohl über Roberts Image als auch über ihr eigenes zu behalten, hätte sie es niemals so weit gebracht. Zu ihrer Zeit wird das als »männliches« Verhalten bewertet. Heute würden wir sagen: Clara hat den Erfolgsfaktor Markenführung verstanden.

KAPITEL 12

VERMÄCHTNIS

Was bleibt.
Lebensleistung als
geschlechtsunabhängige
Qualität

Wenn man versucht, das Lebenswerk einer Künstlerin zu würdigen, entsteht unweigerlich ein Zwiespalt: Soll man aufzählen, was sie *trotz* ihres Frauseins geleistet hat? Oder ginge es nicht eher darum, im Sinne der Gendergerechtigkeit davon abzusehen, *dass* sie eine Frau ist? Bei Clara liegt die Wahrheit nicht etwa in der Mitte, sie erschließt sich erst durch diese Polarität.

Dass sie eine Pionierin sein will, ist wenig wahrscheinlich. Clara kämpft einfach für das, was ihr am wichtigsten ist: Konzerte geben und der Welt ihre Auffassung qualitativ hochwertiger Musik nahebringen. Sie brennt für ihre Berufung. So gelingt ihr, was sogar den meisten ihrer männlichen Kollegen verwehrt bleibt: eine außergewöhnlich erfolgreiche und beeindruckend langlebige Karriere als Pianistin. Erst am 12. März 1891, mit zweiundsiebzig Jahren, gibt sie ihr letztes Konzert.

Dennoch wird Clara als Pionierin verstanden – aus diesem Grund bewirbt sich die erwähnte Musikerin am Hoch'schen Konservatorium. Dass sie abgewiesen wird, könnte man als Niederlage im Sinne der Frauenemanzipation bewerten; zugleich verbergen sich zwei positive Aspekte in der Episode. Sie belegt einerseits, dass Clara von Frauen als Vorbild wahrgenommen wird. Sichtbarkeit ist ein Schlüssel für die Verbreitung emanzipatorischer Ideen, da sie die Vorstellungskraft befeuert, was möglich sein könnte. Oder, um mit Musil zu sprechen: Sichtbarkeit weckt den Möglichkeitssinn. Frauen, die andere Frauen dort erleben, wo sie vorher angeblich nichts zu suchen hatten, können zumindest die Vision entwickeln, dass nichts so bleiben muss, wie es war.

Die jüngere Geschichte kennt viele solcher Schlüsselmomente: die erste Nobelpreisträgerin – Marie Curie; die erste Rednerin im deutschen Parlament – Marie Juchacz; die erste deutsche Professorin – Margarete von Wrangell; die erste Marathonläuferin der Welt – Kathrine Switzer; die erste gewählte Präsidentin der Welt – Vigdís Finnbogadóttir; natürlich auch die erste deutsche Kanzlerin. Was diesen Frauen Vorbildcharakter verleiht, ist neben ihren faktischen Leistungen die Sichtbarkeit ihrer Errungenschaften. So verankert sich die Vorstellung, dass derartige Karrieren möglich sind, und ob sie wollen oder nicht, werden die betreffenden Frauen als Pionierinnen wahrgenommen.

Auch Clara ist sehr sichtbar. Manche Zuhörerin ihrer Konzerte wird sich gefragt haben, wie sie es als Frau geschafft hat, über die gesellschaftlichen Zwänge hinauszuwachsen und als reisende Virtuosin zu reüssieren. Mit welchen Opfern solch eine Biografie erkauft ist, bleibt dagegen unsichtbar – in Claras Fall das Leid der Kinder, der Verzicht auf einen festen Partner, die dauerhafte Erschöpfung und das Gefühl der Entwurzelung, das in vielen ihrer Briefe zum Ausdruck kommt.

Der zweite Aspekt der Episode betrifft die Argumentation des Direktors Raff. Seine Abfuhr mag ignorant klingen, legt aber einen Kernpunkt frei, der in unserer Gegenwart wichtiger ist denn je: Wenn eine Frau durch Leistung überzeugt, spielt keine Rolle mehr, ob sie eine Frau ist. Auch Clara sieht das so, nachdem sie die Bevormundungsversuche ihres Mannes überwunden hat. Der Weg zu dieser Haltung war allerdings steinig und die Unterstützung durch männliche Kollegen essenziell. Sie bewegt sich zwar durchaus in bürgerlichen Kreisen mit allen dazugehörigen Rollenerwartungen, genießt jedoch bei ihren Künstlerfreunden uneingeschränkte Anerkennung. Weder ein Joseph Joachim noch ein Julius Stockhausen wären so häufig mit ihr aufgetreten, wenn sie nicht vollkommen von Claras pianistischen Fähigkeiten überzeugt gewesen wären. Privat ist Clara eine Frau; auf der Bühne aber ist ihr Frausein nur fürs Publikum interessant, weil es den Reiz des Ungewöhnlichen wittert.

Bei Brahms klingt Ähnliches an. Als er Clara davon abrät, an einem Gedenkkonzert für Robert teilzunehmen, das ausgerechnet Liszt und Wagner organisieren, weist er ihren Einwand zurück, sie sei ja eine Frau und zu diplomatischem Verhalten verpflichtet. »Dass Sie Dame sind, finde ich, hat damit gar nichts zu schaffen«, hält er ihr entgegen. »Übrigens sind Sie in der Kunst jedenfalls ›Manns genug‹.«[1] Clara hat es sich zu Herzen genommen. So sehr, dass sich die beiden später über die Veröffentlichung von Roberts *Vierter Sinfonie* entzweien.

So sind es Claras Künstlerfreunde, die wesentlichen Anteil daran haben, dass sie immer wieder an ein geschlechtsneutrales Künstlertum erinnert wird – auf der Bühne zählt nur Qualität. In diesen Kontext gehört auch Mendelssohn Bartholdys Ermutigung während der Frühphase ihrer Ehe, sie solle wieder im Gewandhaus auftreten. Man kann es Coaching nennen oder Mentoring, entscheidend ist, dass er sie nicht auf die Klavier spielende Hausfrau reduziert.

Wie genau sie die Bedingungen ihrer Befreiung aus konventionellen Lebensentwürfen reflektiert, zeigt sich bei der Erziehung ihrer Töchter. Clara legt großen Wert darauf, dass sie einen Beruf erlernen, mit dem sie sich prinzipiell selbst ernähren können: Alle werden pianistisch ausgebildet, um als Klavierlehrerinnen zu arbeiten. So formt sich die Quintessenz, die sie ihren eigenen Erfahrungen entnimmt, aus drei Bausteinen: gute Ausbildung, finanzielle Unabhängigkeit, eiserne Konsequenz im Verfolgen der gesetzten Ziele.

Diese gelebte Conclusio macht Clara so modern, obwohl sie sich selbst nicht so bezeichnet hätte. Eine Rebellion hatte sie nie im Sinn. Nur ein Leben in der Musik. Und das war eben nur möglich, wenn sie das gesellschaftliche Idealbild der dienenden Frau hinter sich ließ: in ihrer Ehe als reisende Pianistin, nach ihrer Ehe als eigenständige Frau, die sich von männlichen Vorbehalten ein für alle Mal befreit.

Unabhängig von ihrem Frausein zeigt Claras Werdegang darüber hinaus, welche begleitenden Faktoren – neben fachlicher Kompetenz – zum Erfolg führen. Dazu gehört wesentlich, dass sie schon in jungen Jahren eine Meisterin des Networking ist. So ist es eine Win-win-Situation, als sie mit Hermann Härtel vereinbart, bevorzugt auf den Flügeln seiner Manufaktur zu spielen. Als berühmte Künstlerin ist sie gewissermaßen eine Influencerin, bei der man darauf achtet, welches Instrument sie bevorzugt. Härtel ist auch ihr Verleger, und so entsteht eine fruchtbare Zusammenarbeit: Clara lässt sich seine Flügel für Konzerte bereitstellen, und wenn sie eigene Kompositionen oder Werke von Robert spielt, hat das wiederum eine positive Rückwirkung auf den Verkauf der Noten.

Ihre Zusammenarbeit mit Härtel belegt sehr anschaulich, wie Clara Synergien herstellt. Nicht zuletzt, als sie sich in Frankfurt entschließt, das Gesamtwerk ihres Mannes herauszugeben, wird die innige Verknüpfung noch einmal offenbar: Auf den Titelblättern der bei Breitkopf & Härtel erscheinenden Ausgaben ist Rietschels Doppelportrait abgedruckt, das auf Initiative Härtels entstand.

Ein besonderer Aspekt der Vernetzung ist Claras Zusammenarbeit mit anderen Musikern. An erster Stelle steht hier der Geiger und Komponist Joseph Joachim, mit dem sie regelmäßig auftritt und auch intensiv korrespondiert. Fast tausend Briefe schreibt sie ihm in vier Jahrzehnten. Darin geht es über die Organisation von Konzerten hinaus auch um aktuelle Entwicklungen des Musikbetriebs und die Diskussion neu erschienener Werke. »Welch ein begeisterter Schluss – ich meine, der müsste gleich zünden«, schreibt sie über den Finalsatz von Johannes' *Klavierkonzert Nr. 1 d-Moll op. 15*. »Nur eine flaue Stelle ist darin, die in F-Dur nach dem fugierten Satz – finden Sie das nicht auch? Die muss er noch ändern.«[2]

Solche Diskurse werden musizierend fortgesetzt. Zu zweit oder im erweiterten privaten Kreis erproben sie neue Werke und wägen ab, ob sie sich für Konzertabende eignen. Dieser offene Austausch, in dem Lob wie Kritik ihren Platz haben, ist heute aktueller denn je, wenn es um den Aufbau einer Karriere geht. Nur zu oft wird beklagt, Männer verfügten über glänzend funktionierende Netzwerke, während Frauen in dieser Hinsicht Nachholbedarf hätten. Anhand von Claras Biografie lässt sich lernen, dass genderspezifische Netzwerke nicht per se sinnvoll sein müssen. Weit zielführender erscheint es, den Kontakt mit Menschen zu suchen, die unabhängig vom Geschlecht ähnliche Kompetenzen und ähnliche Werte vertreten. Clara unterscheidet in musikalischen Fragen nie zwischen Frauen und Männern. Sie unterhält Freundschaften mit Künstlern, die Synergien versprechen, seien es nun Pauline Viardot oder Joseph Joachim. In dieser Hinsicht ist sie ein Vorbild nicht nur für Frauen, weil sie veraltete Genderkategorien in allen beruflichen Belangen hinter sich lässt.

Ein weiterer Aspekt ihres Vernetzungstalents ist das Mentoring. Oft setzt sie sich bei Konzertveranstaltern für befreundete Musiker ein und versucht, Verleger für aufstrebende Talente zu finden. Härtel empfiehlt sie beispielsweise Werke von Johannes, als dieser noch relativ unbekannt ist, und verhilft ihm zu größerer Bekanntheit, indem sie seine Werke in ihr Repertoire aufnimmt. Auch am Hoch'schen Konservatorium wirkt sie als Mentorin. Auf Dauer kann Direktor Raff seine Ablehnung von Frauen nicht durchhalten: Zunächst werden Marie und Eugenie offiziell als Klavierdozentinnen angestellt, auf Claras Vermittlung 1884 auch die Sängerin und Gesangspädagogin Louise Viardot, eine Tochter Pauline Viardots.

All diese Aktivitäten überwinden weibliche Rollenbilder zugunsten konsequenter Professionalisierung. Deshalb kann Clara einige Errungenschaften verzeichnen, die völlig geschlechtsunabhängig als Lebensleistung zu bewerten sind. Einen großen Einfluss hat sie beispielsweise auf den Klavierbau ihrer Zeit. Im Sommer 1838 erhält sie den ersehnten Flügel des Wiener Klavierbauers Conrad Graf; auch Chopin, Liszt und Marie Moke-Pleyel bevorzugen die Hammerflügel von Graf, weil sie einen neuartigen »romantischen« Klang haben, weicher als die herkömmlichen Instrumente. Anlässlich des Gerichtsprozesses zwei Jahre später wird sich Claras Vater weigern, das Instrument herauszugeben, woraufhin Robert ihr einen Flügel von Breitkopf & Härtel zur Hochzeit schenkt.

Als Tochter eines Klavierhändlers und durch ihre langjährigen Erfahrungen mit Flügeln aller Art kennt sich Clara bestens im Klavierbau aus. Sie korrespondiert mit Fabrikanten wie Erard und Härtel über die neuesten Entwicklungen und äußert auch Wünsche, was Anschlag und Klang betrifft. Ab den 1870er Jahren sind Flügel von Grotrian-Steinweg ihr Favorit.

Eine der interessantesten Facetten von Claras Wirken reicht bis in die Gegenwart hinein: Was wir heute als gängige Programmdramaturgie betrachten, geht auf ihre Innovationen zurück. Zu Claras Zeit sind Konzerte zumeist bunte Potpourris aus Instrumentalstücken, Gesangsdarbietungen und orchestralen Werken. Mit ihren »Schumann Nights« führt sie eine Verschlankung der Programmstruktur ein und achtet auf einen inneren Zusammenhang der einzelnen Werke. Wie bei einem Mosaik setzt sie einzelne Kompositionen zu einem Gesamtbild zusammen: Clara komponiert ihre Abende.

Das betrifft insbesondere die Reihenfolge. Durch ihre Auftrittserfahrungen weiß sie, dass das Publikum zu Anfang am aufnahmefähigsten ist. Daher setzt sie anspruchsvollere Stücke an den Beginn, oft Neues, Unbekanntes. Erst nach der Pause folgt dann

Bewährtes, bei dem sich das Publikum zurücklehnen kann. Wenn wir also heute Programmzettel lesen, auf denen zunächst ein zeitgenössisches Werk steht, dann vielleicht etwas Impressionistisches und nach der Pause ein Mozart, Beethoven oder Schumann, haben wir das Clara zu verdanken.

Auch geht sie dazu über, nicht nur einzelne Sätze von Klavierwerken zu spielen, sondern sie in Gänze aufzuführen. Einen ersten Impuls zu dieser Neuerung erhält sie von Felix Mendelssohn Bartholdy. Im September 1838 dirigiert er im Leipziger Gewandhaus ein Konzert, in dem sie unter anderem Chopins *Klavierkonzert Nr. 1 e-Moll* spielt, allerdings nur den Kopfsatz. Danach erhält sie einen Brief von Mendelssohn. Er macht dem »hochgeehrten Fräulein« zunächst das Kompliment, ihr Spiel habe ihn derart beeindruckt, dass er sie gern für zwei weitere Konzerte im Dezember engagieren möchte. »Aber freilich dürften wir darum nicht eins Ihrer Stücke verlieren?«, merkt er feinsinnig an.[3] Also spielt sie in den folgenden Konzerten auch den zweiten und dritten Satz.

Diese Erfahrung ermutigt sie, das Medley populärer Einzelsätze immer häufiger mit dem nicht ganz risikolosen Konzept zu vertauschen, Klavierzyklen, Sonaten und Klavierkonzerte vollständig zu spielen. Für das damalige Publikum ist das ein absolutes Novum. Es hat sich daran gewöhnt, dass sich Pianisten nur die vertrauten Rosinen herauspicken, etwa den berühmten ersten Satz aus Beethovens cis-Moll-Sonate, *Mondscheinsonate* genannt. Stattdessen würdigt Clara seine Sonaten zunehmend als Ganzes, wodurch die innere Dramaturgie der Satzabfolge offenbar wird, wie vom Komponisten beabsichtigt.

Claras Beethoven-Interpretationen werden legendär, ihre Kompositionen geraten in Vergessenheit. Anders als von ihr befürchtet, wird ihr Werk jedoch allmählich wiederentdeckt, wenn auch mit knapp zweihundert Jahren Verspätung und bislang eher zaghaft. Anlässlich der großen Jubiläen ihres Geburtstages und

Todestages erklingen mittlerweile viele ihrer Kompositionen im Konzertsaal. Auch neue Netzwerke von Musikerinnen, Komponistinnen und Musikwissenschaftlerinnen versuchen, ihren Rang als Komponistin ins richtige Licht zu rücken, mit Symposien, Forschungsprojekten und Aufführungen.

In den Kanon der Mainstream-Konzertkultur hat es Clara dennoch nicht geschafft. Einer der Gründe ist sicherlich darin zu suchen, dass es nach wie vor als Exotismus wahrgenommen wird, wenn das Werk einer Frau auf dem Spielplan steht. Eine gemeinsame Studie des Archivs Frau und Musik und der musica femina münchen bezifferte den Anteil von Komponistinnen an den Aufführungen deutscher Berufsorchester auf den Wert von 1,9 Prozent für die Saison 2019/2020. Über fünfzig Prozent der Orchester hatten in diesem Zeitraum gar kein Werk einer Komponistin im Programm.[4]

Wenig hilfreich ist es da, wenn sogar ein Biograf meint, urteilen zu müssen, Klavierkonzerte von Ignaz Moscheles und Ferdinand Hiller oder die Kammermusik Fanny Hensels seien »hörenswerter« als Claras Kompositionen. Im Übrigen habe selbst ihr guter Freund Joseph Joachim für sein Hauptinstrument mit Orchester mehr Konzerte »zustande gebracht« als sie.[5] Allein die Wortwahl verrät das Ressentiment. Solche herablassenden Kommentare tragen dazu bei, dass Clara immer noch zu Unrecht in die Nische der unbedeutenden Gelegenheitskomponistinnen verbannt wird. Man kann nur hoffen, dass Konzertveranstalter derartige Vorurteile geflissentlich überhören und sich ein eigenes Urteil bilden.

Ohnehin ist ein Perspektivwechsel nötig, um Claras Lebensleistung zu würdigen. Dass sie bereits als junges Mädchen, dann als Ehefrau und schließlich als alleinerziehende Mutter von sieben Kindern eine beispiellose Karriere verzeichnen kann, könnte erstaunlich genug sein. Doch zum Kern ihrer Leistung dringt man erst durch die »Verlagerung des Blicks von einer ›Werkgeschichte‹

auf eine Geschichte kulturellen Handelns« vor, wie sie unlängst in Bezug auf die Pianistinnen Marie Wieck und Sophie Menter vorgeschlagen wurde.[6]

Bei Clara Schumann ist dieser veränderte Blick überfällig. Unabhängig von der Tatsache, dass sie eine Frau war, gelang es ihr, ein Stück Kulturgeschichte zu schreiben, indem sie dem Musikerberuf viele neue Facetten hinzufügte und ihn damit aufwertete: als Pianistin, Komponistin und Herausgeberin, als Managerin, Konzertveranstalterin und Programmgestalterin, als Klavierpädagogin, Mentorin und Netzwerkerin.

Am Anfang stand die Selbstermächtigung eines rebellierenden Wunderkinds. Am Ende ihres Lebens konnte Clara auf eine Laufbahn zurückblicken, in der sie ihre Handlungsspielräume entscheidend erweitert hatte. Mit ihr wurde die Idee geboren, dass man sich als Künstler in vieler Hinsicht professionalisieren kann, auch in Bereichen, die nicht auf den ersten Blick mit diesem Beruf assoziiert werden. Vom Marketing durch klug inszenierte Portraits bis hin zum gesteuerten Nachruhm nahm sie alles selbst in die Hand. Das macht sie so einzigartig und verleiht ihr auch noch im einundzwanzigsten Jahrhundert unverminderte Strahlkraft.

Was wir heute von Clara Schumann lernen können, ist ihre konsequent verwirklichte Autonomie. Sie einfach nur als »starke Frau« zu bezeichnen, würde zu kurz greifen. Vielmehr setzte sie alles daran, eine größtmögliche Unabhängigkeit zu erlangen und das Erreichte durch die größtmögliche Kontrolle über ihr öffentliches Bild zu zementieren. Diese Strategie macht sie so ungemein modern und zu einer wahren Selfmadewoman: Sie verließ sich nicht auf vorhandene Strukturen, sondern erschuf sich neue, vorteilhaftere Subsysteme für ihre beruflichen Aktivitäten. Wenn man nach Vorbildern sucht, wie sich Autonomiebestrebungen selbst unter widrigsten Bedingungen realisieren lassen, findet man in Clara Schumann ein sinnfälliges Beispiel dafür.

Aus einer Künstlerin unter vielen, die im Laufe der Zeit leicht in der Bedeutungslosigkeit hätte verschwinden können, entwickelte sie sich zu einer wirkmächtigen Akteurin des Musikbetriebs, die sich immer neue Spielräume eroberte. Sie war eine Visionärin. Das befähigte sie, die Welt, und nicht nur die Welt der Musik, zu verändern, getreu ihrem Credo: »Das Echte allein behält über alles sein Recht, und die Zukunft wird uns dies lehren, eigentlich schon die Gegenwart, wenn auch nicht in der Allgemeinheit.«[7]

ANHANG

Zeittafel

1819
Geburt in Leipzig

1824
Trennung der Eltern, im September Beginn des klavierpädagogischen Programms

1828
Debüt als Pianistin im Leipziger Gewandhaus; immer häufigere Auftritte in privaten und semiprivaten Zirkeln; Beginn der Arbeit als Komponistin

1830
Robert zieht als Klavierschüler bei den Wiecks ein (und beendet den Unterricht ein Jahr darauf)

1831
Clara spielt Goethe in Weimar vor; Tournee durch weitere deutsche Städte

1832
Konzertreise mit Friedrich Wieck nach Paris

1833
Beginn eines intensiven Briefwechsels von Clara und Robert

1834

Robert verlobt sich mit Ernestine von Fricken (und löst die Verlobung 1835)

1835

Clara und Robert küssen sich zum ersten Mal

1836

Friedrich Wieck entdeckt die heimliche Liaison von Clara und Robert; eineinhalbjährige Trennung

1837

Friedrich Wieck weist Roberts Heiratsantrag zurück; Konzertreise von Clara und ihrem Vater nach Wien

1838

Triumphe in Wien; Ernennung zur k. u. k. Kammervirtuosin

1839

Clara reist ohne den Vater nach Paris; Beginn des Heiratsprozesses gegen Friedrich Wieck

1840

Heirat mit Robert

1841

Erster öffentlicher Auftritt als Clara Schumann; Geburt der Tochter Marie

1842
Erste Tournee als verheiratete Frau, zunächst in Roberts Begleitung durch Norddeutschland, anschließend Weiterreise ohne Robert nach Kopenhagen

1843
Geburt der Tochter Elise

1844
Tournee nach Russland in Begleitung von Robert; Umzug nach Dresden

1845
Geburt der Tochter Julie

1846
Geburt des Sohns Emil; Konzertreise nach Wien in Begleitung von Robert

1847
Nach der Rückkehr aus Wien stirbt Emil

1848
Geburt des Sohns Ludwig

1849
Geburt des Sohns Ferdinand

1850
Umzug nach Düsseldorf, wo Robert das Amt des Städtischen Musikdirektors übernimmt

1851
Geburt der Tochter Eugenie; Unstimmigkeiten wegen Roberts Amtsführung

1853
Beginn der Freundschaft mit Johannes Brahms; Tournee nach Holland in Begleitung von Robert

1854
Selbstmordversuch Roberts und Einlieferung in die Heilanstalt Endenich; Brahms zieht bei Clara ein; Geburt des Sohns Felix; Clara geht wieder auf Tournee

1855
Konzertreisen nach Holland und Pommern

1856
Konzertreisen nach Wien und erstmals nach London; Tod Roberts; Trennung von Brahms

1857
Umzug nach Berlin

1862
Kauf eines Hauses in Lichtenthal bei Baden-Baden

1863
Übersiedelung nach Lichtenthal, wo die Familie in den Sommermonaten wohnt; Beziehung zu Theodor Kirchner

1864
Tournee durch Russland

1865
Der lang ersehnte Durchbruch in London

1870
Ludwig wird in Schloss Colditz eingeliefert

1872
Claras Tochter Julie stirbt

1873
Clara übersiedelt mit Marie und Eugenie nach Berlin

1874
Beginn einer fast zweijährigen Konzertpause wegen starker Schmerzen in Händen und Armen

1878
Antritt einer Lehrstelle am Hoch'schen Konservatorium, Umzug nach Frankfurt; Feier des 50-jährigen Bühnenjubiläums; Verleihung der Goldenen Medaille für Kunst durch den König von Bayern

1879
Claras Sohn Felix stirbt; Beginn der Herausgeberschaft von Roberts Werken

1881
Würdigung als Ehrenmitglied der Londoner Royal Academy of Music

1886
Clara gibt die Jugendbriefe Roberts heraus; Beginn der Arbeit an einer instruktiven Ausgabe seines Klavierwerks

1889
Anlässlich des 70. Geburtstags Verleihung der Großen Medaille für Kunst durch Kaiser Wilhelm II.

1891
Letzter Auftritt als Konzertpianistin; Tod des Sohns Ferdinand

1892
Beendigung der Lehrtätigkeit wegen gesundheitlicher Probleme

1895
Letzte Begegnung mit Brahms

1896
Clara stirbt in Frankfurt nach einem Schlaganfall

Danksagung

Die Arbeit an diesem Buch hat mich mehrere Jahre lang in Atem gehalten. Es war eine intensive Auseinandersetzung mit der Persönlichkeit Clara Schumanns, und es ist mir ein Bedürfnis, mich bei jenen Menschen zu bedanken, die mich bei dieser Arbeit begleitet und unterstützt haben.

Viele wichtige Impulse verdanke ich Franziska Günther von der Agentur Graf & Graf. Insbesondere wies sie mich auf die Anknüpfungspunkte für Leserinnen und Leser des einundzwanzigsten Jahrhunderts hin, was mich darin bestärkt hat, Clara Schumanns Leben nicht nur nachzuzeichnen, sondern auch aus der heutigen Perspektive zu betrachten. Ein besonderer Dank gilt Jens Dehning vom Siedler Verlag. Von Anfang an glaubte er an das Projekt und ermutigte mich, mein Konzept in aller Konsequenz zu verfolgen. Für mich als Autorin ist dieser Rückhalt unverzichtbar, und ich bin glücklich, bei diesem Verlag ein Zuhause gefunden zu haben. Großer Dank gebührt auch meiner Lektorin Tonia Kempe. Hochprofessionell und kenntnisreich war sie in inhaltlichen und stilistischen Fragen stets an meiner Seite und erwies sich auch als kompetente Krisenmanagerin, als es auf die Manuskriptabgabe zuging, also die äußerst heikle Phase des Loslassens.

Diese Danksagung wäre nicht vollständig, ohne meine Familie und meine Freunde zu erwähnen. Sie mussten oft auf mich verzichten, waren aber immer für mich da: allen voran mein Sohn Florian, der inspirierendste Gesprächspartner und beste Coach, den ich mir vorstellen kann. Schreiben ist ein einsames Geschäft. Umso beglückender ist das Gefühl, auch am Schreibtisch die Verbindung mit jenen zu spüren, die mir lieb und teuer sind.

Anmerkungen

PRÄLUDIUM

1 ETB, S. 21.
2 ETB, S. 15.
3 CS RS BW Bd. 1, S. 42.
4 ETB, S. 43.
5 Zit. n. Litz Bd. 3, S. 198.
6 RS TB Bd. 1, S. 11.
7 ETB, S. 8.
8 Knechtges-Obrecht, Irmgard: Clara Schumann. Ein Leben für Musik. Darmstadt 2019. S. 69.
9 HO, S. 8.
10 Ebd.
11 Kühn, S. 333 f.
12 Kühn, S. 278.
13 Bl, S. 191.
14 ETB, S. 37.

KAPITEL 1 STRESSTEST

1 JTB, S. 69.
2 JTB, S. 67.
3 RS TB Bd. 1, S. 333.
4 JTB, S. 68.
5 JTB, S.70.
6 Zit. n. MW, S. 8.
7 MW, S. 7.
8 JTB, S. 72.
9 EW, S. 25.
10 JTB, S. 36 f.
11 CS RS BW Bd. 2, S. 575.
12 CS RS BW Bd. 2, S. 575.
13 JTB, S. 40.
14 JTB, S. 41.

15 JTB, S. 42.
16 Ebd.
17 JTB, S. 48.
18 JTB, S. 48.
19 On Tour, S. 13.
20 Ebd.
21 B1, S. 52.
22 Zit. n. Kühn, S. 76.
23 Zit. n. Kühn, S. 76.
24 CS RS BW Bd. 1, S. 116.
25 B1, S. 90.
26 B2, S. 138.

KAPITEL 2 VERDRÄNGTES

1 Zit. n. Kühn, S. 48.
2 CS RS BW Bd. 1, S. 3.
3 RS TB Bd. 1, S. 339.
4 RS TB Bd. 1, S. 345.
5 CS RS BW Bd. 1, S. 7.
6 CS RS BW Bd. 1, S. 8.
7 JTB, S. 59.
8 B1, S. 52.
9 Zur Frage, welchen Finger er speziell kräftigen wollte: »Die Schwachheit des Dritten [Fingers] fängt an zu vergehen«, RS TB Bd. 1, S. 386, und: »Mit dem dritten [Finger] geht's durch die Cigarrenmechanik leidlich. Der Anschlag ist unabhängig jetzt«, ebd., S. 386, einige Zeit später dann: »Der Dritte [Finger] ist vollkommen steif.« Ebd., S. 410.
10 RS GS Bd. 1, S. 1.
11 JTB, S. 64.
12 CS RS BW Bd. 1, S. 13.
13 Zit. n. Litz Bd. 1, S. 53.
14 CS RS BW Bd. 1, S. 8.
15 Ebd. S. 7.
16 CS RS BW Bd. 1, S. 16.
17 Ebd. S. 11.
18 Ebd. S. 12.

19 CS RS BW Bd. 1, S. 8, 9 und 11.
20 CS RS BW Bd. 1, S. 13; die Gedankenstriche stehen für Absätze im Original.
21 CS RS BW Bd. 1, S. 3.
22 CS RS BW Bd. 1, S. 93.
23 RS TB Bd. 1, S. 396.
24 Ebd. S. 68.
25 Ebd. S. 330.
26 Ebd. S. 330.
27 Ebd. S. 333.
28 Ebd. S. 398.
29 Ebd. S. 412.
30 Ebd. S. 111.
31 Ebd. S. 223 ff.
32 Ebd. S. 314.
33 CS RS BW Bd. 1, S. 12.
34 Ebd. S. 14.
35 CS RS BW Bd. 1, S. 35.
36 CS RS BW Bd. 1, S. 34.
37 RS TB Bd. 1, S. 419.
38 Ebd.
39 RS TB Bd. 1, S. 420.
40 CS RS BW Bd. 1, S. 15.
41 ETB, S. 23.
42 CS RS BW Bd. 1, S. 96.
43 Zit. n. EW, S. 66.

KAPITEL 3 DRAMA

1 JTB, S. 271.
2 AMZ Nr. 41, 1839.
3 JTB, S. 229.
4 Bl, S. 83.
5 EW, S. 94 f.
6 Zit. n. Bl, S. 93.
7 CS RS BW Bd. 1, S. 83.
8 Olivier, Antje: Mendelssohns Schwester. Fanny Hensel. Musikerin, Komponistin, Dirigentin. Düsseldorf 1997. S. 28.

9 Olivier, S. 62.
10 Zit. n. Runge-Woll, S. 16.
11 RS TB Bd. 1, S. 101.
12 Ebd. S. 354.
13 CS RS BW Bd. 1, S. 305.
14 RS TB Bd. 1, S. 421.
15 JTB, S. 212 f.
16 Zit. n. Litz Bd. 1, S. 104.
17 Ebd.
18 RS GS Bd. 1, S. 245.
19 Siehe u. a. Dagmar von Gerstorff, Goethes Enkel, Frankfurt a. M. 2008.
20 Zit. n. Schumann-Portal, www.schumann-portal.de/laidlaw-robena-ann-4273.html
21 JTB, S. 251.
22 JTB, S. 253.
23 JTB, S. 256.
24 Zit. n. Litz Bd. 1, S. 109.
25 CS RS BW Bd. 1, S. 21.
26 CS RS BW Bd. 1, S. 21.
27 CS RS BW Bd. 1, S. 21 f.
28 Ebd. S. 22.
29 CS RS BW Bd. 1, S. 20.
30 CS RS BW Bd. 1, S. 24.
31 Ebd. S. 25.
32 CS RS BW Bd. 1, S. 28.
33 Ebd. S. 26.
34 Ebd. S. 33.
35 RS TB Bd. 2, S. 35.
36 Ebd. S. 34 f.
37 Ebd. S. 36.
38 Ebd. S. 38.
39 Ebd. S. 42.
40 Ebd. S. 46.
41 Ebd. S. 47.
42 RS TB Bd. 2, S. 47.
43 CS RS BW Bd. 1, S. 48.
44 Z.B. Kühn, S. 132: »Sie waren sich bald bewusst: Sie verkörperten die reine romantische Liebe.«

45 CS RS BW Bd. 1, S. 101.
46 Ebd.
47 Ebd. S. 45.
48 Ebd. S. 48.
49 Ebd. S. 49.
50 Ebd. S. 70.
51 Ebd. S. 42.
52 Ebd. S. 105.
53 Ebd. S. 84.
54 Ebd. S. 97.
55 Ebd. S. 59.
56 Ebd. S. 49.
57 CS RS BW Bd. 1, S. 33.
58 JTB, S. 273.
59 CS RS BW Bd. 1, S. 44.
60 Ebd. S. 67.
61 Ebd. S. 57 f.
62 Ebd. S. 78.
63 Ebd. S. 46.
64 CS RS BW Bd. 2, S. 571.
65 CS RS BW Bd. 2, S. 575.
66 CS RS BW Bd. 1, S. 31.
67 CS RS BW Bd. 2, S. 575.
68 RS TB Bd. 1, S. 375.

KAPITEL 4 ZWÄNGE

1 ETB, S. 107.
2 ETB, S. 33.
3 ETB, S. 107.
4 ETB, S. 107.
5 ETB, S. 108.
6 ETB, S. 109.
7 CS RS BW Bd. 2, S. 561.
8 JTB, S. 319.
9 CS RS BW Bd. 2, S. 673.
10 Ebd. S. 691.
11 CS RS BW Bd. 2, S. 553.

12 CS RS BW Bd. 2, S. 684.
13 JTB, S. 334.
14 CS RS BW Bd. 2, S. 541.
15 CS RS BW Bd. 2, S. 747.
16 Ebd. S. 763 f.
17 CS RS BW Bd. 2, S. 708.
18 ETB, S. 38.
19 ETB, S. 97.
20 RS TB Bd. 1, S. 77.
21 ETB, S. 18.
22 ETB, S. 14.
23 Zit. n. DHA, S. 85.
24 MW, S. 29.
25 ETB, S. 22.
26 ETB, S. 70.
27 ETB, S. 69.
28 ETB, S. 64.
29 ETB, S. 34 f.
30 CS RS BW Bd. 2, S. 694.
31 ETB, S. 16.
32 Ebd. S. 19.
33 CS RS BW Bd. 2, S. 562.
34 Ebd. S. 95.
35 Ebd. S. 28.
36 ETB, S. 45.
37 ETB, S. 46.
38 Ebd. S. 49.
39 ETB, S. 65.
40 Ebd. S. 53.
41 CS RS BW Bd. 1, S. 11.
42 ETB, S. 28.
43 ETB, S. 31.
44 RS TB Bd. 1, S. 10.
45 RS TB Bd. 1, S. 334.
46 ETB, S. 21.
47 RS TB Bd. 2, S.7.
48 ETB, S. 28.
49 ETB, S. 26.

50 ETB, S. 37.
51 ETB, S. 35.
52 ETB, S. 68.
53 ETB, S. 28.
54 ETB, S. 37.
55 ETB, S. 42.
56 ETB, S. 47.
57 ETB, S. 70.
58 Ebd. S. 81.
59 ETB, S. 56.
60 ETB, S. 78.
61 ETB, S. 81.
62 ETB, S. 50.
63 ETB, S. 22.
64 ETB, S. 59.
65 ETB, S. 55.

KAPITEL 5 BALANCEAKTE

1 Bölte, Amely: »Die junge Frau«, zit. n. SH, S. 11.
2 JTB, S. 335.
3 Zit. n. Bl, S. 31.
4 JTB, S. 387.
5 ETB, S. 93.
6 CS RS BW Bd. 2, S. 466.
7 ETB, S. 16.
8 ETB, S. 77.
9 ETB, S. 77.
10 Ebd. S. 37.
11 JTB, S. 379.
12 Ebd. S. 30.
13 ETB, S. 43.
14 ETB, S. 29 f.
15 Ebd. S. 32.
16 Ebd. S. 34.
17 Ebd.
18 Ebd. S. 39.
19 Zit. n. DW, S. 62.

20 Wendler, Eugen (Hrsg.): »Das Band der ewigen Liebe«. Clara Schumanns Briefwechsel mit Emilie und Elise List, Stuttgart u. Weimar 1996, S. 111.
21 ETB, S. 115.
22 ETB, S. 112.
23 ETB, S. 112.
24 ETB, S. 126.
25 ETB, S. 120.
26 ETB, S. 121.
27 Ebd. S. 126.
28 ETB, S. 102.
29 Zit. n. B1, S. 166.
30 Zit. n. EW, S. 165.
31 Ebd. S. 122.
32 Ebd. S. 126 f.
33 Ebd. S. 128.
34 Ebd. S. 126.
35 Ebd. S. 129.
36 ETB, S. 129.
37 DW, S. 53.
38 ETB, S. 131.
39 ETB, S. 117.
40 ETB, S. 112.
41 ETB, S. 136.
42 ETB, S. 133 f.
43 ETB, S. 143.
44 ETB, S. 154.
45 ETB, S. 155.
46 CS RS BW Bd. 2, S. 553.
47 CS RS BW Bd. 2, S. 467.
48 ETB, S. 121.
49 Zit. n. UK, S. 30.

KAPITEL 6 RIVALITÄTEN

1 Zit. n. B1, S. 156.
2 Zit. n. B1, S. 192.
3 JTB, S. 352.

4 RS TB Bd. 1, S. 363.
5 JTB, S. 217.
6 Zit. n. Wieck-Schumann, Ausgewählte Klavierwerke, Henle-Verlag, S. IV.
7 MG, S. 80.
8 RS GS Bd. 1, S. 181.
9 ETB, S. 54 f.
10 Lange dachte man, er habe erst im Februar begonnen, doch das der Sängerin Elisa Meerti gewidmete Lied »Du bist wie eine Blume« datiert bereits vom 23. Januar 1840.
11 Quelle: www.schumann-zwickau.de/media/archiv-sonderausstellungen/2015_Myrthen__Dichterliebe_und_Liebesfruehling_-_Schumann_Liederjahr_1840.pdf
12 CS RS BW Bd. 2, S. 629.
13 ETB, S. 82.
14 Zit. n. JK, S. 184.
15 ETB, S. 99.
16 ETB, S. 100.
17 ETB, S. 159.
18 ETB, S. 171.
19 ETB, S. 79.
20 Zit. n. EW, S. 194.
21 DW, S. 88 f.
22 Ebd. S. 93.
23 Die Herausgeberin des Briefwechsels mit Pauline verweist auf die Recherchen der Schumann-Biografin Nancy Reich hin, erst ab 1849 seien größere Einnahmen aus der Drucklegung seiner Kompositionen geflossen.
24 ETB, S. 57.
25 ETB, S. 63.
26 Kühn, S. 206.
27 Zit. n. JK, S. 266.
28 Litz Bd. 2, S. 274.
29 Zit. n. JK, S. 267.
30 CS RS BW Bd. 2, S. 532.
31 *Marsch Es-Dur* für Klavier (1879 zweihändig; 1879 vierhändig, Orchesterfassung von Julius Otto Grimm 1888), *11 Präludien*, darunter 4 zu Klavierstücken von Robert Schumann (op. 12 Nr. 1 und Nr. 2; 3. Satz der *Klaviersonate* op. 14; op. 124 Nr. 16), *7 Präludien* und *Einfache*

Praeludien für Schüler (1895), Kadenzen zu Beethovens *Klavierkonzert c-Moll Nr. 3* und Mozarts *Klavierkonzert d-Moll* KV 466.

KAPITEL 7 ABGRENZUNG

1 Litz Bd. 2, S. 247.
2 Zit. n. JK, S. 39.
3 Litz Bd. 2, S. 246.
4 MW, S. 38.
5 Ebd. S. 38 f.
6 Litz Bd. 2, S. 247.
7 RS TB Bd. 3/2, S. 639.
8 Litz Bd. 2, S. 248.
9 Litz Bd. 2, S. 248.
10 RS GS Bd. 2, S. 374 f.
11 Ebd. S. 375.
12 Zit. n. Kühn, S. 337.
13 Kross, Siegfried (Hrsg.): Briefe und Notizen Robert und Clara Schumanns, Bonn 1982. S. 83.
14 RS TB Bd. 3/2, S. 604 ff.
15 Elisabeth Schmiedel u. Joachim Draheim (Hrsg.): An den Rhein und weiter. Woldemar Bargiel zu Gast bei Robert und Clara Schumann. Ein Tagebuch von 1852, Sinzig 2011, S. 46.
16 Zit. n. Kühn, S. 376.
17 RS TB Bd. 3/2, S. 608.
18 RS TB Bd. 1, S. 344.
19 Zit. n. Bl, S. 182.
20 Wilhelm Heinrich Wackenroder: Phantasien über die Kunst für Freunde der Kunst (1799), Edition Mabila 2013, S. 52ff: Die Wunder der Tonkunst.
21 RS GS Bd. 1, S. 259 f.
22 Zit. n. CE, S. 152.
23 Zit. n. JK, S. 1.
24 Zit. n. Litz Bd. 2, S. 118.
25 Zit. n. MG, S. 229 f.
26 Zit. n. MS, S. 43.
27 Zit. n. Litz Bd. 2, S. 53.
28 Zit. n. Litz Bd. 2, S. 138 f.

29 Zit. n. B2, S. 218.
30 Zit. n. MG, S. 239.
31 Zit. n. MG, S. 190.
32 Zit. n. MG, S. 239.
33 Kross: Briefe und Notizen, S. 103.
34 Zit. n. EW, S. 267.
35 Zit. n. EW, S. 269.

KAPITEL 8 AUSBRUCH

1 Litz Bd. 2, S. 259.
2 Litz Bd. 2, S. 260.
3 Ebd. S. 261.
4 Ebd. S. 262.
5 Zit. n. EW, S. 301.
6 Litz Bd. 2, S. 261.
7 Litz Bd. 2, S. 262.
8 Litz Bd. 2, S. 263.
9 Zit. n. JK, S. 249.
10 Litz Bd. 2, S. 264.
11 Zit. n. ES, S. 280.
12 ES, S. 178.
13 Litz Bd. 2, S. 270.
14 Litz Bd. 2, S. 271 f.
15 Litz Bd. 2, S. 269.
16 Litz Bd. 2, S. 293.
17 ES, S. 187.
18 Ebd. S. 191.
19 Zit. n. Kühn, S. 417.
20 CS JB BW 2, S. 97.
21 Ebd. S. 105.
22 Ebd. S. 104.
23 Ebd. S. 29.
24 CS JB BW, S. 49.
25 Ebd. S. 98.
26 Ebd. S. 120.
27 Ebd. S. 124.
28 CS JB BW 2, S. 155.

29 Ebd. S. 98.
30 Litz Bd. 2, S. 272.
31 DW, S. 107.
32 Litz Bd. 3, S. 264.
33 Zit. n. MS, S. 83 / CS JB BW 1, S. 485.
34 Litz Bd. 2, S. 329.
35 Litz Bd. 2, S. 323.
36 Ebd. S. 324.
37 Ebd. S. 324 f.
38 Ebd. S. 325.
39 Litz Bd. 2, S. 298.
40 Litz Bd. 2, S. 336.
41 Ebd. S. 359.
42 Ebd. S. 360.
43 CS JB BW 2, S. 3.

KAPITEL 9 DEFIZITE

1 ES, S. 75.
2 Zit. n. B1, S. 277.
3 Zit. n. ES, S. 306.
4 Zit. n. UK, S. 38.
5 Zit. n. UK, S. 39.
6 ES, S. 314.
7 ES, S. 313.
8 Quelle: www.lvz.de/lokales/leipzig-lk/grimma/colditz-und-der-200-geburtstag-von-clara-schumann-MP4DTNXSWF52XKYFF5OKET4YDE.html
9 Litz Bd. 3, S. 209.
10 Zit. n. ES, S. 311.
11 Litz Bd. 3, S. 232.
12 Zit. n. B2, S. 79.
13 Zit. n. B1, S. 298.
14 RS TB Bd. 1, S. 345, Notiz vom 21.8.1831.
15 ES, S. 282.
16 RS TB Bd. 2, S. 400.
17 Zit. n. MG, S. 208.
18 RS TB Bd. 2, S. 420.

19 Zit. n. Litz Bd. 2, S. 144.
20 ETB, S. 35.
21 Ebd. S. 37.
22 Ebd. S. 97.
23 Ebd. S. 98.
24 Ebd.
25 ETB, S. 99.
26 ETB, S. 100.
27 Ebd. S. 102.
28 ETB, S. 100.
29 Ebd. S. 102.
30 ETB, S. 133.
31 ETB, S. 133.
32 Zit. n. ES, S. 281.
33 ES, S. 70.
34 ES, S. 243.
35 MW, S. 35.
36 Ebd. S. 246.
37 Zit. n. Kühn, S. 289.
38 Vergl.EW, S. 256 f., und siehe: Fraenkel, Ludwig: Die Empfängnisverhütung. Biologische Grundlagen, Technik und Indikationen. Für Ärzte bearbeitet, Stuttgart 1932, S. 144 ff.
39 Zit. n. EW, S. 192.
40 Ebd.
41 Zit. n. Kühn, S. 348.
42 Zit. n. Kühn, S. 350.
43 Zit. n. EW, S. 229.
44 Ebd.
45 Litz Bd. 3, S. 16.
46 ES, S. 77.
47 ES, S. 20.
48 Ebd. S. 21.
49 ES, S. 131.
50 Zit. n. Kühn, S. 527.
51 Ebd. S. 22.
52 Ebd. S. 22.
53 Ebd. S. 23.
54 Ebd. S. 36.

55 Zit. n. UK, S. 85.
56 ES, S. 186.
57 B1, S. 280.

KAPITEL 10 NEUSTART

1 B1, S. 260.
2 Litz Bd. 2, S. 355.
3 Zit. n. On Tour, S. 8.
4 MW, S. 83.
5 Zit. n. UK, S. 23 f.
6 DW, S. 111.
7 Litz Bd. 3, S. 253.
8 Zit. n. B2, S. 281 f.
9 Zit. n. B2, S. 263.
10 Zit. n. B2, S. 283.
11 Zit. n. On Tour S. 258 f.; im Original schreibt Clara immer »ect«.
12 B1, S. 260.
13 Litz Bd. 2, S. 346.
14 Zit. n. B1, S. 348 f.
15 Zit. n. B2, S. 233.
16 Zit. n. Steeg, S. 142.
17 Zit. n. B2, S. 198.
18 Litz Bd. 3, S. 197 f.
19 Ebd. S. 198.
20 ES, S. 203.
21 ES, S. 97.
22 Litz Bd. 3, S. 192.
23 Ebd. S. 398.
24 B2, S. 203.
25 Litz Bd. 3, S. 207.
26 Schild, Johannes: "In meinen Tönen spreche ich." Brahms und die Sinfonie, Kassel 2022. S. 186.
27 Litz Bd. 3, S. 112.
28 Zit. n. Kühn, S. 547.
29 Zit. n. Kühn, S. 548.
30 Litz Bd. 3, S. 400.

KAPITEL 11 LORBEEREN

1 Litz Bd. 2, S. 285.
2 Litz Bd. 3, S. 337.
3 Litz Bd. 3, S. 256.
4 ES, S. 212.
5 CS JB BW Bd. 2/3, S. 8 f.
6 Litz Bd. 3, S. 328.
7 Litz Bd. 3, S. 212.
8 Ebd.
9 Litz Bd. 3, S. 362.
10 Zit. n. UK, S. 34.
11 Litz Bd. 3, S. 195.
12 Litz Bd. 3, S. 373.
13 Zit. n. B1, S. 309.
14 Litz Bd. 3, S. 386.
15 Ebd.
16 Ebd. S. 392.
17 Litz Bd 2, S. 280.
18 Zit. n. B1, S. 311.
19 ER, S. 18.
20 ER, S. 47.
21 ER, S. 20.
22 ER, S. 28.
23 ER, S. 295.
24 ER, S. 327.
25 Litz Bd. 3, S. 455.
26 Zit. n. Marix-Spire, Thérèse: Lettres inédites de George Sand et de Pauline Viardot, Paris 2008, S. 247.
27 ES, S. 123.
28 Zit. n. Steeg, S. 113.
29 MW S. 81.
30 Zit. n. B2, S. 97.
31 Zit. n. B2, S. 241.
32 Litz Bd. 3, S. 482.
33 Ebd. S. 487 f.

KAPITEL 12 VERMÄCHTNIS

1 Zit. n. B2, S. 258.
2 Zit. n. B2, S. 282.
3 Zit. n. B2, S. 213.
4 Quelle: Komponistinnen. Tübinger Musikfest 2023, hrsg. v. Matthias Ehm und Pia Schumacher, S. 137.
5 MS, S. 93.
6 So die Musikwissenschaftlerin Susanne Rode-Breymann, zit. n. SH, S. 19.
7 Litz Bd. 3, S. 241.

Quellen (mit Siglen)

Vorbemerkung: Die Zitate aus den angegebenen Quellen wurden weitgehend der heutigen Rechtschreibung sowie der aktuellen Interpunktion angepasst.

On Tour
Bodsch, Ingrid (Hrsg.): On Tour. Clara Schumann als Konzertvirtuosin auf Europas Bühnen, Bonn 2019

B1
Borchardt, Beatrix: Clara Schumann. Ihr Leben. Eine biographische Montage, Hildesheim 2015, dritte überarbeitete und erweiterte Auflage

B2
Borchardt, Beatrix: Clara Schumann. Musik als Lebensform, Hildesheim 2019, 2. revidierte Auflage

MG
Geck, Martin: Robert Schumann. Mensch und Musiker der Romantik, München 2022, 2. Auflage

SH
Hodde-Fröhlich, Stephanie: Beruf: Pianistin. Facetten kulturellen Handelns bei Marie Wieck und Sofie Menter, Hannover 2018

DHA
Hoffmann-Axthelm, Dagmar: Robert Schumann. Eine musikalisch-psychologische Studie, Stuttgart 2010

UK
Kienzle, Ulrike: Clara Schumann. Eine moderne Frau im Frankfurt des 19. Jahrhunderts, Frankfurt a. M. 2019

JK
Klassen, Janina: Clara Schumann. Musik und Öffentlichkeit, Köln, Weimar, Wien 2019

Kühn
Kühn, Dieter: Clara Schumann, Klavier, Frankfurt a. M. 2019, 2. Auflage 2020

Litz
Litzmann, Berthold: Clara Schumann. Ein Künstlerleben, 3 Bände, Hamburg 2021, Neuauflage der Ausgabe von 1908

HO
Ortheil, Hanns-Josef (Hrsg.): Robert und Clara Schumann. Briefe einer Liebe, eingeleitet von Dietrich Fischer-Dieskau, Königstein/Taunus 1982

ER
Rieger, Eva (Hrsg.): Mit 1000 Küssen, deine Fillu. Briefe der Sängerin Marie Fillunger an Eugenie Schumann 1875–93, Köln 2002

Runge-Woll
Runge-Woll, Almut: Emilie Mayer, in: Komponistinnen. Tübinger Musikfest 2023, hrsg. v. Matthias Ehm und Pia Schumacher

MS
Saremba, Meinhard: »…es ist ein zu starker Contrast in meinem Inneren!« Clara Schumann, Johannes Brahms und das moderne Musikleben, Hamburg 2021

JTB
Schumann, Clara: Jugendtagebücher, hrsg. von Gerd Nauhaus und Nancy B. Reich, Hildesheim, Zürich, New York 2019

CS JB BW
Schumann, Clara, und Brahms, Johannes: Geliebte Freunde. Der Briefwechsel, hrsg. v. Berthold Litzmann, Leipzig 1927

CS RS BW
Schumann, Clara, und Schumann, Robert: Briefwechsel. Kritische Gesamtausgabe Band 1–3, hrsg. von Eva Weissweiler, Basel und Frankfurt a. M. 1984

ETB
Schumann, Clara, und Schumann, Robert: Ehetagebücher, hrsg. von Gerd Nauhaus und Ingrid Bodsch, Bonn 2007

RS TB
Schumann, Robert: Tagebücher, hrsg. von Gerd Nauhaus, Leipzig 1982

RS GS
Schumann, Robert: Gesammelte Schriften in zwei Bänden, Leipzig 1883, 3. Auflage

ES
Schumann, Eugenie: Claras Kinder. Mit einem Nachwort von Eva Weissweiler, Neuauflage Berlin 1999

Steeg
Steegmann, Monica: Clara Schumann, Reinbek bei Hamburg 2001, 4. Auflage 2019

EW
Weissweiler, Eva: Clara Schumann. Eine Biografie, Hamburg 1992

W
Wendler, Eugen (Hrsg.): »Das Band der ewigen Liebe«. Clara Schumanns Briefwechsel mit Emilie und Elise List, Stuttgart u. Weimar 1996

DW
Wittkowski, Désirée (Hrsg.): Herzensschwestern der Musik. Pauline Viardot und Clara Schumann. Briefe einer lebenslangen Freundschaft, Lilienthal 2020

MW
Wieck, Marie: Aus dem Kreise Wieck-Schumann, Dresden 1914

Literaturverzeichnis (Auswahl)

Allgemeine musikalische Zeitung, Leipzig 1820 ff.

Appel, Bernhard R.: Robert Schumanns Davidsbund. Geistes- und sozialgeschichtliche Voraussetzungen einer romantischen Idee, in: Archiv für Musikwissenschaft, Wiesbaden 1981

Appel, Bernhard R.: Robert Schumann in Endenich (1854–1856). Krankenakten, Briefzeugnisse und zeitgenössische Berichte. Schumann-Forschungen Bd. 11, Mainz 2006

Bebbe, Annktarin: Clara Schumann und ihre Schülerinnen am Hoch'schen Konservatorium in Frankfurt a. M., Oldenburg 2015

Bodsch, Ingrid (Hrsg.): On Tour. Clara Schumann als Konzertvirtuosin auf Europas Bühnen, Bonn 2019

Borchardt, Beatrix: Clara Schumann. Ihr Leben. Eine biographische Montage, Hildesheim 2015, dritte überarbeitete und erweiterte Auflage

Borchardt, Beatrix: Clara Schumann. Musik als Lebensform, Hildesheim 2019, 2. revidierte Auflage

Brahms, Johannes: Briefwechsel mit Joseph Joachim, hrsg. v. Andreas Moser, Berlin 1908

Cahn, Peter: Das Hoch'sche Konservatorium in Frankfurt am Main (1878–1978), Frankfurt a. M. 1979

Dömling, Wolfgang: Franz Liszt und seine Zeit, Laaber bei Regensburg 1985

Donath, Orna: Regretting Motherhood. Wenn Mütter bereuen, München 2016

Edler, Arnfried: Robert Schumann und seine Zeit, Laaber bei Regensburg 1982

Ehm, Matthias, und Schumacher, Pia: Komponistinnen. Tübinger Musikfest, Programmheft, Tübingen 2023

Eichel, Christine: Vom Ermatten der Avantgarde zur Vernetzung der Künste. Perspektiven einer interdisziplinären Ästhetik im Spätwerk Th. W. Adornos, Frankfurt a. M. 1993

Eichhorn, Andreas: Felix Mendelssohn Bartholdy, München 2008

Engelmann, Carl Friedrich, und Holle, Marie (Hrsg.): Neues einfaches Kochbuch für bürgerliche Haushaltungen und bürgerliche Küchenzettel für Hausfrauen des Mittelstandes. Aus dem Gebrauch von Clara Schumann, Reprint, Zwickau 2000

Geck, Martin: Johannes Brahms, Reinbek bei Hamburg 2013

Geck, Martin: Robert Schumann. Mensch und Musiker der Romantik, München 2022, 2. Auflage

Gestrich, Andreas: Geschichte der Familie im 19. und 20. Jahrhundert, München 1999

Hamburger, Klara: Franz Liszt, Leben und Werk, Köln 2010

Hanslick, Eduard: Vom Musikalisch Schönen. Ein Beitrag zur Revision der Ästhetik der Tonkunst (1854), Wiesbaden 1978, 19. Auflage

Hanson, Alice M.: Die zensurierte Muse. Musikleben im Wiener Biedermeier, Wien, Köln, Graz 1987

Held, Wolfgang: Manches geht in Nacht verloren. Die Geschichte von Clara und Robert Schumann, Hamburg 1998

Himmelheber, Irmtraud Jo: Leben im Biedermeier, Würzburg 2019

Hodde-Fröhlich, Stephanie: Beruf: Pianistin. Facetten kulturellen Handelns bei Marie Wieck und Sofie Menter, Hannover 2018

Hoffmann, Freia: Instrument und Körper. Die musizierende Frau in der bürgerlichen Kultur, Frankfurt a. M. 1991

Hoffmann, Renate, und Schmidt, Harry (Hrsg.): Das Berliner Blumentagebuch der Clara Schumann 1857–1859, Wiesbaden 2019

Hoffmann-Axthelm, Dagmar: Robert Schumann. Eine musikalisch-psychologische Studie, Stuttgart 2010

Kienzle, Ulrike: Clara Schumann. Eine moderne Frau im Frankfurt des 19. Jahrhunderts, Frankfurt a. M. 2019

Klassen, Janina: Clara Schumann. Musik und Öffentlichkeit, Köln, Weimar, Wien 2019

Kleefeld, Wilhelm: Clara Schumann, Bielefeld und Leipzig 1910

Knechtges-Obrecht, Irmgard: Clara Schumann. Ein Leben für die Musik, Darmstadt 2019

Köckritz, Cathleen: Friedrich Wieck, Hildesheim 2007

Krausnick, Michail (Hrsg.): Du bist mir so unendlich lieb. Zusammengestellt aus Briefen und Tagebüchern von Clara Schumann, Robert Schumann, Johannes Brahms, Mannheim 2010

Kross, Siegfried (Hrsg.): Briefe und Notizen Robert und Clara Schumanns, Bonn 1982

Kühn, Dieter: Clara Schumann, Klavier, Frankfurt a. M. 2019, 2. Auflage 2020

Laufer, Ulrike, und Ottomeyer, Hans: Biedermeiers Glück und Ende … die gestörte Idylle 1815–1848, München 1987

Liszt, Franz: Schriften zur Tonkunst, Leipzig 1981

Litzmann, Berthold: Clara Schumann. Ein Künstlerleben, 3 Bände, Hamburg 2021, Neuauflage der Ausgabe von 1908

Marix-Spire, Thérèse: Lettres inédites de George Sand et de Pauline Viardot, Paris 2008

Nietzsche, Friedrich: Die Geburt der Tragödie aus dem Geiste der Musik, 1872

Olivier, Antje: Mendelssohns Schwester. Fanny Hensel. Musikerin, Komponistin, Dirigentin, Düsseldorf 1997

Ortheil, Hanns-Josef (Hrsg.): Robert und Clara Schumann. Briefe einer Liebe, eingeleitet von Dietrich Fischer-Dieskau, Königstein/Taunus 1982

Preiß, Friederike: Der Prozess. Clara und Robert Schumanns Kontroverse mit Friedrich Wieck, Frankfurt a. M., Berlin, Bern, Brüssel, New York, Oxford, Wien 2004

Ranke, Winfried: Franz von Lenbach. Der Münchner Malerfürst, Köln 1986

Reich, Nancy B.: Clara Schumann. Romantik als Schicksal. Eine Biografie, Reinbek bei Hamburg 1991

Rellstab, Ludwig (Redakteur und Autor): Iris im Gebiet der Tonkunst, Berlin 1830 ff.

Rieger, Eva: Frau, Musik & Männerherrschaft. Zum Ausschluss der Frau aus der deutschen Musikpädagogik, Musikwissenschaft und Musikausübung, Kassel 1981, 3. Auflage 1986

Rieger, Eva, und Steegmann, Monica: Frauen mit Flügel. Lebensberichte berühmter Pianistinnen, Frankfurt a. M. 1996

Rieger, Eva (Hrsg.): Mit 1000 Küssen, deine Fillu. Briefe der Sängerin Marie Fillunger an Eugenie Schumann 1875–93, Köln 2002

Runge-Woll, Almut: Emilie Mayer, in: Komponistinnen. Tübinger Musikfest 2023, hrsg. v. Matthias Ehm und Pia Schumacher

Sabin, Stefana: Frauen am Klavier. Skizze einer Kulturgeschichte, Frankfurt a. M. 1998

Saremba, Meinhard: »… es ist ein zu starker Contrast in meinem Inneren!« Clara Schumann, Johannes Brahms und das moderne Musikleben, Hamburg 2021

Schild, Johannes: »In meinen Tönen spreche ich.« Brahms und die Symphonie, Kassel 2022

Schiller, Friedrich: Über die ästhetische Erziehung des Menschen, 1795

Schmiedel, Elisabeth, und Draheim, Joachim (Hrsg.): Eine Musikerfamilie im 19. Jahrhundert. Mariane Bargiel, Clara Schumann, Woldemar Bargiel in Briefen und Dokumenten, München 2008

Schumann, Clara: Jugendtagebücher, hrsg. von Gerd Nauhaus und Nancy B. Reich, Hildesheim, Zürich, New York 2019

Schumann, Clara, und Brahms, Johannes: Geliebte Freunde. Der Briefwechsel, hrsg. v. Berthold Litzmann, Leipzig 1927

Schumann, Clara, und Schumann Robert: Briefwechsel. Kritische

Gesamtausgabe Band 1–3, hrsg. von Eva Weissweiler, Basel und Frankfurt a. M. 1984

Schumann, Clara, und Schumann Robert: Ehetagebücher, hrsg. von Gerd Nauhaus und Ingrid Bodsch, Bonn 2007

Schumann, Eugenie: Claras Kinder. Mit einem Nachwort von Eva Weissweiler, Neuauflage Berlin 1999

Schumann, Robert: Gesammelte Schriften in zwei Bänden, Leipzig 1883, 3. Auflage

Schumann, Robert: Tagebücher, hrsg. von Georg Eismann und Gerd Nauhaus;
Bd. 1 1827–1838, Leipzig 1971;
Bd. 2 1836–1854, Leipzig 1987;
Bd. 3 Haushaltsbücher (2 Bände) 1837–1856, Leipzig 1982 und 1987

Skagegård, Ellinor: Fanny Mendelssohns unerhörtes Gespür für Musik, Frankfurt a. M. 2021

Steegmann, Monica: Clara Schumann, Reinbek bei Hamburg 2001, 4. Auflage 2019

Sutermeister, Peter: Felix Mendelssohn Bartholdy, Leipzig 2023

Todd, Larry R.: Felix Mendelssohn Bartholdy. Sein Leben – Seine Musik – Sein Werk, Leinfelden-Echterdingen bei Stuttgart 2019

Wackenroder, Wilhelm Heinrich: Phantasien über die Kunst für Freunde der Kunst, Hamburg 1799

Weissweiler, Eva: Clara Schumann. Eine Biografie, Hamburg 1992

Weissweiler, Eva: Komponistinnen vom Mittelalter bis zur Gegenwart, München 1999

Wendler, Eugen (Hrsg.): »Das Band der ewigen Liebe«. Clara Schumanns Briefwechsel mit Emilie und Elise List, Stuttgart u. Weimar 1996

Wieck, Friedrich: Gesammelte Schriften über Musik und Musiker, hrsg. v. Tomi Mäkelä, Christoph Kammertöns, Lena Esther Ptasczynski, Berlin, Bern, Wien 2019

Wieck, Marie: Aus dem Kreise Wieck-Schumann, Dresden 1914
Wittkowski, Désirée (Hrsg.): Herzensschwestern der Musik. Pauline Viardot und Clara Schumann. Briefe einer lebenslangen Freundschaft, Lilienthal 2020

Register

Bildnachweis

S. 1 Clara Wieck. Lithografie von Eduard Clemens Fechner, Paris 1832. Foto: Getty Images/Heritage Images/Fine Art Images

S. 2 o. Robert Schumann. Lithografie von Josef Kriehuber, Wien 1839. Foto: Robert-Schumann-Haus Zwickau

S. 2 u. Clara Schumann. Bleistiftzeichnung von Wilhelm Hensel, Berlin ca. 1847. Foto: bpk/Kupferstichkabinett, SMB/Jörg P. Anders

S. 3 o. Clara und Robert Schumann. Doppelrelief von Ernst Rietschel, Leipzig 1846. Foto: Schumann-Haus Leipzig/Christian Kern/CC BY-NC-SA

S. 3 u. Clara und Robert Schumann. Daguerreotypie von Johann Anton Völlner, Hamburg 1850. Foto: Alamy Stock Photo/Archivio Gbb

S. 4 Clara und Marie Schumann. Fotografie von Constantin Schwendler (?), um 1850. Foto: Robert-Schumann-Haus Zwickau

S. 5 o. Johannes Brahms. Fotografie von Carl Anton Schulz, 1862, Abzug 1897. Foto: Bassenge Auktionen, Berlin

S. 5 u. Clara Schumann. Gemälde von Carl Ferdinand Sohn, Düsseldorf 1853. Foto des nachmals vernichteten Ölgemäldes, Robert-Schumann-Haus Zwickau. Foto: Alamy Stock Photo/Science History Images

S. 6 Schumanns Kinder. Ambroytpie von Wilhelm Severin, Düsseldorf 1854. Von links: Ludwig, Marie, Felix auf dem Schoß, Elise, Ferdinand und Eugenie. Foto: Robert-Schumann-Haus Zwickau

S. 7 o. l. Marie Schumann. Fotografie, um 1871. Foto: Robert-Schumann-Haus Zwickau

S. 7 o. r. Ludwig Schumann. Fotografie, um 1864. Foto: Robert-Schumann-Haus Zwickau

S. 7 u. l. Felix Schumann. Fotografie, 1872. Foto: Alamy Stock Photo/Lebrecht Music & Arts

S. 7 u. r. Eugenie Schumann, Fotografie, 1869. Foto: Alamy Stock Photo/Lebrecht Music & Arts

S. 8 o. Clara Schumann. Pastellbild von Franz von Lenbach, München 1878/79. Foto: Alamy Stock Photo/The Picture Art Collection

S. 8 u. Clara, Marie und Eugenie Schumann mit Loucky Von der Mühll. Fotografie, 1895. Foto: Robert-Schumann-Haus Zwickau